高等职业教育金融专业系列教材

互联网+教材

财政与金融

（第二版）

主　编　张文明　孙德营

副主编　吴玉霞　程留仓　杨银开

　　　　陈明军　刘安兵　徐　姚

　　　　杨　琰

扫码申请更多资源

南京大学出版社

内容摘要

本书包括财政与金融两个方面的内容，重点阐述财政与金融学科的基本知识、基本理论和相关实务。财政部分主要阐述了财政的产生与发展、公共财政理论、财政的职能与作用、财政支出、财政收入、国债、国家预算管理等；金融部分主要阐述了金融基础知识、信用、利率、货币的供给与需求、金融机构体系、商业银行、金融市场、国际金融等，最后还阐述了财政与金融的宏观调控等问题。

在阐述财政与金融相关理论问题时，本书还适当穿插一些经济方面的案例和阅读材料来提高学生分析解决当前社会经济问题、经济现象的能力。

此外，本书在编写过程中还得到金融机构从业人员的大力帮助，从而实现了理论与实际的有效结合。

图书在版编目(CIP)数据

财政与金融 / 张文明，孙德营主编. -- 2 版. -- 南京 : 南京大学出版社，2020.7(2022.1重印)
ISBN 978 - 7 - 305 - 23353 - 1

Ⅰ. ①财… Ⅱ. ①张… ②孙… Ⅲ. ①财政金融 - 高等职业教育 - 教材 Ⅳ. ①F8

中国版本图书馆 CIP 数据核字(2020)第 100736 号

出版发行　南京大学出版社
社　　址　南京市汉口路 22 号　　　　邮　编　210093
出版人　金鑫荣

书　　名　财政与金融
主　　编　张文明　孙德营
责任编辑　武　坦　　　　　　编辑热线　025 - 83592315
助理编辑　张亚男

照　　排　南京南琳图文制作有限公司
印　　刷　徐州绪权印刷有限公司
开　　本　787×1092　1/16　印张 18　字数 449 千
版　　次　2020 年 7 月第 2 版　2022 年 1 月第 2 次印刷
ISBN 978 - 7 - 305 - 23353 - 1
定　　价　46.00 元

网址：http://www.njupco.com
官方微博：http://weibo.com/njupco
官方微信号：njuyuexue
销售咨询热线：(025) 83594756

前　言

　　《财政与金融》是高等职业院校会计、经济管理、市场营销等经济类专业的专业基础课程。随着我国市场经济体制改革的不断深入,财政政策和货币政策已经成为我国调控经济的重要政策,财政政策工具和货币政策工具也相应地成为我国调控宏观经济的重要手段。掌握财政和金融的相关知识对于分析宏观经济发展走势、分析日常经济现象等至关重要。

　　本书由三部分组成,共十二章:第一部分为财政学部分(第一章～第六章),主要介绍财政学的基础知识、财政收入、税收、国债、财政支出、国家预算和国家预算管理体制;第二部分为金融学部分(第七章～第十一章),主要介绍金融学基础、金融机构、金融市场、货币供给与需求、国际金融;第三部分讲授财政与金融的宏观调控(第十二章),主要包括财政政策、货币政策以及财政政策与货币政策的协调配合问题。

　　本书在编写过程中结合高等职业教育的特点,力求突出以下几个方面:

　　(1)基础性。本书以基础理论和基本原理为主,准确介绍相关财政与金融方面的知识。

　　(2)实用性。中国经济在改革开放以来发展变化很大,本书紧密结合我国财政金融体制的改革变化历程,结合当前经济形势,理论联系实际,通过设置的学习目标、本章小结、复习思考题、案例分析等来引导学生运用所学财政与金融知识去发现问题、解决问题、总结问题。

　　(3)新颖性。本书结合国内外财政金融的最新动态,对最新的财政金融问题进行介绍。

　　总之,本书通俗易懂,理论联系实际,既有新颖的案例又有对时事的思考。本书的使用,可以使学生在掌握财政与金融基本知识基本技能的基础上,能够运用所学理论知识,分析财政与金融运行中的各种问题,理解不同经济形势下财政政策手段与货币政策手段的运用与政府调控的意图。

　　本书由焦作大学张文明、济源职业技术学院孙德营担任主编,郑州工程技术学院吴玉霞、焦作大学程留仓、云南旅游职业学院杨银开、江西科技师范大学陈明军、湖北经济学院刘安兵、云南旅游职业学院徐姚和焦作大学杨琰担任副主编。具体编写分工如下:第一章和第四章由吴玉霞编写,第二章和第六章由程留仓编写,第三章由徐姚编写,第五章和第十二章由杨琰编写,第七章由杨银开编写,第八章由孙德营编写,第九章由张文明编写,第十章由陈明军编写,第十一章由刘安兵编写,最后,由张文明负责统稿定稿。

　　在本书出版之际,感谢郑州银行股份有限公司付春乔、张雷和胡兆振,中国工商银行河南省分行张涛、中国农业银行股份有限公司河南省分行崔学杰的大力帮助,实现了校企间的优势互补。

　　由于编者水平所限,书中如有不足之处,敬请广大读者批评指正,以便修订时改进。

编　者

2020 年 5 月

目 录

第一章　财政概述

通过本章的学习,要求学生认识公共财政在现代生活中的地位和作用,为深入学习财政知识打好基础;了解财政的基本知识;理解公共财政和公共产品的含义、特征和意义;掌握财政的基本概念、特征与职能。

从十八大报告看收入分配改革
——更公平,更大力度改善民生的明确信号

党的十八大报告提出,调整国民收入分配格局,着力解决收入分配差距较大问题,使发展成果更多更公平惠及全体人民,朝着共同富裕的方向稳步前进。"更公平"三个字写进党代会报告,是以人为本理念的进一步深化,也是执政党将以更大力度改善民生和加强社会建设的明确信号。

何为"更公平"——不是回到"大锅饭"而要打破"金饭碗"。

公平正义是中国特色社会主义的内在要求;实现发展成果由人民共享;努力实现居民收入增长和经济发展同步、劳动报酬增长和劳动生产率同步……十八大报告的论述,引起代表们强烈共鸣。代表们认为,这表明我国将从追求"国富"转向更加追求"民富",也将为我国制定和实施收入分配改革的具体方案提供指导思想和重要原则。

清华大学教授胡鞍钢代表说:"实现共同富裕,意味着无论是城市居民还是乡村居民,无论是生活在东部沿海地区还是生活在西部内陆省份,无论是工人还是农民,都能够过上相对富裕的生活,都能够获得质量相对高的公共服务,都能够公平分享发展的成果。"

如何"更公平"——弥合收入"鸿沟"重构分配格局。

十八大报告提出,提高居民收入在国民收入分配中的比重,提高劳动报酬在初次分配中的比重。初次分配和再分配都要兼顾效率和公平,再分配更加注重公平。

"实现劳动报酬增长和劳动生产率提高同步,一方面要通过市场手段使劳动报酬增长水平和企业利润增长同步,另一方面,政府要解决市场、企业本身难以解决的问题,这对转变政府职能提出更高要求。"十八大代表、山西财经大学党委书记杨怀恩说。

著名经济学家林毅夫指出,加快收入分配改革,应以一次分配为主,二次分配为补充。二次分配中,可以通过对富人增税,来补贴低收入人群,实现公平和效率。

实现更公平,还应破除垄断。中国经济体制改革研究会名誉会长高尚全说:"在经济体制转轨过程中,真正引发不满的,不是基于公平竞争形成的行业差距和收入差距,恰恰是通

过垄断形成的收入分配不公。"

思考题：1. 财政具有哪些职能？
　　　　2. 如何发挥财政的收入分配职能？

第一节　财政的概述

一、财政现象

在现实社会中,财政现象表现为政府实施的各种社会管理的经济活动。无论是人们的衣、食、住、行,还是企业的经济活动以及整个社会管理,都与政府实施的经济活动存在着直接或间接的关系。就个人而言,人们所取得的收入要依法纳税,人们的消费、投资、储蓄活动政府要参与直接或间接的分配。政府从单位、个人手中取得的财政收入,要用于社会发展和经济建设。人们从政府提供的公共设施中获得益处。例如,规模宏大的水库、电站、港口、码头和道路、桥梁大多是国家投资兴建的;航行于江海的船舶,翱翔在蓝天的飞机,也多是政府拨款购买的;军队、警察也是靠政府出钱维持的;国家机关、学校、科研单位、医院和文化团体也是主要靠财政拨款来维持和发展的;城镇居民享受着由财政支付的物价补贴和房租补贴、交通补贴等优惠等。

为了维持国家每年的庞大开支,政府要依法向企业、单位、和公民征税;国有企业还要向国家上缴利润;国家还可以通过向企业、单位、居民发行公债、国库券等政府债券来取得收入;办理户口登记、出国护照等缴纳的费用,也都要归入国库;等等。

从上面列举的大量财政现象中可以看出,财政是个分配问题,与国家的收支活动有关。而这些财政问题,不仅政府机关的领导人和一般的工作人员关心它,需要研究解决,就是一般企业、单位的领导人和普通公民也应该关心,因为每项财政政策的出台,财政的每一笔收支,都会涉及企业单位和居民的切身经济利益。为了正确认识经济生活中的各种财政现象,以便采取正确的政策和态度,就需要了解什么是财政,财政同国家、国民经济之间有什么关系,财政的职能作用是什么,财政有哪些规律,是如何运行的,财政机关是干什么的,有哪些基本的制度规定等。本教材的财政部分,将回答这些问题。

二、财政的产生

财政是一个经济范畴,又是一个历史范畴,它是人类社会发展到一定历史阶段的产物。

我国古代曾经有过"理财""国用""度支"一类用词以及有关理财思想的记载,但"财政"一词在我国的使用,是在清朝光绪二十四年(1898)戊戌变法"明定国事"诏书中"改革财政,实行国家预算"的条文中最初启用。英文称作 Public Finance,意为"公共财政"。"公共"一词是指国家机构或各级政府,所以亦称"政府财政"(Government Finance),有别于公司或企业财务(Corporation Finance)。

财政的产生必须具备两个条件:一是经济条件,二是政治条件。经济条件是指社会上存在着可供财政分配的那部分剩余产品。政治条件是指国家的产生。在原始社会初期,社会生产力水平十分低下,在一个原始氏族公社范围内,人们共同劳动,共同占有与平均分配社会产品,以维持氏族成员最低限度的生活需要。此时没有剩余产品,没有生产资料私有制,没有社会公共需要,没有阶级和国家,因而也没有财政。到了原始社会末期,由于社会生产力的发展,人类社会出现了第一次和第二次社会大分工,即农业从游牧业分离出来,手工业又从农业中分离出来,扩大了产品交换,促进了以交换为目的的商品生产。随着社会生产力和生产关系的进一步发展,劳动生产率不断提高,社会产品日益增加,除维持人们最低生活需要之外,社会产品逐渐出现剩余,同时也存在一些社会公共事务或社会公共需要,包括氏族部落之间的冲突,兴建一些原始的水利灌溉工程,举行一些宗教祭祀活动等。为了满足这部分公共需要,就要对剩余产品进行分配。但由于当时剩余产品数量有限,这种对剩余产品的分配还没有从一般产品分配中独立出来。社会产品出现剩余,这就为分配上的不平等和贫富两极分化,进而产生私有制提供了物质基础。随着社会生产力的向前发展和商品交换范围的扩大,人类社会又出现了第三次社会大分工,即出现了单纯从事商品交换的商人。随之又出现了货币和商品货币经济。社会大分工有力地促进了社会生产力的发展和剩余产品的扩大,从而导致私有制和阶级的产生。于是人类社会从无阶级的原始社会过渡到有阶级的奴隶社会,出现了靠占有生产资料而无偿占有他人劳动成果的剥削阶级,出现了国家。列宁指出:"国家是一个阶级对另一个阶级施用暴力的机关或者机器。"国家的重要特征之一,就是一种"公共权力"。构成这种"公共权力"的实体是军队、警察、法庭、监狱、官吏等。为了维持这种"公共权力"就需要占有和消耗一部分社会产品。在私有制社会里,国家本身并不直接从事物质生产,不创造任何物质财富,为了解决国家本身这种既不生产社会产品而又要消耗社会产品的矛盾,国家必须凭借它的"公共权力",强制地、无偿地征收一部分社会产品来满足其需要。这样,就产生了一种由国家凭借政治权力参与的社会分配,这就是财政。财政分配作为相对独立的经济活动,从一般的产品分配中独立分化出来。正像恩格斯所说:"为了维持这种公共权力,就需要公民缴纳费用——捐税。捐税是以前的氏族社会完全没有的,但是现在我们却十分熟悉它了。"捐税是历史上最早出现的,也是最典型的财政范畴,它是国家依靠政治权力强制征收的,是国家政权存在的物质基础。马克思指出:"赋税是政府机器的经济基础,而不是其他任何东西";"赋税是喂养政府的奶娘"。

综上所述,财政是一个历史范畴,它是随着国家的产生而出现的一种社会关系;财政又是一个经济范畴,它是以国家为主体而形成的一种分配关系,成为一定社会形态下社会再生产分配环节上的一个重要组成部分。

三、财政的发展

财政产生以后,随着生产方式的改变和国家的更替而不断发展变化。迄今为止,人类社会经历了奴隶社会、封建社会、资本主义社会、社会主义社会,从而也就存在了与之相适应的财政。

(一) 奴隶制国家财政

奴隶制社会生产关系的基础,是奴隶主占有生产资料,同时也直接占有生产者——奴隶,这是区别于其他私有制社会的重要特征。奴隶的剩余劳动和剩余产品全部归奴隶主所有。在奴隶社会,国王是最大的奴隶主,一方面占有大量的土地和奴隶,另一方面又是国家政治与军事的最高统治者。当时,奴隶制国家财政收支与国王个人的收支没有严格的区分界线,"普天之下,莫非王土,率土之滨,莫非王臣"。奴隶制国家财政收入的来源,主要是国王强制奴隶劳动取得的田赋收入和贵族奴隶主缴纳的贡赋收入。除此之外,还有掠夺收入、军赋收入和捐税收入等。奴隶制国家财政支出,主要用于王室支出、祭祀支出、军事支出、官僚机构和俸禄支出、农业、水利等生产性支出。由于社会生产力水平低下和商品经济不发达,奴隶制国家财政收支主要是采取实物和劳役的形式。

奴隶社会国家财政的特点主要有以下几点:

(1) 奴隶制国家通过直接占有奴隶和自由民的劳动而占有产品。主要收入是奴隶在国王土地上劳动生产的产品。同时,还以各种劳役形式满足国家需要,如满足打仗、行政管理、修筑宫殿陵园、治理水患等需要。

(2) 国家财政收支与国王个人收支没有严格的区分界限。这是同奴隶制社会的经济基础和政治制度分不开的。奴隶制国家的国王既是拥有全国政治军事权力的统治者,又是最大的土地占有者和奴隶主。在国王统治的范围内,一切都属于国王所有。地租、徭役、贡赋、捐税等范畴,对国王来说,没有严格意义上的区别。因此,国家财政收支与国王个人收支混合在一起,这是国家财政仍然处于初级阶段的集中表现。

(3) 从原始社会的平均分配过渡到奴隶主国家社会对社会产品的权力分配,是历史上分配关系的划时代变革,是分配制度上的重大进步。奴隶制的国家财政对促进脑力劳动和体力劳动分工具有重要的历史意义。

手机扫一扫,
读专栏1-1

(二) 封建制国家财政

封建制社会生产关系的基础是封建地主占有生产资料和不完全占有生产劳动者——农奴或农民。此外,社会上还存在着手工业者的个体经济。封建制国家是封建地主压迫剥削农奴和农民的国家。随着封建制经济和国家政治制度的发展,国家财政收支与国王的个人收支逐步分离。在封建制度下,不仅是封建地主对农民进行剥削,而且国家也以课征田赋等财政形式对农民、手工业者等劳动者进行剥削。封建制社会的经济基础和政治制度的特点决定着封建制国家财政是为封建地主阶级的根本利益和封建制国家职能服务的。

封建制国家财政收入主要有官产收入,是指国有土地收入和国王庄园的各种收入,包括农业收入、饲养牧业收入、渔猎收入、森林、矿产资源开发收入等,这是封建地主经济时期的主要收入。除此外,田赋、捐税收入也是财政收入的主要来源。另外,国家对某些重要军需民用产品的生产和销售进行垄断、利用垄断专卖价格获取高额财政收入的专卖收入,国家向在国家土地上取得开矿、采伐、打猎等特权课税,以及出卖官爵的收入构成特权收入。还有一些其他收入,如贡赋收入和借债收入等。封建制国家财政支出,主要是军事支出、国家机构和俸禄支出、王室费用、封建宗教和赏赐支出以及兴建水利、发展农业、建桥修路等经济事业支出。

在财政历史的发展中,封建社会是一个重要发展阶段,在这个阶段中,财政范畴得到延伸,产生了国家公债和国家预算。公债制度在奴隶社会开始萌芽,发展于封建社会和自由资本主义时期。封建社会末期,国家内外矛盾加剧,帝王贵族生活奢侈浪费,使财政支出急剧增长,国库空虚。为了满足对内统治事务的发展和对外频繁战争而增加的庞大开支,光靠加重捐税已经不够了,这时,封建国家不得不向新兴的资产阶级借债,于是产生了公债这个财政范畴。恩格斯指出:"随着文明时代的向前发展,甚至捐税也不够了,国家就发行期票、借债,即发行公债。"公债这个财政范畴是随着工商业的不断发展和新兴资产阶级的出现而产生和发展的,它对于封建社会向资本主义社会过渡有着重要作用。正如马克思指出"公债成了原始积累的最强有力的手段之一。它像挥动魔杖一样,使不生产的货币具有了生殖力,这样就使它转化为资本,而又用不着承担投资于工业,甚至投资高利贷时所不可避免的劳苦和风险。"在封建社会末期,国家财政困难,而当时新兴资产阶级有经济实力,他们一方面在经济上借钱给封建国家以解决财政困难;另一方面在政治上同封建国家进行斗争,以争取各种政治权力。新兴资产阶级要求封建国家向由新兴资产阶级把持的议会提供收支报告,并经议会审查同意后方能执行。于是国家预算这个财政范畴出现了。

封建社会国家财政的特点主要有以下几点:

(1) 随着封建经济和国家政治制度的发展,国王个人收支和国家财政收支逐渐分离。国王个人收入主要来源于皇室庄园收入和特权收入;国家财政收入主要来源于田赋和各种捐税。同时,在管理上也分别设置专职机构和专职人员进行管理。国王个人收支的管理有皇室"内务府",国家财政收支的管理有"户部"。

(2) 封建社会的分封制造成诸侯割据,反映在财政上,表现为国家财政与诸侯国财政同时并存,造成封建国家的财政制度存在着混乱和不统一。

(3) 由于商品货币经济的不断发展,财政收支有部分采取货币形式,但大部分还是采取实物形式和劳役。

(4) 在封建社会末期产生了国家公债和国家预算等新的财政范畴,这在财政的发展中是一个重要阶段。

(三) 资本主义国家财政

资本主义社会的经济基础是生产资料的资本家所有。社会存在着两个主要的对抗阶级:资产阶级和无产阶级。在资产阶级内部又分成若干不同的集团:农业资本家、工业资本家、商业资本家、金融资本家等。他们分享无产阶级创造的剩余价值,共同剥削无产阶级。资本主义社会经历两个发展阶段:自由竞争阶段和垄断阶段。随着资本主义社会从自由竞争阶段向垄断阶段的发展,国家采取的经济政策也发生某些变化。在自由资本主义阶段,为自由竞争创造条件,国家一般不干预经济。发展到垄断资本主义阶段,大垄断集团形成巨大的经济力量,他们凭借强大的经济力量掌握和控制着国家政权,并利用财政为垄断组织在国际上的竞争服务,为最大限度地攫取利润服务。

资本主义国家财政收入主要有各种税收收入,包括个人所得税、公司所得税、社会保险税、消费税、遗产税、财产赠予税、关税等。其次有公债收入和财政性货币发行收入等。资本主义国家财政支出主要是军事支出、国家机关行政经费支出、社会福利、教育支出、国家投资支出、债务还本付息支出等。

资本主义国家财政的特点主要有以下几点:

(1) 财政政策化。自由竞争时期财政收入较少,只能维持国家机器运行的最低需要;垄断时期,财政收入显著增加,国家财政不仅从财力上维持和保证国家机器运行的需要,而且财政成为国家干预经济生活的经济杠杆。

(2) 国家预算形成、完善。随着资本主义社会制度确立,国家预算形成并不断发展完善,国家预算中的财政收入反映国家所掌握的财力规模和来源;财政支出则反映国家财力的使用方向和结构,体现着国家职能的实现过程;财政收支的对比反映着政府财力的平衡状况。这样,通过编制国家预算就可以有计划地组织收入和合理地安排支出,保证国家各项职能的实现。

(3) 国债制度化。资本主义社会制度确立后,国家财政体制日趋集中和统一,国家财政支出日益增长,通过发行公债或向国外借款等办法取得财政收入。

(4) 财政收支货币化。资本主义商品经济高度发达,商品货币经济渗透一切领域,国家财政收支全部采取货币形式。

(四) 社会主义国家财政

社会主义财政是建立在社会主义生产资料公有制和人民民主专政国家的基础之上的,这就决定了社会主义财政是社会主义国家为了在发展生产的基础上,不断提高人民的物质文化生活水平,对一部分社会产品或国民收入所进行的分配,体现着国家、集体和个人之间根本利益一致的基础上的整体与局部的关系,是一种"取之于民,用之于民"的新型财政。

社会主义财政收入主要来源于劳动人民为社会创造的纯收入,国家财政通过税收、利润等形式集中起来。社会主义财政支出主要用于经济建设和社会文教科学卫生等事业。

社会主义财政的特点主要有以下几点:

(1) 社会主义财政是为国家实现其职能提供财力保障的工具。社会主义国家对内要巩固人民民主专政,对外要防御外来侵略,财政要适应社会主义国家在不同历史时期政治经济形势发展的需要,提供实现国家职能的财力保障。

(2) 社会主义财政是以国家为主体,凭借国家的政治权力和生产资料所有者的代表身份参与一部分社会产品的分配。财政凭借国家的政治权力参与分配,保持了财政分配强制无偿的共性。财政以生产资料所有者代表身份参与分配,则区别于一切剥削阶级凭借拥有的生产资料对劳动者的剥夺和产品的占有,社会主义财政以兼顾国家、集体和个人三者的利益为原则,对社会产品进行合理分配。

(3) 社会主义财政是对一部分社会产品,主要是剩余产品的分配和再分配。财政首先以生产资料所有者的身份有计划地参与国有企业的初次分配,然后凭借国家政治权力参与一部分社会产品的再分配。

(4) 社会主义财政是在社会主义市场经济条件下进行各项财政分配活动所形成的分配关系。

因此,可以通过财政与市场的合理定位,发挥市场经济规律的作用,利用价值形式分配财政资金,调节和引导国民经济持续、稳定地发展。

三、财政的基本特征

财政从本质上讲首先是一种分配,而这种分配不同于日常经济生活中诸如工作分配、价格分配或企业财务分配等分配形式。在财政分配过程中,由于国家参与了整个分配过程,使社会主义财政具有自身的特殊本质,具体表现在以下几个方面。

(一) 财政分配的主体

任何分配过程都有与之相对应的主体存在。一般经济分配的主体是投入要素的单位和个人,而财政分配的主体只能是国家(或政府)。这是财政分配区别于其他分配形式的基本特征。

所谓以国家为主体,是指国家在财政分配中居于主导地位。财政分配始终是与国家的公共权力相联系的,通常所说的财政也就是国家财政,离开了国家的公共权力和征税权,也就不可能有财政分配。这使得财政分配与企业、组织、团体和个人为主体的分配相区别。恩格斯曾把"公共权力"和"征税权"看成是国家凌驾于社会之上的相互联系的两个因素。政权机构靠征税权取得了赖以存在的物质基础,而征税权又是以各种公共权力为前提。正因为如此,财政分配活动具有明显的政治强制性。

财政分配的主体是国家,表现在以下几个方面:第一,财政分配以国家为前提。国家直接决定着财政的产生、发展和范围。没有国家这一分配主体,财政这种分配就不复存在;或者非国家为主体的分配,都不属于财政。第二,在财政分配中,国家处于主动的、支配的地位。国家是财政分配活动的决定者和组织者,财政分配的主动权、支配权在国家,表现出财政分配的强制性和无偿性。因此财政是国家可以直接用于调节经济的强有力的手段和物质力量。第三,财政分配是在全社会范围内进行的集中性分配。国家作为整个社会根本利益的代表,具有执行社会职能的基本职责,把社会集中的财力进行统筹安排,促进社会的发展,是财政分配集中性的客观要求。第四,财政分配是以国家制定的法律为依据进行的。政府在一定时期内的政治、经济政策要通过财政政策来实现。

（二）财政分配的对象

从财政分配的实际状况来考察,财政分配的对象是社会产品或国民收入,而主要是剩余产品。具体而言,在构成社会产品价值的三部分,即补偿生产资料（C）部分、劳动者个人收入（V）部分和剩余产品价值（M）部分中,财政收入一般取自劳动者个人收入（V）部分,其中主要是剩余产品价值（M）部分。如果说国家是财政产生的政治条件,那么剩余产品就是财政产生的经济条件。有了剩余产品,财政分配才成为可能。剩余产品的增加能为财政分配提供更为广阔的空间,一国经济发展水平越高,筹集财政收入、履行政府职能的能力往往越强。

（三）财政分配的形式

从历史上看,财政分配形式有劳役、实物和货币三种形式。在商品经济发达的社会中,财政分配是以货币形式即价值形式进行的。财政分配是解决一部分社会产品价值归谁占有、占有多少、或归谁支配、支配多少的问题,而不是解决商品的使用价值问题,因此,财政分配是一种价值量分配。财政分配是通过货币收支活动进行的。财政的一收一支体现了商品价值量的单方面转移。在奴隶社会和封建社会,由于商品经济不发达,财政分配形式主要采取实物形式,也有一部分采取劳役形式。在封建社会末期,随着商品经济日益发达及货币的发展,产生了以货币形式进行的财政分配。

（四）财政分配的目的

财政分配的目的是保证国家实现其职能的需要,这种需要属于社会公共需要。马克思曾指出:"在任何社会生产中,总是能够区分出劳动的两个部分,一部分的产品直接由生产者及其家属用于个人的消费,另一部分则始终是剩余劳动那部分的产品,总是用来满足一般的社会需要,而不问这种剩余产品怎样分配,也不问谁执行这种社会需要所代表的职能。"这里说的"一般的社会需要"即"社会公共需要"。通过财政分配,满足的是同国家执行职能有关的那部分社会公共需要。

所谓社会公共需要，是指向社会提供安全、秩序、公民基本权利和经济发展的社会条件等方面的需要。社会公共需要区别于微观经济主体（个人、企业和单位等）的个别需要，具有以下特征。一是整体性。社会公共需要是社会公众在生活、生产和工作中共同的需要，是社会成员作为一个整体共同提出的，而不是个人需要和个别需要的简单相加。二是集中性。它是由整个社会集中执行和组织，而不能由哪一个社会成员通过分散的活动来满足。三是强制性。它是通过依靠政治权力，采取强制性手段来实现的，而不是通过市场交换行为来满足。

在市场经济条件下，财政分配的目的直接表现为满足社会公共需要，即满足为社会提供安全环境、维持公共秩序、保护公民基本权利和创造经济发展的社会条件等方面的需要（见表1-1）。

表1-1　公共需要与承担主体

社会公共需要的类型	社会公共需要的层次	政府服务的项目	经费负担的主体
完全的社会公共需要	第一层次	国防、外交、公安、司法、行政管理、普通教育、卫生保健、基础科学研究、生态环境保护等	财政
准社会公共需要	第二层次	专业教育、医疗机构、社会保险、抚恤救济、价格补贴等	财政、企业、居民
视同社会公共需要	第三层次	邮政、电信、交通、供气、电力、大江大河治理、大型农田水利设施等	财政、企业

四、财政的概念

伴随财政的发展，财政理论形成了不同的学说，主要有"国家分配说""社会再生产说""剩余产品说""社会共同需要说""价值分配说"等。这些学说对于财政概念的认识各有侧重，提出了不同的财政定义，其中最有影响力的观点有"国家分配说"和"社会共同需要说"两种。

"国家分配说"主张财政是以国家为主体的分配活动和分配关系。具体而言，是国家为了满足其实行其职能的需要，强制地、无偿地参与部分社会产品分配的分配活动及所形成的分配关系。"社会共同需要说"则突出满足社会公共需要，认为财政的本质是为了满足社会共同需要来进行的分配。在国家存在的情况下，它表现为以国家为主体的分配活动。从两种学说来看，他们都承认对于现代财政而言，财政是一种国家的经济行为，是一个分配范畴；都认为必须从社会再生产出发，即以财政和经济的关系为基本线索研究财政问题。

综合上述观点，可以把财政的一般概念概括为：财政是国家为了满足社会公共需要，以国家为主体对部分社会产品进行的集中性分配活动。

手机扫一扫，
读专栏1-2

第二节　市场经济与公共财政

一、市场经济

（一）市场经济的基本内涵

市场经济是指社会资源的配置由市场起主导作用的经济。或者说，它是以市场机制为基础来配置社会资源的经济运行方式。市场机制由价格机制、供求机制和竞争机制所组成。在这三个机制的共同作用下，实现优胜劣汰，使社会资源流入经济效益高的部门，从而实现社会经济效益的最大化。

市场作为资源配置的主要机制，有利于促进生产和消费的及时协调，推动技术的进步和社会经济的发展，提高资源的利用效率。但是，市场的资源配置功能不是万能的，市场机制也有其自身固有的缺陷。

（二）市场缺陷的表现

市场缺陷也称市场失灵，是指现实市场中不符合完全竞争条件的因素以及市场运行结果中被认为不完善的方面。它包括两重含义：一是单靠市场机制不能达到优化社会资源配置的目的；二是市场对那些以社会目标为主的活动无能为力。具体来说，市场缺陷表现为以下几个方面。

1. 公共产品

公共产品又称公共物品，是指有共同受益或联合消费特征的物品或劳务。它有两个基本特征：一是非竞争性，即增加一个消费者，其边际成本等于零，也就是说，某一个人对公共物品的享用并不影响他人享用公共物品的数量和质量；二是非排他性，即在技术上无法将拒绝为之付款的人排除在公共物品的受益范围之外。与公共产品相对应的是私人产品，它具有竞争性和排他性两个特点。从这两个基本特征出发，公共产品可以分为两类：一类是纯公共产品，即在消费过程中同时具有非竞争性和非排他性的各种产品和劳务，如国防、外交；另一类是混合产品，即同时兼有公共产品和私人产品性质的物品，它们或只具备非竞争性和非排他性的其中一项，或具有不充分的非竞争性和非排他性，如公共道路、桥梁、教育等。

公共产品的特征意味着没有付费的人也能从公共产品中获取利益，因此人们总是希望由别人来购买这种产品，自己从中获益，即所谓的"搭便车"。"搭便车"现象的存在使得公共产品难以通过市场机制来提供，即便提供，其数量也会严重不足。

2. 外部效应

外部效应是指某个经济主体的经济活动给社会其他成员带来消极或积极的影响，却没有为之承担费用或获得报酬的情形，又称外溢性、外部性。外部效应分为外部正效应和外部负效应两种，当其带来的是积极影响，却没有获得报酬时，称之为外部正效应，亦称外部受益；当其带来的是消极影响，却没有为之承担费用时，称之为外部负效应，亦称外部成本。

外部效应的存在，意味着私人成本或收益与社会成本或收益的不一致。由于私人部门是按照私人成本和私人收益决定经济活动规模的，而从整个社会的角度而言，根据社会成本和社会收益决定经济活动规模才符合经济效率要求，因此，外部效应的存在会导致私人部门的经济活动规模与社会的要求不一致。当存在正外部效应的情况下，私人活动的水平常常要低于社会所要求的最优水平;当存在负外部效应的情况下,私人活动的水平常常要高于社会所要求的最优水平。例如,一个化工厂给周边地区带来较为严重的环境污染,但没有提供相应的补偿,意味着化工厂的活动存在外部负效应或外部成本。对于化工厂而言,由于它在决定产量时,考虑的只是自己的私人成本,而不会考虑给周边地区带来的外部成本,因此,其活动规模会高于社会要求的最优规模。

3. 垄断的存在

市场机制有效的一个重要前提是市场处于完全的竞争状态。这意味着任一经济主体在市场活动中都无法左右价格的形成,它们只能适应市场的价格水平,并以此为依据确定自己的经营目标或消费目标。然而,现实的市场并不具备完全竞争的环境。客观地看,每一种商品都存在差异,它们都在特定的领域内满足人们的需要,当某一行业的产量达到相对较高的规模时,就会出现规模收益递增和成本递减的趋势,从而就会形成垄断。特别是在诸如城市供水、供电、煤气管道、电话服务等领域,这种垄断的要求比较明显。垄断一经形成,垄断者就可能通过限制产量,抬高价格,使价格高于边际成本,获取额外利润。这种情况表明,市场机制的功能在垄断领域失灵了。

垄断形成的原因主要有:① 企业实现了对某种产品生产所需的关键资源供给的控制,从而使其他企业无法进入该领域生产同类产品;② 拥有了生产某种产品的专利权,使得该企业可以在一定时间内独家生产该种产品;③ 实现了自然垄断,某些行业的技术条件决定了只有产量很高或生产规模巨大的条件下,才能取得生产的规模效益,这不仅需要巨额投资,而且一旦实现最优生产规模,其产量就可以满足市场的需要,从而形成进入壁垒,其他企业难以再进入该行业;④ 政府对某些行业实行的准入制度也是导致垄断的重要原因;⑤ 市场竞争本身的发展会导致生产集中,而生产集中发展到一定程度,也会形成垄断。

4. 信息不完全性

市场机制的有效性需要建立在灵敏而充分的信息来源基础上。生产者需要了解消费者的需求信息,消费者也需要了解市场上的产品销售信息,生产者之间也需要相互了解。但从现实看,尽管生产者和消费者都能在一定程度上得到自己所需要的信息,却无法得到完全足够的信息。而且,许多信息的获得需要付出必要的成本。受到信息来源缺失的影响,生产者和消费者的行为决策难免发生失误,从而会进一步影响到市场配置资源的效率。鉴于此,政府应提供充分的市场信息,如供求情况、价格变化趋势等。

5. 收入分配不公

分配是经济运行的重要组成部分。收入的公平分配既是社会稳定和谐发展的需要,也是保证市场经济高效率发展的要求。但是,在市场经济运行中,由于社会、政治、经济体制的限制和影响,由于人们的社会地位和自然禀赋方面存在的差异,同时,也由于人们的生活环境、受教育程度、劳动能力等有所不同,使得利润、工资等收入并不能完全取决于竞争条件下的要素价格。结果,经济效率越高,往往伴随着越不公平的分配。收入分配差距过大不仅与社会公平目标相抵触,还会引发诸多的社会问题,最终可能动摇市场运行的基础,影响市场机制作用的正常发挥,不利于经济的长期稳定发展。

6. 经济波动或失衡

市场经济稳定运行的基本条件之一是保持总供给与总需求的平衡。但是,由于市场经济内部各种矛盾的相互交织,总供给与总需求之间总是在不平衡到平衡再到不平衡的关系中循环发展的。由于市场价格对产品供求状况的反映存在滞后效应,因此只有当生产大量过剩,供给远远大于需求时,价格才会下跌,企业才会改变投资方向,而此时已经造成了经济过剩、通货膨胀和经济波动。这种经济波动和失衡会给生产者和消费者带来一定损失,社会经济发展也会受到不利的影响和干扰。因此,需要政府运用多种经济政策包括财政政策来干预经济运行、稳定经济运行。

总之,市场经济的运行,不能完全依靠市场机制的自发调节,还需要政府的调控和干预,以弥补市场自身的缺陷,促进社会经济的协调发展。

二、公共财政

(一) 什么是公共财政

社会公共需要论认为,财政是国家为了满足社会公共需要而表现的人力、物力和财力的分配活动,该理论强调财政是为满足社会公共需要而形成的社会集中化分配关系。

社会公共需要是相对于私人个别需要而言的,它具有以下特征:

(1) 社会公共需要是指就整个社会来讲,为维持社会经济生活、维持社会再生产正常运行、维护市场经济正常秩序,而必须由政府集中执行和组织的社会职能的需要,是社会公众在生产、生活、工作中共同的需要,它不是一般意义上的人人有份的个人需要,也不是个人需要的简单加总。

(2) 社会公共需要是每一个社会成员可以无差别地共同享用的需要,一部分社会成员的享用并不排斥其他社会成员的享用。

(3) 社会成员享用社会公共需要要通过纳税、付费等形式付出代价,当然这种代价的付出不遵循等价交换原则,即社会成员的享用所得与付出代价不呈对称性。

(4) 满足社会公共需要是政府的责任,政府通过征税、收费等形式取得财政收入,由政府部门直接提供或组织提供满足社会公共需要的公共物品和服务。

公共财政是指在市场经济条件下,以政府为主体从社会上取得收入,并将收入用于满足社会公共需要而进行的收支活动。公共财政的核心,是满足社会公共需要,其本质要求是要由公众参与决策、参与管理、参与监督。

(二) 公共财政的基本特征

公共财政是为市场提供公共服务的政府分配行为。公共财政是建立在"公共产品"和"市场失灵"理论基础上的,与市场经济相适应的一种财政模式,是国家财政的一种具体存在形态。

1. 公共财政是弥补市场失灵的财政

市场经济体制下,财政必须且主要在市场机制无法影响的领域内发挥作用,致力于充分协调不完全竞争领域内的经济活动。通过提供公共产品和服务来满足社会成员共同需要,加强市场信息沟通,消除外部经济负面效应,促进充分就业,协调效率与公平之间的矛盾,从而弥补市场失灵。

2. 公共财政是为市场主体提供一致性服务的财政

财政活动直接作用于包括企业、个人和金融机构在内的各市场主体,影响其行为。为维护市场的公平和公正,财政必须一视同仁地对待所有的市场主体。政府制定的财政政策和制度对所有市场主体都要保持一致性,不应有亲疏之分。否则,不但不能弥补市场机制的缺陷,反而会加大市场失灵。

3. 公共财政是非营利性的财政

造成市场机制失灵的原因之一是部分社会资源配置活动无法确保直接盈利。财政收支活动具有强制性和无偿性的特点,适合于在非营利性领域中实施资源配置。因此,公共财政主要在非营利性领域内活动,特别是在企业与政府共同介入的领域中。非营利性特征往往用于界定政府的参与程度。例如,高速公路的修建中,政府通过无偿财政投资或补贴方式投入部分资金,会使参与投资的企业更容易获得平均利润。财政活动不仅为社会公众提供公共服务,也为市场机制运作提供支持和协调。

4. 公共财政是法制化的财政

市场经济体制的重要特征是指社会经济活动秩序主要依靠法制维护,法制是财政发挥作用的重要前提和基础。税收应依法征收,预算要依法执行,社会公众依法监督政府的财政行为。

总之,在市场经济中,以克服和纠正种种市场失灵问题为出发点的政府干预行为都可以看作是政府为社会经济的正常运转提供公共产品的行为,这样,公共产品构成了市场经济中政府(财政)活动的对象。事实上,政府(财政)活动可以定义为提供公共产品的活动。因此,从财政活动的对象看,西方财政理论可以称为"公共产品论"。该理论是西方财政理论的核心。

手机扫一扫,
读专栏1-3

(三) 我国公共财政存在的问题

1. 财政"缺位"和"越位"并存

我国财政供给缺位、越位问题始终没有解决好,财政的公共性和非营利性不足。具体表现为,一方面,财政该承担的没有全部承担,如基础义务教育,政府应该提供的社会公共产品保障不足,财政支出满足不了日益增长的需要,形成财政供给的缺位;另一方面,财政该退出的又没有彻底退出,如不少地方政府直接筹划和投资竞争性项目。财政包揽过多,几乎覆盖了社会再生产的各个环节,特别是向一般竞争性领域和营利性领域投资过多,形成财政供给的"越位"。

2. 财政收支和预算透明度低

政府收支没有全部纳入预算,财政的公开性缺失。我国对于政府的收支规模没有确切的统计,部分非税收入尚未纳入预算管理,包括各级政府部门的收费、社保基金、地方政府土地出让收入等,不受各级人大监督。政府收入,预算外一块,制度外还有一块,这就导致了一系列问题,如资金使用不当,在资金分配使用过程中出现低效、腐败等问题,损害了社会成员的公共利益,更不符合公共财政的公共性和法治性。

3. 财政收支管理的法律法规不健全

我国对公共财政收支管理的法律还不健全,财政的法治性弱,表现在:许多税收征收法律层次还停留在国务院制定的规定或条例上,没有提高到全国人大通过的法律上,而非税收入征收的法律层级更低;缺乏一部公共财政基本法,规范公共财政收入的征收管理权、政府的事权财权在各级政府之间的划分、中央与地方的转移支付制度等。

4. 财政的收入分配职能不到位

我国税收、工资、转移支付等收入调节制度的改革滞后,在经济发展、体制转换、政策调整的转轨过程中,城乡、地区和行业间的收入差距不断拉大。据国家统计局资料显示,2011年1~2季度,农村居民家庭人均纯收入最高的上海和最低的贵州之比为7.32∶1,城镇单位就业人员劳动报酬最高的广东和最低的贵州之比为38∶1;垄断行业、新兴行业部门收入增长快,而一些传统产业收入增长缓慢。这都说明财政的公平性不够。

(四) 完善我国公共财政政策

1. 正确处理生产建设和公共服务的关系

公共财政是指在市场经济中,以国家为主体,通过政府的收支活动,集中一部分社会资源,用于履行政府职能和满足社会公共需要的经济活动。其逻辑前提是"市场失灵",核心概念是"公共产品",基本职能是资源配置、公平分配和稳定经济。在政府和财政基本职能的导向下,要逐步收缩生产建设职能,放大为全社会提供公共产品和公共服务的职能。从长远发展看,地方政府要逐渐退出一般竞争性领域,把投资重点转到非竞争性的基础设施、公益事业、公共工程方面去。

财政工作仍应牢固树立经济决定财政的观念,正确处理生财、聚财和用财三者之间的辩证关系,继续涵养财源,千方百计做大财政经济"蛋糕"。但是不能沿袭过去计划经济下的做法,一说财源建设,就是政府投资办企业,或者就是减税或财政返还。要认真研究财政对企业的扶持问题,扶持的方向、范围、力度、角度、时机等都应该研究。在市场经济下企业是市场的主体,政府对待企业应该是一视同仁的态度。一视同仁才符合公共财政的正确导向。

2. 形成规范的公共选择机制

公共财政所蕴含的一个非常关键的主题就是如何在理财上实现法治化的公共选择。理财应包括许多具体的制度规定,制度建设的实质是要体现最广大公众的利益和要求,进而使具体的财力收支合理化。而凭借什么力量才能够把这些做到位? 这个力量应来自一种体现民主理财、能反映民意和公众要求的机制,最终稳定在法律层面上。要形成这种机制必须增加预算的透明度和规范性,以便于实现公众监督和科学管理,即必须努力寻求公共选择机制的合理构造,使公共选择机制规范化。

在我国,应有一个公众的监督机制或一个反映民意的渠道,使市场经济下公共需要的满足,在合理掌握轻重缓急支出顺序的情况下得到有效保证。西方市场经济国家中的预算编制,大到中央政府,小到地方上的一个自治镇,在通过前都有一个必要的程序,即听证会,通过听证会等形式,体现民众的需求和意愿,实行公众对政府职能与预算安排的监督。我国还缺乏类似的制约、监督机制。所以,从根本上说,要体现最广大人民群众的意愿,必须使他们的切身利益合理地整合起来,通过这个选择机制所形成的制度的决策机制,稳定地得以实现。这种机制运转起来后,会使整体的管理水平得到提高,避免或减少因少数人专断决策而可能发生的失误,同时也更好地为公众服务。这也就是依法治国、依法理财、公共财政在我国现实生活中所蕴含的重大意义。

3．大力推进财政制度建设

"十一五"期间,我国要按照公共财政的要求,以财政改革为手段,以提高财政支出效益为根本,大力推行和深化预算管理制度、收入分配制度、社会保障制度、公务支出制度、转移支付制度等,构建较为完整、系统的财政管理制度,提高我国财政管理和公共服务水平。具体而言就是要调整和完善地区财政管理体制、建立和规范企业税收属地征管制度、研究制定政府间财政转移支付办法、建立非税收入管理体系、完善部门预算编制定额、完善部门预算项目库管理办法、建立预算调整程序规范、完善国库集中支付管理、完善政府采购制度、完善财政监督管理办法、制定地方政府负债管理办法、完善政府专项资金管理办法、建立财政支出绩效评价体系,建立科学的激励和约束机制,等等。

为进一步深化我的预算管理改革,打造"阳光预算",要抓紧制定部门预算编制业务规范;建立政府性债务风险预警体系,完善政府性债务偿还机制,努力防范和化解地方财政风险;进一步提高财政资金的使用效率,建立财政支出绩效评价体系,为下一步绩效预算打好基础。

4．确立科学的财政分配机制

公共财政强调,在财政分配顺序上,在满足国家机器的基本运转需要之后,首先要满足公共需要,这是分配顺序里要解决的轻重缓急问题的重心。所谓满足公共需要即经济学上所说的公共产品和服务的提供。这种公共产品,大的例子可举出生态环境,小的例子可以举出公共场所的路灯、路标等。按经济学的语言讲,它们具有效用的不可分割性。消费时,是非竞争的;受益上,具有非排他性。所以它们的供给,必然归于非营利性。这些公共产品和服务不可能由市场来有效提供,而只能依靠或主要依靠政府来实现配置。

"十一五"时期财政支出分配中,加大教育、文化、科学、卫生事业发展的投入,是建设和谐社会的题中之意,也符合公共财政的职能范围。过去相当长的一段时间里,我国政府财力分配的突出问题,就是分配顺序掌握不当,在"一要吃饭,二要建设"的关系上发生"建设挤吃饭",形成公共产品的大量欠账,最终拖累、制约整个经济、社会的协调发展。换一个角度说,在公共财政分配顺序问题上处理好了,公共产品和服务提供到位了,社会的投资条件、生存环境的水准才能提高,才能促使整个经济发展活力的不断增强。

第三节　财政职能

财政的职能,是指财政在社会经济生活中所具有的职责和功能,它是财政这一经济范畴本质的反映,具有客观必然性。市场存在多方面的失灵,实际上可以把市场这些失灵大致归为三个方面:一是市场在资源配置方面的失灵,如垄断、信息不充分、外部效应与公共物品等;二是市场在收入分配方面的失灵,完全依靠市场分配,必然会出现不同层次的收入悬殊,导致两极分化;三是市场在宏观经济运行方面的失灵,完全依靠市场的自发调节,宏观经济难免会出现周期性活动。因此财政的职能可以概括为三个方面:资源配置职能、收入分配职能和经济稳定职能。

一、资源配置职能

资源配置职能是指为满足人们的需要,将有限的资源在各种可能的用途间进行分配和组合,并形成一定的资产结构、产业结构、技术结构、消费结构和地区结构。

（一）资源配置职能的主要内容

1. 调节资源在地区之间的配置

在世界各国,地区之间经济发展不平衡是普遍现象。在我国,这一问题更为严重,这有历史、地理和自然条件等多方面的原因。要解决这一问题,单靠市场机制需很长时间,有时还往往产生逆向调节,即资源从落后地区向发达地区流动,这对整个经济的均衡发展和社会的稳定是不利的。这就要求财政资源配置职能在这方面发挥作用。其主要手段是通过财政体制中的转移支付制度和财政补贴、投资、税收等优惠政策来实现。

2. 调节资源在产业部门之间的配置

合理的产业结构对提高宏观经济发展效果,促使国民经济的良性循环具有重要意义。调整产业结构不外乎有两个途径:一是调整投资结构,因为产业结构是由投资结构形成的,增加对某种产业的投资就会加快该产业的发展,反之,减少对某种产业的投资,就可以延缓其发展;二是改变现有企业的生产方向,即调整资产存量结构,促使一些企业转产。在这两个方面财政都能够发挥调节作用。就调整投资结构方面来看,首先是调整国家预算支出中的投资结构,如增加能源、交通和原材料等基础产业和基础设施方面的投资和减少加工部门的投资。其次,利用财政税收和投资政策引导企业投资方向,鼓励企业进行短线投资,对长线投资进行限制。

3. 调节全社会的资源在政府部门和非政府部门(企业和个人)之间的配置

这取决于财政收入占国民生产总值收入比重的高低。提高这一比重,意味着社会资源中归政府部门支配使用的部分增大,非政府部门支配使用的部门减少;反之,降低这一比重,则意味着社会资源中归政府部门支配使用的部分减小,非政府部门支配使用的部分增大。社会资源在政府部门和非政府部门之间的分配,根据主要是社会公共需要在整个社会需要中所占的比例,这一比例不是固定不变的,而是随着经济的发展、国家职能和活动范围的变化而变化的。应当是政府部门支配使用的资源与其承担的责任相适应,政府支配使用的资源过多或过少都符合优化资源配置的要求。

（二）资源配置的效率准则及其实现机制

迄今为止,人们一直认可的判断资源配置优劣的标准是意大利经济学家帕累托提出的"帕累托效率",也称"帕累托最优"。所谓帕累托效率状态是指要素在厂商之间或厂商内部的配置达到这样的状态,即任何重新配置都会至少降低一个厂商或一种产品的产量,那么这种状态就是资源配置的最佳状态,即帕累托效率状态。

关键的问题在于,通过什么样的机制来实现或提高资源配置的效率。我国计划经济的实践证明了完全的政府配置,或政府在资源配置中发挥主导作用,是没有效率的。这也是我国进行市场取向改革的原因。市场经济条件下的资源配置,自然主要靠市场。因为从总体上说,市场配置是有效率的,也可以说迄今为止还没有比市场更具有效率的配置机制。然而,已如前述,市场在资源配置领域方面也存在着失灵,垄断、信息不充分、外部性与公共物品的存在使市场在资源配置领域难以独善其身,还必须依靠政府的作用来弥补市场的失灵。总之,市场经济条件下资源配置的机制应该是市场和政府共同发挥作用的二元机制。其中,市场发挥基础作用性作用,政府则在市场失灵领域发挥补充作用,二者共存互补,共同承担起优化资源配置的责任。

政府配置资源的方式,有行政和法律手段、组织公共生产和财政手段等多种手段。但财政作为国家或政府为主体的分配,拥有税收、公共支出等多种有效的工具,天然具有资源配置的功能,因此可以成为政府进行资源配置最为重要的手段之一。

(三) 资源配置职能的实现方式

(1) 合理确定财政收入占国内生产总值的比重,即确定财政资源占社会整体资源的比重,实现社会资源在民间部门和政府部门间的合理配置。也就是说,社会资源应有多大比例被财政集中起来,转化为政府可控的资源用于提供公共物品,有多少资源应由市场配置,用于私人物品的提供。在理论上,合理的财政收入规模应满足财政收入的社会边际效益与社会边际(机会)成本相等的条件,才能实现社会资源在两大部门或公共物品与私人物品之间的最优配置。在具体实践中,一般是根据社会对公共物品的需求量(社会公共需求)确定政府财政支出的规模(公共物品的提供成本),实行以支定收。

(2) 优化财政支出结构。支出结构也就是财政资源内部的配置比例,如购买性支出与转移性支出的比例以及购买性支出内部的配置比例等。前一个比例决定财政最终占有经济资源的规模,对财政配置资源的总量有决定性的影响;后一个比例则表明财政资源在不同公共物品项目上的配置比例。

(3) 合理运用财政投资、税收、补贴等多种手段调节和引导民间资源的合理配置。未被财政集中的民间资源的配置原则上属于市场机制作用的范围。当市场本身的配置有效率时,各财政政策工具应保持中性,不干扰市场机制的运行;当市场本身的配置效率不高时,可考虑采用非中性的财政政策手段进行调节,促进民间资源配置效率的提高。我国目前市场体系尚在发育和完善之中,市场配置资源的效率难以充分发挥。因此,应适度发挥税收、财政补贴、财政投资等调控手段的作用,引导民间投资的流向,实现社会资源整体的优化配置。

(4) 提高财政配置工具的使用效率。财政配置的基本工具是税收和财政支出。提高财政配置工具的使用效率,就税收而言,主要是降低税收成本。一是要降低税收的超额负担,使税收对市场配置资源效率的负面影响最小化;二是要降低税收的征收成本和纳税成本。就财政支出而言,就是要努力提高财政支出的效益。为此,需要在借鉴国际先进经验的基础上,建立和完善适合我国国情的科学的税收制度和财政管理制度,如政府采购制度,国库集中支付制度等。

二、收入分配职能

收入分配是指国民经济在一定时期内创造的国民收入,按一定的方式在政府、企业和居民个人之间的分割。国民收入分配形成流量的收入分配格局和存量的财产分配格局。

(一) 收入分配的公平准则及其实现机制

国民收入分配之所以要经过两个层次,是由收入分配的公平准则所决定的。收入分配的公平包括经济公平和社会公平两项内容。

所谓经济公平是指在收入分配中根据在收入创造过程中要素的贡献来决定收入分配的一种准则。没有贡献要素,没有资格参与分配,提供的要素多,收入多;提供的要素少,收入少。按这样一种规则进行分配是符合经济公平准则的。

所谓社会公平是指将收入差距维持在现阶段社会各阶层居民所能接受的合理范围内。

至于什么是社会认可的收入差距,取决于社会普遍接受的价值标准或道德伦理观念。显然,收入差距过大、两极分化与收入差距过小乃至平均主义都是社会公平准则所不能接受的。

在市场经济体制下,收入分配当然首次依靠市场。实际上,由于初始分配主要是要素分配,讲究要素投入与要素收入项对称,所以初始分配主要是市场机制在发挥作用,是一种市场性的分配。市场分配有助于实现经济公平和经济效率。但是由于经济主体或个人所拥有或提供的生产要素不同、资源(要素)的稀缺程度不同以及各种非竞争因素的干扰,单一的市场分配必然会导致各经济主体或个人之间获得的收入出现较大差距,难以实现社会公平。鉴于市场机制的失灵,也就需要政府机制发挥作用,政府可以凭借政治权利对市场分配的结果进行重新调整,矫正市场分配出现的收入差距,使之符合社会公平的要求。

概括而言,国民收入分配的目标是经济公平和社会公平的统一,决定了社会主义市场经济体制下的收入分配必须通过初始分配和再分配两个过程,借助市场和政府两种机制来完成。其中,政府参与国民收入的分配主要是通过财政分配来完成的。财政既通过征收间接税和凭借国家对国有企业的所有权取得要素收入而参与初始分配,又是政府对要素收入进行再分配的主导形式。无疑,财政可以对国民收入的公平分配产生重要影响。

手机扫一扫,
读专栏1-4

(二) 收入分配职能的实现方式

1. 合理界定市场分配与财政分配的界限和范围

原则上市场分配的范围,财政不能越俎代庖,凡属于财政分配的范围,财政应尽其职。如初始分配中企业职工工资、利润、财产转让转入、财产租赁收入、股息收入等要素收入水平的决定,应由市场分配来完成,财政不应干预财政只能对市场分配的结果根据社会公平的要求通过再分配进行调节。例如,应由政府提供的社会福利和社会救济,财政必须承担起相应的职责。我国长期以来存在的"企业办社会"问题,表明财政分配的"缺位",必须尽快解决。

2. 改进和完善行政和事业单位职工工资制度

行政和事业单位的职工未对生产过程直接提供要素,因而未参与国民收入的初始分配。其收入要由财政再分配来解决。一方面,要解决职工工资水平问题,即工资水平要适度。以市场为参照系合理确定公共部门职工的工资水平,既有利于实现经济公平,也有利于社会公平。另一方面,要解决工资制度的规范问题。凡应纳入工资范围的收入都应计入工资总额,取消各种明补和暗补,提高工资的透明度。

3. 加强税收调节

税收是政府进行收入再分配的重要手段。通过个人所得税可以调个人的劳动收入和非劳动收入,使之保持在一个合理的差距范围内;通过开征消费税,选择对奢侈品和贵重消费品课税,可以调节高收入者的实际可支配收入;通过遗产税和赠予税可以调节个人财产分布等。

4. 改进和完善财政转移性支出制度

转移性支出制度在公平收入分配方面的作用主要是针对低收入阶层、老龄人口、失业人口等社会弱势群体。保证这些人起码的生活水平和福利水平是财政再分配的责任。在这方面,财政需要依托财政建立和完善社会福利,社会救济和社会保险制度。

三、经济稳定职能

(一) 经济稳定的含义

经济稳定是宏观经济运行的一种理想状态,包括充分就业、物价稳定和国际收支平衡等多重含义。

1. 充分就业

它是指有工作能力且愿意工作的劳动者能够找到工作做。这里的"就业"即工作或劳动,是泛指一切用自己的劳动来维持自己生活的活动。这就是说,在各种所有制、各行各业的劳动,均属就业范畴。这里的"充分"就业,并不意味着全部就业人 100% 就业,而是指就业率(已就业人口占全部可就业人口的比率)达到了某一社会认可的比率,比如 95%、97% 等。

2. 物价稳定

它是指物价总水平基本稳定。在纸币流通的条件下,随着商品比价的不断调整,通常物价水平有徐徐上涨的趋势,只要物价上涨的幅度是在社会可容忍的范围内,比如年率在 3%～5%,即可视为物价水平稳定。

3. 国际收支平衡

它是指一国在进行国际经济交往时,其经常项目和资本项目的收支合计大体保持平衡。在开放的经济条件下,国际收支平衡是经济稳定的一个重要内容和标志。应当着重指出,经济稳定,并不是不要经济增长,稳定和增长是相辅相成的。我们讲的经济稳定,是在经济适度增长中的稳定,即动态稳定,而不是静态稳定。因此,经济稳定就包含有经济增长的内容,就是指要保持经济的持续、稳定、协调的发展。

(二) 经济稳定的条件及其实现机制

经济稳定目标的实现,至少应解决好三个层面的问题。

首先是总量平衡问题。总量平衡主要是指保证社会总供给与社会总需求的大体平衡。如果总供需保持了平衡,物价水平就是基本稳定的,经济增长和充分就业也是不难实现的。同时,国际收支也必然是正常的。而社会总供需失衡的情况下,这一系列目标都难以实现,也就谈不上经济的稳定增长了。

其次是结构的协调与高级化问题。结构问题是指经济结构特别是产业结构的协调和高级化。一方面要求不存在发展明显滞后的产业,以免出现制约经济增长的产业"瓶颈";另一方面新兴产业的发展能有效带动产业结构的升级换代,以增强经济增长的活力。对于像中国这样的经济大国而言,还存在着区域经济的平衡问题,保证地区结构的平衡也就非常重要。

再次是环境优化问题。文教事业的发展与科技水平的提高、国内稳定的社会秩序、国际关系的协调与安全的国防、良好的生态环境等既是社会福利水平高低和经济发展的题中之意,也是经济稳定与可持续发展所必须具备的条件。

市场在调节经济结构方面应发挥基础性作用。在一个充分竞争的市场经济中,通过价格的升降和竞争机制可以实现供需结构及产业结构的协调。但是,第一,市场对经济结构的调节是一种事后调节,这种调节可能要付出较大代价和经历较长的时间,是一个痛苦和漫长的过程;第二,现实的市场并不是充分竞争的,由于垄断、信息不充分、公共物品和外部效应的存在,市场调节作用并不能够充分发挥出来;第三,对于发展中国家来说,还存在市场机制不完善的问题,也严重制约着市场的结构调节功能和效果。至于环境建设,则大体上属于公共物品提供的范围,市场在其中的作用是极其有限的,是市场天然失效的领域。

总之,市场在经济总量的平衡、结构与环境的优化方面存在重大的缺陷,政府在经济的稳定和发展上担负着重要的责任。而在政府可以利用的各种政策手段中,财政可以发挥重要的作用。

(三) 经济稳定职能的实现方式

(1) 完善税收制度和社会保障制度,发挥财政制度对宏观经济运行的"自动稳定器"作用。"自动稳定器"是指那些能随经济形势的变化自动发生作用(即不需政府主动采取行动),而缩小社会总供需差距,缓解经济波动的财政制度的总称。例如,公司所得税和累进的个人所得税等税收制度,社会福利制度和救济制度等社会保障制度,都具有自动稳定的显著功能。这些制度对经济活动的反应相当敏感。当社会总需求大于总供给,从而经济过热时,税收会自动增加,各种福利和救济支出也会自动减少,其结果会对总需求的扩张和通货膨胀产生一种自动的抑制力量;相反,当社会总需求小于总供给时,税收会自动减少,财政安排的福利和救济支出会相应增加,从而会自动地增加需求,减轻经济萧条的程度。自动稳定器是政府实现经济稳定的第一道防线。

(2) 根据社会总供给与总需求的变化情况,采取相机抉择的财政政策,促进社会总供需的平衡。上述自动稳定器的作用如何,在很大程度上受政府对制度设计和实施效果等因素的影响。同时,税收和转移支出需求的影响是间接的,乘数效应较小。因此,自动稳定器熨平经济波动的作用是有限的,特别是社会总供需严重失衡和经济剧烈波动时,单靠制度的自动作用更是难以扭转局面。因此,要确保经济稳定,政府还要审时度势,采取相机抉择的财政政策。当社会总需求大于总供给时,财政可以采取减少支出和增加税收或二者并举的紧缩性财政政策,通过减少政府需求和非政府需求来压缩总需求;当社会总需求小于总供给时,财政应采取扩张性财政政策,即通过增加支出和较少税收或二者并举,由此增加社会总需求。相机抉择财政政策可以根据总需求失衡的实际状况,确定政策的调控力度,具有针对性强的优点。然而,对于宏观经济形势发生的变化,政府有时并不能马上意识到,而且从认识到形势的变化到政策措施的出台,也需要一定的时间。这就是说,相机抉择财政政策存在调节上的"时滞"问题。

(3) 加强财政政策与货币政策、汇率政策的协调与配合。财政与货币政策在实现经济总量平衡方面互有短长,应该相互配合,避免相互制约和矛盾的情况发生。另外,在国际收支方面,财政政策还应注意与汇率政策的相互协调。

(4) 利用投资、补贴和税收等政策手段,促进经济结构特别是产业结构的协调和高级化。我国现阶段,经济增长面临基础"瓶颈"的制约,政府一方面可通过财政扩大对基础产业的投资,另一方面还可利用税收、补贴等财政杠杆诱导非政府部门对基础产业的资金投入。同时,对高新技术产业的发展,财政部门应提供多方面的政策支持。

(5) 财政应切实保证非生产性的社会公共需要,为经济稳定和发展创造良好的外部环境。一方面保证行政管理费和国防费的适度规模,大力提高文教、科研、治理污染、保护生态环境等项支出的增长幅度;同时,完善社会保障制度,为经济稳定增长营造一个良好的基础环境,使经济增长和发展相互促进,相互协调,避免出现某些发展中国家曾经出现的"有增长而无发展"或"没有发展的增长"的现象。

本章小结

(1) 经济生活中的一切财政现象和财政问题都同国家的分配活动有关。财政的一般特征是指财政作为分配范畴区别于其他相关分配范畴的形式特征,即不同社会的财政具有的共性。财政的一般特征应从对财政分配的主体、对象、形式和目的的分析中去把握。要着重掌握财政与国家的本质联系以及作为财政分配目的的"社会公共需要"的特征和包括的内容。可以把财政的一般概念概括为:财政是国家为了满足社会公共需要对一部分社会产品进行的集中性分配。

(2) 财政的产生必须具备两个条件:一是经济条件,二是政治条件。经济条件是指社会上存在着可供财政分配的那部分剩余产品。政治条件是指国家的产生。财政产生以后,随着生产方式的改变和国家的更替而不断发展变化。迄今人类社会经历了奴隶社会、封建社会、资本主义社会、社会主义社会,从而也就存在了与之相适应的财政。要掌握每个阶段财政的主要特点。

(3) 财政的职能通常包括三个方面:资源配置职能、收入分配职能和经济稳定职能。

资源配置,是指通过对现有的人力、物力、财力等社会经济资源的合理调配,实现资源结构的合理化,使其得到最有效的使用,获得最大的经济效益和社会效益。财政通过调节资源在地区之间的配置,调整产业结构,调节资源在政府部门和非政府部门之间的配置,调节资源在积累和消费之间的配置,可以促使资源结构的合理化。

财政的收入分配职能是指通过财政分配,将一定时期内社会创造的国民收入,在国家、企业、个人之间进行分割,形成合理、公平的比例或份额,即实现收入的公平分配。财政的收入分配职能主要包括两个方面内容:调节企业的利润水平和居民的个人收入水平。

经济稳定是指要实现充分就业、物价稳定和国际收支平衡。经济稳定是指动态稳定,其本身就包含有经济增长的内容,即是要保持经济的持续、稳定、协调的发展。

一、关键词

财政　公共产品　外部效应　公共财政　资源配置　收入分配　稳定经济

二、复习思考题

1. 公共财政的基本特征有哪些?
2. 什么是财政的资源配置职能?如何实现资源配置职能?
3. 什么是财政的收入分配职能?如何实现收入分配职能?
4. 什么是宏观经济稳定?财政如何为实现经济稳定发挥其职能?
5. 如何理解财政的概念?
6. 市场失灵有哪些表现?

第二章　财政收入

通过本章的学习,要求掌握财政收入的概念、财政收入的形式;了解财政收入的原则;理解财政收入的各种分类;理解财政收入规模的含义,掌握影响财政收入规模的各种因素。

引导案例

2019 年全国财政收入同比增长 3.8%

新华社北京 2 月 10 日电(记者 申铖)财政部 10 日发布数据显示,2019 年,全国一般公共预算收入 190 382 亿元,同比增长 3.8%。其中,中央一般公共预算收入 89 305 亿元,同比增长 4.5%;地方一般公共预算本级收入 101 077 亿元,同比增长 3.2%。

数据显示,2019 年,全国税收收入 157 992 亿元,同比增长 1%;非税收入 32 390 亿元,同比增长 20.2%。

从主要税收收入项目来看,2019 年,国内增值税 62 346 亿元,同比增长 1.3%;国内消费税 12 562 亿元,同比增长 18.2%;企业所得税 37 300 亿元,同比增长 5.6%;个人所得税 10 388 亿元,同比下降 25.1%;进口货物增值税、消费税 15 812 亿元,同比下降 6.3%;关税 2 889 亿元,同比增长 1.5%。

土地和房地产相关税收中,2019 年,契税 6 213 亿元,同比增长 8.4%;土地增值税 6 465 亿元,同比增长 14.6%;房产税 2 988 亿元,同比增长 3.5%;耕地占用税 1 390 亿元,同比增长 5.4%;城镇土地使用税 2 195 亿元,同比下降 8%。

支出方面,2019 年,全国一般公共预算支出 238 874 亿元,同比增长 8.1%。其中,中央一般公共预算本级支出 35 115 亿元,同比增长 6%;地方一般公共预算支出 203 759 亿元,同比增长 8.5%。

从主要支出科目来看,2019 年,教育支出 34 913 亿元,同比增长 8.5%;科学技术支出 9 529 亿元,同比增长 14.4%;社会保障和就业支出 29 580 亿元,同比增长 9.3%;卫生健康支出 16 797 亿元,同比增长 10%;城乡社区支出 25 681 亿元,同比增长 16.1%。

此外,数据显示,2019 年,全国政府性基金预算收入 84 516 亿元,同比增长 12%;全国政府性基金预算支出 91 365 亿元,同比增长 13.4%。全国国有资本经营预算收入 3 960 亿元,同比增长 36.3%;全国国有资本经营预算支出 2 287 亿元,同比增长 6.2%。

思考题:1. 什么是财政收入? 财政收入形式主要由哪些组成?

2. 财政收入规模受哪些因素影响?

第一节　财政收入概述

一、财政收入的概念

财政收入,是指政府为履行其职能、实施公共政策和提供公共物品与服务需要而筹集的一切资金的总和。财政收入表现为政府部门在一定时期内(一般为一个财政年度)所取得的货币收入。财政收入是衡量一国政府财力的重要指标,政府在社会经济活动中提供公共物品和服务的范围和数量,很大程度上取决于财政收入的充裕状况。财政收入既是一个过程,又是一定量的公共性质的货币资金。财政收入,作为一个过程,它是财政分配的第一个阶段,即组织收入、筹集资金阶段;作为一定量的公共性质的货币资金,即用货币表现的一定量的社会产品价值。

财政收入不仅仅是充当财政收支的源泉,而且也是贯彻政府政策意图的重要手段。例如,行政收入中的特许金是为了把某些个人或企业的行为限制在一定范围内;罚款是为了抑制危害国家利益和公共利益的行为;等等。

生产决定分配,经济决定财政。财政收入的概念,在各个不同时代有其不同的内容。在古代自然经济时期,财政收入主要表现为实物与劳务;封建社会后期,劳务形式的财政收入逐步取消;随着商品经济的发展,构成财政收入的实物也逐渐由货币取代。

二、财政收入的形式

财政收入的形式是指政府取得财政收入的具体方式,即来自各个方面、各个部门、单位和个人的财政收入通过什么方式上交给国家。当前,我国财政收入的形式主要有以下几种。

(一) 税收收入

税收是政府为实现其职能的需要,凭借其政治权利并按照特定的标准,强制、无偿的取得财政收入的一种形式,税收收入是现代国家财政收入最重要的收入形式和最主要的收入来源。在中国税收收入按照征税对象可以分为五类税,即流转税、所得税、财产税、资源税和行为税。其中流转税是以商品交换和提供劳务的流转额为征税对象的税收,流转税是中国税收收入的主体税种,占税收收入的 60% 多,主要的流转税税种有增值税、营业税、消费税、关税等。所得税是指以纳税人的所得额为征税对象的税收,国家已经开征的所得税有个人所得税、企业所得税。财产税是指以各种财产(动产和不动产)为征税对象的税收,国家开征的财产税有土地增值税、房产税、城市房地产税、契税。资源税是指对开发和利用国家资源而取得级差收入的单位和个人征收的税收,中国的资源税类包括资源税、城市土地使用税等。行为税是指对某些特定的经济行为开征的税收,其目的是为了贯彻国家政策的需要,中国的行为税类包括印花税、城市维护建设税等。税收是财政发展史上最早出现的财政范畴,它具有强制性、无偿性和固定性的特征,在筹集财政资金方面具有其他收入不可替代的重要作用,是国家取得财政收入的最佳形式,也是政府调节经济运行、优化资源配置和调节收入分配的重要杠杆。

(二) 国有资产收益

国有资产收益是指国有资产管理部门以国有资产所有者代表的身份,以资产占用费、上

缴利润、租金、股息、红利等形式所取得的收益和国有资产的转让收入。目前,国有资产收入具体包括以下内容:

(1) 国有企业缴纳所得税后应上缴国家的利润。

(2) 股份有限公司中国家股应分得的股利。

(3) 有限责任公司中国家作为出资者按照出资比例应分取的红利。

(4) 各级政府授权的投资部门或机构以国有资产投资形式的收益应上缴国家的部分。

(5) 国有企业产权转让收入。

(6) 股份有限公司国家股股权转让收入。

(7) 对有限责任公司国家出资转让的收入。

(8) 其他非国有企业占用国有资产应上缴的收益。

(9) 科、教、文、卫等非营利性单位改制转让国有资产的收入。

(10) 其他按规定应上缴的国有资产收益或收入。

国有资产收益或收入大小主要取决于国家对国有资产的经营方式,同时还取决于国家规定的利润分配制度。国有企业实行利改税之前,国有企业上缴利润是财政收入的一个主要来源,实行利改税后,上缴利润在财政收入中所占比重已经不大。今后,随着国有企业产权形式的改革、实行税利分流和企业的经济效益的提高,这部分收入必将不断降低。

(三) 债务收入

债务收入是政府以信用方式从国内、国外取得的借款收入,它是一种特殊的财政范畴,也是一种特殊的信用范畴,兼有财政与信用两种属性。例如,国内发行的公债、国库券、经济建设债券,向外国政府和国际组织的借款等取得的收入,都属于债务收入。现阶段,债务收入被大部分国家所采用,成为政府财政收入的又一重要形式,它已经不再单纯用于弥补财政赤字,而且还是政府调节经济的重要手段。

(四) 其他收入

其他收入是指国家财政主要收入以外的零星收入,包括事业收入、规费收入、罚没收入、国家资源管理收入、公共收入和专项收入等。此外还包括基本建设收入、国际组织援助捐赠收入、对外贷款归还收入、收回国外资产款收入、国有土地使用权有偿使用收入等。这部分收入虽然在财政收入中比重不大,数量有限,但却具有项目多,政策性强的特点,加强对其管理,有利于促进经济的稳定发展。

三、财政收入的原则

财政收入原则是组织财政收入所依据的基本法则,它关系到正确处理国家、集体、个人三者之间的利益关系,关系到社会经济发展和人民生活水平的提高。在组织财政收入时,必须把握好以下原则。

(一) 发展经济、广开财源的原则

发展经济、广开财源是指在组织财政收入时必须从发展经济的角度出发,扩大财政收入的来源。国民经济各物质生产部门所创造的国民收入,是社会主义财政收入的主要来源。只有扩大经济发展规模,加快经济发展速度,提高经济效益,才能为财政收入开辟丰富的财源。因此,财政收入的规模和增长速度,取决于国民经济发展的规模、速度与资金积累水平。从长远来看,财政部门在筹集资金时,必须着力优化资源配置,加强企业经营管理,提高经济

效益,增加财政收入。所以,发展经济、广开财源是组织财政收入的首要原则。社会主义市场经济体制下如何坚持"发展经济、广开财源"原则是一个重要课题。该原则体现的是经济与财政的辩证关系,其实质是指发展经济的首要性。这一点,无论是计划体制还是市场体制都是不容置疑的。所不同的是,市场经济中广开财源是以经济效率损失最小化为前提,或者说广开财源必须按市场规律办事。要坚持"发展经济、广开财源"的原则,就必须以促进经济的发展为出发点,将发展经济摆在首位。发展经济,就是要发展我国农业、工业、商业、交通运输业、金融业等经济部门。

(二) 兼顾三者和两级利益的原则

兼顾三者利益是指财政在处理国民收入分配、并相应取得自身收入的过程中,不能只顾财政收入的取得,还应将必要的财力留给单位和个人,以调动和发挥他们的积极性。这样,才能保证经济发展和效益提高,从根本上看也是保证财政收入的取得。组织财政收入所要考虑的"兼顾三者利益"原则,实质上就是要正确地处理国家、企业和个人的关系。国家代表人民的根本利益,承担着增强国家实力、保卫国家安全的重任,必须有足够的财力满足其需要。没有国家利益就没有企业利益,更没有个人利益。企业是商品生产和商品交换的主要参与者,是创造社会物质财富的基础,也是推动社会生产力发展的主导力量。因此,企业应有充足的资金,以满足生产发展的需要。劳动者个人是社会物质财富的创造者,是生产力中最活跃、最能动的因素。必须保证劳动者的物质利益,才能不断推动生产力的发展。总之,在组织财政收入时,只有兼顾国家、企业和个人的物质利益,才能正确处理好这个分配关系。

兼顾两级利益是指在组织财政收入时,应兼顾中央和地方的利益关系。按目前的财政管理体制,国家财政由中央预算和地方预算构成两级财政,两级财政有各自的具体职能,也形成各自的利益关系,在组织财政收入时也应兼顾两级利益关系。随着社会主义市场经济体制改革的深化,中央和地方的分工更加清晰。中央主要负责提供满足全国性"公共需要"的"公共产品",如国防、外交等,而地方政府应提供的主要是满足地方性"公共需要"的"公共产品",如基础设施建设等。中央和地方分工的明晰化客观上更加要求在组织财政收入中兼顾中央和地方两级的利益。

(三) 合理负担原则

合理负担原则是现代税收征管工作应贯彻的一条基本原则,是指在组织财政收入时,按纳税人收入的多少,采取不同的征收比例,负担能力强的多负担,负担能力弱的少负担,尽量做到负担公平合理。国家在组织财政收入时,既要确保实现国家职能筹集必要的资金,还要依据客观情况的差异,对不同地区、不同产业、不同企业实行区别对待、合理分配的原则。目前,我国的财政收入,原则上实行了区别对待、合理负担的原则。主要有以下方面。

第一,对不同地区实行区别对待、合理负担原则。

譬如,为了缩小地区差别,扶持"老、少、边、穷"地区经济发展,我国对"老、少、边、穷"地区按不同情况实行部分减免税收政策。又如,为贯彻我国对外开放政策,我国对经济特区(包括上海的浦东新区)、沿海城市经济开放区、经济技术开发区、高新技术产业开发区、经国务院批准的国家旅游度假区等,也实行不同的低于一般地区的企业所得税负担政策。

第二,对不同产业和产品实行区别对待、合理负担原则。

这是为了贯彻国家的产业政策,优化资源配置,以及为国计民生所需要,国家对某些产业和产品,实行优惠的财政税收政策。譬如,我国对资源开发、能源、交通、农业、水利等产业给予税收上的优惠政策;对国计民生产品、农产品、出口产品、国家短期内不能生产需要进口的产品、利用"三废"(废气、废液、废渣)作为主要原材料生产的产品、经国家批准试制的新产品等,国家也针对不同情况给予减税或免税优惠。

第三,对不同企业实行区别对待,合理负担的原则。

譬如,为了有利于引进外资,国家对外商投资企业给予两年免征、三年减半征收企业所得税的优惠。此外,国家对试点股份制企业、符合规定条件的福利企业、校办企业也给予税收优惠。

(四)公平与效率兼顾原则

财政收入的公平是指国家在组织财政收入时,要使各个收入缴纳者承受的负担与其经济状况相适应,并使各个交纳者之间的负担水平保持均衡。其公平包括横向公平和纵向公平两方面,横向公平是经济能力或收入相同的社会成员应当向国家缴纳数额相同的收入;纵向公平是经济能力或收入不同的社会成员应当向国家缴纳数额不同的收入。财政收入的公平原则对调节收入分配不公,弥补市场运作的缺陷,维护社会稳定有积极的作用。

财政收入中的效率包括两方面内容:一是指税收等征管工作本身的效率,即以尽可能少的费用投入获得尽可能多的财政收入,财政收入的征管成本越低,效率越高;二是指财政收入要有利于提高经济效率和经济效益,以促进资源优化配置,实现更高层次的效率。

第二节 财政收入的分类结构

一、财政收入的所有制构成

所谓财政收入的所有制结构,指的是财政收入作为一个整体,是由不同所有制的经营单位各自上缴的利润、税金和费用等部分构成的。研究财政收入的所有制构成,是国家制定财政政策、制度,正确处理国家同各种所有制经济之间财政关系的依据。

目前,我国经济是以国有经济为主导的、多种经济成分并存的经济结构,这必须要反映到财政收入上来。财政收入按经济成分分类,可分为来自国有经济成分和非国有制成分,进一步细分有来自全民所有制经济的收入、集体所有制经济的收入、私营经济的收入、个体经济的收入、外资企业的收入、中外合资经营企业的收入和股份制企业的收入等。目前,我国财政收入主要是来自国有经济的收入,这主要是由国有经济的主导地位决定的。随着城乡集体经济和个体经济、私营经济的发展,以及中外合资经营企业和外资企业的增加,来自这些经济成分的财政收入会相应增加,国有经济上交的财政收入占整个财政收入的比重也会发生一些变化,但国有经济作为财政收入支柱的地位基本不会改变。

二、财政收入的生产部门构成

财政收入按经济部门分类,可分为来自农业、工业、建筑业、交通运输业、商业和服务业等部门的收入。这种分类可以反映产业结构以及与之相关的价格结构变化对财政收入的影响,便于根据各部门的发展趋势和特点,合理地组织财政收入,开辟新的财源。

农业是国民经济的基础,农业的状况会影响整个国民经济的发展,从这个意义上说,农业也是财政收入的基础。农业对财政收入的影响主要表现在以下几个方面:第一,直接来自农业的收入,主要是农业税。由于我国农业劳动生产率比较低,以及长期以来对农民贯彻稳定负担政策和轻税政策,因此,农业税在全部财政收入中占的比重很小,约 3%～5%。从2004 年度起,随着国家扶植"三农"政策的实施与到位,农牧业税、农业特产税的收入大幅度下降,全国有不少省市陆续停征农业税和农业特产税,并且自 2006 年 1 月 1 日起,我国废止了《农业税条例》,这意味着中国延续两千多年的农业税正式成为历史。第二,间接来自农业的收入,主要表现在由于工农业产品交换中存在着剪刀差,是农业部门创造的一部分价值转移到以农产品为原料的轻工业部门实现。

工业是国民经济的主导。我国财政收入的大部分直接来自工业,因此工业对财政收入的状况起决定作用。财政收入中来自重工业和轻工业的比重取决于这两个部门所实现的纯收入的比例。轻工业对财政收入具有特别重要的意义,这是因为轻工业具有投资少,建设周期短,收效快等特点,相对投资来说,能为社会提供更多的积累。

建筑业是一个特殊的工业部门。建筑业也创造产品和价值,但其产品的生产方式和价值实现方式都不同于一般的工业。目前,从我国对建筑业产品的管理办法来看,建筑业产品一般都不经过流通,其产品价格只包括成本和一定限度的利润,在这种价格结构下,使得建筑业所创造的产品价值在本部门没有得到完全实现,所以直接来自建筑业部门的财政收入很少。今后,随着建筑业的发展和建筑业产品的商品化及其结构的改革,来自建筑业的财政收入必然会大大增加。

交通运输业(包括邮电通信业)是沟通工农业生产和城乡物资交流,内外交流的中介,是国民经济的重要部门之一。交通运输的特点是,本身不创造新的物质产品,而是通过客运、货运业务改变物质的存在场所,从而创造价值;同时,交通运输业的价值生产和价值的消费是同一个过程,这对平衡物资供求问题有其特殊性。目前,我国由于交通运输业还不够发达,收费的标准也比较低,因此,来自交通运输业的财政收入也比较少。今后,随着交通运输业的大力发展和适当提高其收费价格,来自交通运输业的财政收入比重将会提高。

商业物资部门属于再生产过程的流通环节。这些部门的活动,从性质上分有两类;一类是从事与生产过程有关的对商品物资的加工、分类、包装、存储、运输等活动,这是生产活动在流通中的继续,这会创造价值,增加国民收入,为社会提供积累。另一类是与商品物资买卖有关的纯流通活动。它的职能在于使生产部门创造的价值在流通中得到实现,从而参与其中一部分剩余产品价值(M)的再分配。商业物资部门的盈利是通过购销差价形成的。商品的售价高于购价的差额叫作毛利。毛利扣除流通费用和营业外损失之后,即为商业物资部门的盈利。它是财政收入的主要来源。购销差价是形成商业物资部门盈利的基础,其大小决定于我国的价格结构和工商利润的分配关系。

在国民经济中,除上述几个主要部门外,还有一些部门,如服务业和旅游业,也可以为财政提供收入来源。随着经济的发展和人民生活水平的提高,这些部门,即所谓第三产业(我国规定它还包括交通运输、商业等部门),在国民经济中所占的比重会越来越大。这些部门是通过向社会和居民提供劳务服务而参与国民收入再分配的,它们将取得的劳务收入的一部分,以税收方式上交国家,形成财政收入。从发展前途看,应当重视这些部门在开辟财源、筹集建设资金方面的重要作用。

国民经济的部门构成是影响财政收入重要的宏观因素,正确处理国民经济各部门之间的比例关系,特别是农、轻、重之间,以及能源交通、原材料工业同其他工业部门之间的比例关系,使国民经济各部门之间得到合理地、协调地发展,是从宏观上增加财政收入的根本途径。

三、财政收入的社会产品价值构成

社会总产品包括 C、V、M 三部分,其中 C 是补偿生产资料消耗的价值部分;V 是新创造的价值中归劳动者个人支配的部分;M 是新创造的归社会支配的剩余产品价值部分。C、V、M 三部分之间存在着此消彼长的关系,同时 M 构成财源主要因素,因此研究社会总产品价值构成同财政收入的关系应着重研究社会总产品价值构成中成本因素 C 和 V 的变化对 M 从而对财政收入的影响。

在社会总产品一定且 V 不变时,降低物化劳动消耗即 C,是降低生产成本,增加 M 和增长财政收入的主要途径。降低生产资料耗费,要根据生产资料的性质区别对待。

(1) 属于原材料、易燃易耗品等生产资料的耗费,应通过加强内部管理在保证产品质量的前提下,力求节约,通过技术或生产工艺流程创新降低成本,增加企业纯收入和财政收入。

(2) 属于固定资产耗费的补偿,应合理确定折旧率,提高设备利用率,减少每件产品中转移的折旧价值,降低单位产品成本从而增加企业盈利和财政收入。如果折旧率过高,就势必减少企业利润和财政收入;如果折旧率过低,此时财政收入的增长是以牺牲企业的发展后劲,减慢企业设备更新改造步伐为代价的,因此财政收入增收是虚假的不真实的。

在社会总产品一定且 C 不变时,V 部分增大,M 部分则减少,相反 V 部分减少,M 部分则增大。因此,充分调动劳动者积极性,提高劳动生产率,对增加企业利润和财政收入有着重大意义。

(一) M 是财政收入的主要来源

剩余产品价值包括税金、企业利润和用剩余产品价值支付的费用(如利息)。其中主要是税金和企业利润。在统收统支的计划型财政条件下,国有企业所创造的 M 绝大部分均由国家集中分配用于扩大再生产和社会共同需要形成财政收入。另外,国家以税金形式取走非国有企业的一部分纯收入形成财政收入。在社会主义市场经济体制下,国家赋予国有企业经营自主权,具有相对独立的经济利益。根据事权与财权相一致的原则,国家不能取走国有企业的全部 M,只能参与一部分企业纯收入的分配,即国家以行政管理者身份参与分配,向企业收取税金,同时以资产所有者身份参与企业利润分配。

(二) 社会总产品中的 V 是财源的补充

V 是指以劳动报酬的形式付给劳动者个人的部分。从我国目前来看,V 虽然构成财政收入的一部分,但它在全部财政收入中所占的比重很小。这是因为我国长期以来实行低工资制度,劳动者个人的收入普遍较低,国家不可能从 V 中筹集更多的资金。就现实的经济运行来看,目前我国来自 V 的财政收入主要包括以下几个方面:

第一,直接向个人征收的税,如个人所得税、企业所得税等。

第二,向个人收取的规费收入(如产照费、户口证书费等)和罚没收入等。

第三,居民购买的国库券。

第四,国家出售高税率消费品(如烟、酒、化妆品等)所获得一部分收入(实质上由 V 转移来的)。

第五,服务行业和文化娱乐业等企事业单位上缴的税收(其中一部分是通过对 V 的再分配转化来的）。

第六，增值税的课税对象 V + M 中，也有 V 的成分。

今后，随着社会主义市场经济体制的逐步建立和发展，人民生活水平的不断提高，以及个人所得税制的改革和完善，财政收入来自 V 的比重将会逐渐提高。西方国家普遍实行以高工资政策、个人所得税和工薪税为主体税种的财税制度，其财政收入主要来自 V。

（三）补偿价值 C 中的基本折旧基金

补偿价值 C 中的基本折旧基金在计划经济体制下构成财政收入的一部分，在市场经济中一般已不适宜将折旧基金列为财政收入，但是，由于实行国民生产总值型的增值税，仍有一部分 C 是通过增值税成为财政收入。

四、财政收入的地区构成

财政收入还可以按地区分类，分为各省、自治区、直辖市的财政收入，沿海和内地的财政收入等。财政收入的地区结构生产力的合理布局，不仅关系到国民经济的平衡发展，而且对财政收入的影响甚大。我国各地区的发展很不平衡，按照经济发展水平、交通运输条件、经济地理位置等因素来区分，全国可以分为东部、中部、西部三大经济地带。

东部地区包括北京、天津、河北、辽宁、上海、江苏、浙江、福建、山东、广东、广西、海南 12 个省、自治区、直辖市；面积为 129.4 万平方公里，占我国全部国土面积的 13.5%。东部地区背靠大陆，面临海洋，地势平缓，有良好的农业生产条件，水产品、石油、铁矿、盐等资源丰富，这一地区由于开发历史悠久，地理位置优越，劳动者的文化素质较高，技术力量较强，工农业基础雄厚，在整个经济发展中发挥着龙头作用。

中部地区包括山西、内蒙古、吉林、黑龙江、安徽、江西、河南、湖北、湖南 9 个省、自治区；面积 281.8 万平方公里，占我国全部国土面积的 29.3%。中部地区位于内陆，北有高原，南有丘陵，众多平原分布其中，属粮食生产基地。能源和各种金属、非金属矿产资源丰富，占有全国 80% 的煤炭储量，重工业基础较好，地理上承东启西。

西部地区包括重庆、四川、贵州、云南、西藏、陕西、甘肃、宁夏、青海、新疆 10 个省、自治区；面积为 541.4 万平方公里，占国土面积的 56.4%。西部地区幅员辽阔，地势较高，地形复杂，高原、盆地、沙漠、草原相间，大部分地区高寒、缺水，不利于农作物生长。因开发历史较晚，经济发展和技术管理水平与东、中部差距较大，但国土面积大，矿产资源丰富，具有很大的开发潜力。

经济发达程度不一，导致积累水平相差悬殊，东部是我国财政收入的主要来源地带。因此，只有将东部的资金、技术、人才优势与西部的资源优势有机结合起来实现优势互补，帮助西部地区发展经济，培植财源才能实现东西部地区财政收入同方向的较快增长。如果放弃挖掘西部经济潜力只重视东部经济的发展，势必会将东部地区财政收入增收的一部分以转移支付方式用于西部地区非生产性支出，其结果是不能保证财政收入的较快增长；如果过分强调中西部地区经济，甚至牺牲东部经济的发展而孤立地发展内地工业，势必拖累经济增长水平，并影响财源建设。

第三节 财政收入的规模分析

一、财政收入规模的衡量指标

财政收入的规模就是指财政收入的总水平,是衡量一国财力的重要指标,表明了该国政府在社会经济生活中作用的大小。衡量财政收入的指标有绝对量指标和相对量指标。

反映财政收入规模的指标,可以用绝对数表示,如财政收入总额,但更多的是用相对数表示,来反映财政收入的水平。反映财政收入水平的指标,在实行国民经济平衡表体系(MPS)的国家里,是用财政收入占国民收入的比重来表示;在实行国民经济核算体系(SNA)的国家里,则是用财政收入占国民生产总值的比重来表示。适度的财政收入规模,既能满足财政支出的需要,更能保证经济的持续、健康、稳定发展,因而合理确定财政收入占国民收入或国民生产总值的比重,对保证政府职能的实现和国民经济的稳定发展有重要意义。财政收入的多少受政治经济多方面因素的影响,主要是经济发展水平、价格、经济体制和分配政策、制度等。

二、影响财政收入规模的因素

财政收入的规模,从绝对量看,并不是越多越好;从相对量看,也不是越高越好。实际上,财政收入的规模不是由政府的主观意愿所决定的,而是受各种客观因素的影响和制约。

(一)经济发展水平

经济发展水平是决定一个国家财政收入规模的基础性因素。经济发展水平反映一个国家的社会产品的丰富程度和经济效益的高低。经济发展水平越高、社会产品越丰富,国内生产总值或国民收入就越多。一般而言,国内生产总值或国民收入多,则该国的财政收入总额较大,而占国民生产总值或国民收入的比重也较高。当然,一个国家的财政收入规模还受其他各种主、客观因素的影响,但有一点是清楚的,就是经济发展水平对财政收入的影响表现为基础性的和综合性的制约。两者之间存在源与流、根与叶的关系,源远则流长,根深则叶茂。

从世界各国的现实状况考察,发达国家的财政收入规模大于发展中国家,而发展中国家的中等收入国家又大都高于低收入国家,绝对额是如此,相对额(财政收入占国内生产总值的比重)也是这样。

经济发展水平的高低受许多因素的影响,其中生产技术水平在当代经济的发展具有决定性作用。生产技术水平是指生产中采用先进技术的程度,又可称之为技术进步。技术进步通过影响经济发展水平,从而制约财政收入水平。技术进步对财政收入规模的制约可以从两个方面分析:一方面,技术进步会使生产速度加快,质量提高,从而使社会产品和国民生产总值及国民收入的增长加快,为财政收入的增加提供了充分的财源;另一方面,技术进步必然会大大提高劳动生产率,降低物耗和缩短必要的劳动时间,从而使剩余产品价格所占比例扩大。由于财政收入主要来自剩余价值,在其他条件不变的情况下,随着剩余价值率(剩余价值占国民收入的比重)的提高,相应地会使财政收入占国民收入的比重提高。

（二）生产技术水平

生产技术水平是指生产中采用先进技术的程度，又可称之为技术进步水平。它内含于经济发展水平之中，是影响财政收入规模的重要因素。一定的经济发展水平总是依靠一定的技术水平来维系的，较高的经济发展水平往往是以较高的生产技术水平为支柱。所以，分析技术水平对财政收入规模的影响，事实上是对经济发展水平制约财政收入规模的深入研究。

技术进步水平对财政收入规模的制约可以从两方面进行分析：一方面，技术进步往往促使生产速度加快，生产质量提高。技术进步速度越快，GDP 的增长也越快，财政收入的增长就有充分的财源。另一方面，技术进步必然带来物耗比例降低，经济效益提高，剩余产品价值所占的比例扩大，从而有助于增加财政收入。由此看来，促进技术进步，提高经济效益，是增加财政收入的首要的有效途径。

（三）价格

财政收入是一定量的货币收入，它是按现行价格水平计算的，不扣除价格变动因素。这样，在物价上涨的情况下，同量的财政收入只能代表较少的商品物资量（包括劳务量）。在这种情况下，按现价计算的财政收入只是名义上的财政收入，不反映财政收入的实际规模，即存在着财政收入"贬值"问题。所以，由于价格变动引起的 GDP 分配必然影响财政收入增减。

在现实生活中，价格对财政收入的影响可以归纳为以下三种情况：第一，财政收入增长率高于物价上涨率，财政收入名义上和实际上都是增长的；第二，财政收入增长率低于物价上涨率，财政收入名义上正增长，而实际上是负增长；第三，财政收入增长率与物价上涨大体一致，财政收入只有名义上增长，实际上基本不变。

价格变动对财政收入的影响主要取决于以下两个因素，一是引起物价总水平上涨的因素。在市场经济条件下，物价的上涨是世界各国的普遍现象，物价总水平上升到一定程度即称为通货膨胀。通货膨胀是一种货币现象，即流通中实际的货币量超过了客观必要量。从宏观上分析，过多的货币量是由财政赤字和信用膨胀两种渠道形成的。如果通货膨胀是财政赤字引起的，由此引起的过量的货币发行称为财政（赤字）发行，财政会从价格再分配中得到好处。如果通货膨胀不是由于财政赤字引起，而是由信用膨胀引起的，那么财政在再分配中会有得有失，通常是所失大于所得，财政收入实际下降。二是财政收入制度。财政收入制度是决定价格分配对财政收入影响的另一个因素。如果实行以累进所得税为主体的税制，当出现通货膨胀时，纳税人会由于名义收入的增长而适用较高的税率，即出现所谓"档次爬升"效应，从而产生有利于增加财政收入的再分配；如果实行以比例税率的流转税为主体的税制，则意味着税收收入的增长与物价上涨率是同步的，从而使财政收入在通货膨胀下只有名义增长，而没有实际增长；如果实行定额税率或承包制，当通货膨胀时，税收收入的增长必然低于物价上涨率，从而使财政收入即使有名义增长，而实际上也必然是下降的。我国的现行税制是以比例税率的流转税为主，同时所得税的主要税种之一——企业所得税也实行比例税率，因而在物价大幅度上涨的情况下，就可能存在财政收入名义增长而实际不增长、甚至下降的问题。

价格总水平的变动往往是和产品比例的变动同时发生的，而产品比价关系变动以另一种形式影响财政收入。一是产品比价变动会引起货币收入在企业、部门和个人各经济主体

第三章 税 收

学习目标

通过本章的学习,要求学生掌握税收的概念和特征、税制要素及税收的分类,通过学习认识我国现行税制的构成情况,能够理解增值税、消费税、企业所得税、个人所得税等主要税种及主要税种的税收要素,熟悉我国税收管理制度的内容。

引导案例

2019 年政府工作报告提出大量减费降税措施,送出多项惠及企业的政策"礼包"。

李克强在谈到减税问题时说,今年要普惠性减税与结构性减税并举,重点降低制造业和小微企业税收负担。这包括将制造业等行业现行 16% 的税率降至 13%,将交通运输业、建筑业等行业现行 10% 的税率降至 9%,确保主要行业税负明显降低。

李克强指出,这次减税着眼"放水养鱼"、增强发展后劲并考虑财政可持续,是减轻企业负担、激发市场活力的重大举措,是完善税制、优化收入分配格局的重要改革,是宏观政策支持稳增长、保就业、调结构的重大抉择。

在降低企业社保缴费负担上,李克强宣布,下调城镇职工基本养老保险单位缴费比例,各地可降至 16%。

其他涉及降低企业收费的新政策还包括,推动降低过路过桥费用;两年内基本取消全国高速公路省界收费站;取消或降低一批铁路、港口收费;降低中小企业宽带平均资费 15%,移动网络流量平均资费 20% 以上等。

为提效积极的财政政策,中国今年赤字率拟按 2.8% 安排,比去年预算高 0.2 个百分点。

为支持企业减负,各级政府将过紧日子,中央财政开源节流,增加特定国有金融机构和央企上缴利润,一般性支出压减 5% 以上,"三公"经费再减压 3% 左右。

思考题:1. 什么是增值税?
 2. 为什么要降税减费?

之间的转移,形成国民收入的再分配,使财源分布结构发生变化。二是财政收入在企业、部门和个人之间的分布处于非平衡状态;或者说,各经济主体上缴财政的税利比例是不同的。这样,产品比价变化导致财源结构改变时,相关企业、部门和个人上缴的税利就会有增有减,而增减的综合结果最终都会影响财政收入规模。

(四)分配政策和分配制度

政府的国民收入分配政策和分配制度,包括工资制度、税收制度、国有企业利润分配制度等,决定 GDP 在国家、企业和居民个人之间的分割比例,是影响财政收入最直接的因素。国民收入分配政策决定剩余价值占整个社会产品价值的比例,进而决定财政分配对象的大小。财政分配政策决定财政集中资金的比例,从而决定财政收入规模的大小;分配制度改革影响到国家与企业、中央与地方之间的利益分配。

从上述分析可以看出,政府的分配政策和分配制度对财政规模的影响具有关键性的作用。我国的改革实践也充分说明了这一点。为了提高居民消费水平、增加居民个人收入、政府大幅度提高了农产品收购价格,连续增加城镇职工工资并推行奖金制度,以及对企业实行的企业基金制度、利润留成制度、利改税等和政府财政体制、税收体制改革等,均属国民收入分配政策与制度的重大调整。其结果必然会改变政府财政、企业和居民个人对于社会总产品的原有分配格局,影响财政收入规模与水平,同时也改变了财政收入内部结构。

手机扫一扫,
读专栏2-1

本章小结

通过本章学习,要求学生了解财政收入的意义、来源和原则,掌握财政收入的形式和分类;了解财政收入的规模与结构。学习中,要求学生理论联系实际,尝试用所学理论知识分析我国财政收入状况、财政收入的规模是否适度,解决当前我国财政收入方面存在的某些问题,培养学生分析问题和解决问题的能力。

一、关键词
财政收入 财政收入规模 税收收入

二、复习思考题
1. 目前我国财政收入可分为哪几类?
2. 组织财政收入时应遵循哪些原则?
3. 财政收入的价值构成是怎样的?
4. 影响财政收入的主要因素是什么?
5. 价格对财政收入有什么制约作用?

第一节 税收概述

一、税收的概念与特征

（一）税收的概念

税收是政府为实现其职能的需要，凭借其政治权利并按照特定的标准，强制、无偿的取得财政收入的一种形式。

对税收概念理解时应把握以下几个方面：

第一，税收与国家的存在本质地联系在一起，是政府机器赖以存在并实现其职能的物质基础。

第二，征税的依据是国家政治权力。在对社会产品的分配过程中，存在着两种权力：一种是财产权力，也就是所有者的权力，即依据对生产资料和劳动力的所有权取得产品；另一种是政治权力，即国家的权力，依据这种权力把私人占有的一部分产品变为国家所有，税收是国家凭借政治权利而不是财产权利的分配形式。

第三，税收是财政收入的一种主要形式。财政收入就是国家通过一定的形式和渠道集起来的货币资金。在国家财政收入中，税收始终占重要地位，这是由税收的形式特征决定的。

（二）税收的特征

税收的特征，通常被概括为三性，即税收作为一种分配形式，同其他分配形式相比，具有强制性、无偿性和固定性的特征。

1. 税收的强制性

税收的强制性是指税收是凭借国家政治权力，通过法律或法令对税收征纳双方的权利和义务进行制约，任何单位和个人都不得违抗，否则就要受到法律的制裁。在日常生活中，人们常说税收是"硬"的，不能随便改变，就是指的这种强制性。

税收的强制性包括两个方面：一是税收分配关系的建立具有强制性，是通过立法程序确定的，国家依法征税，纳税人依法纳税；二是税收征收过程具有强制性，其法律保障是税法。

2. 税收的无偿性

税收的无偿性是指国家征税之后，税款即为国家所有，不再直接归还给纳税人，也不直接向纳税人直接支付任何代价或报酬。但必须指出，税收无偿性也是相对的，因为从个别的纳税人来说，纳税后并未直接获得任何报酬，即税收不具有偿还性。但是若从财政活动的整体来考察，税收的无偿性与财政支出的无偿性是并存的，这又反映出有偿性的一面，即所谓的"取之于民，用之于民"。

3. 税收的固定性

税收的固定性是指税收是国家按照法律规定的标准向纳税人征收的，具有事前规定的特征，未经严格的立法程序，任何单位和个人都不能随意变更或修改。它意味着将政府和纳税人之间的征税关系以法律形式固定下来，纳税人必须按法律预先规定的征税标准缴纳税款，不得少纳、多纳和迟纳；税务机关也必须按这一标准征税，不得随意更改。当然，税收的固定性并不意味着税收是永久固定不变的。它的实质含义是征税必须按照法律事先确定的标准进行,同时税收法律一经制定就要保持相对稳定性的特点,不能"朝令夕改"。但是,随着社会经济形势的变化,对征收标准进行调整和改动也是必要的。

税收的上述三个特征是密切联系的。税收的强制性,决定着征收的无偿性,因为如果是有偿的话就无须强制征收;而税收的强制性和无偿性又决定和要求征收的固定性,否则,如果国家可以随意征收,那就会侵犯、剥夺现存的所有制关系,使正常的经济活动无法维持下去,从而会危及国家的存在。

税收的强制性、无偿性和固定性是统一的,缺一不可的,只有同时具备这三个特征才构成税收。这也是税收区别于其他财政收入形式的主要标志,其他财政收入或者不具备或者不完全具备这三个基本特征。例如,国有企业上缴的利润收入具有无偿性和一定程度的强制性,但不具有固定性;国家机关的收费具有固定性,但不具有无偿性,因为它以国家机关向交费者提供服务为前提;罚没收入具有强制性和无偿性,但对缴纳者来说没有固定性。

二、税收的作用

在市场经济条件下,根据政府与市场的分工定位,政府提供公共物品,市场提供私人物品。政府提供公共物品的资金来源也主要依赖于税收。因此可以认为,市场经济中的税收是人们为享受公共物品所支付的价格。从现代市场经济背景分析,税收的作用主要体现在以下几个方面。

(一) 组织财政收入

自税收产生以来,不论奴隶社会、封建社会、资本主义社会还是社会主义社会,税收都是国家组织财政收入的重要手段。只要税收存在,国家自然就会得到财政收入。古今中外,各国税收收入在财政收入中的比重都很大,是国家财政的重要支柱,成为国家机器的经济基础。如果没有税收,国家的职能无法实现,那么国家也就无法存续。由于税收具有强制性、无偿性、固定性,决定了税收取得财政收入具有及时、稳定、可靠的功能,因而成为世界各国最主要的财政收入来源。针对我国税费并存(政府收费)的宏观分配格局,我国实施费改税改革,一个重要的目的就是要逐步提高税收占国民生产总值的比重,惩治偷逃税款的行为,防止税款流失,以保障财政收入。

(二) 调控经济

税收是国家调控经济的重要杠杆之一,通过制定税法,以法律的形式确定国家与纳税人之间的利益分配关系,调节社会成员收入分配和财富占有状况,解决分配不公问题;调整产业结构和社会资源的优化配置,使之符合国家的宏观经济政策;同时,使经营单位和个人的税收负担公平、鼓励平等竞争,为市场经济的发展创造良好的条件;通过税种的设置,税率、税目、减免税等方面的规定,对产业结构,生产消费、公平分配、吸引外资等方面进行有效调节,促进国民经济持续稳定的发展。

(三) 监督管理

监督管理即税收对整个社会经济生活进行有效监督管理的职能,它一方面能够反映有关的经济动态,为国民经济管理提供依据;另一方面能够对经济组织、单位和个人的经济活动进行有效的监督。历史上任何一个国家的税收都具有监督管理职能。

三、税收原则

税收作为以国家为主体的特定分配关系,在具体征收过程中,一部分社会资源从企业和个人那里转移到政府部门,既增加了国家的财力,也对经济运行和社会发展产生了影响。这既有积极影响,也有消极影响。一般情况下,政府总是希望发挥税收的积极作用,减少或避免消极影响。因此,制定国家税收法律制度和政策时必须依照整体上协调一致的基本准则,这种基本准则就是税收原则。我国目前的税收原则包括以下三个方面。

(一) 财政原则

税收作为国家财政的重要支柱,其收入状况直接决定了财政收支状况,因此保障财政收入是税收制度设计的首要原则。财政原则包含两层含义:一是充分原则,即通过征税取得的财政收入应当能够为政府活动提供足够的资金,保证政府提供公共服务的需要;二是弹性原则,即税收收入应当能够随着国民收入的增长而增长,以满足长期的公共产品与私人产品组合效率的要求。

(二) 公平原则

税收公平原则就是政府征税应确保公平。一般认为,它应当具有横向公平和纵向公平两层含义。所谓横向公平,是指条件相同的人应缴纳相同的税收;所谓纵向公平,是指条件不同的人应当缴纳不同的税收。那么,所谓"条件"具体指什么,到底用什么来衡量呢?目前经济学家对这一问题的解释大体可以概括为两类,即受益原则和能力原则。受益原则认为,纳税人所承担的税负应与他从政府所提供公共产品中的受益相一致。根据受益原则,横向公平即为受益相同者承担相同的税负,纵向公平即为受益多者承担较多的税负。能力原则认为,应根据纳税人的纳税能力来确定各人应承担的税负。根据能力原则,横向公平即为纳税能力相同者应承担同等税负,纵向公平即为能力强者承担较多的税负。

(三) 效率原则

税收效率原则就是政府征税应讲求效率。通常包含两层含义:一是经济效率,即税收应有利于促进经济效率的提高,或者对经济效率的不利影响最小。二是行政效率,也就是征收过程本身的效率,要求尽量降低税收成本。具体而言,税收成本包括税务机关征收成本和纳税人纳税成本两个方面,因此,税收行政效率就是要求在税收征收和缴纳过程中成本耗费最小。

第二节 税收制度要素与分类

一、税收制度

税收制度,简称税制,是指一个国家制定的各种有关税收的法令和征收管理办法的总和。税收制度有广义和狭义的区别。

广义的税收制度指国家设置的所有税种组成的税收体系及各项征收管理制度。内容有税收基本法规,包括已完成全部立法手续的税收法律和尚未完成全部立法手续的条例、办法、暂行规定等;税收管理体制;税收征收管理制度;税务机构和税务人员制度;税收计划、会计、统计制度等。

狭义的税收制度指国家设置某一具体税种的课征制度。它由纳税人、课税对象、税率、纳税环节、纳税期限、减税免税、违章处理等基本要素所构成。国家要设置税种征税,必须对这些要素以法律或制度的形式做出明确的规定。

二、税制构成要素

税制构成要素,是指狭义的税收制度所必须具备的要素。这些基本要素包括纳税人、课税对象、计税依据、税目、税率、纳税环节、纳税期限、纳税地点、减税免税、违章处理等。

(一) 纳税人

纳税人是纳税义务人的简称,是指税法规定的直接负有纳税义务的单位和个人,也称纳税主体。纳税人可以是自然人,也可以是法人。所谓自然人,是指依法享有民事权利,并承担民事义务的公民,一般指的是公民个人。所谓法人,是指依法成立并能独立行使法定权利和承担法律义务的社会组织,如企业、社会团体等。

与纳税人相关的概念还有负税人和扣缴义务人。负税人是指最终实际承担税收负担的人。它与纳税人既有可能一致也可能不同。如果不存在税负转嫁,税款由纳税人承担,则纳税人与负税人是同一个人。如果发生了税负转嫁,则纳税人和负税人不同。扣缴义务人是指有义务从纳税人收入中扣除其应纳税款并代为缴纳的单位和个人。一般情况下,税务机关和纳税人之间是直接发生征纳关系的,此时不需要扣缴义务人。但在某些特殊情况下,规定由和纳税人发生经济关系的单位和个人,代国家扣缴税款。

(二) 征税对象

征税对象又称课税对象,是指税法规定的征税标的物,即对什么征税,是征税的客体。课税对象规定着征税课税对象的范围,是确定税种的主要标志(此外,与纳税人也有关系)。它是一种税区别于另一种税的最主要标志,是税收制度中的核心要素。在每一类课税对象中,某种具体课税对象构成某一税种,如以增值额为课税对象构成增值税,以个人所得为课税对象构成个人所得税,以企业所得为课税对象构成企业所得税。

(三) 计税依据

计税依据是指计算应征税额的依据,又称税基。征税对象和计税依据之间有着密切关系,它们反映的都是征税客体。前者明确的是征税对象是什么,属于质的规定性,后者回答的是如何计量,属于量的规定性。例如,房产税,其征税对象是在城乡的房产,其计税依据是房产的评估值;企业所得税,其征税对象是企业生产经营所得和其他所得,其计税依据是相应的所得额。

计税依据分为两种:一种是计税金额,即征税对象的货币价值,如销售额、所得额等;另一种是计税数量,即以征税对象的数量、面积、容积、重量等作为计税依据,如消费税中对啤酒征税,计税依据是销售吨数。

(四) 税目

税目是指税法规定的具体征税项目。税目是征税对象的具体化,反映了某一税种具体的征税范围和广度。不是所有的税种都规定有税目,对于征税对象简单明确的税种,如房产税,就没有必要另行规定税目。对大多税种来说,一般征税对象都比较复杂、笼统,在实行征税时,对这些税的征税对象还需要进一步划分,并做出具体的界限规定,这个规定的界限范围,就是税目。

规定税目的意义在于：一是对于征税对象比较复杂的税种，它可以使征税对象的界限更加明确；二是便于根据征税对象具体项目的不同在同一税种中采用差别税率。

（五）税率

税率是税额与课税对象数额之间的比例，是对征税对象的征收比例或征收额度。在课税对象既定的条件下，税额和税负的大小就决定于税率的高低。税率的高低，直接关系到国家财政收入和纳税人的负担，起着调节收入的作用。因此，税率是税收政策和制度的中心环节。我国现行税率可以分为以下三种。

1. 比例税率

比例税率是对同一征税对象，无论其数额大小，都按相同的比例征收。我国的增值税、城建税、所得税等采用的都是比例税率。

在具体运用上，比例税率又可以分为三种类型：

（1）统一比例税率，也叫单一比例税率，即一种税只采用一个税率。

（2）差别比例税率。差别比例税率是指一种税设两个或两个以上的税率，不同纳税人按不同比例计算应纳税额的税率。具体包括产品差别比例税率、行业差别比例税率、地区差别比例税率。

产品差别比例税率，即一种产品采用一个税率，不同产品税率的高低存在差别；行业差别比例税率，即同一行业内采用一个税率，不同行业的税率高低不同；地区差别比例税率，即根据不同地区的不同情况，采用不同的税率。

（3）幅度比例税率，即国家只规定一个最高税率和最低税率，在这一幅度内，由地方政府根据本地区的情况，具体确定。

2. 累进税率

累进税率是指根据课税对象的数额大小，按照一定的累进依据规定不同等级的税率。即课税对象数额越大，税率越高。累进税率的特点是随着征税对象数额的增加，征收比例也随之提高。在我国，采用累进税率的典型是个人所得税。

累进税率又分为全额累进税率、超额累进税率、超率累进税率和超倍累进税率（本文不作表述）四种形式。

第一，全额累进税率，即以征税对象金额的多少作为累进依据来划分区段级次，并按其达到的级次规定不同的税率。课税对象的金额达到哪一级，即全部按相应的税率征税。全额累进税率在调节收入方面，较之比例税率要合理。但因为累进的速度过于急剧，不科学合理，我国现行税法已不再采用。

第二，超额累进税率，即以征税对象按数额大小划分为若干等级，每一等级规定一个税率，税率依次提高，每一纳税人的征税对象则依所属等级同时适用几个税率分别计算，将计算结果相加后得出应纳税款。目前采用这种税率的是个人所得税。

第三，超率累进税率，即以征税对象数额的相对率划分若干级距，分别规定相应的差别税率，相对率每超过一个级距的，对超过的部分就按高一级的税率计算征税。它与超额累进税率的原理相同，只是税率累进的依据不是征税对象的数额，而是征税对象的某种比率。目前我国采用这种税率的是土地增值税。

3. 定额税率

定额税率又称固定税额，是指按课税对象的一定计量单位直接规定固定的税额，而不采取百分比的形式。它实际上是比例税率的一种特殊形式。定额税率一般适用于从量计征的税种,其计量单位可以是重量、数量、面积、体积等,与价格无关。目前我国的资源税、城镇土地使用税、车船税等采用的都是定额税率。

定额税率也可分为单一定额税率和差别定额税率。在同一税种中只采用一种定额税率的为单一定额税率;同时采用几个定额税率的,为差别定额税率。

(六) 纳税环节

纳税环节是指税法规定的征税对象从生产到消费的流转过程中应当缴纳税款的环节。任何一种税都要确定纳税环节,有的税种纳税环节比较明确、固定,有的税种则需要在许多流转环节中选择和确定适当的纳税环节。例如,对一种商品,在生产、批发、零售诸环节中,可以选择只在生产环节征税称为"一次课征制",也可以选择在两个环节征税,称为"两次课征制",还可以实行在所有流转环节都征税,称为"多次课征制"。确定纳税环节,是流转课税的一个重要问题。它关系到税制结构和税种的布局,关系到税款能否及时足额入库,关系到地区间税收收入的分配,同时也关系到企业的经济核算和是否便利纳税人缴纳税款等问题。

(七) 纳税期限

纳税期限是税法规定的纳税人向国家缴纳税款的法定期限。它是税收强制性、固定性在时间上的体现。确定纳税期限,要根据国民经济各个部门生产经营的不同特点和不同的征税对象来决定。纳税期限可以分为两种:一是按期纳税,二是按次纳税。例如,增值税的纳税期限分别为 1 日、3 日、5 日、10 日、15 日、1 个月或 1 个季度。

(八) 纳税地点

纳税地点是税法规定的缴纳税款的行政地域。确定纳税地点的目的在于方便税款的缴纳和防止偷税、漏税。纳税地点对于确定主管税务机关、方便纳税人缴纳税款、控制税源等行为的发生具有重要意义。

(九) 减免税

减免税是税法规定的对特定的纳税人与征税对象给予鼓励和照顾的一种特殊措施。减税是从应征税款中减征部分税款;免税是对应当征收的税款全额免除。

减免税是为了发挥税收的奖限作用或照顾某些纳税人的特殊情况而做出的规定。例如,为了支持和鼓励某些行业、产品和经营项目的发展,可以在税收上给予减免税的照顾。

在有些税收中,还有起征点和免征额的规定。起征点是税法规定的课税对象开始征税时应达到的一定数额。课税对象未达到起征点的,不征税;但达到起征点时,全部课税对象,都要征税。免征额是课税对象中免于征税的数额。对有免征额规定的课税对象,只就其超过免征额的部分征税。

税法具有严肃性,而税收制度中关于附加、加成和减免税的有关规则把税收法律制度的严肃性和必要的灵活性密切地结合起来,使税收法律制度能够更好地因地因事制宜,贯彻国家的税收政策,发挥税收的调节作用。

(十) 违章处理

违章处理是对纳税人违反税法行为的处置。它对维护国家税法的强制性和严肃性有重要意义。纳税人的违章行为通常包括偷税、抗税、漏税、欠税等不同情况。偷税是指纳税人以不缴或者少缴税款为目的,采取各种不公开的手段,隐瞒真实情况,欺骗税务机关的行为。抗税是指纳税人以暴力、威胁方法不缴税款的行为。漏税是指纳税人出于无意而未缴或少缴税款的违章行为。欠税即拖欠税款,是指纳税人不按规定期限缴纳税款的违章行为。对纳税人的违章行为,应根据《税收征收管理法》的规定,分别承担行政责任和刑事责任。

二、税收分类

税收是一个总的范畴。各个国家的税收通常都由许多具体的税种所组成。为了进一步认识税收的性质和特点,正确发挥税收的作用,建立合理的税制结构和加强税收管理,有必要对不同税种进行科学的分类。

(一) 按照征税对象性质和作用的不同划分

按照征税对象性质和作用的不同,可将我国现行税划分为流转税、所得税、资源税、财产税和行为税五大类。这是常用的主要分类方法。

1. 流转税

流转税是指以流转额为课税对象的税类。流转额包括商品流转额和非商品流转额。商品流转额是指商品在流转过程中所发生的货币金额。非商品流转额是指一切不从事商品生产和商品流通的单位和个人,因从事其他经营活动而取得的业务或劳务收入金额。流转税是我国税制结构中的主体税种。属于流转课税的税种包括增值税、消费税、关税等,这是目前我国最大的税类。

2. 所得税

所得税是规定对纳税人在一定期间获取的应纳税所得额课征的一类税。所得税属于终端税种,它体现了量能负担的原则,即所得多的多征,所得少的少征,没有所得的不征。对纳税人的应纳税所得额征税,便于调节国家与纳税人之间的利益分配关系,能使国家、企业、个人三者之间的利益分配关系较好地结合起来。所得税可以根据纳税人的不同分为对企业课税和对个人课税两大类。前者称为企业所得税,后者称个人所得税。

3. 资源税

资源税是以自然资源为课税对象的税类,其目的在于对从事自然资源开发的单位和个人所取得的级差收入进行适当调节,以促进资源的合理开发和使用。我国现行的资源税属于此类。

4. 财产税

财产税是指对纳税人所有或属其支配的财产数量或财产价值额课征的一类税。西方国家有一般财产税、遗产税、赠予税等。我国现行的房产税、车船使用税、城镇土地使用税等就属于财产税类。

5. 行为税

行为税是指以某种特定行为为课税对象的税类。开征这类税是为了贯彻国家某项政策的需要。我国现行的印花税、车辆购置税、城市维护建设税、契税、耕地占用税等都属于行为税类。

(二) 按照计税标准不同划分

按照计税标准不同,可以划分为从价税、从量税和复合税。

1. 从价税

从价税是以课税对象的价格为计税依据征收的一种税,一般采用比例税率或者累进税率,从价税的应纳税额随商品价格的变化而变化,能够贯彻合理负担的税收政策,因而大部分税种都采用这一计税方法。我国目前的增值税、个人所得税等都采取从价税计征形式。

2．从量税

从量税是以课税对象的数量、重量、容积或体积为计税依据征收的一种税，一般采用定额税率，从量税的税额随课税对象数量的变化而变化，具有计税简便的优点，但税收负担不能随价格高低而增减，不尽合理，因而只有少数税种采用这一计税方法。我国现行的车船税、资源税等均实行从量计征形式。

3．复合税

复合税是指对征税对象采取从价和从量相结合的复合计税方法征收的一种税，一般采用复合税率。我国现行对卷烟白酒征收的消费税就是采取从价和从量相结合的复合计税方法。

（三）按照税收管理和使用权限的不同划分

按照税收管理和使用权限的不同，可划分为中央税、地方税和中央与地方共享税。

1．中央税

中央税是指由中央政府征收和管理使用或由地方政府征收后全部划解中央政府所有并支配使用的一类税，如我国现行的关税和消费税等。这类税一般收入较大，征收范围广泛。

2．地方税

地方税是指由地方政府征收和管理使用的一类税，如我国现行的个人所得税、城镇土地使用税等。这类税一般收入稳定，并与地方经济利益关系密切。

3．中央与地方共享税

中央与地方共享税是指税收的管理权和使用权属中央政府和地方政府共同拥有的一类税，如我国现行的增值税和资源税等。这类税直接涉及中央与地方的共同利益。

（四）按照税负是否转嫁划分

按照税负是否转嫁，可以划分为直接税和间接税。

1．直接税

直接税是指纳税人本身承担税负，不发生税负转嫁关系的一类税，如所得税和财产税等。直接税中纳税人和负税人是一致的。

2．间接税

间接税是指纳税人本身不是负税人，可将税负转嫁与他人的一类税，如流转税和消费税等。间接税中纳税人和负税人不一致，纳税人只是法律意义上的纳税人，负税人是经济意义上的纳税人。

（五）按照税收与价格的关系不同划分

按照税收与价格的关系不同，可划分为价内税和价外税。

1．价内税

价内税是指税款在应税商品价格内，作为商品价格一个组成部分的一类税，如我国现行的消费税、关税等税种。

2．价外税

价外税是指税款不在商品价格之内，不作为商品价格的一个组成部分的一类税，如我国现行的增值税（商品的价税合一并不能否认增值税的价外税性质）。

第三节　我国现行税制

一、流转课税

流转课税又称商品课税,是指以流转额为课税对象的税类。流转额包括商品流转额和非商品流转额。商品流转额是指在商品交换(买进和卖出)过程中发生的交易额。对卖方来说,具体表现为商品销售额;对买方来说,则是购进商品支付金额。它们都可以成为流转税的课税对象。非商品流转额是指交通运输、邮电通信以及各种服务性行业的营业收入额。此外,流转课税既可以全部流转额为课税对象,又可以部分流转额为课税对象。

流转课税有以下几个特点:

(1)以商品交换为前提,课征普遍。由于流转税的课税对象是流转额,而流转额只能在商品(包括劳务、服务)交换过程中形成,因此,流转税的征收必须以商品交换为前提。同时流转课税中的许多问题,像计税价格、纳税环节、重复征税、税负转嫁等,都直接同商品交换相联系。在现代社会中,商品经济高度发达,商品生产和商品交换是社会生产的主要形式,流转课税自然成为最普遍的税类。

(2)税额与价格关系密切。在税率已定的条件下,流转税额的大小直接依存于商品、劳务价格的高低及流转额的多少,而与成本、费用水平无关,即不论课税的商品有无盈利,只要发生了商品销售或提供劳务的行为,所发生的流转额都要课税。流转课税的这一特点,对于保证国家财政收入的稳定和可靠,促进企业改善经营管理,提高经济效益,以及配合价格调节生产和消费等方面都有一定的作用。

(3)除少数税种实行定额税率外,普遍实行比例税率,计征简便。

我国现行的属于流转课税的税种有增值税、消费税和关税等。下面就这些税种做简要介绍。

(一)增值税

增值税是以商品(含应税劳务、服务)在流转过程中产生的增值额作为计税依据而征收的一种流转税。从计税原理上说,增值税是对商品生产、流通、劳务服务中多个环节的新增价值或商品的附加值征收的一种流转税。实行价外税,也就是由消费者负担,有增值才征税,没增值不征税。

增值税是对销售货物或者提供加工、修理修配劳务或者提供服务以及进口货物的单位和个人就其实现的增值额征收的一个税种。增值税已经成为中国最主要的税种之一,增值税的收入占中国全部税收的60%以上,是最大的税种。增值税由国家税务局负责征收,税收收入中50%为中央财政收入,50%为地方收入。进口环节的增值税由海关负责征收,税收收入全部为中央财政收入。

在实际当中,商品新增价值或附加值在生产和流通过程中是很难准确计算的。因此,中国也采用国际上普遍采用的税款抵扣的办法,即根据销售商品、劳务或服务的销售额,按规定的税率计算出销售税额,然后扣除取得该商品或劳务时所支付的增值税款,也就是进项税额,其差额就是增值部分应交的税额,这种计算方法体现了按增值因素计税的原则。

1. 税收类型

根据对外购固定资产所含税金扣除方式的不同,增值税可以分为以下几种:

(1)生产型增值税。

生产型增值税是,仅扣除社会中间产品价值的增值税,不扣除固定资产价值增值税。

由于增值税的这种计算方法相当于国民生产总值,故称为生产型增值税。因生产型增值税的计税依据中包含了外购固定资产的价值,对这部分价值存在着重复征税的问题,所以生产型增值税属于一种不彻底的增值税,但客观上可起到抑制固定资产投资的作用。

(2)收入型增值税。

收入型增值税指在征收增值税时,在扣除社会中间产品价值的增值税基础上,还要扣除固定资产折旧部分所含的税款,未提折旧部分不得计入扣除项目金额。该类型增值税的征税对象大体上相当于国民收入,因此称为收入型增值税。

(3)消费型增值税。

消费型增值税指在征收增值税时,在扣除社会中间产品价值的增值税基础上,允许将固定资产价值中所含的税款全部一次性扣除。这样,就整个社会而言,生产资料都排除在征税范围之外。该类型增值税的征税对象仅相当于社会消费资料的价值,因此称为消费型增值税。中国从 2009 年 1 月 1 日起,在全国所有地区实施消费型增值税。

2. 征收范围

(1)一般范围。

增值税的征税范围包括销售或者进口货物,提供劳务,提供应税服务。这里的货物是指有形动产,包括电力、热力、气体等,不包括无形资产和不动产。

提供劳务包括提供加工和修理修配劳务。其中,加工只能是指受托加工货物,即委托方提供原料及主要材料,受托方按照委托方的要求加工货物并收取加工费的业务;修理修配是指受托对损伤和丧失功能的货物进行修复,使其恢复原状和功能的业务。

提供应税服务包括提供服务、销售无形资产、销售不动产。提供服务包括交通运输服务、邮政服务、电信服务、建筑服务、金融服务、现代服务、生活服务。销售无形资产是指转让无形资产所有权或者使用权的业务活动。无形资产是指不具有实物形态但能带来经济利益的资产,包括技术、商标、著作权、商誉、自然资源使用权和其他权益性无形资产。销售不动产是指转让不动产所有权的活动。不动产是指不能移动或者移动后会导致性质、形状改变的财产,包括建筑物和构筑物。

(2)特殊项目。

货物期货(包括商品期货和贵金属期货)业务——货物期货在实物交割环节纳税;银行销售金银业务;典当业销售死当物品业务;寄售业销售代委托人寄售物品业务;集邮商品的生产、调拨及邮政部门以外的其他单位和个人销售集邮商品业务;缝纫业务;预制构件业务;电力公司向发电企业收取的过网费业务;航空运输企业已经售票但为提供航空运输服务获得的逾期票证收入,按照航空运输服务征收增值税。

(3)特殊行为。

第一类是视同销售。以下 11 种行为在增值税法中被视同为销售货物,均要征收增值税:

将货物交由其他单位或者个人代销;销售代销货物;设有两个以上分支机构并实行统一

核算的纳税人,将货物从一地移送至另一地用于销售(但相关机构在同一县市除外);将自产或委托加工的货物用于非应税项目;将自产、委托加工的货物用于集体福利或个人消费;将自产、委托加工或购买的货物作为对其他单位或个体工商户的投资;将自产、委托加工或购买的货物分配给股东或投资者;将自产、委托加工或购买的货物无偿赠送其他单位或者个人;单位或者个体工商户向其他单位或者个人无偿提供服务(但用于公益事业或者以社会公众为对象的除外);单位或者个人向其他单位或者个人无偿转让无形资产或者不动产(但用于公益事业或者以社会公众为对象的除外);财政部和国家税务总局规定的其他情形。

第二类混合销售。混合销售是指纳税人在同一项销售行为中,既涉及货物行为又涉及服务的销售行为。混合销售行为成立标准有两点:一是销售行为必须是一项;二是该行为必须是既涉及货物又涉及服务。从事货物的生产、批发或者零售的单位和个体工商户的混合销售行为按照销售货物缴纳增值税;其他单位和个体工商户的销售行为,按照应税服务缴纳增值税。

第三类是兼营。兼营是指纳税人的经营中既包括销售货物和加工修理修配劳务,又包括销售服务的行为,并且这两项经营活动间并无直接的联系和从属关系。纳税人兼营销售货物、劳务、服务,适用不同税率或者征收率的,应当分别核算适用不同税率或者征收率的销售额;未分别核算的,从高适用税率。

3. 纳税人

增值税纳税人是指中华人民共和国境内销售货物或者提供加工、修理修配劳务、销售服务以及进口货物的单位和个人。

由于增值税实行凭增值税专用发票抵扣税款的制度,因此对纳税人的会计核算水平要求较高,要求能够准确核算销项税额、进项税额和应纳税额。但实际情况是有众多的纳税人达不到这一要求,因此,《中华人民共和国增值税暂行条例》将纳税人按其经营规模大小以及会计核算是否健全划分为一般纳税人和小规模纳税人。

(1)一般纳税人。

一般纳税人是指年应税销售额超过小规模纳税人标准的企业和企业性单位。标准有两个:一是应该申请资格认定的纳税人;二是可以申请资格认定的纳税人。

第一类,应该申请资格认定的纳税人。年应税销售额超过小规模纳税人标准的企业和企业性单位,无论其是否愿意,都应该向其所在地税务机关申请办理一般纳税人认定手续。否则按照一般纳税人的应税额计算,不得抵扣进项税额,也不得使用增值税专用发票。

年应税销售额是指纳税人在连续不超过 12 个月或者 4 个季度的经营期内,累计应征增值税销售额,包括纳税申报销售额、稽查查补销售额、纳税评估调整销售额。

兼有销售货物、提供应税劳务以及应税服务的纳税人,应当分别计算货物(含劳务)销售额和服务销售额,分别适用增值税一般纳税人资格认定标准。

第二类,可以申请资格认定的纳税人。会计核算健全、能够全面准确提供税务材料的小规模纳税人和新办企业,可以向主管税务机关申请一般纳税人资格认定,依照有关规定计算应纳税额,抵扣进项税额。

(2)小规模纳税人。

小规模纳税人是指年应税销售额在规定标准以下,并且会计核算不健全,不能按规定报送有关税务资料的增值税纳税人。

会计核算不健全是指纳税人不能正确核算增值税的销项税额、进项税额、应纳税额。

2018年5月1日起,增值税小规模纳税人标准为年应征增值税额500万元及以下。

原来按照《中华人民共和国增值税暂行条例实施细则》第28条规定,已经登记为增值税一般纳税人的单位和个人,在2018年12月31日前,可以选择继续作为一般纳税人;但是符合下列条件的,也可以转登记为小规模纳税人,其未抵扣的进项税额做转出处理。转登记日前,纳税人为一般纳税人且连续12个月或者4个季度的累计应税销售额未超过500万元的,可以申请转登记为小规模纳税人;纳税人在转登记日前,为一般纳税人且经营期不满12个月或4个季度的,按照月(季)平均应税销售额估算,年应税销售额未超过500万元的,可以申请转登记为小规模纳税人。

下列情况可以选择按照小规模纳税人纳税:非企业性单位、不经常发生应税行为的企业;对于应税服务年销售额超过规定标准,但不经常提供应税服务的单位和个体工商户;旅店业和饮食业销售非现场消费的食品;兼有销售货物、提供加工修理修配劳务以及应税服务,且不经常发生应税行为的单位和个人。

4. 税率和征收率

(1) 税率。

一般纳税人适用的税率有13%、9%、6%、0%等。

适用13%税率的:销售货物、提供加工修理修配劳务、进口货物、提供有形动产租赁服务。

适用9%税率的有两大类。第一大类是销售货物类:粮食等农产品、食用植物油、食用盐;自来水、暖气、冷气、热水、煤气、石油液化气、天然气、沼气、二甲醚、居民用煤炭制品;图书、报纸、杂志、音像制品、电子出版物;饲料、化肥、农药、农机、农膜。第二类是提供服务类:提供交通运输业服务、邮政服务、基础电信服务、建筑服务、不动产租赁服务;销售不动产;转让土地使用权。

适用6%税率的:提供增值电信服务、金融服务、现代服务(租赁服务除外)、生活服务;转让土地使用权以外的其他无形资产的应税行为。

适用0%税率的:出口货物,但国务院另有规定的除外。

(2) 征收率。

小规模纳税人适用征收率,征收率为3%。

特殊规定:

① 一般纳税人销售自己使用过的属于《中华人民共和国增值税暂行条例》第十条规定不得抵扣且未抵扣进项税额的固定资产,按照简易办法依照3%征收率减按2%征收增值税。

② 小规模纳税人销售自己使用过的固定资产,依照3%征收率减按2%征收增值税。

③ 一般纳税人销售自产的下列货物,可选择按照简易办法依照3%征收率计算缴纳增值税:

县级及县级以下小型水力发电单位(装机容量5万千瓦以下)生产的电力;建筑用和生产建筑材料所用的砂、土、石料;以自己采掘的砂、土、石料或其他矿物连续生产的砖、瓦、石灰(不含粘土实心砖、瓦);用微生物、微生物代谢产物、动物毒素、人或动物的血液或组织制成的生物制品;自来水;商品混凝土(仅限于以水泥为原料生产的水泥混凝土)。

一般纳税人选择简易办法计算缴纳增值税后,36 个月内不得变更。

④ 一般纳税人销售以下物品,暂按简易办法依照 3%征收率计算缴纳增值税:

寄售商店代销寄售物品(包括居民个人寄售的物品在内);典当业销售死当物品;经国务院或国务院授权机关批准的免税商店零售的免税品。

5. 应纳税额的计算

(1) 一般纳税人增值税计算。

增值税一般纳税人,应纳税额的计算公式是:

$$应纳税额 = 当期销项税额 - 当期进项税额$$

销项税额是指纳税人按照销售货物、提供应税劳务、提供应税服务的销售额,与规定的税率计算,并向购买方收取的增值税税额。销项税额的计算公式为:

$$销项税额 = 销售额 × 适用税率$$

进项税额是指纳税人按照买价所支付或者负担的增值税额。进项税额的计算公式为:

$$进项税额 = 买价 × 适用税率$$

① 准予抵扣的进项税额的确定。

一般而言,准予抵扣的进项税额可以根据以下两个方法来确定:一是进项税额体现支付或者负担的增值税,直接在销售方开具的增值税专用发票和海关完税凭证上注明的税额,不需要计算;二是买方的进项税额是根据支付金额和法定的扣除率计算出来的。

② 不得扣除进项税额的项目。

根据《财政部国家税务总局关于全面推开营业税改征增值税试点的通知》(财税〔2016〕36 号)文件附件一《营业税改征增值税试点实施办法》第二十七条规定:"下列项目的进项税额不得从销项税额中抵扣:

(一) 用于简易计税方法计税项目、免征增值税项目、集体福利或者个人消费的购进货物、加工修理修配劳务、服务、无形资产和不动产。其中涉及的固定资产、无形资产、不动产,仅指专用于上述项目的固定资产、无形资产(不包括其他权益性无形资产)、不动产。

纳税人的交际应酬消费属于个人消费。

(二) 非正常损失的购进货物,以及相关的加工修理修配劳务和交通运输服务。

(三) 非正常损失的在产品、产成品所耗用的购进货物(不包括固定资产)、加工修理修配劳务和交通运输服务。

(四) 非正常损失的不动产,以及该不动产所耗用的购进货物、设计服务和建筑服务。

(五) 非正常损失的不动产在建工程所耗用的购进货物、设计服务和建筑服务。

纳税人新建、改建、扩建、修缮、装饰不动产,均属于不动产在建工程。

(六) 购进的旅客运输服务、贷款服务、餐饮服务、居民日常服务和娱乐服务。

(七) 财政部和国家税务总局规定的其他情形。"

进口货物按照组成计税价格和规定的增值税率计算应纳税额,不得抵扣任何税额。

(2) 小规模纳税人增值税计算。

小规模纳税人,实行简易计征办法,按照销售额乘以 3%的征收率计算应纳税额。

$$小规模纳税人的应纳税额 = 含税销售额 ÷ (1 + 征收率) × 征收率$$

$$应纳税额 = (不含税)销售额 × 征收率$$

$$销售额 = (含税)销售额 ÷ (1 + 征收率)$$

小规模纳税人,不得抵扣进项税额。

(3) 进口货物增值税计算。

根据《增值税暂行条例》的规定,申报进入中华人民共和国海关境内的货物,均应缴纳增值税。

进口货物的计税依据是组成计税价格:

$$组成计税价格＝关税完税价格＋关税$$

进口货物的增值税适用税率与销售货物增值税适用税率相同。

进口货物增值税计算公式:

$$进口货物应税税额＝组成计税价格×适用税率$$
$$＝(关税完税价格＋关税)×适用税率$$

如果进口货物属于消费税的征税范围,计算公式为:

$$进口货物应税税额＝组成计税价格×适用税率$$
$$＝(关税完税价格＋关税＋消费税)×适用税率$$

海关征税增值税时,不得抵扣任何税额。

6. 优惠政策

(1) 增值税起征点的规定。

增值税起征点的适用范围是个人,不包括认定为一般纳税人的个体工商户和小规模纳税人。

纳税人销售额未达到国务院财政、税务主管部门规定的增值税起征点的,免征增值税;达到起征点的,依照规定全额计算缴纳增值税。

按期纳税的,为月销售额 5 000～20 000 元(含本数);

按次纳税的,为每次(日)销售额 300～500 元(含本数)。

(2) 免税项目。

《中华人民共和国增值税暂行条例》第十五条规定了下列 7 个项目免征增值税:

农业生产者销售的自产农业产品;避孕药品和用具;古旧图书;直接用于科学研究、科学试验和教学的进口仪器、设备;外国政府、国际组织无偿援助的进口物资和设备;由残疾人组织直接进口供残疾人专用的物品;销售的自己使用过的物品。

(3) 其他免税项目——小微企业免税标准。

根据《财政部、税务总局关于实施小微企业普惠性税收减免政策的通知》(财税〔2019〕13号)和《国家税务总局关于小规模纳税人免征增值税政策有关征管问题的公告》(国家税务总局公告 2019 年第 4 号)规定:

"小规模纳税人发生增值税应税销售行为,合计月销售额未超过 10 万元;以 1 个季度为1 个纳税期的,季度销售额未超过 30 万元的,免征增值税。"

以上规定自 2019 年 1 月 1 日生效。

此次提高增值税小规模纳税人月销售额免税标准,政策的适用对象是年应税销售额500 万元以下、身份为小规模纳税人的纳税人。

7. 发票类型

增值税发票分为:增值税普通发票、增值税专用发票。区别是增值税专用发票可以抵扣进项税款。

8. 增值税纳税义务的发生时间、纳税期限、纳税地点

（1）纳税义务的发生时间。

对于增值税纳税义务发生时间的界定，总的来讲是"发生应税销售行为的，为收讫销售款项或者取得索取销售款项凭据的当天；先开具发票的，为开具发票的当天。进口货物，为报关进口的当天"。

就发生应税销售行为而言，确定其增值税纳税义务发生时间的总原则就是，以"收讫销售款项、取得索取销售款项凭据或者发票开具时间"三者孰先（谁在前）的原则确定。

进口货物的，其纳税义务的发生时间为报关进口的当天。

增值税扣缴义务发生时间为纳税人增值税纳税义务发生的当天。

（2）纳税期限。

增值税的税款计算期分别为1日、3日、5日、10日、15日、1个月或1个季度。

纳税人的具体纳税期限，由主管税务机关根据纳税人应纳税额的大小分别核定。不能按固定期限纳税的，可以按次纳税。

纳税人以1月或者1个季度为一个纳税期限的，自期满之日起15日内申报纳税；纳税人以1日、3日、5日、10日、15日为一个纳税期限的，自期满之日起5日内预缴税款，于次月1日起15日内申报纳税，并结清上月应缴税款。

纳税人进口货物，应当自海关填发海关进口增值税专用缴款书之日起15日内缴纳税款。

（3）纳税地点。

固定业户应当向其机构所在地主管税务机关申报纳税。总机构和分支机构不在同一县（市）的，应当分别向各自所在地主管税务机关申报纳税；经国家税务总局或其授权的税务机关批准，可以由总机构汇总向总机构所在地主管税务机关申报纳税。固定业户的总、分支机构不在同一县（市），但在同一省、自治区、直辖市范围内的，其分支机构应纳的增值税是否可由总机构汇总缴纳，由省、自治区、直辖市税务局决定。

固定业户到外县（市）销售货物、应税劳务、应税服务、无形资产的，应当向其机构所在地主管税务机关，申请开具外出经营活动税收管理证明，向其机构所在地主管税务机关申报纳税。未持有其机构所在地主管税务机关核发的外出经营活动税收管理证明的纳税人，到外县（市）销售货物、应税劳务、应税服务、无形资产的，应当向销售地主管税务机关申报纳税。

非固定业户销售货物、应税劳务、应税服务、无形资产、不动产的，应当向销售地主管税务机关申报纳税；非固定业户到外县（市）销售货物、应税劳务、应税服务、无形资产，未向销售地主管税务机关申报纳税的，由其机构所在地或者居住地主管税务机关补征税款。

扣缴义务人应当向其机构所在地或者居住地的主管税务机关申报缴纳其扣缴的税款。

进口货物，应当由进口人或其代理人向报关地海关申报纳税。

（二）消费税

消费税是指对特定的消费品和消费行为在特定的环节征收的一种流转税。具体地说，是指对从事生产、委托加工和进口应税消费品的单位和个人，就其消费品的销售额或销售量或者销售额与销售量相结合征收的一种流转税。我国现行消费税的基本规范是2008年11月5日国务院第34次常务会议修订通过的《中华人民共和国消费税暂行条例》，自2009年1月1日起施行。

现行的《消费税暂行条例》主要包括以下内容。

1. 纳税人

消费税的纳税人是在我国境内从事生产、委托加工和进口应税消费品的单位和个人。具体包括生产应税消费品的单位和个人;进口应税消费品的单位和个人;委托加工应税消费品的单位和个人。

2. 征税范围

我国选择了以下几种类型的消费品列入消费税征税范围:

(1)过度消费会对人身健康、社会秩序、生态环境等方面造成危害的消费品,如烟、酒、鞭炮、焰火、电池、涂料等。

(2)奢侈品、非生活必需品,如高档化妆品、贵重首饰及珠宝玉石、高档手表、高尔夫球及球具等。

(3)高能耗及高档消费品,如摩托车、小汽车、游艇等。

(4)使用和消耗不可再生和替代的稀缺资源消费品,如成品油、木制一次性筷子、实木地板等。

3. 税目、税率

消费税税目的设置主要考虑到尽量简化、科学,征税主旨明确,课税对象清晰,并兼顾历史习惯。列入征税范围的税目有烟、酒、摩托车、小汽车、贵重首饰及珠宝玉石、高档化妆品、鞭炮和焰火、高档手表、高尔夫球及球具、成品油、游艇、木制一次性筷子、实木地板、电池、涂料等15种(见表3-1)。

表3-1　消费税税目税率表

税　目	税　率
一、烟	
1. 卷烟	56%加0.003元/支
(1)甲类卷烟	36%加0.003元/支
(2)乙类卷烟	11%加0.005元/支
(3)批发环节	36%
2. 雪茄烟	30%
3. 烟丝	
二、酒	
1. 白酒	20%加0.5元/500克
2. 黄酒	240元/吨
3. 啤酒	
(1)甲类啤酒	250元/吨
(2)乙类啤酒	220元/吨
4. 其他酒	10%
三、高档化妆品	15%
四、贵重首饰及珠宝玉石	
1. 金银首饰、铂金首饰和钻石及钻石饰品	5%
2. 其他贵重首饰和珠宝玉石	10%

(续表)

税　目	税　率
五、鞭炮、焰火	15%
六、成品油	
1．汽油	1.52 元/升
2．柴油	1.2 元/升
3．航空煤油	1.2 元/升
4．石脑油	1.52 元/升
5．溶剂油	1.52 元/升
6．润滑油	1.52 元/升
7．燃料油	1.2 元/升
七、摩托车	
1．气缸容量(排气量)为 250 毫升	3%
2．气缸容量(排气量)为 250 毫升以上的	10%
八、小汽车	
1．乘用车	
(1)气缸容量(排气量,下同)在 1.0 升(含 1.0 升)以下的	1%
(2)气缸容量在 1.0 升以上至 1.5 升(含 1.5 升)的	3%
(3)气缸容量在 1.5 升以上至 2.0 升(含 2.0 升)的	5%
(4)气缸容量在 2.0 升以上至 2.5 升(含 2.5 升)的	9%
(5)气缸容量在 2.5 升以上至 3.0 升(含 3.0 升)的	12%
(6)气缸容量在 3.0 升以上至 4.0 升(含 4.0 升)的	25%
(7)气缸容量在 4.0 升以上的	40%
2．中轻型商用客车	5%
3．高档小汽车(超豪华小汽车)(零售环节)	10%
九、高尔夫球及球具	10%
十、高档手表	20%
十一、游艇	10%
十二、木制一次性筷子	5%
十三、实木地板	5%
十四、电池	4%
十五、涂料	4%

　　4．应纳税额的计算

　　(1)自行销售应税消费品应纳税额的计算。

　　从应税消费品的价格变化情况和便于征纳等角度出发,分别采用从量定额、从价定率、复合三种计税办法。

　　① 实行从量定额计征办法的计税依据。

我国消费税对卷烟、白酒、黄酒、啤酒、汽油、柴油等实行定额税率，采用从量定额的办法征税，其计税依据是纳税人销售应税消费品的数量，其计税公式为：

$$应纳税额＝应税消费品数量×消费税单位税额$$

② 实行从价定率计征办法的计税依据。

实行从价定率办法征税的应税消费品，计税依据为应税消费品的销售额。应纳税额的计算公式为：应纳税额＝应税消费品的销售额×适用税率

应税消费品的销售额包括销售应税消费品从购买方收取的全部价款和价外费用。即：

$$销售额＝应税消费品销售额＋价外收费$$

注意：实行从价定率征收的消费品，其消费税税基与增值税税基是一致的，都是以含消费税（价内税）而不含增值税（价外税）的销售额作为计税基数。"销售额"不包括应向购买方收取的增值税额。

$$应税消费品的销售额＝含增值税的销售额÷（1＋增值税税率或者征收率）$$

③ 实行复合计征办法的计税依据。

我国消费税对卷烟、粮食白酒、薯类白酒等实行从量定额和从价定率相结合计算应纳税额的复合计税办法。

$$应纳税额＝销售数量×定额税率＋销售额×比例税率$$

（2）自产自用应税消费品应纳税额的计算。

凡自产自用的应税消费品，用于连续生产应税消费品的，不再征税，体现了税不重征和计税简便的原则，避免了重复征税。纳税人自产自用的应税消费品，不是用于连续生产应税消费品的，而是用于其他方面的，于移送使用时纳税。纳税人自产自用的应税消费品，凡用于其他方面，应当纳税。具体分为以下两种情况：

第一，有同类消费品的销售价格的，按照纳税人生产的同类消费品的销售价格计算纳税。

$$应纳税额＝同类消费品销售价格×自产自用数量×适用税率$$

第二，没有同类消费品销售价格的，应按组成计税价格计算纳税；组成计税价格计算公式：

$$组成计税价格＝（成本＋利润）÷（1－消费税税率）$$
$$＝[成本×（1＋成本利润率）]÷（1－消费税税率）$$
$$应纳税额＝组成计税价格×适用税率$$

"成本"，是指应税消费品的产品生产成本。"利润"，是指根据应税消费品的全国平均成本利润率计算的利润。应税消费品全国平均成本利润率由国家税务总局确定。

（3）委托加工应税消费品应纳税额的计算。

委托加工的应税消费品是指由委托方提供原料和主要材料，受托方只收取加工费和代垫部分辅助材料加工的应税消费品。委托加工的应税消费品，受托方是法定的代收代缴义务人，由受托方在向委托方交货时代收代缴税款。受托方在交货时已代收代缴消费税，委托方收回后直接销售的，不再征收消费税。

委托加工应税消费品组成计税价格的计算分为以下两种情况：

第一,委托加工的应税消费品,按照受托方的同类消费品的销售价格计算纳税。

$$应纳税额 = 同类消费品销售单价 \times 委托加工数量 \times 适用税率$$

第二,没有同类消费品销售价格的,按照组成计税价格计算纳税。

$$组成计税价格 = (材料成本 + 加工费) \div (1 - 消费税税率)$$

$$应纳税额 = 组成计税价格 \times 适用税率$$

(4)进口应税消费品应纳税额的计算。

实行从价定率办法计算应纳税额的,按照组成计税价格计算纳税。组成计税价格计算公式:

$$组成计税价格 = (关税完税价格 + 关税) \div (1 - 消费税税率)$$

$$应纳税额 = 组成计税价格 \times 适用税率$$

实行从量定额办法的应税消费品的应纳税额的计算:

$$应纳税额 = 应税消费品数量 \times 消费税单位税额$$

5. 消费税的纳税义务发生时间

(1)纳税人销售的应税消费品,其纳税义务的发生时间为:纳税人采取赊销和分期收款结算方式的,其纳税义务的发生时间,为销售合同规定的收款日期的当天;纳税人采取预收货款结算方式的,其纳税义务的发生时间,为发出应税消费品的当天;纳税人采取托收承付和委托银行收款方式销售的应税消费品,其纳税义务的发生时间,为发出应税消费品并办妥托收手续的当天;纳税人采取其他结算方式的,其纳税义务的发生时间,为收讫销售款或者取得索取销售款的凭据的当天。

(2)纳税人自产自用的应税消费品,其纳税义务的发生时间,为移送使用的当天。

(3)纳税人委托加工的应税消费品,其纳税义务的发生时间,为纳税人提货的当天。

(4)纳税人进口的应税消费品,其纳税义务的发生时间,为报关进口的当天。

除委托加工纳税义务发生时间是消费税的特有规定之外,消费税的纳税义务发生时间与增值税一致。纳税期限的规定也与增值税一样。

注意:委托加工的应税消费品,纳税义务发生时间为纳税人提货的当天。

二、所得课税

所得课税又称收益课税,是以所得额(亦称收益额)为课税对象的税类。所得额,是指单位和个人在一定时期内从全社会的国民收入总额中,通过各种方式分配到的那部分份额。目前我国的所得税主要是对企业所得、个人所得征收。

所得课税具有以下几个特点:

(1)税负不易转嫁。

由于所得税的课税对象是纳税人的最终所得,一般不易进行税负转嫁,这一特点有利于直接调节纳税人的收入,缩小收入差距,实现公平分配的目标。在采用累进税率的条件下,这一作用尤为明显。

(2)一般不存在重复征税,税负较公平。

所得课税以所得额为课征对象,征税环节单一,只要不存在两个以上课税主体,就不会存在重复征税。另外,所得课税一般是以净所得为计税依据,实行所得多的多征、所得少的少征,体现了量能负担原则。同时,所得课税通常都规定起征点、免征额及扣除项目,可以照顾低收入者,不会影响纳税人的基本生活。

(3) 税源普遍,课征有弹性.

在正常条件下,凡从事生产经营活动的一般都有所得,都要缴纳所得税,因此,所得课税的税源很普遍。同时,随着社会生产力的发展和经济效益的提高,各种所得会不断增长,国家可以根据需要灵活调整税负,以适应财政支出增减的变化。

(4) 计税方法复杂,稽征管理难度大。

由于所得课税的对象是纳税人的所得额,而所得额的多少又直接取决于成本、费用的高低,这就使得费用扣除问题成为计征所得税的核心问题,从而带来了所得课税计征方法复杂、稽征管理难度大等问题。

我国现行所得课税的主要税种有企业所得税、个人所得税。下面就这些税种做简要介绍。

(一) 企业所得税

企业所得税是对企业或经济组织在一定时期内的生产经营所得和其他所得征收的一种税。在我国现行税法体系中,企业所得税是指对内外资企业征收的所得税,它是国家参与内外资企业利润分配的重要手段。我国现行企业所得税的基本规范是中华人民共和国第十届全国人民代表大会第五次会议于 2007 年 3 月 16 日通过的《中华人民共和国企业所得税法》及 2007 年 11 月 28 日国务院第 197 次常务会议通过的《中华人民共和国企业所得税法实施条例》,自 2008 年 1 月 1 日起施行。

1. 纳税人

《企业所得税法》规定,在中华人民共和国境内,企业和其他取得收入的组织(以下统称企业)为企业所得税的纳税人,但个人独资企业、合伙企业不缴纳企业所得税,应由投资者缴纳个人所得税。企业分为居民企业和非居民企业。

(1) 居民企业。

居民企业是指依法在中国境内成立,或者依照外国(地区)法律成立但实际管理机构在中国境内的企业。在中国境内成立的企业,包括依照中国法律、行政法规在中国境内成立的企业、事业单位、社会团体以及其他取得收入的组织。依照外国(地区)法律成立的企业,包括依照外国(地区)法律成立的企业和其他取得收入的组织。实际管理机构是指对企业的生产经营、人员、账务、财产等实施实质性全面管理和控制的机构。

(2) 非居民企业。

非居民企业是指依照外国(地区)法律成立且实际管理机构不在中国境内,但在中国境内设立机构、场所的,或者在中国境内未设立机构、场所,但有来源于中国境内所得的企业。

2. 征税对象

居民企业承担无限纳税义务,应当就其来源于中国境内、境外的所得缴纳企业所得税。非居民企业在中国境内设立机构、场所的,应当就其所设机构、场所取得的来源于中国境内的所得,以及发生在中国境外但与其所设机构、场所有实际联系的所得,缴纳企业所得税。非居民企业在中国境内未设立机构、场所的,或者虽设立机构、场所但取得的所得与其所设机构、场所没有实际联系的,应当就其来源于中国境内的所得缴纳企业所得税。

来源于中国境内、境外的所得,按照以下原则确定:

① 销售货物所得,按照交易活动发生地确定;

② 提供劳务所得,按照劳务发生地确定;

③ 转让财产所得,不动产转让所得按照不动产所在地确定,动产转让所得按照转让动产的企业或者机构、场所所在地确定,权益性投资资产转让所得按照被投资企业所在地确定;

④ 股息、红利等权益性投资所得,按照分配所得的企业所在地确定;

⑤ 利息所得、租金所得、特许权使用费所得,按照负担、支付所得的企业或者机构、场所所在地确定,或者按照负担、支付所得的个人的住所地确定;

⑥ 其他所得,由国务院财政、税务主管部门确定。

3. 税率

现行税制中的企业所得税基本税率为25%;非居民企业适用税率20%;符合条件的小型微利企业适用税率20%;国家需要重点扶持的高新技术企业适用税率15%。

4. 应纳税额的计算

企业所得税应纳税额的计算公式为:

$$应纳税额 = 应纳税所得额 \times 适用税率 - 减免税额 - 抵免税额$$

企业应纳税所得额的计算,以权责发生制为原则,属于当期的收入和费用,不论款项是否收付,均作为当期的收入和费用;不属于当期的收入和费用,即使款项已经在当期收付,均不作为当期的收入和费用。其计算公式为:

$$应纳税所得额 = 纳税人每一纳税年度的收入总额 - 不征税收入 - 免税收入$$
$$- 各项扣除 - 允许弥补的以前年度亏损$$

(1) 收入总额的确定。

企业以货币形式和非货币形式从各种来源取得的收入,为收入总额,包括销售货物收入、提供劳务收入、转让财产收入、股息、红利等权益性投资收益、利息收入、租金收入、特许权使用费收入、接受捐赠收入、其他收入。

(2) 不征税收入。

收入总额中的不征税收入包括财政拨款、依法收取并纳入财政管理的行政事业性收费、政府性基金、国务院规定的其他不征税收入。

(3) 免税收入。

按照《企业所得税法》的规定,企业的免税收入包括国债利息收入;符合条件的居民企业之间的股息、红利等权益性投资收益;在中国境内设立机构、场所的非居民企业从居民企业取得与该机构、场所有实际联系的股息、红利等权益性投资收益;符合条件的非营利组织的收入。

(4) 扣除项目。

企业实际发生的与取得收入有关的、合理的支出,包括成本、费用、税金、损失和其他支出,准予在计算应纳税所得额时扣除。企业的不征税收入用于支出所形成的费用或者财产,不得扣除或者计算对应的折旧、摊销扣除。企业实际发生的成本、费用、税金、损失和其他支出,不得重复扣除。

在计算应纳税所得额时,下列支出不得扣除:向投资者支付的股息、红利等权益性投资收益款项;企业所得税税款;税收滞纳金;罚金、罚款和被没收财物的损失;本法第九条规定以外的捐赠支出;赞助支出;未经核定的准备金支出;与取得收入无关的其他支出。

5.税收优惠

企业的下列所得,可以免征、减征企业所得税从事农、林、牧、渔业项目的所得;从事国家重点扶持的公共基础设施项目投资经营的所得;从事符合条件的环境保护、节能节水项目的所得;符合条件的技术转让所得等。创业投资企业从事国家需要重点扶持和鼓励的创业投资,可以按投资额的一定比例抵扣应纳税所得额。企业购置用于环境保护、节能节水、安全生产等专用设备的投资额,可以按一定比例实行税额抵免。

(二) 个人所得税

个人所得税,是以个人所得为征税对象,并且由取得所得的个人缴纳的一种税。个人所得税是直接税,其税负由获取所得的个人直接负担,因而对国民权利和国民生活影响较大,征收的难度也较大。为此,必须在个人所得税的征收领域加强法制建设,严格依法治税。我国现行个人所得税的基本规范是 1980 年 9 月 10 日第五届全国人民代表大会第三次会议通过的《中华人民共和国个人所得税法》,并于 2011 年 6 月 30 日第十一届全国人民代表大会常务委员会第二十一次会议进行了第六次修正。2018 年 8 月 31 日,第七次修改个人所得税法被通过,起征点每月 5 000 元,2018 年 10 月 1 日起,实施最新起征点和税率。这些法律、法规、部门规章及规范性文件构成了我国的个人所得税法律制度。

1.纳税人

按照《个人所得税法》的规定,个人所得税的纳税人包括中国公民、个体工商户、个人独资企业投资者、合伙企业投资者、外籍人员(包括无国籍人员)、港台澳同胞等。

我国依据住所和居住时间两个标准将纳税人区分为居民纳税人和非居民纳税人两种。

(1) 居民纳税人。

居民纳税人是指在中国境内有住所,或者无住所而在中国境内居住满 183 天的个人。所谓在中国境内有住所的个人,是指因户籍、家庭、经济利益关系而在中国境内习惯性居住的个人。所谓在境内居住累计满 183 天,是指在一个纳税年度(即公历 1 月 1 日起至 12 月 31 日止)中,在中国境内居住累计满 183 天的个人。

居民纳税人承担无限纳税义务其所取得的应税所得,无论是来源于中国境内还是中国境外的任何地方,都要在中国缴纳个人所得税。

(2) 非居民纳税人。

非居民纳税人是指在中国境内无住所又不居住,或者无住所而在境内居住不满 183 天的个人。非居民纳税人承担有限纳税义务,即只限来源于中国境内的所得征税。

我国实行个人所得税代扣代缴和个人申报纳税相结合的征收管理制度。

2.征税对象

个人所得税的征税对象是各项个人所得,具体包括:

(1) 工资、薪金所得;

(2) 个体工商户的生产、经营所得;

(3) 对企事业单位的承包经营、承租经营所得;

(4) 劳务报酬所得;

(5) 稿酬所得;

（6）特许权使用费所得；

（7）利息、股息、红利所得；

（8）财产租赁所得；

（9）财产转让所得；

（10）偶然所得；

（11）经国务院财政部门确定征税的其他所得。

3．税率

个人所得税采取分项定率，有超额累进税率和比例税率两种形式：

（1）工资、薪金所得，适用七级超额累进税率，税率为3%～45%（见表3-2、表3-3）。

表 3-2　个人所得税税率表一
（综合所得适用）

级数	全年应纳税所得额	税率(%)	速算扣除数
1	不超过 36 000 元的	3	0
2	超过 36 000 元至 144 000 元的部分	10	2 520
3	超过 144 000 元至 300 000 元的部分	20	16 920
4	超过 300 000 元至 420 000 元的部分	25	31 920
5	超过 420 000 元至 660 000 元的部分	30	52 920
6	超过 660 000 元至 960 000 元的部分	35	85 920
7	超过 960 000 元的部分	45	181 920

注：1. 全年应纳税所得额是指居民个人取得综合所得，以每一纳税年度收入额减除费用 60 000 元以及专项扣除、专项附加扣除和依法确定的其他扣除后的余额。

2. 综合所得是指工薪所得、劳务报酬所得、稿酬所得、特许权使用费所得。

3. 本级速算扣除额＝上级最高所得额＊（本级税率－上一级税率）＋上一级速算扣除数。

表 3-3　个人所得税税率表二
（工资、薪金所得适用，按月）

级数	全月应纳税所得额	税率(%)	速算扣除数
1	不超过 3 000 元的	3	0
2	超过 3 000 元至 12 000 元的部分	10	210
3	超过 12 000 元至 25 000 元的部分	20	1 410
4	超过 25 000 元至 35 000 元的部分	25	2 660
5	超过 35 000 元至 55 000 元的部分	30	4 410
6	超过 55 000 元至 80 000 元的部分	35	7 160
7	超过 80 000 元的部分	45	15 160

（2）个体工商户的生产、经营所得和对企事业单位的承包经营、承租经营所得，适用5%～35%的五级超额累进税率（见表3-4）。

表 3－4　个人所得税税率表三

（经营所得适用,按纳税年度）

级数	全年应纳税所得额	税率(%)	速算扣除数
1	不超过 30 000 元的部分	5	0
2	超过 30 000 元至 90 000 元的部分	10	1500
3	超过 90 000 元至 300 000 元的部分	20	10 500
4	超过 300 000 元至 500 000 元的部分	30	40 500
5	超过 500 000 元的部分	35	65 500

注:本表所称全年应纳税所得额是指,以每一纳税年度的收入总额减除成本、费用及损失后的余额。

（3）劳务报酬所得,稿酬（减征 30%）,特许权使用费所得,利息、股息、红利所得,财产租赁所得（个人出租居民房,税率为 10%）,财产转让所得,偶然所得和其他所得,适用比例税率,税率为 20%。

4. 应纳税额的计算

个人所得税的应纳税额为应纳税所得额乘以适用税率,即:

$$应纳税额＝应纳税所得额×适用税率$$

个人所得税的计税依据是应纳税所得额。应纳税所得额为个人取得的各项收入减去税法规定的费用扣除金额和减免税收入后的余额。从 2019 年 1 月 1 日起,居民个人取得工资薪金所得、劳务报酬所得、稿酬所得特许权使用费所得（以下称综合所得）,按纳税年度合并计算个人所得税;非居民个人取得综合所得,按月或者按次分项计算个人所得税。纳税人取得除综合所得外其他所得的,依照税率分别计算个人所得税。

具体各项收入的应纳税所得额计算如下:

（1）工资、薪金所得,以每月收入额减除费用 5 000 元以及专项附加扣除后的余额,为月应纳税所得额。个人所得税专项附加扣除是指,个人所得税法规定的子女教育、继续教育、大病医疗、住房贷款利息、住房租金和赡养老人等 6 项专项附加扣除。

（2）个体工商户的生产、经营所得,以每一纳税年度的收入总额,减除成本、费用以及损失后的余额,为应纳税所得额。

（3）对企事业单位承包经营、承租经营所得,以每一纳税年度的收入总额,减除必要费用后的余额,为应纳税所得额。

（4）劳务报酬所得、稿酬所得、特许权使用费所得、财产租赁所得,每次收入不超过 4 000 元的,减除费用 800 元;4 000 元以上的,减除 20% 的费用,其余额为应纳税所得。

（5）财产转让所得,以转让财产的收入额减除财产原值和合理费用后的余额,为应纳税所得额。

（6）利息、股息、红利所得,偶然所得和其他所得,以每次收入额为应纳税所得额。

个人将其所得对教育事业和其他公益事业捐赠的部分,按照国务院有关规定从应纳税所得额中扣除。

对在中国境内无住所而在中国境内取得工资、薪金所得的纳税人和在中国境内有住所而在中国境外取得工资、薪金所得的纳税人,可以根据其平均收入水平、生活水平以及汇率变化情况确定附加减除费用,附加减除费用的范围和标准由国务院规定。纳税人从中国境外取得的所得,准予其在应纳税额中扣除已在境外缴纳的个人所得税税额。但扣除额不得超过按纳税人境外所得依照税法规定计算的应纳税额。

5.税收优惠

下列各项个人所得,免纳个人所得税:

(1)省级人民政府、国务院部委和中国人民解放军军以上单位,以及外国组织、国际组织颁发的科学、教育、技术、文化、卫生、体育、环境保护等方面的奖金;

(2)国债和国家发行的金融债券利息;

(3)按照国家统一规定发给的补贴、津贴;

(4)福利费、抚恤金、救济金;

(5)保险赔款;

(6)军人的转业费、复员费;

(7)按照国家统一规定发给干部、职工的安家费、退职费、退休工资、离休工资、离休生活补助费;

(8)依照我国有关法律规定应予免税的各国驻华使馆、领事馆的外交代表、领事官员和其他人员的所得;

(9)中国政府参加的国际公约、签订的协议中规定免税的所得;

(10)经国务院财政部门批准免税的所得。

6.征收管理

(1)纳税申报。

个人所得税的纳税办法有两种,分别是自行申报纳税和代扣代缴。

自行申报纳税方式。纳税义务人有以下情形之一的,应当按照规定到主管税务机关办理纳税申报:取得综合所得需办理汇算清缴的;取得应税所得没有扣缴义务人的;取得应税所得,扣缴义务人未扣缴税款的;取得境外所得的;因移居国外注销中国国籍;非居民个人在中国境内从两处以上取得工资薪金所得的;国务院规定的其他情形。

代扣代缴方式。以支付所得的单位或者个人作为代扣代缴义务人。

扣缴义务人应当按照国家规定办理全员全额扣缴申报,并向纳税人提供个人所得和已扣缴税款等信息。

(2)纳税期限。

① 代扣代缴期限。

居民个人取得综合所得,按年计算个人所得税;有扣缴义务人的,由扣缴义务人按月或者按次预扣预缴税款;需要办理汇算清缴的,应当在取得所得的次年3月1日至6月30日内办理汇算清缴。预扣预缴办法由国务院税务主管部门制定。

居民个人向扣缴义务人提供专项附加扣除信息的,扣缴义务人按月预扣预缴税款时应当按照规定予以扣除,不得拒绝。

非居民个人取得工资薪金所得、劳务报酬所得、稿酬所得、特许权使用费所得,有扣缴义务人的,由扣缴义务人按月或者按次代扣代缴税款,不办理汇算清缴。

② 自行申报纳税期限。

纳税人取得应税所得,没有扣缴义务人的,应当在取得所得的次月15日内,向税务机关报送纳税申报表,缴纳税款。

居民个人从中国境外取得所得的,应当在取得所得的次年 3 月 1 日至 6 月 30 日内申报纳税。

非居民个人在中国境内从两处以上取得工资薪金所得的,应当在取得所得的次月 15 日内申报纳税。

纳税人因移居境外注销中国户籍的,应当在注销中国户籍前办理税款清算。

(3) 纳税地点。

个人所得税自行申报的,其申报地点一般应为收入来源地的主管税务机关。

纳税人从两处或者两处以上取得工资薪金的,可选择并固定在其中一个地方税务机关申报纳税。

境外取得所得的,应向其境内户籍所在地或者经营居住地税务机关申报纳税。

扣缴义务人应向其主管税务机关进行纳税申报,纳税人要求变更申报纳税地点的,须经原主管税务机关批准。

个人独资企业和合伙企业投资者个人所得税纳税地点。投资者应向企业实际经营管理所在地税务机关申报纳税。投资者兴办两个或者两个以上企业的。应分别向企业实际经营管理所在地主管税务机关预缴税款。投资者的个人所得税征收管理工作由地方税务局负责。

三、其他课税

(一) 资源课税

1. 资源课税的性质和功能

资源课税是以自然资源为课税对象的税类。自然资源课税资源是指未经人类加工而可以利用的天然物质资源。作为课税对象的资源是指那些具有商品属性的自然资源,即具有交换价值和使用价值的资源。资源税的功能主要在于:促进资源的合理开发和有效使用;合理调节资源级差地租收入,创造公平竞争环境;增加财政收入;等等。

2. 资源课税的主要税种

我国现行税制中,属于资源课税的税种有资源税、城镇土地使用税等。

(1) 资源税。

现行资源税征税范围包括七个税目的矿产品:原油、天然气、煤炭、其他非金属矿原矿、黑色金属矿原矿、有色金属矿原矿和盐。凡在我国境内开采上述应税矿产品或者生产盐的单位和个人,都是资源税的纳税人。资源税实行按产品类别从量定额计算征收办法,设置有上下限的幅度税额,同类产品资源状况不同,税额也不相同。资源税的应纳税额,按照应税产品的课税数量和规定的单位税额计算。

(2) 城镇土地使用税。

城镇土地使用税是对城市、县城、建制镇、工矿区范围内使用土地的单位和个人,按使用土地的面积定额征收的一种税。

(二) 财产课税

财产课税是以纳税人拥有或支配的财产为课税对象的税类。

1．财产课税的特征

（1）课税不普遍,具有选择性。由于财产的种类繁多,加之一些财产又容易转移和隐匿,各国都很难做到对全部财产征税,通常只是选择一些容易控制和管理的财产征税,如对土地、房屋等不动产的征税。

（2）税负不易转嫁,课税比较公平。财产税属于直接税,税负难以转嫁,课税的结果会直接增加纳税人的负担。由于拥有财产的多寡可以反映纳税能力,对财产课税符合量能纳税原则,能调节纳税人收入,有利于实现公平税负。

（3）税收弹性差,税源有限,一般是作为地方税种。

2．财产课税的主要作用

（1）可以增加财政收入,成为财政收入的补充来源;

（2）适当调节财产拥有人的收入,节制财富的集中;

（3）加强国家对财产的监督和管理,提高财产使用效果,特别是对房屋征税,有利于对房屋的合理、节约使用;

我国现行税制中属于财产课税的税种有房产税、契税、车船税。

（三）对行为的课税

对行为的课税是指以纳税人的某种特定行为作为课税对象的税类。它是当今世界各国广泛征收的税行为课税种,可以作为课税对象的行为很多,如特定的生产和生活消费行为;特定的销售行为;特定的投资行为;特定的分配行为;特定财产的使用行为;商业经营单位的开业行为;牲畜屠宰行为;等等。甚至有的国家为了鼓励人口增长,将公民的无子女和少子女行为也作为课税对象。

对特定行为征税,除了可以扩大财政收入的来源外,主要目的是为了通过征税对某种行为加以限制或加强管理监督。由于行为税是以特定行为为课税对象,是为特定目的服务的,因此,它具有分散、灵活的特点。所谓分散,是指税源不普遍、不集中;所谓灵活,是指可以因时因地制宜,需要时就开征,不需要时就停征。它不像流转税和所得税那样普遍、集中和稳定。

我国开征的属于行为课税的税种有印花税、契税等。

本章小结

（1）税收是政府为实现其职能的需要,凭借其政治权利并按照特定的标准,强制、无偿的取得财政收入的一种形式。税收的形式特征,通常被概括为三性,即税收作为一种分配形式,同其他分配形式相比,具有强制性、无偿性和固定性的特征。

（2）税制构成要素,是指狭义的税收制度所必须具备的要素。这些基本要素包括纳税人、课税对象、计税依据、税目、税率、纳税环节、纳税期限、纳税地点、减税免税、税收优惠、违章处理等。

（3）税收分类。税收是一个总的范畴。根据不同的需要,可以用不同的标准进行税收分类。按照课税对象的性质分类,可将我国现行税分为流转税、所得税、资源税、财产税和行为税五大类。这是常用的主要分类方法。属于流转课税的税种包括有增值税、消费税、营业税、关税等,这是目前我国最大的税类。我国现行所得课税的主要税种有企业所得税、个人所得税。

一、关键词

税收　税收构成要素　增值税　消费税　营业税　个人所得税　企业所得税　税收征收管理

二、复习思考题

1. 税收的概念和特征。

2. 税收制度的构成要素。

3. 税收可以按哪些标准分类？可以分为哪几类？

4. 流转税包括哪些税种？各税种的课税对象是什么？

5. 所得税包括哪些税种？各税种的课税对象是什么？

6. 我国税收征管制度的内容。

第四章 国 债

⊙ 学习目标

通过本章的学习,要求掌握国债的概念基本功能种类和国债的发行与偿还方式;了解理解国债的发行条件、资金偿还来源以及国债发行与流通市场;重点掌握国债对经济的影响。

⊙ 引导案例

2015 年凭证式(二期)国债 5 月 10 日起发行

2015 年凭证式(二期)国债(以下简称本期国债)从 5 月 10 日起开始发售,5 月 19 日结束。本期国债全国最大发行总额为 300 亿元,其中:三年期 180 亿元,年利率为 4.92%;五年期 120 亿元,年利率为 5.32%。投资者购买的本期国债从购买之日起开始计息,到期一次还本付息,不计复利,逾期不加计利息。

本期国债按照面值向个人发行,销售面值须为百元的整数倍。本期国债为记名国债,可以挂失,但不可流通转让。投资者购买本期国债后,可以到原购买机构办理提前兑取和质押贷款。本期国债提前兑取时,利息按投资者实际持有天数及相应的利率档次计付。

工商银行、农业银行、中国银行、建设银行、交通银行、中信银行、光大银行、上海浦东发展银行、兴业银行、招商银行、北京银行、华夏银行、民生银行和邮政储蓄银行等 14 家机构代销本期国债。投资者可到上述 14 家承销机构的网点柜台购买。

思考题:1. 什么是国债? 政府为什么要发行国债?

2. 为什么国债可以在银行网点销售呢?

第一节 国债的基础知识

一、国债概述

国债是国家公债的简称,国债是中央政府凭借政府信誉,按照信用原则发行债券所形成的国家债务。正确把握国债的含义,必须明确以下问题:

第一,国债是公债的主要组成部分。公债有国债和地方债之别。在一国之内,无论中央政府还是地方政府。都有可能用发行公债作为取得财政收入的形式。凡属由中央政府发行的公债,称为国家公债,简称"国债"。它是作为中央政府组织财政收入的形式而发行的。其收入列入中央政府预算,由地方政府安排调度。我国地方政府无权以自身名义发行债务,故人们常将公债与国债等同起来。

第二,国债不局限于内债。一国的国债即可在本国境内发行也可到境外发行,在国内发行的国债称为国内公债,简称"内债"。国内公债的债权人多为本国公(居)民,包括本国的银行,企业,行政事业单位,各种经济团体和非经济团体以及公(居)民个人。国内公债是一国国债的主要部分。在国外发行的国债称为国外公债,简称"外债"。国外公债是一人为外国政府,也有一部分外国银行,企业,各种团体和组织以及个人,国外国债总额中的一个组成部分,但其所占比重通常低于国内公债。所以,国债有广义和狭义之分。狭义的国债仅指国内公债,即内债;广义的国债,除内债外,还包括国外公债,即外债。

第三,国债是政府收入的一种特殊的形式,具有有偿性,自愿性和灵活性的特点。所谓的有偿性,是指通过发行国债筹集的财政资金,政府必须作为债务而按期偿还,除此之外,还要按事先规定的条件向认购者支付一定数额的利息。

政府可以通过多种形式取得满足其履行职能所需要的财政收入,这些财政收入形式大体可分为无偿的和有偿的两种:政府以社会管理者的身份,凭借政治权利取得财政收入和以资产所有者的身份,凭借财产所有权取得财政收入,是无偿的形式,如税收,规费,国有资产收入;政府以债务人的身份,依据有借有还的信用原则取得财政收入,是有偿的形式,如发行国债。所谓的自愿性,是指国债的发行或认购建立在认购者自愿承购的基础上。除特定时期的某些强制性公债外,公众在是否认购,认购多少等方面,拥有完全自主的权利,而税收等一般财政收入则具有强制性。所谓灵活性,是指国债发行与否以及发行多少。一般完全由政府根据财政资金的余缺状况灵活加以确定。而非通过法律形式预先规定。灵活性是国债所具有的一个突出特征,它同税收等一般财政收入的固定性特征具有明显的区别。

第四,国债是政府借用或财政信用的主要形式。政府信用是指,政府按照有借有还的商业信用原则,以债务人身份来取得收入,或以债权人身份来安排支出,也称为财政信用。国债只是财政信用的一种形式。财政信用的其他形式包括政府向银行借贷,财政支出周转金,以及财政部门直接发放的财政性贷款等。

二、国债的产生与发展

(一) 国债的历史发展过程

世界上的第一张政府债券,出现于最早的资本主义生产关系萌芽的地中海沿岸国家,据有关文献记载,十二世纪末期,在当时经济最为发达的意大利城市佛罗伦萨,政府曾以发行债券的形式,向金融业者商借资金,其后,热那亚和威尼斯等城市相继仿效。至十四世纪和十五世纪,意大利各城市几乎都发行了政府债券。

十七世纪初,荷兰由于在海外贸易的商业战争中占据有利地位而逐渐强大起来。当时的荷兰,国内资金充斥,其一国所拥有的资金比欧洲其他国家所拥有的资金总和还要多。然而,荷兰的工业却远不如商业繁荣。在大量多余资金找不到理想投资对象的情况下,资金所有者们便竞相把资金贷给本国政府或者是外国政府。与此同时,荷兰政府为满足进一步向海外扩张的军费需要,大量举借国债;其他资本主义国家为发动战争,争夺国际市场,也相继在荷兰发行债券。所以,国债作为一种取得财政收入的形式,首先在荷兰牢固的确立起来。

此后,英国凭借海上力量迅速强大了起来,击败了西班牙和葡萄牙,进而取代了荷兰的地位,再加上其国内工场手工业的崛起,成为世界上最强大的国家,国债的发展中心于是从荷兰移向英国,并迅速在整个欧洲流行开来。

(二)国债产生的历史条件

为什么国债是资本主义时代的产物,而不能在资本主义之前的经济条件下产生呢? 原因有以下几点:

第一,只有到了资本主义时代,政府履行职能所需的开支才开始膨胀,从而才有了发行国债的必要。

第二,资本主义的生产关系以及反映资本主义意识的个人主义,是政府发行国债的前提条件。只有当资本主义获得相当发展之后,把政府和人民个人作为平等对立的经济利益单位的观念方可产生,政府与人民结成债权债务关系的经济现象才可能出现。

第三,只有到了资本主义时代,才有可能积聚起大量的货币资本,从而使国债的发行成为可能。

在封建社会和奴隶社会,由于生产力和商品货币经济发展水平较低,社会上的闲置资金不够多,因而人民不可能拿出多少资金认购国债。只有到了资本主义产生之后,特别是到了资本主义工场手工业开始向机器大工业过渡时期,社会劳动生产率获得极大地提高,加上以海上贸易、商业战争形式掠夺殖民地人民,才使一部分商人和高利贷者手中积累了大量的货币资本,因而才有可能将限制的货币投放于国家公债。

第四,只有到了资本主义时代,才可能为国债的发行提供必要的技术条件。

近代化的金融机构、全国性的金融市场以及较为发达的信用制度是发行国债所必需的三大技术条件:有金融机构,才能通过国债吸收社会上的流动或者闲置资金;有全国性的金融市场,才能使国债当作有价值的证券而流通,从而资金持有者才愿意将资金投放于国家公债;有较为发达的信用制度,政府与人民之间,债务人与债权人之间的信用关系的出现才成为可能,所有这些,在前资本主义社会是根本不可能想象的,只有到了资本主义时代,才可能得到确立和发展。

综上所述,国债的产生有四个必要条件:一要有国家财政上的需要;二要有平等对立的经济关系;三要有大量闲置的货币资本;四要有货币信用制度的发展。资本主义恰是人类历史上第一个具备这四大必要条件的社会经济形态。

三、国债的功能与作用

(一)国债的功能

1. 弥补财政赤字是国债的基本功能

国债作为一种财政收入形式出现,在历史时序上比税收晚得多。它是在政府职能不断扩大,支出日益增加,仅靠税收已不能满足财政支出需要的情况下产生的。也就是说,国债本身就是与财政赤字相联系的财政收入形式,是作为弥补财政收支差额的来源而产生的。弥补财政赤字是国债最基本的功能。

财政赤字一般就是指财政收入小于财政支出即收不抵支的差额。问题在于,弥补财政赤字的方式可有多种,如增加税收、增发通货,并非只有发行国债一种方式。为什么说国债最基本的功能是弥补财政赤字呢?

这里的道理并不难说清。增加税收可使政府财政收入增加到与财政支出相当的水平,因而是弥补财政赤字的一种方式。但税收的增加客观上受经济发展状况的制约,如果因强行提高税率或增设税种而影响了经济的正常发展,使财源枯竭,结果将是得不偿失;同时,改变税制也要受立法程序的制约,不仅不能保证短期内迅速地筹到所需的资金,而且会在政治和经济上遭到纳税人的强烈反抗。通过中央银行增发通货,也是增加财政收入,从而弥补财政赤字的一种方式,但通货虚增的结果是使社会上流通的货币量的凭空扩大,很可能引致通货膨胀。况且,在我国现行的财政金融体制下,财政上发生的赤字,也是不容许以向中央银行透支、通过中央银行增发货币的办法来弥补的。相比之下,以发行国债的方式弥补财政赤字,只是社会资金使用权的暂时转移,既不会招致纳税人的不满,又不会无端增加流通中的货币总量,还可迅速地取得所需资金。此外,国债的发行或认购通常建立在资金持有者自愿承受的基础上。通过发行国债筹集的社会资金,基本上是资金持有者暂时闲置不用的资金,将这部分资金暂时集中起来,归政府使用,在正常情况下不会对经济社会发展造成不利的影响。

手机扫一扫,
读专栏4-1

2. 筹集建设资金

筹集建设资金是从财政支出或资金使用角度来说明国债的功能。国家财政通过适度举措,将社会上的消费资金、临时闲散资金及保险基金等,引导到国家重点建设上来,使之变为生产建设资金,有助于调整投资结构,优化产业结构,促进国民经济协调稳定发展。从这个角度讲,发行国债的目的是为了集中社会闲散资金,保证国家重点建设或重大基础设施建设。因此,国债具有明显的筹集建设资金的功能。

3. 调节经济

发行和使用国债是国民收入的再分配,反映了社会资源的重新配置,是财政调节经济的重要手段。在市场经济条件下,国债除具有弥补财政赤字、筹集建设资金等基本功能之外,还在调节经济方面发挥着重要职能。

(1) 国债形成市场基准利率。

利率是整个金融市场的核心价格,对股票市场、期货市场、外汇市场等市场上金融工具的定价均产生重要影响。国债是一种收入稳定、风险极低的投资工具,这一特性使得国债利率处于整个利率体系的核心环节,成为其他金融工具定价的基础。国债的发行与交易有助于形成市场基准利率。

国债的发行将影响金融市场上的资金供求状况,从而引起利率的升降。在国债市场充分发展的条件下,某种期限国债发行时的票面利率就代表了当时市场利率的预期水平,而国债在二级市场上交易价格的变化又能够及时地反映出市场对未来利率预期的变化。

(2) 国债是财政政策和货币政策配合的结合点。

首先,扩大国债的发行规模是国家实施积极财政政策的主要手段,1998年8月为保证经济增长率达到8%而增发2 700亿元特种国债就是一个很好的例子。

其次,国债,特别是短期国债是央行进行公开市场操作唯一合适的工具。国债的总量、结构对公开市场操作的效果有重要的影响。如果国债规模过小,央行在公开市场上的操作对货币供应量的控制能力就非常有限,不足以使利率水平的变化达到央行的要求;如果国债品种单一,持有者结构不合理,中小投资者持有国债比例过大,公开市场操作就很难进行。

（3）国债是机构投资者短期融资的工具。

国债的信用风险极低,机构投资者之间可以利用国债这种信誉度最高的标准化证券进行回购交易来达到调节短期资金的余缺、套期保值和加强资产管理的目的。

（二）国债在经济发展中的作用

国债的发行对经济发展是起消极作用还是积极作用,古典经济学派和现代凯恩斯学派对此持不同的观点。

1. 古典经济学派对国债作用的观点

古典经济学派大多反对国债存在和发展,在他们看来,国债的消极作用包括:

（1）国债减少了生产资本,妨碍工商业的正当投资;

（2）以国债弥补财政赤字会助长为所欲为、不负责任之风;

（3）举债会增加将来财政困难;

（4）国债以高利吸引购买者,会使富者坐享其利,使财富分配不均,公债不断膨胀,导致市场增加信用,促使物价上涨等。

2. 现代凯恩斯学派对国债作用的观点

现代凯恩斯学派主张大力发展国债。他们把国债和赤字以及补偿性财政政策联系在一起,对国债大加赞扬。萨缪尔森认为,国债有以下四个方面的积极作用:

（1）国债不是一个值得忧虑的问题,而是一件有益的事,会增加净收入;

（2）国债不是妨碍经济增长的因素,而是使经济稳定发展的因素;

（3）国债的数额不应受限制,国债的发行不但不应视作国家的债务,而且还应视为国家的资产;

（4）国债不会增加人民负担。因此,大量发行国债有利于经济繁荣和充分就业。

3. 世界各国对国债作用的观点

目前,世界各国大多采纳现代凯恩斯学派的观点。国债在经济发展中的作用可以从财政和经济两个方面来分析。

（1）从财政角度看,国债是财政收入的补充形式,是弥补财政赤字、解决财政困难的最可靠、最迅速的手段。

① 当国家财政一时支出大于收入、遇有临时急需时,发行国债尤其是短期的国库券,比较简捷,可济急需。

② 从长远看,国债还是筹集建设资金的较好形式。一些投资大、建设周期长、见效慢的项目,如能源、交通等重点建设,往往是制约国民经济发展的"瓶颈",需要政府积极介入,包括投资,国债可以满足政府的这一支出需要。

（2）从经济的角度看,国债是政府调控经济的重要政策工具,是政府经济政策的一个重要组成部分。

① 调节积累与消费,促进两者比例关系合理化。在现实生活中,消费资金与人们的实际消费额存在着数量上的不等和时间上的不一致,因而需要适当加以调节。国债采取信用的方式,只是获得了一定时期内资金的使用权,没有改变资金的所有权,适当发行国债,可以

使二者的比例关系趋于正常。

② 调节投资结构,促进产业结构优化。政府投资对产业结构具有影响,国债资金的合理运用有利于产业结构趋于合理。

③ 调节金融市场、维持经济稳定。国债是一种金融资产,一种有价证券,发行国债要贯彻政府的财政政策;中央银行通过公开市场业务吞吐国债要贯彻政府的货币政策,国债就将财政政策和货币政策连接起来,国债市场可以成为间接调节金融市场的政策工具。政府可以根据经济状况随时进行国债的买卖,灵活的调节资金市场的松紧度,避免经济的大起大落。

④ 调节社会总需求,促进社会总供给与总需求平衡,包括供求关系总量和结构上的平衡。另外,外债还有特殊的作用:若将发行外债所得外汇用于储备,有利于币值稳定和外汇平衡;若用于增加进口,可以引进先进技术设备,有利于国内产业升级。

四、国债的种类

(一) 国债的种类

对于国债,可依据不同的标准,采取不同的方法进行分类。

1. 按举借债务方式不同

按举借债务方式不同,国债可分为国家债券和国家借款。

(1) 国家债券,是通过发行债券形成国债法律关系。国家债券是国家内债的主要形式,我国发行的国家债券主要有国库券、国家经济建设债券、国家重点建设债券等。

(2) 国家借款,是按照一定的程序和形式,由借贷双方共同协商,签订协议或合同,形成国债法律关系。国家借款是国家外债的主要形式,包括外国政府贷款、国际金融组织贷款和国际商业组织贷款等。

2. 按偿还期限不同

按偿还期限不同,国债可分类定期国债和不定期国债。

(1) 定期国债,是指国家发行的严格规定有还本付息期限的国债。定期国债按还债期长短又可分为短期国债、中期国债和长期国债。短期国债通常是指发行期限在 1 年以内的国债,主要是为了调剂国库资金周转的临时性余缺,并具有较大的流动性。中期国债是指发行期限在 1 年以上、10 年以下的国债(包含 1 年但不含 10 年),因其偿还时间较长而可以使国家对债务资金的使用相对稳定。长期国债是指发行期限在 10 年以上的国债(含 10 年),可以使政府在更长时期内支配财力,但持有者的收益将受到币值和物价的影响。

(2) 不定期国债,是指国家发行的不规定还本付息期限的国债。这类国债的持有人可按期获得利息,但没有要求清偿债务的权利。英国曾发行的永久性国债即属此类。

3. 按发行地域不同

国债可分为国家内债和国家外债。

(1) 国家内债,是指在国内发行的国债,其债权人多为本国公民、法人或其他组织,还本付息均以本国货币支付。

(2) 国家外债,外债是指一国常住者按照契约规定,应向非常住者偿还的各种债务本金和利息的统称。按照国家外汇管理局发布的《外债统计监测暂行规定》和《外债统计监测实施细则》的规定,中国的外债是指中国境内的机关、团体、企业、事业单位、金融机构或者其他机构对中国境外的国际金融组织、外国政府、金融机构、企业或者其他机构用外国货币承担的具有契约性偿还义务的全部债务。

4. 按发行性质不同

按发行性质不同,国债可分为自由国债和强制国债。

(1)自由国债,又称任意国债,是指由国家发行的由公民、法人或其他组织自愿认购的国债。它是当代各国发行国债普遍采用的形式,易于为购买者接受。

(2)强制国债,是国家凭借其政治权力,按照规定的标准,强制公民、法人或其他组织购买的国债。这类国债一般是在战争时期或财政经济出现异常困难或为推行特定的政策、实现特定目标时采用。

5. 按使用用途不同

按使用用途不同,国债可分为赤字国债、建设国债和特种国债。

(1)赤字国债,是指用于弥补财政赤字的国债。在实行复式预算制度的国家,纳入经常预算的国债属赤字国债。

(2)建设国债,是指用于增加国家对经济领域投资的国债。在实行复式预算制度的国家,纳入资本(投资)预算的国债属建设国债。

(3)特种国债,是指为实施某种特殊政策在特定范围内或为特定用途而发行的国债。

6. 按是否可以流通

按是否可以流通,国债可分为上市国债和不上市国债。

(1)上市国债,也称可出售国债,是指可在证券交易场所自由买卖的国债。

(2)不上市国债,也称不可出售国债,是指不能自由买卖的国债。这类国债一般期限较长,利率较高,多采取记名方式发行。

(二)我国的国债分类

从债券形式来看,我国发行的国债可分为凭证式国债和记账式国债两种。

1. 凭证式国债

凭证式国债是一种国家储蓄债,可记名、挂失,以"凭证式国债收款凭证"记录债权,不能上市流通,从购买之日起计息。在持有期内,持券人如遇特殊情况需要提取现金,可以到购买网点提前兑取。提前兑取时,除偿还本金外,利息按实际持有天数及相应的利率档次计算,经办机构按兑付本金的1‰收取手续费。

2. 记账式国债

记账式国债是以记账形式记录债权,由财政部发行,通过证券交易所的交易系统发行和交易,可以记名、挂失、可上市转让。投资者进行记账式证券买卖,必须在证券交易所设立账户。由于记账式国债的发行和交易均无纸化,所以效率高,成本低,交易安全。

记账式国债与凭证式国债的区别有以下几点:

(1)在发行方式上,记账式国债通过电脑记账、无纸化发行,而凭证式国债是通过纸质记账凭证发行。

(2)在流通转让方面,记账式国债可自由买卖,流通转让也较方便、快捷。凭证式国债只能提前兑取,不可流通转让,提前兑取还要支付手续费。

(3)在还本付息方面,记账式国债每年付息,可当日通过电脑系统自动到账,凭证式国债是到期后一次性支付利息,客户需到银行办理。

(4)在收益性上,记账式国债要略好于凭证式国债,通常记账式国债的票面利率要略高于相同期限的凭证式国债。

第二节 国债制度

一、国债的发行

(一)国债的发行条件

国债发行条件是指对国债发行本身诸方面所做的规定,即国债发行价格,发行利率,发行期限,国债发行额等因素的集合,国债发行条件的确定,至少应有利于财政筹资,用资计划的顺利实施,有利债务均衡合理分布,有利于降低发行成本,并考虑投资者的可接受程度。

1. 国债发行价格

国债发行价格,就是政府债券的出售价格或购买价格,政府债券的发行价格不一定就是票面值,它可以低于票面发行,少数情况下,也可以高于票面值发行,所以有一个发行的行市问题。按照国债发行价格与票面值的关系,可以分为平价发行、折价发行和溢价发行三种发行价格。

(1)平价发行就是政府债券按票面值出售,认购者按国债票面值支付购金,政府按票面值取得收入,到期也按票面值还本。

政府债券按照票面值出售,必须有两个前提条件。

一是市场利率要与国债发行利率大体一致,如果市场利率高于国债利率,按票面值出售便无法找到认购人或承购人;市场利率低于国债利率,按票面值出售,政府财政将遭受不应有的损失;唯有市场利率与国债利率大体一致,国债既能顺利地发售出去,又不至于增加国库负担。

二是政府的信用必须良好,唯有在政府信用良好的条件下,人们才会乐于按票面值认购,国债发行任务的完成才能获得足够的保障。

(2)折价发行就是政府债券以低于票面值的价格出售,即认购者按低于票面值的价格支付购金,政府按这一折价取得收入,到期仍按票面值还本。

(3)溢价发行就是政府债券以超过票面值的价格出售,即认购者按高于票面值的价格支付购买金,政府按这一增价取得收入,到期则按票面值还本。

政府债券按高于票面值的价格出售,只有在下述两种情况下才能办到:

一是国债利息率高,高于市场利息率以致认购者有利可图。

二是国债利率原与市场利率大体相当,但当债券出售时,市场利率出现下降,以致政府有可能提高债券出售价格。

2. 国债发行利率

国债的利息率,就是政府因举债所应支付的利息额与借入金额之间的比率,国债利率的确定要考虑发行的需要,也要兼顾偿还的可能,权衡政府的经济承受能力和成本与收益。通常国债利息率的高低,主要参照金融市场利率、政府信用状况和社会资金供给量三种因素来确定。

（1）国债利率应参照金融市场的利率而决定。具体地说,金融市场利率高,国债利率必须相应提高;金融市场利率低,国债利率可相应降低。否则,如国债利率高于金融市场利率致使财政承受不必要的损失。

（2）国债利率也应按照政府信用的状况而决定。具体地说,政府信用良好,国债利率可相应较低,政府信用不佳,国债利率只能较高,否则不是会加重政府债息负担,就是会阻挡国债的顺利发行。

（3）国债利率还应根据社会资金供给量的大小而决定。说得具体一点,社会资金供给量充足,国债利率可相应下调;社会资金供给匮乏,国债利率便需相应上调。否则,有可能使国库承受不必要的利息支出,或使国债的发行不畅。

3. 国债发行期限

国债期限是指从国债发行日到偿清本息日止的这段时间。按偿还期长短可分为短期国债、中期国债和长期国债。确定发行哪种期限的国债,要受到政府对资金的需求时间长短、市场利率的发展趋势、认购者的取向、流通市场的发达程度等因素的影响。国债期限的确定要有利于改变其偿债结构,降低举债成本,避免和缓解偿债高峰压力。期限长短的确定,应从以下两个方面综合考虑:

（1）国家每年的偿债能力。国债一旦发行,就存在着到期还本付息的问题。目前,我国的国债偿还数额是作为到期年度的财政支出的一个项目列入该年的支出预算,从正常财政收入之外的资金来源是有限的,而国债每年都在发行,每年也都有到期的债券须要还本付息,所以就要避免偿债高峰年的出现,制定合理的期限,使国家每年都保持一个较稳定的偿债能力,确保国家信用。因此,每年发行国债,首先就要考虑已发行而还未兑付的债券,再应预测未来的财政收支情况,使长期、中期、短期的债券有机地相互依存,保证国家经济正常运转。

（2）购买者的收益。国债的期限长短和购买者的利益有着直接的关系,购买者付出资金后最关心的问题之一就是什么时候收回本金。为了维护购买者的利益,保持国债的良好信誉,一般是利率较低的债券,期限较短;利率较高的债券,期限较长。不然,如果期限长短与购买者收益高低搭配不合理,随着经济金融形势的发展,购买者将会蒙受经济损失。

4. 国债发行额

国债发行额指发行多少数量的国债。影响因素有财政资金需求,市场承受能力,政府信誉以及债券种类等。如果发行额定得过高,会造成销售困难,损害政府信誉,并对二级市场的转让价格产生不良影响。因此,政府在确定国债发行额时,要进行科学的预测。

此外,国债的发行条件还包括国债的票面金额和编号、国债的名称与发行目的、国债的发行对象、发行与交款时间、还本付息的方式、国债经销单位和债券流动性的规定等。

（二）国债的发行方式

各国所采用的国债发行方式多种多样,具体到每一国家,又都有各自的特色,我们可从主要方面进行归类说明。

1. 固定收益出售方式

这是一种在金融市场上按预先确定的发行条件发行国债的方式,其特点如下:

（1）认购期限较短,从国债开盘发售到收盘,一般必须在几天(最长为两周)的时间内完成。

（2）发行条件固定,即国债的利率与票面价格相联系且固定不变,也就是说按既定的发行条件出售。这一既定的发行条件,往往是由财政部门通过事先与有关推销财团谈判按照金融市场行情确定的。

（3）发行机构不限，金融机构，邮政储蓄机构，中央银行，财政部门等都可以此方式发行或代理发行国债，但通常以前两种机构为主。

（4）主要适用于可转让的中长期债券的发行。

2．公募拍卖方式

公募拍卖方式亦称竞价投标方式。这是一种在金融市场上通过公开招标发行国债的方式，其主要特点如下：

（1）发行条件通过投标决定，拍卖过程由财政部门或中央银行负责组织，即以它们为发行机构。

（2）主要适用于中短期政府债券，特别是国库券的发行。

具体的拍卖方法是多种多样的，其中包括价格拍卖、收益拍卖、竞争性出价、非竞争性出价等。因此，在采用这种发行方式的同时，常常要附加某些限制性条件，其中主要是规定最低标价（出售价格）和最高标价（国债利率）。低于最低标价或高于最高标价的投标，发行机构不予接受。

3．连续经销方式

这种方式亦称出卖发行法。发行机构包括（包括经纪人）受托在金融市场上设专门柜台经销，这是一种较为灵活的发行方式，其特点有四个：

（1）经销期限不定。发行机构可无限期的连续经销，直到完成预定发行任务。一种债券的推销可持续一个相当长的时期，几个星期或几个月（实际上除特殊情况外，一般开盘几天就能全部售完）。

（2）发行条件不定，即不预先规定债券的出售价格，而由财政部或其代销机构根据推销中的市场行情相机确定，且可随时进行调整。

（3）主要通过金融机构和中央银行以及证券经纪人经销。认购者直接或通过证券交易所向经销机构递交申请，后者直接或是通过证券交易所予以出售。

（4）主要适用于不可转让债券，特别是是对居民家庭发行的储蓄债券。

与前两种方式相比，它的主要优点是可灵活确定国债的发行条件及发行时间，从而确保国债发行任务的完成。然而，连续经销方式的优点也正是其缺点产生的根源，这是它与民间部门争投资，排挤民间部门的筹资活动，产生所谓"挤出效应"（实际上其他方式也同样存在这个问题，只不过在连续经销方式上表现得更为突出）。

4．直接推销方式

这种方式亦称承受发行法。它是一种由财政部门直接与认购者举行一对一谈判出售国债的发行方式，主要特点如下：

（1）发行机构只限于政府财政部门，如财政部所属国债司（局，署），即由它们直接与认购者进行交易，而不通过任何中介或代理机构。

（2）认购者主要限于机构投资者，其中主要是商业银行，储蓄银行，保险公司、各种养老基金和政府信托基金等。个人投资者不能以此种方式认购国债。

（3）发行条件通过直接谈判确定，由财政部所属国债司（局）召集各个机构投资者分别就预备发行国债的利息率、出售价格、偿还办法、期限等条件进行一对一谈判，协商确定。

（4）主要适应于某些特殊类型的政府债券的推销，如比利时和瑞士的专门用于吸收商业银行资金的特殊可转让债券,以及有些国家对特定金融机构发行的专用债券等,就是通过这种方式发行的。

此种方式的优点突出,就是可充分挖掘各方面的社会资金。因为国债的发行条件通过与各个投资者直接谈判确定,为财政部门提供了解、掌握认购者投资意向的机会,财政部门可据此向各类投资者设计发行不同条件的债券,显然有利于调动、挖掘尽可能多的国债资金来源。而且,谈判采取随时发行随时召集的办法,又使财政部门在发行上有了较大的灵活性,可随时根据财政状况确定国债发行量和发行时间。不过,这种方式只能在有限的范围采用,只适用于发行少数特定类型的债券,而不能扩大到一般债券;只适用于机构投资者,而不能扩大到个人投资者。

5. 综合方式

这是一种综合上述各种方式的特点而加以结合使用的国债发行方式。

二、国债的偿还

(一) 付息方式

国债发行之后,除短期者外(已通过折价发行预扣利息),在其存在的期间内必须付息;由于国债在发行时已经规定了利息率,每年应付的利息支出是固定的,政府在国债付息方面的主要任务,便是对付息方式,包括付息次数、时间及方法等做出相应的安排。

国债的付息方式大体上可分为两类:一是按期分次支付法,即将债券应付利息,在债券存在期限内分作几次(如每一年或半年)支付。一般附有息票,债券持有者可按期剪下息票兑付息款。二是到期一次支付法,即将债券应付利息同偿还本金结合起来,在债券到期时一次支付,而不是分作几次支付。

(二) 还本方式

国债到期之后,就要依照发行时的规定,按期如数还本。国债偿还中的一个重要任务,就是慎重选择好偿还方式。国债本金的偿还数额虽然是固定的,但政府在偿还方式上却有很大的选择余地。一般来讲,可选择使用的国债偿还方式主要有以下几种:

(1) 分期逐步偿还法,即对一种债券规定几个还本期,每期偿还一定比例,直至债券到期时,本金全部偿还清。这种偿还方式,适用所有债券持有人。这种偿还方式可以分散国债还本对国库的压力,避免集中还本给政府财政带来的困难。但在这种偿还方式下,须频繁地进行本金兑付,国债利息率也往往要做有差别的规定,还本愈迟,利率愈高,以求鼓励债券持有人推迟还本期,但政府国债偿还的工作量和复杂程度会因此加大。

(2) 抽签轮次偿还法,即在国债偿还期内,通过定期按债券号码抽签对号以确定偿还一定比例债券,直至偿还期结束,全部债券皆中签偿清为止。这种偿还方式,对中签的债券来说,是一次还本付息。这种偿还方式的利弊与分期逐步偿还法大致类似。

(3) 到期一次偿还法,即实行在债券到期日按票面额一次全部偿清,也就是何时债券到期,何时一次偿还。这是一种传统的偿还方式,其优点是政府国债还本管理工作简单,易行,且不必为国债的还本而频繁地筹措资金;缺点则是集中一次偿还国债本金,有可能造成政府支出的急剧上升,给国库带来较大的压力。

(4) 市场购销偿还法,即在债券期限内,通过定期或不定期地从证券市场上赎回(或称买回)一定比例的债券,赎回后不再卖出,以致到期时,该种债券已全部或绝大部分被政府所持有,从而债券的偿还实际上已变成一个政府内部的账目处理问题。这种方式的长处是给投资者提供了中途兑现的可能性,并会对政府债券的价格起支持作用;短处是政府需为市场购销进行大量繁杂的工作,对从事此项业务的工作人员也有较高的素质要求,因而不宜全面推行。

(5)以新替旧偿还法,即通过发行新债券来兑现到期的旧债券,以达到偿还国债之目的。换句话说,就是到期债券的持有者可用到期债券直接兑换相应数额的新发行债券,从而延长持有政府债券的时间,政府可用新发行的债券直接兑换相应数额的到期债券,从而使到期债务后延。这种偿还方式有明显的优越性。从政府财政的角度看,国债即可用一般预算资金偿还,又可通过发行新债券偿还,增加了筹措还债资金的灵活性。从债券持有者的角度看,只要其认为有利,便可拥有继续持有政府债券的优先权(当然也往往允许要求到期兑现)在对新债券需求量较大的情况下对原持有者有利。其问题在于,如果经常使用这种偿还方式,实际上等于无限期推延偿还,很可能损坏政府信誉。

(三)偿还资金来源

不论采取什么偿还方式,国债的还本总会形成对国库的一个压力。同时,还本是否能如约进行,既影响到期债券的行市,也影响其他一切债券的行市,对债券持有者和政府都是利害攸关的,这就是要求国债的偿还必须有较为稳定且充足的资金来源,政府用于偿还国债的资金来源主要如下:

(1)设立偿债基金,就是由政府预算设置专项基金用以偿还国债,即每年从财政收入中拨交一笔专款设立的基金,由特定机关管理专门偿付国债之用,而不得用作其他用途。而且,在国债未还清之前,每年的预算拨款不能减少,以期逐年减少债务,故又称作"偿债基金"。

手机扫一扫,
读专栏4-2

(2)财政盈余,就是政府在预算年底结束时,以当年财政收支的结余作为偿还国债的资金。如盈余多,则偿债数额亦多;如盈余少,则偿债数额亦少;如无盈余,则无款可用于偿债。

(3)通过预算列支,就是将每年的国债偿还数额作为财政支出的一个项目(如"债务还本")而列入当年支出预算,由正常的财政收入(主要指税收)保证国债的偿还。

(4)举借新债,即政府通过发行新债券,为到期债务筹措偿还资金,也就是以借新债的收入作为还旧债的资金来源。

从各国的财政实践上来看,当今之世,各国政府国债的累积额十分庞大,每年的到期债务已远非正常的财政收入所能担负,偿还到期债务的资金来源不能不依赖于不断地举借新债。从理论上看,国债可以被看作储蓄的延长形式。可以采用借新债还旧债的办法,无限长时间地延续下去,或许正因为如此,通过发行新债的办法为到期债务筹措还本资金,便成为各国政府偿还国债的基本手段。

三、国债的规模

国债规模是指国债的发行数量。国债的规模应当控制在一个合理的界限以内,这个界限主要是由一国的财政经济实力和国债管理水平决定的。

（一）国债规模的影响因素

1. 经济发展水平

一国政府举债规模,从根本上说,取决于社会生产力发展水平。因为政府通过举债方式筹集财政资金,实质上是对社会产品和国民收入在全国范围内的分配和再分配。经济发展水平较低时,社会所创造的物质财富较少,政府从整个社会的角度举借的债务不可能是大规模的。随着经济的飞速发展,社会财富也以前所未有的速度和规模创造出来,政府举借债务的规模也会随之增大。因此说,较低的经济发展水平决定了较低的国债规模;较高的经济发展水平决定了要有较高的国债规模与之相适应。国内生产总值 GDP 作为代表经济发展水平的指标。

2. 财政政策选择

国家实行何种财政政策将在一定程度上影响国债的适度规模。如果一国在一定时期实行紧缩性的财政政策,财政赤字的缺口就小,国债规模也会相应减小。但若实行扩张性的财政政策,拉动总需求必然要以较大规模的国债发行为代价。这从国债的历史发展和各国的历史实践也可以得到证明。1929—1933 年资本主义经济危机之后,凯恩斯学派主张通过扩大政府的财政支出以拉动有效需求,主张实行赤字财政政策,反对传统的预算平衡观点,通过赤字预算扩大财政赤字主要是靠发行国债来解决。为缓和经济危机带来的恶果,凯恩斯的财政政策被很多国家采纳,从而扩大了西方国家的国债规模。我国近几年来实行积极的财政政策主要也是靠发行国债来支撑的。中央财政收入、中央财政支出和财政赤字三个指标来反映一国财政政策的选择。

3. 金融市场状况

国债是财政政策与货币政策的结合点,因此国债规模不但受财政政策的影响,而且还受货币政策的影响。国债作为货币政策的一种重要工具,主要是通过公开市场业务来操作的,而公开市场业务能否顺利进行有赖于金融市场的发育状况。中央银行开展公开市场业务要以国债的适度规模为条件。当市场货币供应量过多时,中央银行可以卖出国债,回笼货币,紧缩银根。当经济处于萧条状态,市场货币供应量偏紧,中央银行可以买进国债,扩大市场货币供应量。就公开市场业务操作而言,如果国债规模过大导致国债难以卖出,这时中央银行就难以开展公开市场业务,起不到调节货币供应量的作用;如果国债规模过小,中央银行吞吐的国债量不足以影响货币供应量,公开市场业务也难以发挥作用。

4. 国债管理水平

国债规模是债务管理的一个重要方面,但政府的债务管理水平也会影响国债的规模。从国债本身看,国家举债时获得了债务收入,但偿债时却体现为一种增量支出。因此,借债和偿债的过程本身就是国债规模的形成过程,从量上看,国债余额及当年国债发行额越大,利率越高,国家还本付息的压力也就越大。我们认为决定国家对国债规模的承受能力和偿还能力,并最终决定国债适度规模的关键在于国债使用方向、使用结构、使用效率与效益之间的关系处理,以及能否形成有物质保证的偿还能力。合理的国债使用及其产生的良好效益是国家对国债规模的偿债能力的支撑,是保持国债适度规模的关键所在。因此,国债使用效率与效益不仅决定国家对国债的最大承受能力和偿付能力,而且决定国债规模年度适度增长率。国债还本付息额和国债累计余额这两个指标来反映一国的国债管理水平。

5. 居民应债能力

在市场信用证券多样化和居民一定时期内可支配收入相对有限的前提下,居民(应债人)在多种信用证券中选择购买国债,客观上存在一定的限度。也就是说,应债人购买国债虽然是资金使用权让渡,且有国家信用和国债收益率的支持,但居民认购者的认购能力、认购量受认购者可支配收入及其他信用证券投资的资金分散的影响,存在一个客观的限度。因此,国债信用的安全性、可靠性、收益的稳定性决定了人们认购国债的积极性,而居民(应债人)应债能力的有限性及可支配资金使用的分散性决定了客观上存在国债规模的一定限度,这个限度就是国债规模的适度性。居民储蓄总额指标来反映居民应债能力的高低

(二) 国债规模适度的衡量指标

(1) 债务负担率,指国债余额与当年 GDP 的比率,即每百元 GDP 所承担的债务情况,反映一个国家国债累积规模的大小。欧洲货币联盟签订的《马斯特里赫特条约》规定,这一比率应不高于 60%,我国目前的这一指标为 10% 左右。

(2) 债务依存度,指年度国债发行额与当年财政支出的比率,反映当年财政支出对债务收入的依赖程度,是衡量财政本身债务负担能力的一个指标。国际上通常认为,25% 的依存度是国债的警戒线。但由于各国的财政体制不同,财政集中的国民收入份额不同,年度之间的财政政策不同,某一年度的债务负担情况不能反映一个国家债务的总体状况,因此,目前大多数国家不用债务依存度来衡量其国债的负担情况与规模。

(3) 偿债率,指年度国债还本付息额与当年财政收入的比率,这是衡量国家财政本身偿债能力的一个指标。发达国家的这一指标一般为 10% 以上,我国目前在 20% 左右。

衡量外债规模也有三个指标:一是外债偿债率,即年度外债本息偿还额与当年贸易和非贸易外汇收入之比;二是负债率,即外债余额与当年 GNP 之比;三是债务率,即外债余额与当年贸易和非贸易外汇收入之比。

第三节　国债市场

手机扫一扫,
读专栏4-3

一、国债发行市场

国债的发行市场,是指以发行债券的方式筹集资金的场所,又称为国债一级市场。国债的发行市场没有集中的具体场所,是无形的市场。在发行市场上,政府具有决定国债的发行时间,发行金额和发行条件,并引导投资者认购及办理认购手续,缴纳款项等。国债发行市场的主体由政府,投资人和中介构成。国债发行市场的中介人主要有投资银行,承购公司和受托公司等证券承购机构,它们分别代表政府和投资人处理一切有关债券发行的实际业务和事务性工作。

二、国债交易市场

国债的交易市场是指投资者买卖,转让已经发行的国债的场所,又称为国债的流通市场,转让市场或二级市场。交易市场一般具有明确的交易场所,是一种有形的市场。它为债券所有权的转移创造了条件,是公债机制正常运行和稳步发展的基础和保证。

(一)国债交易市场的功能

(1)为短期闲置资金转为长期建设资金提供了可能性,有利于政府运用信用形式筹集长期资金。能有效解决投资者希望资金的短期性和发行者资金的长期性之间的矛盾。

(2)增强国债投资者信心和风险承受能力,是国债发行顺畅有效的基本保证。如果禁止转让,投资人就会担心在未来资金周转不开时无法及时兑现。国债交易市场降低了诸如此类的风险,增强投资者对国债的信心。

(3)有利于发挥国债的筹资、投资、融资等经济职能。国债流通性的增强,可部分代替高利率的作用,吸引投资者,因此国债市场有利于降低发行成本。政府可以抓住有利时机发行国债,筹措资金。投资机构可进行国债及其衍生金融工具的交易,作为投资,融资的手段,个人投资者也可以通过对公债,进行金融宏观调控。当市场货币供应量超过预定指标,物价上涨时,中央银行抛售政府债券,吸收资金,使货币市场利率上升,以收缩信用。中央银行在开展此类业务时。要求买卖的资产具有较高的信誉和较强的流动性,符合这些条件的资产就是国债。因此,中央银行的公开市场业务多是买卖国债,特别是短期政府债券。

(二)国债交易市场类型

通常,国债交易市场有场内交易和场外交易两大交易系统构成,介于证券交易所和柜台交易的还有"第三市场"和"第四市场"两种新型的市场。

1. 场内交易

场内交易指在证券交易所进行的债券买卖,又称交易所交易。交易主体主要有证券经纪商和交易商等,经纪商代理客户买卖债券,赚取手续费,不承担交易风险;交易商为自己买卖债券,赚取差价,承担交易风险。国债的转让价格是通过竞争形成的,交易额则是"价格优先"和"时间优先"。场内交易的特点包括:

(1)有集中的,固定的交易场所和交易时间;

(2)有较严密的组织和管理规则;

(3)采用公开竞价交易方式;

(4)有完善的交易设施和较高的操作效率(目前,我国发行的各类国债均可在交易所上市)。

2. 柜台交易

柜台交易指在证券交易所以外的市场所进行的债券交易,又称"店头交易"或"场外交易"。交易的证券大多数为未在交易所挂牌上市的证券,但也包括一部分上市证券。柜台交易具有以下特点:

(1)为个人投资者投资于国债二级市场提供更方便的条件,可以吸引更多的投资者。

(2)柜台交易的覆盖面和价格形成机制不受限制,便于中央银行进行公开市场操作。

(3)有利于商业银行低成本,大规模的买卖国债等。

(4)有利于促进各市场之间的价格,收益率趋于一致。

3. 第三市场

第三市场指在柜台(店头)市场上从事已交易所挂牌上市的证券交易。近年来这类交易量大增,地位日益提高。但准确地讲,第三市场既是场外交易市场的一部分,又是证券交易所市场的一部分,它实际上是"已上市证券的场外交易市场"。

4.第四市场

第四市场是指各种机构投资者和个人投资者完全绕开证券商,相互间直接进行国债的买卖交易。第四市场目前只在美国有所发展,其他一些国家正在尝试或刚刚开始。这种市场虽然有第三方介入,但一般不直接介入交易过程,也毋需向公众公开其交易情况。

三、国债发行市场与交易市场的关系

(一) 从发行市场看,国债发行市场是交易市场的前提和基础环节

(1)任何种类的公债,都必须在发行市场上发行,否则政府就无法实现预订的筹资计划,投资者也就无从认购国债。因此,发行市场是交易市场的基础和前提。

(2)发行市场上国债的发行要素,如发行条件、发行方式、发行价格、发行利率等,对交易市场上国债的价格及流通性都会产生重大影响。

(二) 从交易市场看,国债交易市场又是国债顺利发行的重要保证

(1)国债流通性的高低,直接影响和制约着国债的发行。债券的流通性是人们选择投资工具的重要衡量标准之一。如果一种债券在市场上的流通性好变现性强,投资者认购的热情就高涨;反之,投资者就不愿认购,造成发行困难。

(2)国债在流通中的转让价格,收益率及其变化,对国债的发行起反作用。在发行条件一定的情况下,流通中的国债价格高,收益率低,新债发行就比较容易;反之,发行就相对困难,这时要保证新券发行顺利,其利率应相对提高。

(3)发达活跃的交易市场是国家进行宏观调控的理想场所。当流通中的国债收益率偏高时中央银行可以适当购进以改变供求关系,使其价格上扬,收益率下降,为新券的发行创造良好的条件。由此可见,国债要成功发行,必须重视交易市场。

(三) 发行市场和交易市场是一个有机的整体

两者之间的统一是国债市场体系发展的趋势和必然结果。发达国家都把国债的发行市场和交易市场看成一个有机的整体,十分重视连接这两个市场的各个环节。

本章小结 ≫≫≫

政府在国内外发行债券或向外国政府和银行借款所形成的国家债务,是整个社会债务的重要组成部分。国债是一个特殊的财政范畴,其首先是一种财政收入。国家发行债券或借款实际上是筹集资金,从而具有弥补财政赤字,筹集建设资金,调节经济三大功能。

一、关键词

国债 公债和私债 国库券 国家信用

二、复习思考题

1.简述国债的功能。

2.简述公债产生和发展的条件。

3.发行公债的方式主要有哪些?

4.发行国债是否会形成负担?谈谈你的看法。

5.试论我国财政赤字产生的原因及其对社会经济的影响。

6.试述公债与税收等其他财政范畴的区别。

第五章　财政支出

　　通过本章的学习要求学生掌握财政支出的概念和分类,以及财政支出的方式和管理原则;了解财政支出的基本构成、购买性支出和转移性支出的不同;重点掌握购买性支出和转移性支出对经济的影响。

引导案例

中国财政支出及支出结构分析

　　2019 年,全国一般公共预算支出 238 874 亿元,同比增长 8.1%。其中,中央一般公共预算本级支出 35 115 亿元,同比增长 6%,占一般公共预算支出的比重为 14.7%;地方一般公共预算支出 203 759 亿元,同比增长 8.5%,占一般公共预算支出的比重为 85.3%。

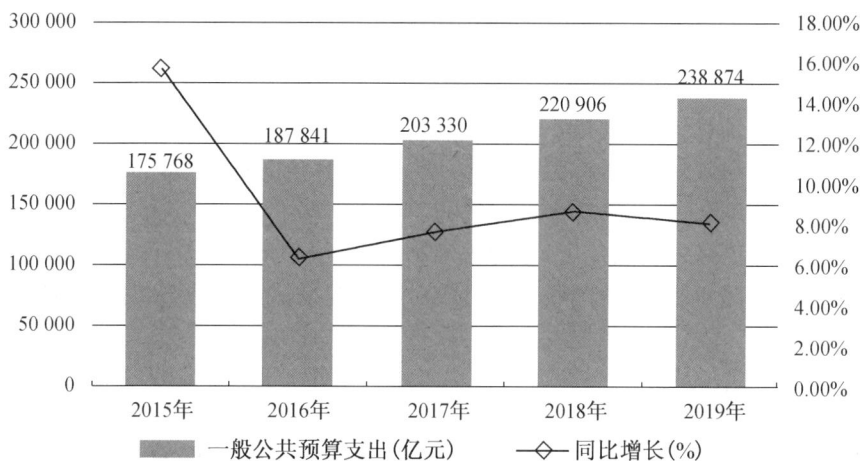

图 4-1　2015—2019 年中国一般公共预算支出及增速

数据来源:财政部,华经产业研究院整理。

思考题:1. 什么是财政支出?

　　　　　2. 影响财政支出结构的因素是什么?

　　　　　3. 如何进行财政支出数据分析?

第一节　财政支出概述

财政支出也称公共财政支出,是指在市场经济条件下,政府为提供公共产品和服务,满足社会共同需要而进行的财政资金的支付。财政支出是一级政府为实现其职能对财政资金进行的再分配,属于财政资金分配的第二阶段。国家集中的财政收入只有按照行政及社会事业计划、国民经济发展需要进行统筹安排运用,才能为国家完成各项职能提供财力上的保证。

一、财政支出概念

(一) 财政支出概念

财政支出通常是指国家为实现其各种职能,由财政部门按照预算计划,将国家集中的财政资金向有关部门和方面进行支付的活动,因此也称预算支出,是各级政府在财政年度内的支出总和(不包括政府间的转移支出,以避免重复计算)。财政支出的内容是由法律法规决定的。

实际生活中,财政收入与财政支出完全相等几乎是不可能的,要么财政收入大于财政支出,出现财政盈余;要么财政支出大于财政收入,出现财政赤字。

手机扫一扫,
读专栏5-1

手机扫一扫,
读专栏5-2

(二) 财政年度

财政年度又称预算年度,是指一个国家以法律规定为总结财政收支和预算执行过程的年度起讫时间。从财政角度看,称为"财政年度";从预算角度看,称为"预算年度";从会计角度看,称为"会计年度"。这三者应当是一致的。

我国的财政年度采用自然年度,也为历年制,即从当年的 1 月 1 日起至 12 月 31 日止。有些国家采用的是跨年制,如美国联邦政府的财政年度是从当年的 10 月 1 日起至次年的 9 月 30 日止。

二、财政支出的分类

将财政支出的分类内容进行合理的归纳,以便准确反映和科学分析支出活动的性质、结构、规模以及支出的效益和产生的时间。分类方法有下列五种。

(一) 按经济性质分类

按财政支出的经济性质,即按照财政支出是否能直接得到等价的补偿进行分类,可以把财政支出分为购买性支出和转移性支出。

(1) 购买性支出又称消耗性支出,是指政府购买商品和劳务,包括购买进行日常政务活动所需要的或者进行政府投资所需要的各种物品和劳务的支出,即由社会消费性支出和财政投资支出组成。它是政府的市场性再分配活动,对社会生产和就业的直接影响较大,执行资源配置的能力较强。在市场上遵循定价交换的原则,因此购买性支出体现的财政活动对政府能形成较强的效益约束,对于购买性支出发生关系的微观经济主体的预算约束是硬的。

(2) 转移性支出是指政府按照一定方式,将一部分财政资金无偿的、单方面转移给居民和其他受益者,主要由社会保障支出和财政补贴组成。它是政府的非市场性再分配活动,对收入分配的直接影响较大,执行收入分配的职能较强。

(二) 按最终用途分类

按财政支出的最终用途,可以分为补偿性支出、积累性支出和消费性支出。

(1) 补偿性支出主要是对在生产过程中固定资产的耗费部分进行弥补的支出,如:挖潜改造资金。

(2) 积累性支出指最终用于社会扩大再生产和增加社会储备的支出,如基本建设支出、工业交通部门基金支出、企业控潜发行支出等,这部分支出是社会扩大再生产的保证。

(3) 消费支出指用于社会福利救济费等,这部分支出对提高整个社会的物质文化生活水平起着重大的作用。

(三) 按与国家职能的关系分类

按与国家职能的关系,财政支出可以分为经济建设费支出、社会文教费支出、行政管理费支出和其他支出。

(1) 经济建设费支出,包括基本建设支出、流动资金支出、地质勘探支出、国家物资储备支出、工业交通部门基金支出、商贸部门基金支出等。

(2) 社会文教费支出,包括科学事业费和卫生事业费支出等。

(3) 行政管理费支出,包括公检法支出、武警部队支出等。

(4) 其他支出,包括国防支出、债务支出、政策性补贴支出等。

(四) 按产生效益的时间分类

按产生效益的时间,财政支出可以分为经常性支出和资本性支出。

(1) 经常性支出是维持公共部门正常运转或保障人们基本生活所必需的支出,主要包括人员经费、公用经费和社会保障支出。特点是它的消耗会使社会直接受益或当期受益,直接构成了当期公共物品的成本,按照公平原则中当期公共物品受益与当期公共物品成本相对应的原则,经常性支出的弥补方式是税收。

(2) 资本性支出是用于购买或生产使用年限在一年以上的耐久品所需的支出,它们的耗费的结果将形成供一年以上的长期使用的固定资产。它的补偿方式有两种:一是税收,二是国债。

(五) 按国际货币基金组织的分类方法分类

国际货币基金组织对财政支出的分类方法有职能分类法和经济分类法两种。

(1) 按职能分类,财政支出包括一般公共服务支出国防支出、教育支出、保健支出、社会保障和福利支出、住房和社区生活设施支出、其他社区和社会服务支出、经济服务支出以及无法归类的其他支出。

(2) 按经济分类,财政支出包括经常性支出、资本性支出和贷款。目前我国按费用类别分类法同国际货币基金组织的职能分类法比较接近。

三、财政支出的方式、范围及管理原则

(一) 财政支出的方式

财政支出的方式和途径,分为无偿拨款和有偿使用两种。

1. 无偿拨款

无偿拨款指财政资金在上下级财政之间的无偿调拨以及财政资金从财政部门向付款单位的无偿调拨以及财政资金从财政部门向用款单位的无偿转移,是财政支出的最基本方式。对于国家各行政管理部门所需要的资金和国有非营利事业单位核定的支大于收的差额,通常采用无偿拨款的方式。

2. 有偿使用

有偿使用指以借出财政周转金和财政周转金放款的方式供应财政资金,用于有偿使用的财政周转金除来源于财政周转金收入外,主要以列支财政支出的方式设置和增补。

(二) 财政支出的范围

(1) 保证国家机器正常运转、维护国家安全、巩固各级政府政权建设的支出,如行政管理、国防、外交、公安、司法、监察等方面的支出。

(2) 维护全社会稳定,提高全民族素质,外部社会效应巨大的社会公共事业支出,如社会保障、科技、教育、卫生、文化、扶贫等方面的支出。

(3) 有利于经济环境和生态环境改善,具有巨大外部经济效应的公益性基础设施建设的支出,如水利、电力、道路、桥梁、环保、生态等方面的支出。

(4) 我国目前经济正处在转轨时期,在市场机制还不完善的条件下,国家对宏观经济运行还应有必要的调控,财政也要留有一定的财力,对经济活动进行适当的干预。

(三) 财政支出的管理原则

为达到科学运用财政资金,满足国家完成各项职能需要的目的,财政支出的安排应体现以下原则。

1. 量入为出

财政收入和财政支出始终存在数量上的矛盾,脱离财政收入的数量界限盲目扩大财政支出,势必严重影响国民经济的稳步发展,因此,财政支出的安排应在财政收入允许的范围内,避免出现大幅度的财政赤字。

2. 统筹兼顾

国家经济建设各部门和国家各行政管理部门的事业发展需要大量的资金,财政收入与支出在数量上的矛盾不仅体现在总额上,还体现在有限的财政资金在各部门之间的分配上。财政支出的安排要处理好积累性支出与消费性支出的关系、生产性支出与非生产性支出的关系,做到统筹兼顾,全面安排。

3. 讲求效益

财政支出的效益体现在财政投资的经济效益和社会效益两个方面,为保证有限的财政资金最大限度地利用,对有经济效益而不需要财政扶持的单位,要做到无偿拨款和有偿使用相结合,财政资金投入与单位自筹资金相结合,资金安排和日后的财政监督相结合。

第二节　财政支出的规模及效益评价

一、财政支出的规模

(一)财政支出规模

财政支出规模是指在一定时期内(预算年度)政府通过财政渠道安排和使用财政资金的绝对数量及相对比率,即财政支出的绝对量和相对量,它反映了政府参与分配的状况,体现了政府的职能和政府的活动范围,是研究和确定财政分配规模的重要指标。

(二)财政支出规模的衡量指标

1. 静态指标

静态指标又分为绝对指标和相对指标。

(1)绝对指标。

① 绝对指标的含义:以一国货币单位表示的财政年度内政府实际安排和使用的财政资金的数额。

② 绝对指标的作用:第一,其是计算相对指标的基础;第二,对绝对指标从时间序列加以对比可以看出财政支出规模发展变化的趋势。

(2)相对指标。

① 相对指标的含义:绝对指标与有关指标的比率。

② 相对指标的作用:第一,相对指标本身可以反映政府公共经济部门在社会资源配置过程中的地位;第二,通过指标的横向对比,可以反映不同国家或地区的政府在社会经济生活中的地位的差异;第三,通过指标的纵向比较,可以看出政府在社会经济生活中的地位和作用变化发展的趋势。

2. 动态指标

(1)动态指标是考察财政支出变化发展趋势的指标。

(2)动态指标的类型。

① 财政支出的边际系数＝财政支出增加额÷国民生产总值增加额

② 财政支出的弹性系数＝财政支出增长率÷国民生产总值增长率

二、财政支出的效益及评价

厉行节约,讲求财政支出的经济效益是财政支出中的核心问题。所谓效益,就是人们在有目的的实践活动中,"所费"与"所得"的关系。所费,就是活劳动和物化劳动的消耗和占用;所得,就是有目的的实践活动所取得的有用成果。所谓提高财政支出的经济效益,对生产性支出来说,就是要求尽可能的降低成本,取得利润,即少投入多产出;对非生产性支出来说,就是要"少花钱,多办事,办好事"。

(一)财政支出效益的特殊性

财政支出的效益与微观经济主体支出的效益比较,有许多特殊的地方,在评价财政支出效益时,应格外加以注意。

(1)计算效益的范围不同,效益是通过对"所费"与"所得"的对比分析计算出来的。对微观经济主体来说,比如企业,它只计算发生在企业自身核算范围以内的、直接的、有形的所费与所得;但政府除了要计算直接的和有形的所费和所得,还要考虑长期的间接的和无形的所费和所得。

(2)衡量效益的标准不同。微观经济主体的支出在于追求自身经济效益的最大化,只要能获得利益,即所得大于所费,都是可以选择的目标。但财政支出更重要的是追求社会效益最大化,即使某项支出从其自身看可能出现亏损,但对整个社会能取得较大的社会效益,这项支出也是必要的。

(3)效益的表现形式不同。微观经济主体支出的效益表现形式单一,只采取用货币计算的价值相应来表现就可以满足决策的需要了。而财政支出的效益,其表现形式是多样的,除了可以用价值形式表现出来以外,还可以用其他形式表现出来,如对社会管理、国家安全保卫、科教文卫支出,其效益还要通过政治的、社会的、文化的等多种形式表现出来。只有这样,才能满足财政支出决策的需要。

(二)评价财政支出效益的方法

由于财政支出的内容十分复杂,而且在支出性质上存在较大的差别,因此采用的评价方法不完全相同。当前,较为流行的几种方法是:"成本—效益"分析法、最低费用选择法、"公共劳务"收费法。

1."成本—效益"分析法

"成本—效益"分析法是西方发达国家于20世纪40年代,把私人企业中进行投资决策的财务分析法运用到财政领域,成为政府进行财政支出决策,从而有效地使用财政资金的重要方法。该法主要适合于效益可用货币计量的项目。

"成本—效益"分析法的基本原理是:根据国家所确定的建设目标,提出实现该目标的各种方案,对这些可供选择的方案,用一定的方法计算出各方案的全部预期成本和全部预期效益,通过计算成本—效益的比率,来比较不同项目和方案的效益,确定优先采用的次序。

运用"成本—效益"分析法,一般须经过这样几个步骤:第一,政府根据国家经济发展的需求,确定若干备选的支出项目,并组织各方面专家为每一个备选项目制定出若干备选支出方案;第二,用贴现率计算各备选方案的成本与效益及其比率,并排出优劣次序;第三,为每个备选项目,从其备选方案中选择一个最佳的实施方案;第四,根据已确定的财政支出总规模,从备选项目中,选择一个最佳的方案组合;第五,对选定的最佳方案组合作机会成本分析,最后将支出方案确定下来。最后应该指出,"成本—效益"分析法,一般适用于政府的经济建设支出,因为经济建设支出的效益是可以用货币计量的,对于不能准确计算成本与效益的一些支出,就难已发挥其作用了。

2.最低费用选择法

最低费用选择法,是指对每个备选的财政支出方案进行经济分析时,只计算备选方案的有形成本,而不用货币计算备选方案支出的社会效益,并以成本最低为择优的标准。换言之,就是选择那些使用最少的费用就可以达到财政支出目的的方案。该方法主要适用于军事、政治、文化、卫生等支出项目。

最低费用选择法的操作步骤与"成本—效益"分析法大体相同,由于不计算支出的无形成本与效益,故运作起来比"成本—效益"分析法简单一些。但是需要指出,许多财政支出项目都含有政治因素、社会因素等,如果只是用费用高低来决定方案的取舍,而不考虑其他因素也是不妥当的。这就需要在综合分析、全面比较的基础上,进行择优选择。

3."公共劳务"收费法

所谓"公共劳务",是指政府为行使其职能而进行的各种工作,包括国防建设、行政工作、道路的建设与维护、城市供水与排水工作、住宅供应与公园的建设与维护等。国家向社会提供这些"公共服务",供社会成员所享用。在一个经济社会中,同样也要求最有效、最节约的使用"公共劳务",也就是要提高财政对这些方面支出的效益。为此人们把商品经济中的价格机制引申在对"公共劳务"的提供与使用中,以借助价格、收费的作用来提高财政支出的效益。"公共劳务收费"法,就是通过制定和调整"公共劳务"的价格与收费标准,来改进"公共劳务"的使用状况,使之达到提高财政支出效益的目的。

"公共劳务"收费法和"成本—效益"分析法以及最低费用选择法的区别在于:它是通过制定合理的价格与收费标准,来达到对"公共劳务"有效的节约使用,而不是对财政支出备选方案的选择。

手机扫一扫,
读专栏5-3

三、影响财政支出规模的主要因素

财政支出规模不断增长是市场经济国家经济发展中的一种普遍现象,财政支出规模不断增长的原因有很多,归纳起来主要由以下几个方面的原因。

(一) 经济因素

经济发展水平、经济体制、政府的经济干预政策。随着工业化经济的发展,不完全竞争市场结构更加突出,市场机制不可能完全有效地配置整个社会资源,需要政府对资源进行再配置,实现资源配置的高效率。

(二) 政治因素

政局、行政效率。随着经济的工业化,不断扩张的市场与这些市场中的行为主体之间的关系更加复杂化,这就需要建立司法体系和管理制度,以规范行为主体的社会经济活动。

(三) 社会因素

人口、文化等。城市化以及高居住密度会导致外部性和拥挤现象,这些都需要政府出面进行干预和管制。最后,教育、娱乐、文化、保健以及福利服务的需求收入弹性较大,要求政府在这些方面增加支出。这就是说,随着人均收入的增加,人们对上述服务的需求增加得更快,政府要为此增加支出。

(四) 国际关系

如局部战争总是不断,甚至威胁到国家安全,这样政府的国防支出必然要增加,以应对局部战争的威胁。

第三节 购买性支出

购买性支出又为消耗性支出,转移支出的对称,这类公共支出形成的货币流,直接对市场提出购买要求,形成相应的购买商品或劳务的活动。购买性支出指政府用于在市场上购买所购买性支出需商品与劳务的支出,是西方财政学按照财政支出是否与商品劳务直接交换为标准,进行财政支出的分类。

它既包括购买进行日常政务活动所需商品与劳务的支出,如行政管理费、国防费、社会文教费、各项事业费等,也包括购买用于兴办投资事业所需商品与劳务的支出如基本建设拨款等。购买性支出:政府→市场。

一、购买性支出的分类

购买性支出可分为社会消费性支出和政府投资性支出两部分。社会消费性支出包括国防、行政、科学、文化、教育、卫生等部门的事业经费支出。政府投资性支出包括社会基础设施投资支出以及农业、能源、通信、交通等关系到国计民生领域的投资支出。

(一) 社会消费性支出

1. 行政管理支出和国防支出

行政管理支出又称国家管理费用,是指财政用于国家各级权力机关、行政管理机关及其外事机构行使其职能所需要的经费支出。行政管理支出反映着国家性质和一定时期政治经济任务的主要方向,取决于国家政权结构及其范围。国防支出是指财政用于国防建设、国家科研事业、军队正规化建设以及民兵建设等方面的费用支出。国防支出是任何一个主权国家维护其安全、独立所必不可少的开支。

行政管理支出的内容决定于国家行政管理机关的结构及其职能。我国行政管理支出,包括行政支出、党派团体补助支出、武装警察部队支出、公检支出。

行政管理支出包括:

(1) 行政支出,又分为政府机关经费、人大经费。

(2) 党派团体补助支出,包括驻外机构经费、出国费、招待费及其他外事经费等。

(3) 武装警察部队支出,包括中央预算对内卫部队、边防部队和消费部队的经费支出。

(4) 公检支出主要包括:

① 公安安全支出,其中又分公安、安全机关经费,公安、安全业务费,居民身份证费,看守所、拘留所经费,收容审查所经费,干部培训费,其他经费等;

② 司法支出,其中又分为司法机关经费,司法业务经费,干部培训费,其他经费等;

③ 法院支出;

④ 检察院支出,包括机关经费,业务费,干部培训费等;

⑤ 公检法办案费用补助等。

我国的国防支出包括国防费、国防科研事业费、民兵建设费、招飞事业费及其用于专项工程和其他的支出,其中主要是用于陆、海、空各军兵种的经常费用,国防建设和国防科研费,还包括战争时期的作战费用。

行政管理支出和国防支出在性质上有共同之处。首先,二者都是国家机器运营所需的,它们同属于国家政权建设支出;其次,这两类支出都属于用于社会消费的非生产性支出。行政管理支出和国防支出属于国家政权建设支出,表明这两类支出是国家政府的最基本支出。因为,没有国家的产生,就不需要有国家财政,而如果没有行政管理支出和国防支出,国家也就无法存在下去。可见,从国家和财政本身存在的意义来说,行政管理支出和国防管理支出都是十分必要的。然而,行政管理支出和国防支出都属于公共消费性支出,它们对社会的产生和财富的创造没有直接的贡献,因此,对这两类支出又必须加以约束,将其控制在合理的限度内。

2. 科教文卫支出

科教文卫支出是指国家财政用于科教文卫等事业单位的经费支出。科教文卫等事业单位与企业单位有着本质的区别。首先,二者从事活动的目的不同,企业从事经营活动的直接目的是取得经济利益,而事业单位从事活动的根本目的是为了社会的共同利益和长远利益;其次,二者的资金运动形式不同,企业的支出是为了获得收入,而事业单位获得收入是为了进行支出。

(1)科教文卫支出的性质。科教文卫支出的性质,可以从两个方面考察。第一,科教文卫支出属于社会消费性支出。从内容上看,科教文卫支出仅指财政用于科教文卫等部门的经常性支出,不包括财政向这些部门拨付的基本建设支出、科技三项费用等投资性支出。另外,科教文卫支出绝大部分用于支付这些单位工作人员的工资和公用经费。所以,从总体上说,科教文卫支出属于一种社会消费支出。第二,科教文卫支出属于非生产性支出。科教文卫等部门是非物质生产部门,它们不生产物质产品,也不提供生产性劳务。从这个意义上划分,科教文卫支出属于非生产性支出。需要支出的是,将科教文卫支出划为非生产性支出,并不意味着它不重要,与社会生产没有任何关系。实际上,科教文卫事业的发展与物质财富的生产有着密切关系,而且其贡献越来越大。

(2)科教文卫支出的内容。科教文卫支出内容多,范围广。科教文卫支出按部门划分,主要包括文化事业费、教育事业费、科学事业费、卫生事业费、体育事业费、通信事业费、广播电视事业费等。此外,科教文卫事业费还包括出版、文物、档案、地震、海洋、计划生育等项事业的事业费支出。

科教文卫支出按用途不同,可以分为人员经费支出和公用经费支出,科教文卫等单位的人员经费开支和公用经费支出。

(3)对科教文卫支出的管理。

财政部门管理科教文卫支出有两大任务:一是保证这些部门的经费供应;二是在供应经费的同时,努力提高科教文卫支出的使用效果,做到"少花钱,多办事"。基于这两项任务,财务部门形成了一整套对科教文卫等事业费支出管理的制度和方法。其内容主要包括定员定额管理、财务管理、社会集团购买力管理三个方面。

手机扫一扫,
读专栏5-4

(二)政府投资性支出

财政投资性支出,也称为财政投资或公共投资,是以政府为主体,将其从社会产品或国民收入中筹集起来的财政资金用于国民经济各部门的一种集中性、政策性投资。它是财政支出中的重要部分。

1. 政府投资性支出的特点

(1) 政府投资可以微利或不盈利,但能极大提高国民经济的整体效益。

(2) 政府投资的资金来源可靠,多为大型项目和长期项目。

(3) 政府投资集中于"外部效应"较大的基础产业和设施。

2. 政府投资性支出的范围及原则

政府投资性支出的范围主要是外部效应较大的公用设施、能源、交通、农业以及治理大江大河和治理污染等有关国计民生的产业和领域。在确定公共投资范围时,一个不容忽视的问题是如何划分中央政府和地方政府的投资范围。一般而言,划分中央政府和地方公共投资范围可依照两个原则进行。① 受益原则。即按公共产品和服务的受益范围来划分投资权限。如果政府行使某项投资职能,其受益范围遍及全国所有地区,受益对象为全体社会成员,则该项投资应由中央政府负责;如果受益范围基本上被限定在某一个区域内,受益者主要是本辖区的居民,则由地方政府负责。② 比较效率原则。一项政府投资,如果由中央政府负责,效率较地方政府高,则应由中央政府负责;反之,则由地方政府负责。

一般而言,在市场经济条件下,公共投资决策必须遵循以下原则:

(1) 弥补市场失效原则。在市场经济条件下,调节经济主要通过市场机制特别是价格机制进行,在一般的竞争性领域,市场机制能够充分发挥对社会资源的配置作用,但在其他一些领域,市场机制却无法正常发挥作用,出现了市场失效现象。在市场失效领域,私人投资是不会大量介入其中的,但这些产业、领域对社会经济发展的支持性和整体性作用又是至关重要的,因此这些领域投资的不足,只能由政府投资来补充。也就是说,在市场失效的领域,应有政府投资,这是政府投资所要遵循的最基本原则。

(2) 维护资源配置效率原则,这是从第一个原则引申而来的。在市场失效的领域需要政府投资,相应地在市场有效的领域,市场能够充分发挥其对资源配置作用,私人投资在这些领域能够充分介入,从而保证这些领域投资的充分性。政府投资部应不干扰这些私人投资的选择,政府投资规模的增长,不能以牺牲私人投资,特别是不应以削弱国家鼓励发展的相关产业部门的企业投资实力为代价,避免挫伤私人投资主体在市场有效领域进行投资的积极性。

(3) 调节宏观经济运行原则。政府投资是调节宏观经济平稳的重要手段。政府投资作为全社会投资的一个重要组成部分,对社会其他投资起着示范和引导作用。适时适度调整政府投资的规模和结构,可以弥补私人投资的不足,刺激社会总需求,增加社会总供给,调整产业结构和地区结构,促进国民经济的协调和稳定发展。

3. 政府投资性支出的宏观调控功能

(1) 直接调控——根据宏观经济政策目标,结合非政府投资的状态,安排政府自身投资的方向、规模与结构,使全社会的投资达到优化状态。

(2) 间接调控——通过产业政策的引导作用,通过政府投资的导向作用,并通过税收、财政补贴、折旧政策等,来制约非政府投资的条件,调控非政府投资的方向。

二、购买性支出的作用

购买性支出基本上反映了社会资源和要素中由政府直接配置与消耗的份额,因而是公共财政履行效率、公平和稳定三大职能的直接体现。

（1）购买性支出直接形成社会资源和要素的配置，因而其规模和结构等大致体现了政府直接介入资源配置的范围和力度，是公共财政对于效率职能的直接履行。这样，购买性支出能否符合市场效率准则的根本要求，是公共财政活动是否具有效率性的直接标志。

（2）购买性支出中的投资性支出，将对社会福利分布状态产生直接影响，因而是公共财政履行公平职能的一个重要内容。

（3）购买性支出直接引起市场供需对比状态的变化，直接影响经济周期的运行状况，因而是政府财政政策的相机抉择运作的基本手段之一，是公共财政履行稳定职能的直接表现。为此，必须正确把握财政的购买性支出对市场均衡状态的影响，以确保政府正确实施财政政策。

三、购买性支出对经济的影响

（一）购买性支出对经济的影响

在一般情况下，政府购买的价格由市场供求关系决定。当购买性支出增加时，政府对社会产品的需求增长，从而导致市场价格水平上升和企业利润率提高；企业因利润率提高而扩大生产规模，所需生产资料和劳动力也随之增多。所需生产资料增多，可能刺激生产这类生产资料的企业扩大生产；所需劳动力增多，会扩张对消费资料的社会需求，进而导致生产消费资料的企业扩大生产规模。在广泛存在社会分工条件下，由政府购买性支出的增加所引发的上述过程，将会在全社会范围内产生一系列互相刺激和互相推动的作用，从而导致社会总需求的连锁性膨胀。这既有可能形成经济繁荣局面，又有可能形成供给过度情况。

相反，如果政府减少购买性支出，随着政府需求的减少，全社会的投资和就业都会减少，从而导致连锁性的社会需求萎缩。这既可能形成需求不足，又可能对过度的总需求起到一定的抑制作用。西方学者认为，这种由政府购买性支出的变化所引起的社会投资、就业和生产规模的变化，往往数倍于政府支出变化的规模，故被称为政府支出的乘数作用。凯恩斯主义者正是以此为依据，主张政府通过财政活动干预经济。

（二）购买性支出对收入分配的影响

购买性支出对国民收入的分配有间接影响。当购买性支出增加时，由于生产增长，国民收入会随之增加，企业收入和劳动者的收入总量均会增加。但是，由于各种原因，在新增国民收入中，由利润占有的和由工资占有的部分不可能均等，从而在国民收入初次分配中，利润和工资各自所占份额将发生变化。此外，由于各种经济活动受政府购买支出变动影响的程度不尽相同，不同的部门和企业，以及在不同的部门和企业中就业的劳动者之间所增加的收入也不尽一致。这些因素，都可能导致国民收入分配结构发生变化。

正是由于购买支出对生产和分配有上述影响，凯恩斯主义者主张通过财政政策干预经济活动，一些资本主义国家政府也多将其作为调节社会经济活动的重要手段之一加以运用。当社会总需求小于社会总供给时，政府增加购买支出，一方面直接增加社会总需求，一方面透过支出乘数作用，间接增加社会总需求；当社会总需求小于社会总供给时，政府减少其购买支出，直接和间接地减少社会总需求。

第四节　转移性支出

转移性支出,购买性支出的对称,指政府无偿向居民和企业、事业以及其他单位供给财政资金,是指政府按照一定方式,把一部分财政资金无偿地、单方面转移给居民和其他收益者的支出。

转移性支出主要由社会保障支出和财政补贴构成,分为补助支出、捐赠支出和债务利息支出三类。它体现的是政府的非市场型再分配活动。在财政支出总额中,转移性支出所占的比重越大,财政活动对收入分配的直接影响就越大。这是一种收入再分配的方式。转移支付只是简单地把收入进行重新分配,从一个人或一个组织转移到另一个人或另一个组织,并没有相应的产品或服务交换发生,所以转移支付是不计入 GDP 的。

一、专移性支出的主要方式

(一) 社会保障支出

社会保障,是指国家和社会在通过立法对国民收入进行分配和再分配,对社会成员特别是生活有特殊困难的人们的基本生活权利给予保障的社会安全制度。社会保障的本质是维护社会公平进而促进社会稳定发展。《中华人民共和国宪法》规定:"中华人民共和国公民在年老、疾病、或者丧失劳动能力的情况下,有从国家和社会获得物质帮助的权利。"

社会保障是指国家通过立法,积极动员社会各方面资源,保证无收入、低收入以及遭受各种意外灾害的公民能够维持生存,保障劳动者在年老、失业、患病、工伤、生育时的基本生活不受影响,同时根据经济和社会发展状况,逐步增进公共福利水平,提高国民生活质量。作为一种国民收入再分配形式,社会保障是通过一定的社会保障制度实现的。由法律规定的、按照某种确定规则经常实施的社会保障政策和措施体系,我们称之为社会保障制度。在不同的国家和不同的历史时期,社会保障制度的具体内容不尽一致。但有一点是共同的,那就是为满足社会成员的多层次需要,相应安排多层次的保障项目。

一般来说,社会保障由社会保险、社会救济、社会福利、优抚安置等组成。其中,社会保险是社会保障的核心内容。全球的社会保障模式,大致可分为国家福利、国家保险、社会共济和积累储蓄四种,分别以英国、前苏联、德国、新加坡为代表。目前我国在建的社会保障制度,属于社会共济模式,即由国家、单位(企业)、个人三方共同为社会保障计划融资,而且这是未来相当长一段时期的改革趋势。个人责任的强化已经成为全球社会保障制度改革的共识。社会保障是现代工业文明的产物,它既是经济发展的"推进器",也是维护百姓切身利益的"托底机制"和维护社会安全的"稳定器"。社会保障是现代国家一项基本的社会经济制度,是社会文明进步的重要标志。

新中国成立 60 年来,城镇社会保障制度逐步建立和完善,农村社会保障制度建设也在顺利地向前推进。"老有所养,病有所医"是人民最关心、最直接、最现实的利益问题,也是政府孜孜以求的目标。新中国成立初期到 1978 年,社会保障实际上是国家保障,但层次较低。改革社会保障开放以来,特别是 20 世纪 90 年代以来,社会保障事业发展迅速。党中央、国务院高度重视社会保障工作。特别是党的十六大以来,,坚持以人为本、全面协调可持续的科学发展观,更加注重保障和改善民生,在社会保障制度建设方面迈出新步伐。建立了城镇居民基本医疗保险制度、新型农村合作医疗制度；实行城乡医疗救助制度，在新医改中大幅度提高基本医疗保障水平；建立农村最低生活保障制度；继续完善城镇职工基本养老保险制度，大力推进基金省级统筹和养老保险跨地区转移接续工作；养老保险基金规模不断扩大，并有效实现保值增值；连续8年增加企业退休人员养老金；在全国范围内解决了关闭破产国有企业退休人员参加医保、老工伤待遇、集体企业退休人员参加养老保险等一批历史遗留问题。这些制度的建立和完善，让越来越多的城乡居民享受到实惠，使我们距离人人享有基本社会保障的目标越来越近。

1. 社会保障具体内容

（1）社会保险。

社会保险，是指国家通过立法建立的一种社会保障制度，目的是使劳动者因年老、失业、患病、工伤、生育而减少或丧失劳动收入时，能从社会获得经济补偿和物质帮助，保障基本生活。从社会保险的项目内容看，它是以经济保障为前提的。一切国家的社会保险制度，不论其是否完善，都具有强制性、社会性和福利性这三个特点。按照我国《劳动法》的规定，社会保险项目分为养老保险、失业保险、医疗保险、工伤保险和生育保险。社会保险的保障对象是全体劳动者，资金主要来源是用人单位和劳动者个人的缴费，政府给予资助。依法享受社会保险是劳动者的基本权利。

（2）社会救济。

社会救济，是指国家和社会对生活在贫困线以下的低收入者或者遭受灾害的生活困难者提供无偿物质帮助的一种社会保障制度。从历史发展看，社会救济先于社会保险。早在1536年，法国就通过立法要求在教区进行贫民登记，以维持贫民的基本生活需求。1601年，英国制定了济贫法，规定对贫民进行救济。中国古代的"义仓"也是一种救济制度。这些都是初级形式的社会救济制度。维持最低水平的基本生活是社会救济制度的基本特征。社会救济经费的主要来源是政府财政支出和社会捐赠。

（3）社会福利。

广义的社会福利，是指国家为改善和提高全体社会成员的物质生活和精神生活所提供的福利津贴、福利设施和社会服务的总称。狭义的社会福利，是指国家向老人、儿童、残疾人等社会中需要给予特殊关心的人群提供的必要的生活保障。

（4）优抚安置。

优抚安置，是指国家对从事特殊工作者及其家属，如军人及其亲属予以优待、抚恤、安置的一项社会保障制度。在我国，优抚安置的对象主要是烈军属、复员退伍军人、残疾军人及其家属；优抚安置的内容主要包括提供抚恤金、优待金、补助金，举办军人疗养院、光荣院，安置复员退伍军人等。

2. 社会保障功能

（1）社会保障是劳动力再生产的保护器。

社会保障的功能之一就是在劳动力再生产遇到障碍时给予劳动者及其家属以基本生活、生命的必要保障，以维系劳动力再生产的需要，从而保证社会再生产的正常进行。

（2）社会保障是社会发展的稳定器。

通过社会保障对社会财富进行再分配，适当缩小各阶层社会成员之间的收入差距，避免贫富悬殊，使社会成员的基本生活得到保障，能协调社会关系，维护社会稳定。

（3）社会保障是经济发展的调节器。

社会保障对经济发展的调节作用主要体现在对社会总需求的自动调节作用。在经济萧条时期，一方面由于失业增加、收入减少，用于社会保障的货币积累相应减少；另一方面，因失业或收入减少而需要社会救济的人数增加，社会用于失业救济和其他社会福利方面的社会保障支出也相应增加。这使社会保障的同期支出大于收入，从而刺激了消费需求和社会总需求。在经济繁荣时期，其作用则正好相反。

此外，社会保障可以解除劳动力流动的后顾之忧，使劳动力流动渠道通畅，有利于调节和实现人力资源的高效配置。

3. 社会保障制度建立的必备要素

第一，依法建立。即现代社会保障制度遵循的是立法先行的原则，是通过社会保障立法来确立社会保障制度，法制规范是社会保障制度赖以建立的客观基础与依据。

第二，突出以人为本。它以保障和改善国民生活、增进国民福利为宗旨，包括经济保障与服务保障。

第三，具有经济福利性。即从直接的经济利益关系来看，因有政府、雇主与社会各界的参与和分担责任，受益者的所得要大于所费。

第四，属于社会化行为。即由官方机构或社会团体来承担社会保障的实施人物，而非供给者与受益方的直接对应行为。

4. 社会保障制度的作用

（1）建立健全同经济发展水平相适应的社会保障制度，是深化经济体制改革、完善社会主义市场经济体制的重要内容。

（2）建立健全社会保障制度是社会稳定和国家长治久安的重要保证。

（3）社会保障制度是社会公平的平衡器。

5. 现行社会保障制度管理体制

中国的社会保障制度是中央政府和各级地方政府共同负责的计划。中央政府的职责是，制定全国统一的法规、政策和标准，对困难地区提供资金帮助；地方政府的职责是，根据中央的统一政策制定本地法规、政策和标准，筹集社会保障基金，支付社会保障待遇。

中央政府管理社会保障事务的主要机构是人力资源和社会保障部、民政部、卫生部和财政部。人力资源和社会保障部负责管理养老保险、失业保险、城镇职工医疗保险、工伤保险、生育保险等项目；民政部负责管理社会救济、社会福利、优抚安置等项目；卫生部负责管理农村合作医疗制度；财政部负责制定社会保障的财政政策和财务、会计制度，实施对社会保障资金收支的财政监督，为社会保障计划提供补助资金等。各省、市、县政府设有同样的行政管理机构，承担相应的社会保障职能。

一个国家的社会保障管理体制，往往由于不同的历史背景、社会制度和经济发展水平等因素而存在一定的差异，因此国际上社会保障管理体制的类型较多。经过总结归纳，我们把国际上比较典型的社会保障管理体制大致划分为以下四种类型：

（1）集中统一型。这种类型的社会保障管理体制的主要特征是在整个国家或地区只建立一个社会保障机构，统一管理有关的各项目的事务，并通过统一征集税收（目的税），以保证社会保障的各项支出。例如，英国的社会保障部，就集中统一管理几乎所有社会保障事务，除下属六个委员会和两个管理中心办公室外，在全国各地还普设分支机构，而每个分支机构下又有多个福利办公室。因此,整个管理系统十分庞大。

（2）统分结合型。这种类型的社会保障管理体制的主要特征是立法、政策、资金和监督四种职能实行统一管理,而具体的社会保障各项目管理则分别由各职能部门分工管理。例如,法国的社会保障管理体制实行了统一立法、统一资金征集管理、统一实行监督,但社会保障各项目的具体管理事务则主要由社会保险局和社会事务局等机构分工管理。前者负责医疗、年金等社会保障工作,而后者主要负责残疾人、老人、儿童等的社会福利工作。此外,还有些特殊性质的项目,如失业保险的管理则由国家劳动部承担。

（3）分头自治型。这种类型的社会保障管理体制的主要特征是在统一立法和统一监督下,对各种社会保障项目实行分头自治管理,相互独立,互不融通。例如德国就属于这种类型,医疗保险、年金、战争被害者的援助等工作由劳动社会部自治管理;医疗、保健、食品卫生、医药和社会福利则由青少年、家庭、妇女保健部实行自治管理。

（4）市场运作型。这种类型的社会保障管理体制的主要特征是政府部门只作一般监督和政策规划,而社会保障的具体事务,都转与民间部门根据立法参与运作和承办。例如,智利的政府社会保障部门只管制定政策和发展规划,具体业务和基金运营则都由包括私营保险公司在内的民间机构承担,政府对基金运营过程实行动态监督。

（二）财政补贴

财政补贴是指国家为了实现特定的政治经济目标,对指定事项由财政安排专项基金向企业或个人提供的一种补贴。我国现行财政补贴主要有价格补贴、亏损补贴、职工生活补贴和利息补贴等。补贴的对象为企业、职工和城镇居民。补贴的范围包括工业、农业、商业、交通运输、建筑、外贸等国民经济各部门和生产、流通、消费各环节、居民生活各方面。财政补贴的主体分为中央财政和地方财政。中央财政补贴列入中央预算。

1. 财政补贴分类

财政补贴是在特定的条件下,为了发展社会主义经济和保障劳动者的福利而采取的一项财政措施。它具有双重作用:一方面,财政补贴是国家调节国民经济和社会生活的重要杠杆。运用财政补贴特别是价格补贴,能够保持市场销售价格的基本稳定;保证城乡居民的基本生活水平;有利于合理分配国民收入;有利于合理利用和开发资源。另一方面,补贴范围过广,项目过多也会扭曲比价关系,削弱价格作为经济杠杆的作用,妨碍正确核算成本和效益,掩盖企业的经营性亏损,不利于促使企业改善经营管理;如果补贴数额过大,超越国家财力所能,就会成为国家财政的沉重负担,影响经济建设规模,阻滞经济发展速度。

（1）按经济性质确定的财政补贴。

财政补贴以经济性质为标准,可分为价格补贴、财政贴息和企业亏损补贴等。其中,价格补贴是指政府为了稳定人民生活,由财政向企业或居民支付的、与人民生活必需品和农业生产资料的市场价格政策有关的补贴。按产品类别不同划分,价格补贴具体包括粮油价格补贴、平抑物价补贴和其他价格补贴等。

财政贴息是指政府财政对使用某些规定用途的银行贷款的企业,就其支付的贷款利息提供的补贴,即财政代企业向银行支付一部分利息。

企业亏损补贴是指政府为使国有企业能按政府政策或计划生产经营一些社会需要的,但因客观原因导致产品亏损而拨付给企业的财政补贴。导致企业政策性亏损的原因,主要是由于产品计划价格水平偏低,不足以抵补产品的生产成本。此外,企业的技术设备落后和供销条件不利等因素,也是造成企业亏损的重要原因。企业亏损补贴按企业经营性质不同划分,可分为国内企业亏损补贴和外贸企业亏损补贴。

(2) 按再生产环节确定的财政补贴。

财政补贴以再生产环节为标准,可分为生产补贴、流通补贴和消费补贴。

生产补贴,又称生产性补贴,是指对社会再生产的生产环节进行的补贴。其补贴的项目主要有粮、棉、油加价款补贴,农用生产资料价格补贴和工业生产企业亏损补贴等。

流通补贴,又称商业经营性补贴,是指对社会再生产的流通环节进行的补贴。其补贴项目主要有粮、棉、油价差补贴,平抑市场肉食、蔬菜价差补贴,民用煤销售价差补贴以及国家储备粮、棉、油等利息费用补贴。

消费补贴,又称消费性补贴,是指对社会再生产的消费环节进行的补贴。其补贴项目主要有房租补贴、副食品价格补贴、水电煤补贴和职工交通补贴等。

(3) 按其他标准确定的财政补贴。

① 按透明程度确定的财政补贴。

财政补贴以透明程度为标准分为明补和暗补。其中,明补是指将财政补贴作为预算的支出项目按照正常的支出程序直接支付给受补者。其优点是收支分明,受补贴单位应上缴财政的依法上缴,应获得的补贴由财政直接拨付。暗补是指财政补贴不构成预算支出项目,受补者也不直接获得补贴收入,只是从减少上缴和节约支出上受益。其优点是手续简便,工作量少,具有隐蔽性,实际上是一种坐支,但缺点是权责利关系不明确。

② 按存续时间确定的财政补贴。

财政补贴以存续时间为标准分为经常性补贴和临时性补贴。其中,经常性补贴是指因政策性原因在较长时间内给予的补贴,该补贴往往具有自我增长的特点。临时性补贴是指因某些临时性原因,一般给予一次性补贴。

经常性补贴和临时性补贴只是相对而言的,如对国家规定的政策性亏损给予的补贴即为经常性补贴,在国家规定扭亏计划限期内给予的亏损补贴即为临时性补贴。

③ 按隶属关系确定的财政补贴。

财政补贴以隶属关系为标准分为中央财政补贴和地方财政补贴。其中,中央财政补贴是指在整个国家财政补贴项目和金额中,中央财政所承担的补贴项目和数额。地方财政补贴是指在整个国家财政补贴项目和金额中,地方财政所承担的补贴项目和数额。

由于对生产、流通环节的补贴,在一定程度上掩盖了价格与价值背离的关系,消费者往往看不见、摸不着,故称之为"暗补",而对于消费环节的补贴,群众看得见,摸得着,故称之为"明补"。

2. 财政补贴特征

(1) 政策性。财政补贴的依据是政府在一定时期的政治、经济和社会等政策目标,并随着国家政治、经济形势的发展变化而进行修正、调整和更新,因而具有很强的政策性。

(2) 可控性。财政补贴具体补给谁、补贴多少、在哪个环节补贴、何时取消补贴等内容是由财政部门根据政策需要决定的,是政府可直接控制的经济杠杆,具有一定的可控性。

(3) 灵活性。财政补贴杠杆作用的对象、范围、效果和要达到的目标,由财政部门根据政策的要求适时地确定和调整,因此财政补贴在直接调节经济和协调各方面经济关系时,比价格、税收等经济杠杆的作用更为灵活、直接和迅速。

（4）时效性。财政补贴是为实现国家政策目标服务的,当某项政策发生变化时,财政补贴也将做相应调整;当某项政策实施完结、失去效力时,某项特定的财政补贴也将随之中止。

（5）专项性。财政补贴只对政府政策规定和指定的项目或事项进行补贴,其他以外的项目均不给予补贴。

3. 财政补贴作用

它是国家财政通过对分配的干预,调节国民经济和社会生活的一种手段,目的是为了支持生产发展,调节供求关系,稳定市场物价,维护生产经营者或消费者的利益。财政补贴在一定时期内适当运用有益于协调政治、经济和社会中出现的利益矛盾,起到稳定物价、保护生产经营者和消费者的利益、维护社会安定、促进计划商品经济发展的积极作用。但是,价格补贴范围过广,项目过多,也会带来弊端。它会使价格关系扭曲,掩盖各类商品之间的真实比价关系;加剧财政困难,削弱国家的宏观调控能力;给以按劳分配为原则的工资制度改革带来不利影响;不利于控制消费,减少浪费,提高经济效益。

财政补贴是一种转移性支出。从政府角度看,支付是无偿的;从领取补贴者角度看,意味着实际收入的增加,经济状况较之前有所改善。

财政补贴与相对价格的变动联系在一起,它具有改变资源配置结构、供给结构、需求结构的影响。

国家为了实现特定的政治经济目标,由财政安排专项基金向国有企业或劳动者个人提供的一种资助。中国现行的财政补贴主要包括价格补贴、企业亏损补贴等。补贴的对象是国有企业和居民等。补贴的范围涉及工业、农业、商业、交通运输业、建筑业、外贸等国民经济各部门和生产、流通、消费各环节及居民生活各方面。

（1）有效调节社会供求平衡,维护宏观经济稳定。

（2）促进社会资源的优化配置。

（3）配合自然垄断领域的管制价格,提供社会福利。

（4）促进产业结构调整,加快经济发展。

这是财政补贴的积极作用。但财政补贴也有其局限性,主要是:

（1）政府财政对一些经济活动长期提供大量补贴,将使价格与价值的背离长期化、合法化,从而削弱价格的经济调控功能。

（2）不利于真实地反映企业的经营业绩。

（3）加剧了财政收支的矛盾,使政府财政背上了沉重的负担。

4. 财政补贴的影响

在市场经济条件下,政府之所以采用财政补贴支出手段主要基于以下原因:

第一,市场失效的存在。在自然垄断的领域,如城市的公共交通、煤气和水电等,市场价格无法有效配置社会资源,因而政府必须对这类企业实行价格管制。政府往往对其实行低价政策,以向整个社会尤其是中低阶层提供社会福利。由于政府的低价政策会导致企业产生亏损,因而应由政府提供财政补贴,否则这类企业将无法生存。

第二,社会政策的要求。市场价格是资源配置的有效机制,但市场价格机制并不能解决所有问题,有些领域并不能完全引入市场经济机制,如我国的农产品价格补贴就是一个例证。在我国,农业生产成本高,在人们收入水平普遍偏低的条件下很难再提高农产品价格,因此为维持农产品的非市场价格,维护农民和城镇居民的利益,就需要政府采取财政补贴形式予以支持。

第三,经济转轨的需要。上述企业亏损补贴维持了大批企业的存在和职工就业,避免了大规模破产和失业所导致的社会动荡;而价格补贴则在价格体系从计划价格向市场价格转化的过程中,避免了物价大幅度上涨给居民生活带来的压力,从而有利于社会经济的稳定。这些都缓冲了新旧体制转换过程中所产生的冲击力,有利于改革的顺利进行。

(1) 政府用以支付债务利息的资金取自税收,20 世纪 30 年代以来,但获得利息的却只是政府债务的债权人。通过这一转移,国民收入发生了有利于债权人的变化。

(2) 对国外政府的捐赠和对国际组织的缴纳虽涉及的是国民收入的对外分配,会使支出国居民所支配的国民收入少于其所创造的国民收入,但对国民收入在本国居民间的分配格局影响不大,在一国的国际收支平衡表上,此类捐赠和缴款被记在"经常项目"的支出账上。

(3) 对居民的补贴支出,主要影响的是国民收入的初次分配格局。一般来说,补贴资金主要取自高收入的企业和居民,主要支出对象则是低收入的居民。通过这种"课税—补贴"转移过程,国民收入分配的差距可以缩小,低收入、无收入居民的最低生活水平可能得到某种保证。这项补贴支出还可以间接影响社会生产。

首先是由于受补贴居民多属低收入阶层,所购买的生活资料一般是大众消费品。因此,补贴支出增加将会增加对此类消费品的需求,指对产品价格受政府限制的企业给予转移性支出补贴,进而刺激生产此类消费品的企业扩大生产、增加投资,继而又会刺激生产有关原料和生产资料的企业扩大生产。

其次是高收入居民的边际消费倾向一般低于低收入居民,国民收入从高收入居民向低收入居民转移,会使全社会的边际消费倾向提高,从而改变全社会的消费/储蓄比例,进而对社会的投资率产生影响。

(4) 对企业的补贴,包括常见的投资补贴,即为鼓励企业对关系国计民生的关键或短缺部门投资进行补贴;限价补贴,指对产品价格受政府限制的企业给予补贴,补贴支出增加将会增加对此类消费品的需求,使其获得等于甚至高于平均水平的利润;亏损补贴,指对因价格或市场原因造成亏损的企业进行补贴,以维持就业和生产,一是由于受补贴居民多属低收入阶层,并促其适应市场变化进行产业调整。

这项补贴固然也直接改变了国民收入的分配状况,但其主要影响却在生产方面,无论出于何种目的,采取何种形式,均有刺激企业生产的作用。

三、转移性支出的作用

转移性支出也体现了公共财政履行稳定币值、调节收入和促进经济增长三大职能:

(1) 转移性支出引起了货币收入的流动,在间接的意义上仍然配置了资源和要素。

(2) 政府通过转移性支出,增加了支出受惠者的货币收入,在私人和企业间进行了收入再分配,从而成为政府实施社会公平政策的重要手段。

(3) 政府的转移性支出增加了有关私人和企业的可支配收入,间接增加了社会购买力,影响了宏观经济的运行态势。特别是其中的济贫支出和社会保险支出等,能够自动地随着宏观经济运行状态而逆向变动,从而成为宏观经济运行的自动稳定器,是政府最重要的宏观经济政策运作手段之一。

四、购买性支出与转移性支出的区别

(一) 作用不同

购买性支出所起的作用,是通过支出使政府掌握的资金与微观经济主体提供的商品和服务相交换,在这里,政府直接以商品和服务的购买者身份出现在市场上,因而对于社会的生产和就业有直接的影响。此类支出当然也影响分配,但这种影响是间接的。转移性支出所起的作用,是通过支出过程使政府所有的资金转移到领受者手中,是资金使用权的转移,微观经济主体获得这笔资金以后,究竟是否用于购买商品和服务以及购买哪些商品和服务,这已脱离开了政府的控制,因此,此类支出直接影响收入分配,而对生产和就业的影响是间接的。

(二) 遵循的原则和对政府的效益约束不同

在安排购买性支出时,政府必须遵循等价交换的原则,因此,通过购买性支出体现出的财政活动对政府形成较强的效益约束。在安排转移性支出时,政府并没有十分明确和一以贯之的原则可以遵循,而且,财政支出的效益也极难换算。由于上述原因,转移性支出的规模及其结构在相当大的程度上只能根据政府同微观经济主体、中央政府与地方政府的博弈情况而定,因此,转移性支出体现出的财政活动对政府的效益约束是软性的。

(三) 对微观经济主体的效益约束不同

微观经济主体在同政府的购买性支出发生联系时,也须遵循等价交换原则。对于向政府提供商品和服务的企业来说,它们收益的大小,取决于市场供求状况及其销售收入同生产成本的对比关系,所以,对微观经济主体的预算约束是硬的。微观经济主体在同政府的转移性支出发生联系时,并无交换发生。因而,对于可以得到政府转移性支出的微观经济主体来说,它们收入的高低在很大程度上并不取决于自己的能力(对于个人)和生产能力(对于企业),而取决于同政府讨价还价的能力,对微观经济主体的预算约束是软性的。

第五节　政府采购制度

一、政府采购制度简介

政府采购,从产生以来已有 200 多年历史,是市场经济国家管理政府公共支出的一种基本手段,最早的法律规范可追溯到十八世纪末美国的《联邦采购法》。现代各国的政府采购资金数额庞大,一般要占 GDP 的 10% 以上,这使政府采购对社会经济有极大的影响力,也是市场供应商极为关注的对象,在国际社会中,最初的政府采购是封闭的,不对外开放,但随着贸易自由化的发展,政府采购潜在的巨大市场,在国际贸易领域日益受到重视,目前,世贸组织的《政府采购协议》已成为在国际范围内开放政府采购市场的国际协议,尽管《协议》只是对签字成员国有约束力,但该《协议》成员希望有更多的国家加盟,并采取一些措施迫使想加入世贸组织的国家签署《协议》。由此可见,政府采购市场对国际贸易的重大影响。

政府采购,也称公共采购,是指各级政府及其所属机构为了开展日常政务活动或为公众提供公共服务的需要,在财政的监督下,以法定的方式、方法和程序,对货物、工程或服务的购买。政府采购不仅是指具体的采购过程,而且是采购政策、采购程序、采购过程及采购管

理的总称,是一种对公共采购管理的制度。

二、政府采购的特点

政府采购相对非政府采购而言,有以下特点。

(一)资金来源的公共性

政府采购的资金来源为财政拨款和需要由财政偿还的公共借款,这些资金的最终来源为纳税人的税收和政府公共服务收费。

(二)采购主体的特定性

政府采购的主体,也称采购实体,为依靠国家财政资金运作的政府机关、事业单位和社会团体、公共事业等。

(三)采购活动的非商业性

政府采购为非商业性采购,不以盈利为目标,也不是为卖出而购买,而是通过购买为政府部门提供消费品或向社会提供公共利益。

(四)采购对象的广泛性

政府采购的对象包罗万象,既有标准产品也有非标准产品,既有有形产品又有无形产品,既有价值低的产品也有价值高的产品,既有军用产品也有民用产品。为便于管理和统计,国际上通行的做法是按其性质将采购对象分为三大类:货物、工程和服务。

(五)政策性

各政府采购实体在采购时不能体现个人的偏好,必须遵循国家政策的要求,包括最大限度地节约支出,购买本国产品等。

(六)规范性

政府采购的实现要按有关政府采购的法规,根据不同的采购规模、采购对象及采购时间要求等,采用不同的采购方式和采购程序,使每项采购活动都要规范运作,体现公开、竞争的原则,并接受社会监督。

(七)对社会经济有强大的影响力

政府采购是指一个整体,这个整体是一个国家内最大的单一消费者,其购买力非常巨大,在很多国家,政府采购金额占一个国家国内生产总值(GDP)的10%以上,实行政府采购制度可节约资金10%左右。因此,政府采购对社会经济有着非常大的影响力,主要表现在能加强财政支出管理,提高财政资金使用效率;能配合政府的宏观经济政策调控总供需;保护民族产业;保护环境生态;稳定市场物价;促进就业;促进国际贸易;加强对国有资产的管理等方面。此外,政府采购制度的完善与实施还能规范交易行为,促进公平竞争,使各种交易活动在公开、公正、公平和竞争的基础上开展,这对消除歧视行为,保护广大供应商和政府的利益均有积极的作用。

三、政府采购程序

为了保证政府采购目标的实现,要求政府采购项目按规定的程序完成采购。一个政府采购项目的完整采购程序包括以下几个阶段。

(一)确定采购需求

采购需求由各采购实体提出,报财政部门审核,只有被财政部门列入年度采购计划的采购需求才能执行。确定采购需求是整个采购过程中的一个非常关键的环节。

（二）预测采购风险

采购风险是指采购过程可能出现的一些意外情况,这些情况都会影响采购预期目标的实现,因此,事前要做好防范措施。

（三）选择采购方式

政府采购采用何种方式的总原则是,要有助于推动公开和有效竞争及物有所值目标的实现。目前,国际上通用的采购方式很多,有招标采购、询价采购、单一来源采购,谈判采购等。

（四）资格审查

即对供应商的资格进行审查,只有合格的供应商才能参加竞标。

（五）执行采购方式

一旦确定了采购方式,就必须严格按照已定采购方式的程序和要求操作,如果确有必要改变采购方式,必须报有关部门批准,同时告诉供应商。

（六）签订采购合同

无论通过何种采购方式,最终都要形成一个合同,即通过这一有法律效力的文件来保证双方的义务与权益。

（七）执行合同

合同各方要按合同规定执行相关权利义务,如任何一方违约,均必须按合同规定向合同的另一方赔偿损失。

（八）验收

在合同执行过程中或执行完毕,采购实体对合同执行的阶段性结果或最终结果进行检验和评估。

（九）结算

财政部门按验收证明书、结算验收证明书及采购合同的有关规定,与合同商进行资金结算。

（十）效益评估

采购实体及有关管理、监督部门对已采购的项目的运行情况及效果进行评估,检验项目运行效果是否达到了预期目的。

对于复杂或高成本的采购项目,还需要做以下工作:市场调查、选址、评估为产业发展提供的机会等。以最大可能地降低采购风险,提高采购效益。

本章小结

财政支出是政府为提供公共产品和服务,满足社会共同需要而进行的财政资金的支付,主要有:保证国家机器正常运转、维护国家安全、巩固各级政府政权建设的支出;维护社会稳定,提高全民素质、外部效应巨大的社会公共事业支出;有利于经济环境和生态环境改善,具有巨大外部经济效应的公益性基础设施建设的支出;在市场机制还不完善的条件下,对宏观经济运行进行必要调控的支出等。

一、关键词

财政补贴　社会保障　购买性支出　转移性支出　瓦格纳法则

二、复习思考题

1. 简述财政支出的原则。

2. 简述基本建设支出的意义。

3. 简述文教科学卫生支出的性质和意义。

4. 如何正确理解财政平衡?

5. 试述财政补贴的作用。

6. 我国社会保障制度存在的问题及改革思路如何?

7. 论述决定和影响我国行政管理支出的主要因素。

8. 试述财政投资对产业结构的能动作用。

9. 论述农业支出的内容及在农业支出中应处理好的几个关系?

三、案例分析

手机扫下方二维码,读案例1、案例2。

1. 根据材料分析思考:中国发展农业的财政支出政策应如何选择?

2. 政府采购制度的建立有何重要的社会经济意义? 我国应怎样健全完善政府采购制度?

扫一扫,
读案例1

扫一扫,
读案例2

阅读材料1

第六章　国家预算和预算管理体制

◎ 学习目标

通过本章学习要求掌握国家预算以及国家预算管理体制的概念;理解分税制的含义;掌握国家预算的分类,以及分税制的基本内容。

▶▶▶ 引导案例

财政部:2019 年全国一般公共预算收入 19.3 万亿元

十三届全国人大二次会议新闻中心于 3 月 7 日 9 时在梅地亚中心新闻发布厅举行记者会,邀请财政部部长刘昆,副部长程丽华、刘伟就"财税改革和财政工作"相关问题回答中外记者提问。

刘昆介绍,今年首次分中央和地方列报社会保险基金预算执行情况,加上一般公共预算、政府性基金预算和国有资本经营预算,四本预算全部实现分中央、地方和全国三个层面报告。

其中:2019 年全国一般公共预算收入 19.3 万亿元,增长 5%,全国一般公共预算支出 23.5 万亿元,增长 6.5%;全国政府性基金预算收入 7.8 万亿元,增长 3.4%,全国政府性基金支出约 10 万亿元,增长 23.9%;全国国有资本经营预算收入 3 366 亿元,增长 16.1%,全国国有资本经营预算支出 2 401 亿元,增长 11.2%;全国社会保险基金收入近 8 万亿元,增长 9.7%,全国社会保险基金支出 7.4 万亿元,增长 15%。

思考题: 1. 什么是国家预算?
　　　　2. 国家预算的编制程序和编制目的是什么?

第一节　国家预算

一、国家预算的概念

国家预算,也可以称为政府预算或公共预算,指的是经立法程序批准的政府年度财政收支计划,是国家有计划地筹集、分配和管理财政资金的重要工具。国家预算是调节社会经济生活的主要财政机制,是国家财政管理的主导环节。

国家预算收支活动制约着政府活动的范围和方向,规定了国家主要财力的来源、结构和方向,体现了国家对发展国民经济和各项社会事业的方针政策。国家预算收支的有效期限为预算年度或财政年度。我国和世界上大多数国家一样,预算年度为自当年的 1 月 1 日至

12月31日。按照法定程序,在每个预算年度开始前,由财政部门估算的国家年度财政收支计划的预计数称为国家预算草案。国家预算草案经过立法机关审查批准以后,才成为具有法律效力的国家预算。

国家预算是政府的基本财政收支计划,它反映了政府的基本财政收支状况。从形式上看,国家预算就是按一定标准将财政收入和财政支出分门别类地列入特定的表格,使人们清楚地了解一定时期政府财政收入和财政支出的具体来源和使用方向。但从实际经济内容来看,国家预算的编制是政府对财政收支的计划安排,预算的执行是财政收支的筹措和使用过程,决算则是国家预算执行的总结。所以,国家预算反映政府活动的范围、方向和国家政策。同时,国家预算要经过国家权力机构的审批后方能生效,因而又是国家重要的法律文件,体现国家权力机构和全体人民对政府活动的制约与监督。

二、国家预算分类与组成

(一) 国家预算的分类

国家预算作为财政收支计划,在技术操作上要解决的主要是两个问题:一是计划表格的安排,二是计划指标的确定。前者称为国家预算的形式,后者则是国家预算的内容。

1. 以国家预算编制形式的差别为依据分类

以国家预算编制形式的差别为依据,国家预算可分为单式预算和复式预算。

(1) 单式预算是传统的预算形式,是将政府的一切财政收支编入一个预算。长期以来,我国一直采取这种编制方式。这种预算形式具有较强的综合功能,能够全面反映当年财政收入的总体情况,有利于全面掌握政府财政状况,但不能有效反映财政收支结构和经济项目效益,也不便于进行年度间和部门间的比较。

(2) 复式预算是在单式预算基础上发展演变而成的。是指在预算年度内将全部预算收支按经济性质分类,分别汇编成两个或两个以上的预算,以特定的预算收入来源保证特定的预算支出,并使两者具有相对稳定的对应关系。这种预算形式对总体情况的反映功能比较弱,但能明确揭示财政收支的分类状况,反映财政收支的结构和经济建设项目的效益。

2. 以国家预算编制内容和方法上的差别为依据分类

以国家预算编制内容和方法上的差别为依据,国家预算可分为增量预算和零基预算。

(1) 财政收支计划指标在以前财政年度上的基础上,按新的财政年度经济发展情况加以调整之后确定预算编制方法为增量预算。

增量预算曾被世界上大多数国家采用,但长期如此,循环往复执行以后会不可避免地出现预算、计划与实际严重脱节,相距甚远。20世纪20年代的比利时政府曾设立了一个"橡树项目",政府每年安排一定数额的资金以支持从国外引进橡树,由于每年的预算都是以上年为基础,因此,每年都安排橡树项目的资金。直到90年代,人们突然发现,橡树项目早在几十年前就已经结束了。这个例子可能过于经典,但却表明了增量预算的缺点。当人们感觉到这种预算编制方法的弊端后,就开始探索改变这种做法的途径。这就是现在发达国家普遍采用的比较先进的预算编制方法,即零基预算法。

(2) 零基预算是指对所有的财政收支,完全不考虑以前的水平,重新以零为起点而编制的预算。零基预算强调一切从计划的起点开始,不受以前各期预算执行情况的干扰,尽可能找出更好的方法,使来年的预算一开始就建立在一个科学、合理的基础上,避免发生浪费。

我国的国家预算过去一直是单式预算,1991 年开始试行复式预算,从 1994 年起,按预算法规定,各级政府均必须编制复式预算。我国目前的复式预算将国家预算分为经常性预算和建设性预算,在编制上仍主要采用增量预算。

3. 按预算管理层级分类

按预算管理层级分,可分为中央预算和地方预算。

(1) 中央预算,也称为中央政府本级预算,是经法定程序批准的中央政府的预算收支计划,是中央履行职能的基本财力保证,在国家预算管理体系中居于主导地位。它规定中央财政各项收入来源和数量、中央财政支出的各项用途和数量,反映中央的方针政策,中央预算的收支范围。中央预算支出由中央本级支出和补助地方支出组成,主要包括国防、外交、援外支出、中央级行政管理费、文教卫生事业费、中央统筹的基本建设投资,以及中央本级负担的公检法支出、中央财政对地方的税收返还等。中央预算收入在不同的预算管理体制下有不同的规定。我国的分税制规定,中央预算收入主要由中央固定收入、共享收入的中央收入部分、地方上解收入等组成。

(2) 地方预算,地方各级政府的年度财政收支计划。国家预算的重要组成部分。地方预算的构成与其政权构成相一致,我国地方预算由省(自治区、直辖市)、省辖市(自治州、直辖市辖区)、县(自治县、市、旗)、乡(镇)4 级组成。地方预算支出根据地方政府的职能划分。主要包括:地方行政管理费,公检法支出,地方统筹的基本建设投资,支农支出,地方文教卫生事业费支出,地方上解支出等。地方预算收入主要由地方固定收入,共享收入的地方收入部分,中央对地方的返还收入、补助收入等。

(二) 国家预算的组成

国家预算就是政府收支预算,一般来说,有一级财政就要建立一级预算。我国国家预算组成体系按照一级政权一级预算的原则建立,《中华人民共和国宪法》规定,国家机构由全国人民代表大会、国务院、地方各级人民代表大会和各级人民政府组成。与政权结构适应,并同时结合我国的行政区域划分,我国预算法明确规定,国家实行一级政府一级预算,政府分为中央、省(自治区、直辖市)、市(自治州)、县(自治县、不设区的市、市辖区、旗)、乡(民族乡、镇)五个级次,政府预算也相应地分为五级。

三、国家预算的原则

国家预算的原则是指国家编制预算的指导思想及应遵循的基本准则。一般而言,编制国家预算应遵循以下五条基本原则。

(一) 公开性

由于国家预算是反映政府的活动范围、方向和政策,关系到全体公民的切身利益,因此,国家预算及其执行情况必须经过立法机构审议,并向社会公布,使之处于公众的监督之下。

(二) 可靠性

预算收支每一项目的数字指标必须真实可靠,计算正确,不得假定、估算,更不能任意编造。

(三) 完整性

国家预算应包括它的全部财政收支,不得少列收支、造假账、预算外另列预算。政府允许的预算外收支,也应在预算中有所反映。

（四）统一性

尽管各级政府都设有该级财政部门，也有相应的预算，但这些预算都是国家预算的组成部分，所有地方政府预算连同中央预算一起共同组成统一的国家预算。这就要求设立统一的预算科目，每个科目都要严格按统一的口径、程序计算和填列。

（五）年度性

任何一个国家预算的编制和实现，都要有时间上的界定。所谓预算年度性原则是指政府必须按照法定预算年度编制国家预算，列出全年的财政收支，不能将不属于本年度财政收支的内容列入本年度的国家预算之中。

这里所说的预算年度，又称财政年度，是指预算收支起讫的有效期限，通常为 1 年(365天)。目前世界各国(地区)采用的预算年度有两种：一是历年编制预算年度，即从每年 1 月 1日起至同年的 12 月 31 日止。采用历年制度的国家(地区)很多，我国就实行这种年度。二是跨年度预算年度，即从每年某月某日开始至次年某月某日止，中间经历 12 个月，跨越两个年份。例如，英国、日本、新加坡、印度、加拿大、中国香港等，其预算年度从每年的 4 月 1 日开始，到次年的 3 月 31 日止；再如美国、泰国等，其预算年度从每年的 10 月 1 日开始，到次年的 9 月30 日止；瑞典、澳大利亚等，其预算年度从每年的 7 月 1 日开始，到次年的 6 月 30 日止。

四、国家预算的作用

（一）确定政府可获得的资源，有利于全面安排支出

通过预算的编制，事先进行预测，使我们能掌握一年内能筹集到多少收入，并根据财力的多少和支出的需要确定支出，也就是我们常说的要量入为出。例如，在 2004 年预算中，全国预算收入安排了 23 570 亿元，相应地安排支出 26 768 亿元(赤字 3 198 亿元)。

（二）反映政府的活动范围和方向

预算上的一收一支，绝不仅仅是数字的排列，它必然要反映在政府的各项活动上。从预算收入安排上看，每一笔收入都必须落实到项目上，在某一个收入项目上征多少收入，减多少收入，能反映出政府的政策取向。例如，在 2004 年的预算中，确定减征农业税，就反映出国家要通过减轻种粮农户的负担来鼓励农民种粮的政策。从支出安排上看，国家对哪些方面增加投入，反映出国家鼓励哪些方面的发展。近些年来，国家每年都加大对教育、农业、科技的投入，就反映出国家重视农业、重视科教兴国的政策。

（三）有利于人民参与对国家事务的管理

对预算的讨论决定和对预算执行的监督是人民参与国家事务管理的重要体现。预算草案编出后要送由人民代表组成的权力机关进行审查，经其批准后预算才能成立。倘若预算草案不符合人民的意愿，权力机关有权进行修改，有权不予批准。国家权力机关对预算的批准，实质上是对政府工作安排的批准，体现权力机关授权政府可以干哪些事。当预算经国家权力机关批准后，其执行还要受到权力机关的监督。政府在年度终了要向权力机关报告执行结果，权力机关对执行结果还要进行审查，并决定是否批准。

（四）有利于政府活动的有序进行

由于预算对政府一年要做哪些事，做某件事要给多少钱都事先做出了安排，在新的年度开始后，征收部门按法律规定组织收入，财政部门按预算拨付资金，相关职能部门得到资金后按事先安排开展工作。这样就能有利于政府及其部门对所要干的事情能早作准备，按计

划开展工作,避免工作的盲目性。

第二节　国家预算的编制、执行与国家决算

一、国家预算编制

国家预算是经法定程序批准的年度国家财政收支计划,编制预算是整个工作的开始,这项工作是由财政部门具体负责的。

(一) 国家预算编制的准备工作

为使国家预算的编制科学、合理、完整、及时、可靠,在正式编制前,往往需要做一系列的准备工作,主要包括:

(1) 对本年度预算执行情况进行预计和分析;

(2) 拟定预算年度预算控制指标;

(3) 颁发编制预算草案的指示和具体规定;

(4) 修订国家预算科目和预算表格。

(二) 国家预算编制的程序和内容

1. 国家预算编制的程序

考虑到预算工作的严肃性,我国国家预算的编制采用"自上而下、自下而上、上下结合"的编制程序,具体包括以下几个步骤:

(1) 在着手编制预算草案之前,由财政部制定并下达预算控制指标。

(2) 根据财政部下达的预算控制指标,各部门和地区根据自身的经济状况,提出预算收入建议数,上报财政部。

(3) 财政部参照各地区上报的预算收支建议数,并通盘考虑全国预算资金的需要与可能,拟定预算收支指标,报经国务院批准下达到各部门、各地区。

(4) 各部门和地区根据财政部下达的预算收支指标,依据本地区和部门的具体情况,编制预算草案,逐级汇总上报财政部。

(5) 财政部认真审核各部门和地区上报的预算草案,然后汇总成国家预算草案,报送国务院审批后成为国家预算草案。

2. 国家预算编制的内容

(1) 中央预算编制的内容有以下几项:① 本级预算收入和支出;② 上一年度结余用于本年度安排的支出;③ 返还或者补助地方的支出;④ 地方上解的收入。中央财政本年度举借的国内外债务和还本付息数额应当在本级预算中单独列示。

(2) 地方各级政府预算编制的内容。地方各级政府预算编制的内容有以下几项:① 本级预算收入和支出;② 上一年度结余用于本年度安排的支出;③ 上级返还或者补助的收入;④ 返还或者补助下级的支出;⑤ 上解上级的支出;⑥ 下级上解的收入。

手机扫一扫,
读专栏6-1

（三）国家预算的审查、批准

在我国，由政府部门所编制的国家预算草案必须经全国人民代表大会审议批准方为有效。各级地方预算草案必须经同级人民代表大会审批后才能生效。审批的一般程序是：先由财政部门代表本级政府向人民代表大会作预算报告并提交预算草案，然后由人大财经委员会进行具体审查并提出审查报告，提请大会审议表决。

各级政府预算草案经人民代表大会审批通过后，即成为正式的具有法律效力的预算，各级政府和各部门、各单位必须遵照执行。

二、国家预算的执行

国家预算一经批准，就进入到预算的执行阶段。预算执行是指经法定程序批准的预算的具体实施过程，是整个工作程序的重要环节。在我国，国务院和地方各级人民政府为国家预算的执行机构，具体工作由各级财政部门负责，税收、海关、国家金库为参与机构。

财政部门在国家预算执行中的主要任务有以下几个方面：

（1）及时足额地组织预算收入。这是预算执行工作的首要环节，只有完成了收入任务，才能保证支出的需要。这就要求各级政府财政部门要加强预算管理，按国家税法和其他法规的规定，及时、准确、足额地完成国家规定的收入并缴入国库。

（2）及时合理地安排预算支出。根据国家预算的支出项目和金额，按计划、按进度、按指定用途划拨资金，并及时对预算支出情况进行监督、检查和分析，提高预算资金的使用效益。

（3）组织预算执行中的收支平衡。由于预算是在年初编制的收支计划，在执行过程中会受到多方面因素的影响，往往会出现不平衡的现象。若国家预算在执行过程中产生不平衡，就需要对其进行调整。

预算调整，是指经人民代表大会审查批准的各级预算，在执行过程中因特殊原因需要进行增减收支的变更，且这种变更需经同级人民代表大会审查批准。

三、国家决算

各级政府、各个部门在每一预算年度终了后都要按规定的时间编制决算草案。国家决算是国家预算执行情况的总结，是国家预算执行的结果，它反映了某一财政年度政府财政收支的实际情况，是一国经济活动在财政上的集中反映。通过编制国家决算，可以看出年度预算的执行情况，对这些情况进行分析研究，可以积累预算统计资料，总结预算工作经验，提高预算管理水平，从而使下年度预算建立在更加可靠的基础上。

第三节　国家预算管理体制

一、国家预算管理体制的概念和内容

（一）国家预算管理体制的概念

国家预算管理体制是指在中央与地方政府之间，以及地方各级政府之间如何划分预算管理权限（财权）和预算收支范围（财力）的一项重要制度。它的实质就是各级政府之间预算资金分配和管理上的集权与分权、集中与分散的关系。

现代国家一般不可能只有一级政府,往往是在中央政府之外再设一级或几级地方政府。下级政府作为上级政府的派出机构,在当地履行职责。由于各级政府都要履行一定的职责,所以每一级政府相应地要有自己的财权和财力。担负多大的职责,就应有多大的财力,即所谓财权和事权要统一。而在各级政府之间划分财权、财力的规章制度就被称之为国家预算管理体制。

建立国家预算管理体制的根本任务,就是要通过科学地划分各级政府的预算收支范围和规定管理权限,使国家财力在各级政府之间合理分配,保障各级政府行驶职能的资金需要,促进国民经济和各项社会事业的健康发展。

(二) 预算管理体制的主要内容

1. 预算管理主体和级次的确定

国家预算管理级次的确定与一国的政权结构和行政区划存在密切联系。一般是一级政权构成一级预算管理主体。我国政权结构分为中央、省(自治区、直辖市)、市(自治州)、县(市、旗、区)乡(镇)五级,相应地,预算管理主体也分为五级。

2. 国家预算管理权限的划分

预算管理权指国家预算方针政策、预算管理法律法规的制定权、解释权和修订权;国家预算和决算的编制审批权;预算执行、调整和监督权等。

3. 预算收支范围的划分

预算收支范围的划分实际上是确定中央和地方以及各级政府各自事权和财力。收支范围划分是否合理,关系到国家预算管理体制的运行是否有效率,各级政府的职能能否充分体现,各层次的公共需要能否有效满足,因而是预算管理体制设计的核心问题。

二、预算管理体制建立的原则

(一) 统一领导、分级管理的原则

统一领导,是指预算管理全局性的方针政策、全局性法律法规、重大的改革举措(如体制的变动)由中央政府统一制定、颁布、部署。分级管理,是指在统一的方针政策、法律法规的前提下,各级政府拥有各自独立的预算管理权,有地方性预算法规的制定和颁布权,以及对本级预算收支的安排、调剂、使用权。这一原则是与我国当前的政治经济体制相适应的,既有利于强化中央财政的宏观调控能力,又有利于调动地方财政管理本级预算的积极性。

(二) 财权与事权相统一的原则

预算管理体制是一项以财权、财力划分为核心的制度。财权、财力的划分依据主要是各级政府所承担的管理职责权限及事权。坚持财权与事权相统一,即财权的划分以事权划分为基础,财力分配要保障事权的执行。只有这样,才能保障各级政府实现其职能的财力需要。

(三) 兼顾效率与公平的原则

财政管理体制的效率原则包含两层含义:一是政府间的具体财政关系,如收入划分、支出划分和转移支付等关系的确定,应以较低的成本去获取尽可能高的社会、经济利益,进而促进社会福利水平的增加和改善;二是将各地区所获得的财政利益与其努力程度、经济发展水平相挂钩,以刺激各地区发展经济、改善财政状况。财政管理应遵循效率优先的原则,这是搞好财政各项工作的基础。

在坚持效率的同时要兼顾公平原则。这是因为我国幅员辽阔,各地区的经济发展水平受自然条件和历史原因的影响,客观上存在较大的差异。如果仅仅考虑提高效率,则会加大地区之间的经济发展的差距,甚至会影响社会稳定。为保证整个国家的宏观经济的均衡发展,在处理国家预算管理体制中的财权与财力问题时,还必须充分考虑和兼顾社会公平。这就必须通过中央政府的宏观调控,使全国财政收支在各地区的实现保持一定的均衡,控制地区间的差距,对财政收入的地区公共服务要实行保护性政策,对贫困地区应给予必要的扶持,最终体现公平与效率的有效结合。

三、我国预算管理体制的演变

新中国成立以来,我国国家预算管理体制经过多次改革,总的趋势是根据"统一领导、分级管理"的原则,由高度集中的预算管理体制逐步过渡到在中央统一领导下分级管理的预算体制。大体经历了"统收统支—适当放权—分灶吃饭—分税制"的沿革。从 1994 年起实行的分税制至今仍在不断完善、执行之中。

(一)统收统支、高度集权的预算管理体制

这是我国 1950 年—1952 年国民经济恢复时期,20 世纪 50 年代的三年经济调整及"文化大革命"年代曾经实行过的预算管理体制。其具体做法是:地方各级预算不构成独立的预算主体,地方组织的一切收入全部逐级上缴中央,地方所需支出由中央逐级拨款,年终结余全部交还中央,国家的财政管理和财力支配全部高度集中在中央。在当时特定的历史条件下,这种类型的体制起到了重要作用。但是,这种体制不利于调动地方的积极性。

(二)以中央集权为主,适当下放财权的预算管理体制

这是我国 1953 年—1978 年的 20 多年的时间内实行的预算管理体制,其特点是在保证中央集中主要财力的前提下,适当下放地方财力与财权。例如,采取"划分收支、分级管理""以收定支""总额成"等方式。这种体制与统收统支体制相比,有较大的进步,但它仍不能充分调动地方财政的积极性。

(三)中央对地方实行多种形式分级包干的预算管理体制

这是我国在 1980—1993 年实行的预算管理体制。改革开放后,为调动地方政府的积极性,我国对预算管理体制进行了重大改革,开展实行"划分收支、分级包干"体制,又称"分灶吃饭"的体制,其特点是在中央的统一领导和统一计划下,地方有较大的财权,地方财力大大增强,进一步调动了地方理财的积极性。1980—1994 年实行的"划分收支、分级包干"体制、1985—1987 年实行的"划分税种、核定收支、分级包干"体制和其他各种形式的包干办法,都属于这种类型。这种体制虽然打破了统收局面,但并没有打破统支局面,这就使中央集中的财力过少,负担过重,中央和地方的收支彼此相互挤占。由于分配关系没有理顺,地方财力虽有增强,但财政不独立,还不能形成独立的一级政府,一级预算。

上述财政包干体制已经不能适应我国社会主义市场经济的发展需要,改革财政体制势在必行。

（四）分税制预算管理体制

针对"分灶吃饭"存在的问题，我国从 1994 年起实行一种新的预算管理体制，即分税制预算管理体制，目前仍在不断完善、执行之中。

四、我国现行预算管理体制——分税制

（一）分税制的含义

所谓分税制，是指在划分中央与地方政府事权的基础上，确定中央与地方政府的财政支出的范围，并将国家的全部税种在中央政府和地方政府之间进行划分，以此确定中央财政和地方财政的收入范围。它是市场经济国家普遍推行的一种财政管理体制模式。分税制具有分权、分税、分征、分管四个特点。

（1）分权，是按照一定时期政治体制和经济体制的要求，在各级政府间划分社会管理和经济管理权，并以此为依据确定各级政府的预算支出范围。

（2）分税，是在划分事权和支出范围的基础上，按照财权与事权相统一的原则，在中央与地方之间划分税种，即将税种划分为中央税、地方税和中央地方共享税，以划定中央和地方的收入来源。

（3）分征，是中央与地方分别设置税务机构，分别征收。国家税务局负责征收中央税和共享税，地方税务局负责征收地方税。

（4）分管，是指各级政府有独立的预算权，中央预算与地方预算彻底分开，分别编制，自求平衡。中央预算通过转移支付制度实行对地方预算的调剂和控制。

实行分税制不仅有利于中央集中较多的财力，保持宏观调控能力，也可以较好地体现财权与事权相结合的原则。调动中央与地方发展经济、组织财政收入的积极性，加强中央财政与地方财政在相对独立的基础上相互制约的关系。

（二）我国分税制的主要内容

1. 中央与地方事权和支出的划分

根据中央政府与地方政府事权的划分，中央财政主要承担国家安全、外交和中央国家机关运转所需经费，调整国民经济结构、协调地区发展、实施宏观调控所必需的支出以及由中央直接管理的事业发展支出。地方财政主要承担本地区政权机关运转所需支出以及本地区经济、事业发展所需支出。

（1）中央财政支出包括：国防费，武警经费，外交和援外支出，中央级行政管理费，中央统管基本建设投资，中央直属企业的技术改造和新产品试制费，地质勘探费，由中央财政安排的支农支出，由中央负担的国内外债务的还本付息支出，以及中央本级负担的公检法支出和文化、教育、卫生、科学等各项事业费支出。

（2）地方财政支出包括：地方行政管理费，公检法支出，部分武警经费，民兵事业费，地方统筹的基本建设投资，地方企业的技术改造和新产品试制费，支农支出，城市维护和建设经费，地方文化、教育、卫生等各项事业费，价格补贴支出以及其他支出。

2. 中央与地方收入的划分

根据事权与财权相结合的原则，按税种划分为中央与地方的收入。全部税收划分为中央税、地方税和共享税。将维护国家权益、实施宏观调控所必需的税种划分为中央税；将适合地方征管的税种划分为地方税，并充实地方税税种，增加地方税收入；将与经济发展密切

相关的主要税种划分为中央与地方共享税。具体划分情况如下：

（1）中央固定收入包括：关税，消费税，海关代征的进口环节增值税和消费税，地方银行和外资银行非银行金融企业上缴的所得税，铁道部门、各银行总行、各保险公司等集中缴纳的收入（包括所得税、利润和城市维护建设税），中央企业上缴的利润，车辆购置税等。

（2）地方固定收入包括：地方企业上缴利润，城镇土地使用税，城市维护建设税（不含铁道、各银行、各保险公司等集中缴纳的部分），房产税，车船税，印花税，农业特产税，耕地占用税，契税，土地增值税，国有土地有偿使用收入等。

（3）中央与地方共享收入包括：增值税，证券交易税，企业所得税，个人所得税，资源税等。其中，① 增值税（不含进口环节由海关代征的部分）：中央政府分享75%，地方政府分享25%；② 证券交易税：收入的97%归中央政府，其余3%和其他印花税收入归地方政府；③ 企业所得税：铁道部、各银行总行及海洋石油企业缴纳的部分归中央政府，其余部分中央与地方政府按比例分享（分享比例是2002年所得税收入中央与地方各分享50%，2003年以后超基数部分中央分享60%，地方分享40%）；④ 个人所得税：除储蓄存款利息所得的个人所得税全部归中央财政外，其余部分的分享比例与企业所得税相同；⑤ 资源税：海洋石油企业缴纳的部分归中央政府，其余部分归地方政府。

3. 分设两套税务征收机构

1993年以前，我国只有一套税收征收机构，中央税主要依靠地方税务机构代征，这样容易造成征管职责和权限划分不清，既不利于保障中央财政收入，也不利于调动地方组织收入的积极性。分税制规定，与收入划分相配套，建立中央和地方两套税务征收机构，即国家税务局和地方税务局，分别征管。中央税、地方税和共享税的立法权集中在中央，共享税中地方分享部分由国家税务局直接划入地方金库。

4. 中央财政对地方的税收返还

在分税制改革的初期，为了保持地方的既得利益逐步过渡到规范化的财政体制，还实行了税收返还制度。中央财政对地方税收返还的数额以1993年为基期年核定。按照1993年中央从地方净上缴的收入数额（即：消费税＋增值税×75%－中央下划收入），1993年全额返还给地方，以保证地方原有的既得利益，并以此作为今后中央对地方的税收返还基数。从1994年以后，税收返还额在1993年的基数上逐年递增，递增率按全国增值税和消费税的平均增长率的1∶0.3系数确定，即某年该地区增值税和消费税平均每增长1%，则中央财政对地方的税收返还增长0.3%。如果1994年以后中央净上划收入达不到1993年的基数，则相应扣减税收返还的数额。

本章小结

在市场经济体制下，国家预算是国民经济和社会发展的目标、任务在国家财力上的反映，也是国家实现其社会职能和经济调控职能的财力保证。国家预算管理体制是在中央和政府之间，以及地方各级政府之间划分预算收支的范围和预算管理权限的一项重要制度。在我国，国家的各级职能是由各级政府共同完成的，中央和地方各级政府在预算和税收方面管理的职责权利，达到从财力和财权两方面保证各级政府实现其承担的职责。

一、关键词

国家预算 分税制财政转移支付制度

二、复习思考题

1. 简述国家预算的原则

2. 国家预算编制前应做好哪些准备工作

3. 简述分税制的基本内容。

4. 为了落实预算管理体制的基本原则,在财政管理上必须做到哪些工作?

第七章　金融概述

通过本章学习,了解货币产生、形态演变和货币制度的演变过程;理解金融、信用、货币制度的概念,直接金融与间接金融的区别,利息的本质,和决定利率的因素及它与经济的关系;掌握货币职能、利率的种类,掌握收益率和利息的计算方法。

引导案例

2020央行定向降准降息

3月13日下午,央行宣布将于3月16日实施普惠金融定向降准,对达到考核标准的银行定向降准0.5至1个百分点;此外,对符合条件的股份制商业银行再额外定向降准1个百分点,支持发放普惠金融领域贷款。以上定向降准共释放长期资金5 500亿元。

普惠金融定向降准动态考核释放长期资金5 500亿元,符合预期。

人民银行自2018年起建立普惠金融定向降准年度考核制度,对普惠金融领域贷款占比达到一定比例的大中型商业银行(包括大行、股份行、城商行、较大的农商行和外资银行)给予0.5个百分点或1.5个百分点的两档准备金率优惠。在持续加大普惠金融支持力度的监管引导下,更多银行在2019年度考核中达到一档要求、原一档银行达到二档要求,因此享受更多定向降准的优惠。本次动态考核释放长期资金5 500亿元(2018年1月25日年度动态考核后释放长期资金2 500亿元)。

股份行额外定向降准1个百分点值得关注,我们认为该额外降准是针对疫情对小微企业的拖累而开展的逆周期调节政策。

本次定向降准释放的5 500亿元中,有1 500亿元是对仅应享受一档优惠的股份行进行的额外降准,同时明确要求降准资金用于普惠金融领域,且利率需要明显下降。央行答记者问中表示,大行已全部满足二档优惠,城农商行去年已有额外的定向降准,因此本次选择股份行进行额外降准。

思考题: 央行降准降息带来的影响有哪些?

第一节　金融概述

一、金融的一般概念

概括地说,金融是指货币资金的融通。这里融通的主要对象是货币和货币资金,融通的方式是有借有还的信用方式,而组织这种融通的机构则为银行及其他金融机构。因此,金融涉及货币、信用和银行等诸范畴以及它们之间相互联系的内在关系。具体地说,凡是货币和货币资金的借贷、票据的买卖、债券和股票的发行和转让以及外汇的买卖等,都属于金融活动。

从历史发展的过程看,随着商品流通的出现,相应产生了货币收付活动;商品货币关系的进一步发展,使得各种借贷活动随即产生,并出现组织借贷活动的金融机构。特别是现代银行的形成。经济中使用的货币(现钞和存款)都是银行的信用凭证,并通过银行完成收付。这样,货币的收付日益与信用资金收支、银行资金手指相互渗透、相互结合,构成密不可分的统一活动过程,由此形成金融的概念,即用以概括货币收付与信用资金收支的总称。

为了更确切理解和掌握金融的内容及其运行,需要从认识货币、信用和银行三者入手。

二、直接融资与间接融资

在融资活动中必然存在借贷双方,一方是贷出资金方,即资金供给者;另一方为借入资金方,即资金需求者。它们之间的融资方式,从大的方面看,可分直接融资和间接融资两类。

(一) 直接融资

1. 直接融资概念

直接融资是指资金供给者与资金需求者运用一定的金融工具直接形成债权债务关系的行为,资金供给者是直接贷款人,资金需求者是直接借款人。

直接融资是以股票、债券为主要金融工具的一种融资机制。这种资金供给者与资金需求者通过股票、债券等金融工具直接融通资金的场所,即为直接融资市场,也称证券市场。直接融资能最大可能地吸收社会游资,直接投资于企业生产经营之中,从而弥补了间接融资的不足。

2. 直接融资的特征

(1) 直接性。在直接融资中,资金的需求者直接从资金的供应者手中获得资金,并在资金的供应者和资金的需求者之间建立直接的债权债务关系。

(2) 分散性。直接融资是在无数个企业相互之间、政府与企业和个人之间、个人与个人之间,或者企业与个人之间进行的,因此融资活动分散于各种场合,具有一定的分散性。

(3) 信誉上的差异性较大。由于直接融资是在企业和企业之间、个人与个人之间,或者企业与个人之间进行的,而不同的企业或者个人,其信誉好坏有较大的差异,债权人往往难以全面、深入了解债务人的信誉状况,从而带来融资信誉的较大差异和风险性。

(4) 部分不可逆性。例如,在直接融资中,通过发行股票所取得的资金,是不需要返还的。投资者无权中途要求退回股金,而只能到市场上去出售股票,股票只能够在不同的投资者之间互相转让。

(5) 相对较强的自主性。在直接融资中,在法律允许的范围内,融资者可以自己决定融资的对象和数量。例如,在商业信用中,赊买和赊卖者可以在双方自愿的前提下,决定赊买或者赊卖的品种、数量和对象;在股票融资中,股票投资者可以随时决定买卖股票的品种和数量等。

3. 直接融资的优点

(1) 资金供求双方直接联系,可以根据各自融资的条件,如贷款期限、数量和利率水平等方面的要求,实现融资,以满足各自的需要。

(2) 由于资金供求双方直接形成债券、债务关系,债权方自然十分关注和支持债务人的经营活动;债务人面对直接的债权人,在资金使用上会讲求效益,在经营上也会有较大的压力,从而促进资金使用效益的提高。

(3) 有利于筹集长期资金,一是发行长期性债券,而是发行股票,由此筹集的资金都具有稳定可以长期使用的特点,在存在较发达的证券市场条件下,一些短期性资金也可进入市场参与交易,从而促进这类长期融资得到更好的发展。

4. 直接融资的局限性

直接融资也有其局限性,主要表现在:直接融资双方在资金分量、期限、利率等方面受到的限制比间接融资多;对资金供给者来说,直接融资比间接融资的风险大,因为在市场竞争的环境下,不排除筹资者有经营亏损和破产的可能。

(二) 间接融资

1. 间接融资概念

间接融资则是指资金供给者与资金需求者通过金融中介机构间接实现融资的行为,其中资金供给者与资金需求者不是分别作为直接贷款人和直接借款人出现的,它们之间不构成直接的债权债务关系,而是分别与金融中介机构发生信用关系,成为金融中介机构的债权人或债务人。典型的间接融资便是银行的存贷款业务,资金供给者将资金存入银行。然后再由银行向资金需求者发放贷款,由此存款人是银行的债权人,借款人是银行的债务人,而银行对于资金供求双方来说,则是金融中介。

2. 间接融资的特征

(1) 间接性。在间接融资中,资金需求者和资金初始供应者之间不发生直接借贷关系;资金需求者和初始供应者之间由金融中介发挥桥梁作用。资金初始供应者与资金需求者只是与金融中介机构发生融资关系。

(2) 相对的集中性。间接融资通过金融中介机构进行。在多数情况下,金融中介并非是对某一个资金供应者与某一个资金需求者之间一对一的对应性中介;而是一方面面对资金供应者群体,另一方面面对资金需求者群体的综合性中介,由此可以看出,在间接融资中,金融机构具有融资中心的地位和作用。

(3) 信誉的差异性较小。由于间接融资相对集中于金融机构,世界各国对于金融机构的管理一般都较严格,金融机构自身的经营也多受到相应稳健性经营管理原则的约束,加上一些国家还实行了存款保险制度,因此,相对于直接融资来说,间接融资的信誉程度较高,风险性也相对较小,融资的稳定性较强。

(4) 全部具有可逆性。通过金融中介的间接融资均属于借贷性融资,到期均必须返还,并支付利息,具有可逆性。

（5）融资的主动权掌握在金融中介手中。在间接融资中,资金主要集中于金融机构,资金贷给谁不贷给谁,并非由资金的初始供应者决定,而是由金融机构决定。对于资金的初始供应者来说,虽然有供应资金的主动权,但是这种主动权实际上受到一定的限制。因此,间接融资的主动权在很大程度上受金融中介支配。

3. 间接融资的优点

（1）筹资上可以积少成多。银行等金融机构以其网点多、吸储起点低等特点,能够广泛筹集社会各方面的闲散资金,形成巨额资金。

（2）安全性高。在直接融资中,融资的风险由债权人独立承担;而在间接融资中,由于金融机构的资产、负债是多样化的,某项融资风险便可由多样化的资产和负债结构分散承担。

（3）作为间接融资主体的金融中介机构,一般都有相当大的规模,其资力也比较雄厚,它们可以雇用各种专业的人员对融资活动进行分析;也有能力利用现代化的工具从事金融活动;还可在地区、国家,甚至世界范围内调动资金,因而提高了金融业的规模经济水平。

4. 间接融资的局限性

当然,间接融资也有其局限性,主要是由于资金供给者与需求者之间加入了金融机构作为中介,使资金供求双方的直接联系被隔断,在一定程度上会减少投资者对企业生产的关注和筹资者对资金使用的压力和约束。

三、金融在现代经济中的作用

首先,金融在现代经济中的核心地位,是由其自身的特殊性质和作用所决定的。现代经济是市场经济,市场经济从本质上讲就是一种发达的货币信用经济或金融经济,它的运行表现为价值流导向实物流,货币资金运动导向物质资源运动。金融运行得正常有效,则货币资金的筹集、融通和使用充分而有效,社会资源的配置也就合理,对国民经济走向良性循环所起的作用也就明显。

其次,金融是现代经济中调节宏观经济的重要杠杆。现代经济是由市场机制对资源配置起基础性作用的经济,其显著特征之一是宏观调控的间接化。而金融在建立和完善国家宏观调控体系中具有十分重要的地位。金融业是联结国民经济各方面的纽带,它能够比较深入、全面地反映成千上万个企事业单位的经济活动,

同时,利率、汇率、信贷、结算等金融手段又对微观经济主体有着直接的影响,国家可以根据宏观经济政策的需求,通过中央银行制定货币政策,运用各种金融调控手段,适时地调控货币供应的数量、结构和利率,从而调节经济发展的规模、速度和结构,在稳定物价的基础上,促进经济发展。

最后,在现代经济生活中,货币资金作为重要的经济资源和财富,成为沟通整个社会经济生活的命脉和媒介。现代一切经济活动几乎都离不开货币资金运动。从国内看,金融连接着各部门、各行业、各单位的生产经营,联系每个社会成员和千家万户,成为国家管理、监督和调控国民经济运行的重要杠杆和手段;从国际看,金融成为国际政治经济文化交往,实现国际贸易、引进外资、加强国际经济技术合作的纽带。

第二节　货币与货币制度

一、价值形式的发展与货币的产生

在原始社会末期，由于生产力极其低下，很少有产品剩余，也就很难有东西可供交换。又由于当时自然条件恶劣，两个原始公社能够碰到一起的机会非常少，所以交换发生的非常少，非常偶然。但只要可能发生交换，就有价值表现问题。这个阶段就是原始公社甲很偶然的用自己的剩余产品 A 和原始公社乙的剩余产品 B 进行了一次交换，但 A 和 B 并非有意用于交换。用公式表示就是 A＝B。

第二个阶段被马克思称为扩大的价值形式。由于可用于交换的剩余产品也越来越多，交换成为一种经常出现的现象。这时一种商品不再是偶然地和另外一种商品进行交换，而是可以经常地和很多种商品进行交换，于是一种物品的价值不再是偶然地被另一种物品所表现。比如一只羊不再是偶然地和两把斧头进行一次交换，而是可以经常和两把斧头、一袋粮食、几尺布等很多种物品进行频繁的交换。用公式表示就是：

$$A = \begin{cases} B \\ C \\ D \\ E \\ \dots \end{cases}$$

在扩大的价值形式阶段的物物交换日益成为交换发展的桎梏，人们就试图寻找解决困难的方法。人们在频繁的交换实践中发现，在所有进入交换的物品中，总会有某种物品进入交换的次数最多，它的使用价值是被多数人所需要的。当各种物品都频繁的要求这种物品来表现自身的价值时，这种物品就成为所有其他物品的表现材料，成为其他物品的等价物。这个用来表现所有物品价值的媒介品，马克思称之为一般等价物，价值形式的这一阶段称为一般价值形式。用公式表示：

$$A = 一般等价物 = B$$

从扩大的价值形式阶段过渡到一般价值形式阶段，标志着为交换而产生的商品生产关系在经济生活中的确立。而随着商品生产的继续发展，从交换出现的一般等价物商品中必然会分离出一种商品经常起一般等价物的作用。这种固定的充当一般等价物的商品就是货币。当所有商品的价值都由货币来表现时，出现了货币价值形式。用公式表示：

$$A = 货币 = B$$

二、货币的概念

按照经济学理论的解释,任何一种能执行交换媒介、价值尺度、延期支付标准或完全流动的财富储藏手段等功能的商品,都可被看作是货币。因此货币的基本概念就可以理解为货币是从商品中分离出来固定地充当一般等价物的商品;货币是商品交换发展到一定阶段的产物。

关于货币的本质有货币金属论和货币名目论之分,货币金属论者从货币的价值尺度、储藏手段和世界货币的职能出发,认为货币与贵金属等同,货币必须具有金属内容和实质价值,货币的价值取决于贵金属的价值。

货币名目论者从货币的流通手段、支付手段等职能出发,否定货币的实质价值,认为货币只是一种符号,一种名目上的存在。目前在西方货币学说中,占统治地位的是货币名目论,这从西方经济学教科书对货币的定义中可见一斑。美国著名经济学家米什金的《货币金融学》将货币定义为:"货币或货币供给是任何在商品或劳务的支付或在偿还债务时被普遍接受的东西"。

三、货币形态的演变

货币产生的几千年中,随着商品交换和信用制度的发展,货币的形态也是一个不断演进的过程,历经了实物货币、金属货币、纸币、存款货币、电子货币等几种形态。货币这种形态的变化即是不断适应交换发展的需要,也是逐步克服前一种货币缺陷的过程。

(一) 商品货币

商品货币是指有实物支持的货币,黄金白银等。商品货币是法定货币以外的另一种货币类型,在政府的保证之外货币本身也有其内在的基本价值。

货币作为一般等价物,从商品世界分离出来以后,仍然伴随着商品交换和信用制度的发展而不断演进。货币币材和形制经历了实物货币—金属货币—信用货币的发展过程。这种形式的变化,是在不断地适应社会生产的发展,同时也消除了前一种货币形式无法消除的缺点。

1. 实物货币

实物货币是指作为货币,其价值与其作为普通商品价值相等的货币。

在简单商品交换时代,生产力不发达,交换的目的是以满足某种生活和生产的需要为主,因而要求作为交换媒介的货币必须具有价值和使用价值,货币主要有自然物来充当。"最初充当货币的商品——即不是作为需求和消费对象,而是为着用它再去交换其他商品而换进来的商品——是最经常作为需求的对象换进来的,即进行流通的商品。因而在当时社会组织下最能代表财富,是最普通的供求的对象,并且具有特殊的使用价值。如盐、毛皮、牲畜、奴隶。"早期的实物货币,一般沿海地区多用海贝和盐,游牧民族多用牲畜皮革,农业区多用农具和布帛,等等。中国古代商周时期,牲畜、粮食、布帛、珠玉、贝壳等都充当过货币,而且贝壳最为流行。这种货币文化也渗透到了中国的汉字中。许多与财富有关的汉字,其偏旁都从"贝"字,如货、财、贫、贱等。而且从货币一词来看,古汉语中曾是两个不同的含义。但无货币一词,货币一词大体是在唐代以后才出现的。中国民间称货币为钱,钱本来就是古代农具,形如铲,还有一种农具镈,形如锄,均用于产地除草。这种农具在黄河流域被作为货币,故《诗经》说:"命我众人,痔乃钱镈。"此时的货币,刚脱胎于普通商品,主要特征是能代表财富,是普遍的供求对象,而并非理想的货币币材,当其被分割之后,它的价值便大大降低。当然,由于生产力水平较低,交易规模尚小,这种矛盾并不十分突出,仍可维持这类商品的货币地位。

2. 金属货币

金属货币是指以金属作为货币材料,充当一般等价物的货币。

随着生产水平的提高,交易规模的扩大,非金属实物货币充当货币币材的矛盾越来越突出,金属在执行货币职能方面的优越性越来越明显。

(1) 金属货币的优点。

首先,金属货币坚固耐磨,不易腐蚀,既便于流通,也适合于保存。因为货币既然作为交换媒介,就需要长久地在商品生产者中间流通,要经过无数人的手接触抚摸。有些人还把货币作为储藏手段,长期保存,以备不时之需,而布帛、粮食、茶砖,可可等商品货币就缺乏这种性能。

其次,金属质地均匀,便于任意分割,分割后也可以再熔化后恢复原形,这一点特别适合于作货币。

货币是用来衡量其他商品价值的尺码,商品价值有大小,这种量的差别应当在货币身上反映出来,金属作为单纯的物质来说,这一块和那一块往往是相同的,这种质的同一性,就使它们能够成为一个标准的尺码,而其他商品作货币就相形见绌了。牛与牛之间有大小肥瘦之分,粮食与粮食,皮毛与皮毛之间也有质的差别,就是海贝、龟板也有大小不等的区别。而金属可以任意分割,只要重量相等,它们的价值就相等,用其来表示商品量的多少,既准确又方便,如果需要,还可以把小块金属熔化,重新铸成大块,恢复原先形状。这样就比布帛、禽畜、海贝、珠玉都优越得多。如果用绵羊作货币换盐,至少要买值一头羊的盐,因为羊是不能任意分割的,如果一分割,活羊就成了死羊,而且羊的每一部分肉的品质也是不相同的,布匹、皮革同样如此。自然货币海贝也不能一分为二,分开后就会失去了其原来的价值,所以文字学家才创造了"分贝"为"贫"这个字来。正因为金属货币具有上述种种优特点,因而在长期的市场交换中逐渐取代了实物货币和自然物货币。

(2) 金属货币的演化方向。

一方面,随着交易规模的不断扩大,经历了由贱金属到贵金属的演变。货币金属最初是贱金属,多数国家和地区使用的是铜。随着生产力的提高,参加交换的商品数量增加,需要包含价值量大的贵金属充当货币,币材由铜向银和金过度。到19世纪上半期,世界大多数国家处于金银复本位货币制度时期,货币金属主要是金、银等贵金属。

另一方面,金属货币经历了从称量货币到铸币的演变。金属货币最初是以块状流通的,交易时要称其重量,估其成色,这时的货币称为称量货币。从货币单位名称,如英镑的"磅",五铢钱的"铢"都是重量单位,可以看出称量货币留下的踪迹。称量货币在交易中很不方便,难以适应商品生产和交换发展的需要,随着世界第三次大分工——商人阶层的出现,一些富裕的有信誉的商人就在货币金属块上打上了印记,标明其重量和成色,自己对其负责,便于流通,于是出现了最初的铸币。当商品交换进一步发展并突破区域市场的范围后,金属块的重量和成色就要求更具权威的证明,而更具权威的机关,就是国家。这样,国家便充当货币管理的角色,开始铸造货币或对货币铸造施加管理,货币这种经国家证明的具有规定重量和成色的、铸成一定形状的金属条、块便开始出现、流通了。

根据考古资料和历史记载,世界上最早出现的金属货币是在公元前11世纪,中国商代开始仿造当时的实物货币贝壳的形状铸造的铜贝,铸造铜贝主要是为了弥补流通中贝币的不足。而西方国家最早的金属货币,是在公元前七八世纪时期有小亚细亚的吕底亚人铸造的。

(二) 代用货币

代用货币是代表实质货币来在市场上流通的货币,其货币面值与币材价值不等,但可以兑换的货币。典型的代用货币就是银行券。

随着生产和流通的进一步扩大,贵金属币材的数量不能满足商品流通的需要,而且远距离的大宗贸易携带金属货币存在着诸多不便。由于货币作为商品交换的媒介,在流通中只起着转瞬即逝的媒介作用,人们更多关心的是用货币能否买到价值相当的产品,而不是货币本身的价值量。比如,流通中被磨损的铸币一样被人们正常接受,并不影响商品的交易,这就表明货币可以用象征性的货币符号来执行流通手段的职能,于是代用货币——银行券就产生了。

银行券最早出现于17世纪,是在商业票据流通的基础上产生的。由于商业票据的流通时间和流通范围都有较大的局限性,而体现银行信用的银行券可不受支付日期的限制,并可随时兑换黄金,信用基础稳固,所以银行券得以广泛使用。持有者用它代替金属货币作为流通手段。银行券流通的数量受商品流通需要的调节。"只要银行券可以随时兑换货币,发行银行券的银行就决不能任意增加流通的银行券的数目"(《马克思恩格斯全集》第25卷:第594页)。当商品流通扩大,需要更多货币时,银行券就作为流通手段和支付手段进入流通领域。当商品流通缩小,流通手段和支付手段显得过多时,它就流回银行。

早期的银行券是由私人银行发行的。19世纪中叶以后,资本主义国家的银行券发行逐渐由私人银行改由中央银行或其指定的银行发行。20世纪30年代世界性经济危机后,各国相继放弃金本位制。第二次世界大战后,所有资本主义国家的货币都同黄金脱钩,普遍由中央银行发行不兑换的纸币作为流通手段。这种纸币与银行券不同,它是从货币作为流通手段的职能中产生的,很少甚至根本没有商业票据和黄金作保证,不能兑换黄金。它是根据政府的法令发行,规定在一切公私债务的支付中必须接受的货币,所以叫作"法定货币"。

(三) 信用货币

代用货币——银行券的流通,为政府发行不兑现的纸币提供了条件。代表政府的中央银行发行的纸币是典型的不兑现的信用货币。信用货币是由国家法律规定的,强制流通不以任何贵金属为基础的独立发挥货币职能的货币。

1. 信用货币的特点

不兑现的信用货币制度是20世纪70年代中期以来各国实行的货币制度,特点如下:

(1) 流通中的货币都是信用货币,主要由现金和银行存款构成,他们都体现某种信用关系。

(2) 现实中的货币都通过金融机构的业务投入流通中去。与金属货币通过自由铸造进入流通已有本质区别。

(3) 国家对信用货币的管理调控成为经济正常发展的必要条件,这种调控主要由中央银行运用货币政策来实现。

2. 一国政府发行不兑现的信用货币原因

（1）金属货币本位制本身具有不可克服的缺陷。

第一，金属货币制度需要足够的贵金属作为货币发行准备和货币流通基础。随着经济的发展，贵金属贮藏量和产量的有限性与商品生产和流通规模不断扩大的矛盾日益尖锐。尽管，实行部分准备金制度可以在一定程度上缓和这一矛盾，但不能从根本上消除这一矛盾。人类社会的商品生产和商品流通规模远远大于贵金属的存量总和。社会经济发展在客观上要求有一种不受自然资源限制，并可以调节其数量的灵活而又有弹性的货币供给制度。金本位制度下货币需求却受到黄金开采能力的限制，纸币因其材料来源充足而成为人们选择的对象。

第二，在金属货币制度下，一国经济受国外影响太大。在金银可以自由输出、输入的时候，各国经济密切相关。在实行金汇兑本位制时，各国为了维持汇率稳定，必须被迫调整其国内的经济政策和经济目标。这些不利于一国实行独立的经济政策。这也是各国放弃金属货币制度的重要原因。同时，由于资本主义政治经济发展极度不平衡，在第一次世界大战的冲击下，黄金分配极度不平衡，多数集中在美国，多数国家黄金不足，使其难以维持黄金对内的自由铸造、向上熔化以满足流通的需要，也难以维持黄金的向上输出入，从而保证固定汇率制度。

（2）黄金本身是社会财富，由其充当一般等价物，流通费用高，是社会财富的巨大浪费。以纸币作为货币材料，纸的价值含量很低，即使有了磨损，也不会造成社会财富的巨大浪费，而且更便于携带、保管等。这些都是金属货币所不及的。

3. 信用货币的进一步发展——电子货币

随着现代信用制度和电子技术的发展，货币形式的发展从有形到无形，逐步产生了电子货币。电子货币的主要形式为信用卡，它储藏了持卡人的姓名、银行账号等信息，放入电子计算机系统的终端机后，银行就自动记账、转账或换取现金。电子货币是一种纯粹观念性的货币，它不需要任何物质性的货币材料。贮存于银行电子计算机中的存款货币，使一切交易活动的结转账都通过银行计算机网络完成，既迅速又方便，可以节省银行处理大量票据的费用。

电子货币现已成现代社会货币流通的主要形式，在经济生活中发挥越来越大的作用。由于银行信用卡的迅速发展，将在相当广的范围内取代现金。当然，货币的主要功能仍然存在，变化的只是货币的形式而已。

手机扫一扫，
读专栏7-2

四、货币的职能

马克思认为货币具有五个职能，它们的表述和排列顺序是：价值尺度、流通手段、贮藏手段、支付手段和世界货币。由于马克思生活的年代主要是金币流通，所以马克思是在假定以金为唯一货币的前提下做的分析。

(一)价值尺度

货币在表现商品的价值并衡量商品价值的大小时,执行价值尺度的职能。货币充当价值尺度职能,可以是本身有价值的特殊商品,也可以是本身没有价值的信用货币。信用货币执行价值尺度职能的典型特征是价值尺度的可变性,它反映在货币购买力的变化上,这种价值尺度的可变性有损于货币价值尺度职能的发挥,因此,必须保持信用货币价值尺度的相对稳定性。

商品价值的货币表现是价格。商品价格同商品本身物质形态不同,它是一种观念形态,不必用相当数量的货币摆在商品旁。因此,充当价值尺度的货币的特点是观念形态的。

货币在执行价值尺度时,必须借助于价格标准。价格标准是包含一定重量贵金属的货币单位及其等分。在历史上,最初的货币单位的名称与货币金属(或材料)的重量单位的名称是一致的。例如,中国最早的统一货币秦"半两钱",一枚铜钱的金属重量是半两重,铜钱的货币单位也是"半两",也就是说,一枚"半两钱",就相当于半两重的铜。世界各文明古国较早的法偿货币的重量单位与货币单位基本上是统一的。后来由于各国政府把减重作为利之渊薮,滥造各种重量不足或成色不足的货币,货币材料由较贵的金属改为较贱的金属;国际的贸易往来使他国的货币流入流出,必然影响本国货币单位,从而使货币的价格标准逐渐与货币金属的重量单位相分离。纸币产生后,不少国家以"元"作为货币单位,"元"不是重量单位,而是代表了一定数量的货币金属,这种货币单位所含的金或银的重量都是由国家法律规定的。随着不兑换纸币制度的建立,有的国家取消货币的含金量,有的国家根本就未规定含金量。

(二)流通手段

在商品交换过程中,货币发挥交易媒介作用时,执行流通手段职能。它是货币的基本职能之一。货币作为流通手段是价值尺度职能的必然发展。

货币执行流通手段职能,必须是真实的货币或现实的货币。交易的完成要求一手交钱,一手交货,观念上的货币是买不到任何东西的,而执行价值尺度的货币可以是观念上的货币,这是二者的重要区别。另外要特别注意的一点,作为价值尺度必须是观念上足值的货币,也就是说,一个货币单位的实际含金量是多少就是多少,不容许有虚假,如果货币不足值,反映在商品价格上就非常不稳定,这对于商品经济的正常活动极为不利。作为流通手段的货币则不同,在这里它只是交换的媒介,交换者出卖自己的商品取得货币,是为了用货币再去购买自己所需的商品,货币作为商品交换价值的独立表现,只是转瞬即逝的东西,因而货币所有者对货币本身的价值并不十分关心,他关心的是货币的购买力,这就产生了以价值符号代替具有内在价值的金属货币流通的可能性。从可能性变成现实性的过程表现为:足值的金属铸币逐渐被不足值的金属铸币所代替,最终价值符号又代替了不足值的金属铸币。这种事实,使不足值的货币,甚至本身没有内在价值的纸币也可以开始登上市场舞台,发挥交易媒介职能。历史上的不足值铸币、无内在价值的纸币、存款货币以至电子货币,都凭借这一点而能够执行流通手段的职能。

货币执行流通手段职能,需要一定的数量,这个数量不是任意规定的,而是社会商品流通客观需要的数量,马克思把这个因果关系称之为货币流通规律。假设以 M 表示一定时期的商品流通所需的流通手段总量;以 P 表示社会商品价格的平均水平;Q 表示社会商品总量,V 表示一定时期的货币流通的平均速度,舍弃掉其他经济、社会、历史有关因素,那么上述的主要经济变量的关系用方程式表示为:

$$M = P \cdot Q / V$$

这就是货币流通规律的基本模型。用文字表述为：一定时期的商品流通所需要的货币流通总量与社会商品总量及其平均价格水平呈正比，与该时期的货币流通的平均速度呈反比。

(三) 贮藏手段

作为流通手段的货币，不断地使商品离开流通领域，进入消费领域，而它自己则始终作为购买手段在流通领域活动着，与一个个商品换位。货币一旦退出流通领域，它就不再执行流通手段职能，而是执行贮藏手段职能。

贮藏手段职能，是指货币退出流通领域作为社会财富的一般代表被保存起来的职能。货币作为贮藏手段能够自发地调节流通中的货币量。当流通中需要的货币量减少时，多余的货币就退出流通；当流通中需要的货币量增加时，部分被贮存的货币就进入流通。充当贮藏手段的货币，必须是实在的足值的金银货币。只有金银铸币或金银条块才能发挥货币的贮藏手段职能。纸币不具备贮藏手段的职能。只有当纸币币值长期保持稳定的条件下，人们才会储藏纸币。纸币有储存手段(在银行)的职能，不具备贮藏手段的职能。

(四) 支付手段

当货币作为独立的价值形式进行单方面转移时，如清偿债务、支付税金、房租、水费、工资等，起到延期支付的作用，即执行支付手段职能。货币作为支付手段是货币流通手段职能中派生出来的。它起因于商品的赊销交易，当货币作为流通手段时，交换双方一手交钱，一手交货，货币与商品同时换位，钱货两清。货币作为支付手段，则是价值单方面转移，如买者凭契约或某种信用赊购商品，从而成为债务人，卖者成为债权人，到双方约定的交割日期，买者的货币清偿他对卖者的债务。在这整个过程中，等价的商品与货币，不再同时出现在交换的两极，买者先取得商品，然后支付货币。

货币只是当约定日期到来时，作为偿还债务的手段才进入流通领域，这时商品早已退出流通领域进入消费领域，货币不再是交换的媒介，它作为交换价值的绝对形式独立地结束整个交换过程。

货币作为支付手段，对经济发展起着很大的推动作用。在商品经济中，由于商品生产者的各种生产条件有许多的差异，生产商品的种类也千差万别，距离市场远近也不同，因而相互提供商品的时间并不吻合。这种产与销的空间、时间上的差异，客观上要求使商品的让渡同商品的价格的实现在时间上分离开来，或者赊销商品先交货，后付钱；或者预付货款，先付款，后交货，这种付款时间先后的差异，对商品经济的发展具有重要意义。

(五) 世界货币

随着国际贸易的发展，货币会越出国界，在世界市场上发挥一般等价物作用，就会在国际范围内发挥货币的职能时，这就是世界货币职能。

作为世界货币，它具有三个职能：其一，在世界范围内，执行价值尺度职能，从而构成国际范围内的价格体系；其二，充当一般购买手段，以平衡国际收支差额；其三，充当一般财富的绝对形式，从一国转移到另一国，如输出货币资本，以货币形式对外贷款或援助，支付各种赔款，等等。在国际贸易发达的现代，世界货币是作为支付手段以平衡国际收支的差额最重要手段。

货币的上述各个职能是相互联系的。由于货币能表现一切商品的价格，因而它具有价值尺度职能;由于它能与一切商品相交换,因而它具有流通手段职能。价值尺度与流通手段二者缺少其中任何一种职能,否则,货币就不能成其为货币。因此马克思说,货币"首先是作为价值尺度和流通手段的统一,换句话说,价值尺度和流通手段的统一是货币"。

五、货币制度

货币制度又称币制,是一国政府以法律形式确定的货币流通结构和组织形式。典型的货币制度构成要素包括货币材料与货币单位;通货的铸造、发行与流通;货币发行的准备制度等内容。

(一) 货币材料的确定

货币材料也称币材,就是国家规定哪种材料作为货币,是一个国家建立货币制度的首要步骤。货币材料的不同也是区别不同货币制度的组要标志,如果法律规定用白银作币材,就是银本位货币制度,如果是白银和黄金同时为币材则称为金银复本位货币制度,如果是单以黄金为币材就是金本位货币制度。相似的在中国贝、铜同时流通时也可称为贝铜本位货币制度等。现在世界各国流通的都是不兑现的信用货币,法令中也就没有关于币材的规定了,过去货币制度中一个重要的构成要素已经消失了。

(二) 货币单位的确定

货币可以执行价值尺度职能或称计算单位职能,用于衡量其他商品的价值,由于各种商品的价值不同,表现为货币数量的不同,这就要求货币本身必须有一个量的规定,这被称为货币的价格标准,也就是货币单位。法律对货币单位的规定包括两个方面:一是货币单位的名称;二是货币单位的值,即包括多少货币金属。

货币单位的名称开始时就是金属的重量单位,如中国的两、铢,英国的磅等。后来由于种种原因货币单位的名称和货币金属的重量脱离了,货币单位有了特定的名称,如很多国家采用元、磅、法郎、卢布、盾、第纳尔等,非常多。当货币单位名称与重量单位分离后就有了对货币单位的值进行规定的必要,金属铸币时期就规定一个货币单位所包括的金属的重量,如英国在 1816 年实行金本位时规定:货币单位为英镑,1 英镑含成色为 11/12 的黄金 123.744 7 格令(合 7.97 克)。美国在 1934 年规定:1 美元的含金量为 0.888 671 克。1914 年中国的《国币条例》规定,货币单位名称为"圆",每圆含纯银 6 钱 4 分 8 豪(合 23.977 克)。在信用货币时期,仍然有一些货币规定含金量,如美元一直到 20 世纪 70 年代初期才放弃含金量的规定。在黄金非货币化以后,货币币值主要表现为本国货币和外国货币的比价,对国家来说,也就不是规定包含多少实际价值了,而是如何把本国货币与外国货币的比价保持一个合适的水平上的问题了。

(三) 货币种类的确定

法律规定的货币种类有本币和辅币两种。在金属铸币时期,本位币指用法定货币金属按照规定的规格经国家造币场铸成的铸币。在信用货币制度下,本位币表示一个国家流通中标准的基本的通货。本位币的最小规格是 1 个货币单位,比一个货币单位大的货币单位也是本位币。

小于一个货币单位的货币则称为辅币,主要用于小额支付和找零之用。当商品或劳务的价格低于一个货币单位时就要用到辅币了。辅币的面值多是本位币的等分,一般是 1/10 或 1/100,如中国的角、分。

（四）货币铸造的规定

金属货币的铸造有可自由铸造和不可自由铸造之分。可自由铸造是指公民按照法律规定,有权把货币金属送到国家造币场请求造成货币,且数量不受限制,国家只收少量的费用(如旧中国收6%)或免费(英美等国家),也可随意把货币熔化成金属块。当然私自铸造是严格静止的,而且由于精密的铸造技术,私人铸造合乎法定标准的铸币极不合算,还很容易被发现。本位币就是可自由铸造的货币,自由铸造也是保证本位币是足值货币的重要手段。因为如果铸币的实际价值低于名义价值,人们就会把金属输向造币场,增加货币数量,商品价格上涨,货币的名义价值下降;反而人们则会把铸币熔化成金属块,退出流通,使流通中的货币减少。可以自由铸造也是金属货币贮藏职能发挥蓄水池作用的前提。

辅币是不可自由铸造的,辅币的铸造只能由国家垄断,因为辅币是不足值货币,如果允许辅币自由铸造,人们就都造辅币而收藏本位币了。不可自由铸造也能保证铸造辅币的收益归国家所有。

（五）货币的支付能力的规定

关于货币支付能力的规定是现代货币制度的重要内容,实际上只要国家干预货币流通,就必然会有这方面的规定,比如国家铸造的不足值货币或者纸币都要通过法律规定来保证它的使用。有限法偿与无限法偿区分的制度是在资本主义制度建立过程形成的。

(1) 无限法偿是指货币有无限制的支付能力,法律保护取得这种能力的货币,不管每次支付金额如何大,也不管是什么性质的支付,支付对方都不能拒绝接受。金属货币时期的本位币,信用货币制度中的中央银行发行的不兑换的银行券都具有无限法偿的能力,活期存款虽然在经济生活中也是被普遍接受的,但不具有无限法偿能力。

(2) 有限法偿是有限的偿付能力,即一次支付超出一定限额,对方有权拒绝接受,但在法定限额内拒绝不受法律保护。金属货币的流通中的辅币就是有限法偿的货币,因为辅币是不足值的,如果允许辅币和本位币一样无限制流通,那么人们在支付中就都用辅币而贮藏本位币了。

六、货币制度的演变

各个国家都有不同的货币制度,同一个国家在不同时期也有不同的货币制度。资本主义制度产生后主要经历了银本位制、金银复本位制、金本位制三种金属货币制度和不兑现信用货币制度。

（一）银本位制

银本位制是历史上较早的一种货币制度,它的特点是:以白银为币材;以一定量的白银来表示货币单位的值;银币是本位货币,可以自由铸造、自由熔化;银币有无限法偿的能力;白银可以自由输出输入国境。

银本位的缺陷在于银的价值较低,用于交换不甚方便。在商品生产不够发达的时期或换金产量较小的地区,银本位存在的时间较长。但资本主义工业革命后,商品生产得到了迅速发展,商品交易规模不断扩大,增加了对白银的需求量,虽然同时白银产量也有大幅度的增加,但银币价值较低的缺陷还是越来越明显。而此时在美洲发现了丰富的金矿,黄金开采量也随之增加,由美洲流入欧洲,为适应经济发展的需要,黄金进入了流通领域,和白银一起充当交换媒介,于是进入了金银复本位制。

(二) 金银复本位制

金银复本位的特点是黄金和白银同时为币材;金币和银币都是本位货币,都可自由铸造、自由熔化;金币和银币都有无限法偿的能力;黄金和白银都可以自由输出输入国境。

金银复本位制于 1663 年首先在英国实行,是 16—18 世纪资本主义原始积累时期典型的货币制度。在金银复本位制中,由于有金、银两种货币同时流通,商品价值就要表示为两种价格,一种为黄金价格,一种为银币价格,这就要求金币、银币本身有一个交换比例。按照金币和银币兑换比率确定方式的不同可以把金银复本位制分为平行本位制、双本位制和跛行本位制。

平行本位制下,金币和银币的兑换比率完全取决于金属市场上金块和银块的比价。由于金块和银块的比价经常变化,导致金币和银币的比价也经常变化。这种货币本身价值的不稳定给商品交换和信用的发展带来了很多麻烦,于是用双本位制代替了平行本位制。

双本位制是金银复本位制最主要的形式,平时说的金银复本位制就是指双本位制。在双本位制下,金币和银币的兑换比率由法律规定,不随金、银市场比价的变动而变动,只要法律规定不变,金币和银币的兑换比率就不变。双本位制虽然避免了金币和银币的兑换比率经常发生变化的缺陷,但也带来了新的问题。由于金币和银币都是本位币,都可以自由铸造、自由熔化,又由于金币和银币的法定比价与黄金和白银的市场价格比价不一致,市场价格高于法定价格的货币必然会从流通中退出,被熔化成金属块或输出国外,市场价格低于法定价格的货币则继续留在流通中。这就是劣币驱逐良币的现象,就是说,两种实际价值不同而法定价格相同的货币同时流通时,市场价格偏高的货币称为良币,市场价格较低的货币称为劣币,在价值规律的作用下,市场上良币消失,劣币充斥。

跛行本位制下,虽然两种货币虽然都是本位货币,并有固定的比价,但政府同时规定金币可自由铸造而银币不能自由铸造。这种制度事实上大大降低了银币的地位,它是由金银复本位向金本位过渡的一种货币制度。

手机扫一扫,
读专栏7-3

(三) 金本位制

金本位是以黄金为币材,金币为本位货币的制度,它在金属货币制度中占有重要地位。金本位包括金币本位、金块本位和金汇兑本三种形式。

1. 金币本位制

从 1816 年英国首先放弃金银复本位实行金本位开始,到第一次世界大战爆发前的近一百年中,世界主要资本主义国家都先后采用了金本位制。金币本位制的特点是:金币可以自由铸造,自由熔化,具有无限法偿的能力;辅币和银行券可以自由兑换金币;黄金可以自由输出入国境;货币储备全部是黄金,并以黄金进行国际结算。

2. 金块本位制

金块本位制又称生金本位制。其特点是:虽然仍宣称是金本位,但黄金集中储存于政府,不再铸造金币;流通中不是金币而是代表一定数量黄金的银行券;银行券可以兑换黄金

或者在一定条件下兑换黄金(如当时英国规定银行券一次最少兑换重 400 盎司的黄金,约值
1 669 英镑,以限制人们兑换黄金);银行券的发行以黄金为准备,即有多少黄金就可以发行
代表多少黄金的银行券。

金块本位下虽然流通的是银行券,但因为银行券的发行是以黄金为准备的,不能随意乱
发银行券,所以银行券的价值很稳定。

3. 金汇兑本位制

金汇兑本位制又称虚金本位制,最早实行于经济较落后的殖民地国家,1877 年荷兰在
爪哇首先是行了这种货币制度,其后英国在印度、美国在菲律宾也都推行金汇兑本位制。第
一次世界大战后,战败国和其他一些国家为整理币制也推行了金汇兑制度。金汇兑制是指
虽然宣称是金本位,但国内没有金币流通,将本国货币与另一采用金币本位或金块本位国家
的货币保持固定比价,并在该国存放外汇准备金,通过无限制供应外汇来维持本国币值的稳
定,银行券在国内不能兑换黄金,只能兑换外汇。采用金汇兑制度不可避免地使本国货币依
附于与之相联系的国家的货币,本质上是一种附庸的货币制度。

由于世界经济的发展,黄金的数量越来越不够用,以黄金为准备也成为不可能的事情。
1929—1933 年的大危机,更是彻底摧毁了金块本位和金汇兑本位这种残缺不全的金本位
制,金本位彻底垮台,随之各国纷纷进入了不兑现的信用货币制度。

(四) 不兑现的信用货币制度

不兑现的信用货币制度的特点是:国家授权中央银行垄断发行银行券,由国家法律赋予
其无限法偿的能力,银行券不能兑换黄金,也不再规定含金量;信用货币由现金和银行存款
等信用工具组成;货币主要通过银行信贷渠道投放。

在不兑现的信用货币制度下,因为货币贮藏不再发挥蓄水池作用,所以信用货币的流通
量不会自动和商品流通的需要量一致,而必须依靠人为调节。如果调节得当,币值就稳定;
如果调节不当,则极易发生货币贬值的现象。信用货币的发行量客观上要受到国民经济发
展水平的制约,如果流通中商品或劳务的总量增加,货币也必须增加相应的幅度。

我国人民币就是不兑现的信用货币,货币单位是元,由中国人民银行统一发行,具有无
限法偿能力。人民币的发行量根据社会生产和商品流通的客观需要来决定,随着生产和流
通规模的伸缩而伸缩。人民币的发行是中国人民银行的负债,持币者是债权人,人民币代表
了价值的符号,是持币人索取价值的凭证,当用人民币换取商品和劳务后,债权消失。

第三节　信　用

一、信用的概念

所谓信用就是以偿还和付息为特征的借贷行为。具体说就是商品和货币的所有者,把
商品和货币让渡给需要者,并约定一定时间由借者还本付息的行为。分析和理解信用的概
念应从以下几个方面着手。

(一) 信用是以偿还和付息为条件的借贷行为

信用作为一种借贷行为,贷者把一定数量的货币或商品贷给借者,借者可以在一定时期
内使用这些货币和商品,到期必须偿还,并按规定支付一定的利息。所以偿还和付息是信用

最基本的特征。这一特征使它区别于财政分配。财政分配基本上是无偿的,财政收进来、支出去都不需要偿还,没有直接的返还关系。例如,企业向财政交纳税金,财政对机关事业单位的拨款,都是无偿进行的。货币支出以后,分配过程就算结束,不需要偿还,也不需要支付利息。信用分配则是有偿的,它作为一种借贷行为必须有借有还,无论是存款,还是贷款,都具有直接的返还关系,贷款要归还,在偿还时,还要按规定支付一定的利息。

(二) 信用关系是债权债务关系

信用是商品货币经济中的一种借贷行为,在这种借贷行为中,商品和货币的所有者由于让渡商品和货币的使用权而取得了债权人的地位,商品和货币需要者则成为债务人,借贷双方有着各自对应的权利和义务。这种债权债务关系最初是由于商品的赊销和货币预付而产生的,但随着融资行为和信用制度的广泛建立和发展,债权债务关系渗透到了经济生活的各个角落。无论是企业生产经营活动,还是个人的消费行为或政府的社会、经济管理活动都依赖债权债务关系。对债权债务的管理和使用成为各种不同经济主体经常性的工作。所以,从本质上说,信用关系就是债权债务关系,信用行为就是放债和承债行为。

(三) 信用是价值运动的特殊形式

在单纯的商品交换中,价值运动是通过一系列买卖过程实现的。在买卖过程中,卖者让渡商品取得货币,买者付出货币取的商品。这里发生了所有权的转移,卖者放弃商品的所有权,而取得货币的所有权,买者则相反。同时,交换过程是一种等价交换,卖者虽然放弃了商品的所有权,但没有放弃商品的价值,只是改变了价值形态,即从商品形态变成了货币形态;而买者虽然放弃了货币,但取得了与货币等价的商品。但在信用活动中,一定数量商品或货币从贷者手中转移到借者手中,并没有同等价值的对立运动,只是商品或货币的使用权让渡,没有改变所有权。所以,信用是价值单方面的转移,是价值运动的特殊形式。

(四) 信用是商品货币经济发展到一定阶段的产物

一般认为,当商品交换出现延期支付,货币执行支付手段职能时,信用就产生了。这句话中无疑包含着这样一层意思,即信用产生于货币之后。然而,从现有的资料来看,很难说明二者谁先谁后,从逻辑上也很难推导出谁成为谁的前提条件。不可否认的是信用与货币自古以来就存在着紧密联系,二者都以私有经济的存在与发展为前提。一般认为,信用的产生必须具备两方面的条件。

首先,信用是在商品货币经济有了一定的发展的基础上产生的。随着商品生产和交换的发展,在商品流通过程中便会产生一些矛盾。商品生产过程有长短之分,销售市场有远近之别,这些都给商品价值的实现带来了困难,造成有的商品生产者出售商品时,其买者因自己的商品尚未卖出而无钱购买。为了使社会再生产能够继续进行下去,在销售商品时就不能再坚持现金交易,而必须实行赊销,即延期支付。于是,商品的让渡和其价值实现在时间上就分离了。这样,买卖双方除了商品交换关系之外,又形成了一种债权债务关系,即信用关系。

其次,信用只有在货币的支付手段职能存在的条件下才能发生。当赊销到期、支付货款时,货币不是充当流通手段,而是充当支付手段,这种支付是价值的单方面转移。由于货币拥有支付手段职能,所以,它能够在商品早已让渡之后独立完成商品价值的实现;否则,赊销就不可能出现。

二、信用的典型形态

历史上,信用基本上表现两种典型的形态,即高利贷信用和借贷资本信用。在商品经济发展初期,相对来讲信用经济不很发达,高利贷信用占据统治地位,但随着商品货币经济的发展,尤其是随着资本主义生产关系的确立,现代信用形态——借贷资本信用迅速发展起来,并逐渐取代了高利贷信用的统治地位。在自然经济占主导地位的前资本主义社会里,高利贷信用占统治地位,只有当现代经济及其生产关系不断渗透到城乡经济生活的各个角落,高利贷信用才逐渐丧失存在的基础。当然,在商品货币经济高度发达的现代市场经济社会,高利贷信用形态依然存在着,尤其是在一些经济落后的国家和地区。但考察其债权债务关系的内容,则已经完全成为借贷资本的补充形态。

(一) 高利贷信用

高利贷信用是高利贷资本的运动形式,是人类历史上最早产生的信用形式。高利贷信用的最突出特征是贷款利息率特别高。高利贷者大都多是商人,特别是掌握着大量货币的货币经营者;其次,各种宗教机构,如寺院、庙宇、教堂和修道院等,往往也积聚了大量的货币资财,其主要来源是善男善女们的布施和富有者委托保管的财产,这些宗教组织常常通过发放高利贷敛财;此外,一部分封建地主和富农也向贫苦农民发放高利贷。高利贷的年利息率一般在30%以上,100%～120%的年利息率也是常见的。高利贷的利息率之所以这样高,其原因有两个:一是借款人的借款大多不是用于追加资本、获取利润,而是为了取得必需的购买手段和支付手段;二是在自然经济占统治地位、商品货币经济不发达的情况下,人们不容易获得货币,而人们对货币的需求又大,这就为高利贷的形成创造了条件。

高利贷信用一方面是促使自然经济解体和商品经济发展的因素之一。小生产者借高利贷往往以破产而告终,从而使小农经济受到极大的破坏,加速了自然经济的解体。由于高利贷主要采取货币借贷形式,无论是奴隶主、封建主还是小生产者,为了近期支付利息和清偿债务,都不得不努力发展商品生产,并通过出售商品而换回货币,这样有促进商品经济的发展。另一方面也破坏和阻碍了生产力的发展。自然经济中的小生产者,本来就只是能勉强维持简单的再生产,高利贷使小生产者在艰难的条件下难以有足够的经济实力维持简单再生产。

(二) 借贷资本信用

借贷资本是现代资本的运动形式,是随着资本主义生产关系的建立而逐步发展起来的信用形态,并长期服务于现代市场经济社会。所谓借贷资本,就是为了获取剩余价值而暂时贷给职能资本家使用的货币资本,它是生息资本的现代形式。贷者将闲置的货币资金作为资本贷方出去,借者借入货币用以扩大资本规模,生产更多的剩余价值,贷者和借者共同瓜分剩余价值。

资产阶级反对高利贷,但并不是一般地反对生息资本,而是要使这种生息资本服从于资本主义生产方式的要求,其中心问题是利息率。新兴的资产阶级要把高利贷的利息率压低到平均利润率以下,使之适合现代经济发展的需要。在资产阶级取得政权后,便利用国家机器,通过制定法律,规定最高利率,限制高利贷。例如,英国在1545年的法案中规定最高利息率为10%,1624年定为8%,1657年定为6%。但是,在信用事业被高利贷垄断的情况下,这种降低利息率的法令并没有取得令人满意的结果。这就促使新兴的资产阶级通过创办现代银行,集中大量的闲置资金,来为资本家提供所需要的货币资本。从而,加速了适合现代经济发展所需要的信用制度——借贷资本信用制度的建立和发展。例如,1694 年在英国建立的英格兰银行,一开始就把贴现率定为 4.5%～6%,打破了高利贷者对信用的垄断。同时,现代银行还发挥信用创造的功能,打破了高利贷者对货币的垄断,有效地同高利贷者进行斗争,从而使借贷资本信用在反对高利贷的斗争中产生和发展起来,并逐渐占据了主导地位。

借贷资本有特殊的运动形式。借贷资本有着与产业资本不同的运动形式。产业资本的循环周转表现为 G—W—P—W…G… 而借贷资本的运动则表现为 G—G… 即货币资本——带来增值的货币资本,借和还同为货币形态,无质的变化,只有量的增长。这种特殊的运动形式,给人以假象,似乎货币会自行增值。因此,要考察借贷资本运动的全过程:G—W—P—G…G…并由此看出,借贷资本具有双重支付、双重归流的特征。

第一重支付是货币资本家将货币资本贷给产业资本家使用,为再生产做准备;第二重支付是产业资本家将借来的货币资本购买生产要素,投入再生产过程。第一重归流是产业资本家将商品销售出去,变为已增值的货币资本;第二重归流是产业资本家以还本付息的方式归还借贷资本。从这里可以看出,借贷资本并不是自行增值的,其价值的增长是再生产过程中形成的。

三、信用的种类

随着商品货币经济的发展,信用产生了多种不同的形式,主要有高利贷信用、商业信用、银行信用、国家信用、消费信用和国际信用。

(一)商业信用

商业信用是企业之间在进行商品买卖时,以延期付款或预付款的形式所提供的信用,它是现代信用制度的基础。

当商品交换发生延期支付,货币执行支付手段职能时,就产生了信用,由于这种延期支付的形式所提供的信用是在商业买卖过程中发生的,所以就称为商业信用。在资本主义社会,商业信用有了很大的发展,这是因为社会化大生产使各生产部门和各企业之间存在密切的联系,而它们在生产时间和流通时间上又往往存在不一致的现象,经常产生一些企业的商品积压待售,而需要这些商品的买主却因为自己的商品尚未生产出来或者未出售,一时缺乏现金的矛盾。为了克服这种矛盾,就出现了卖方把商品赊销给买方的行为,买方可用延期付款或分期付款的方法提前取得商品。厂商之间相互提供赊销,这是商业信用迅速发展的主要原因。其次,由于商业资本和产业资本相分离,如果要求所有商业企业用自己的资本金购买全部商品,则会发生商业资本奇缺的困难,因为商家是不可能拥有那么多资本的。因此,厂家向商家提供商业信用,既有利于商家减少资本持有量,也有利于加快其商品价值的实现,提高商品流通速度,从而促进社会经济的发展。所以,在现代市场经济中,商业信用获得了充分发挥,并成为现代信用制度的基础。

商业信用是直接以商品生产和商品流通为基础,并为商品生产和流通服务的,所以,商业信用对加速资本的循环和周转,最大限度地利用产业资本和节约商业资本,促进资本主义生产和流通的发展,具有重要的推动作用,但是,由于商业信用受其本身特点的影响,因而又具有一定的局限性,主要表现在以下几个方面:

（1）商业信用的规模受到企业资本数量的限制。因为商业信用是企业之间相互提供的，所以，它的规模只能局限于提供这种商业信用的企业所拥有的资本额。而且，企业不是按其全部资本额，仅是按照其储备资本额来决定它所能提供的商业信用量，所以，商业信用在量上是有限的。

（2）商业信用受到商品流转方向的限制。由于商业信用的客体是商品资本，因此，提供商业信用是有条件的，它只能向需要该种商品的企业提供，而不能倒过来向生产该种商品的企业提供。例如，造纸厂在购买造纸机械时，可以从机械制造商那里获得商业信用，但机械制造商却无法反过来从造纸厂那里获得商业信用，因为造纸厂生产的商品——纸张，不能成为机器制造商所需要的生产资料。

（3）商业信用在管理调节上有一定的局限性。商业信用是在众多企业之间自发产生的，经常形成一条债务锁链。如果这一条锁链的任何一环节出现问题，不能按时偿债，整个债务体系都将面临危机。而国家经济调节机制对商业信用的控制能力又十分微弱，商业信用甚至对中央银行调节措施的反应完全相反，如中央银行紧缩银根，使银行信用的获得较为困难时，恰恰为商业信用活动提供了条件。只有当中央银行放松银根，使银行信用的获得较为容易时，商业信用活动才可能相对减少。因此，各国中央银行和政府都难以有效地控制商业信用膨胀所带来的危机。

由于商业信用存在着上述局限性，因此，它不能完全适应现代经济发展的需要。于是，在经济发展过程中有出现了另一种信用形式——银行信用。

（二）银行信用

银行信用是由银行及其他金融机构以货币的形式，通过存款、贷款等业务活动提供的信用。银行信用是在商业信用发展到一定水平时产生的，它的产生标志着一个国家信用制度的发展与完善。

银行信用大大扩充了信用的范围、数量和期限，并与商业信用相互补充，共同推动信用事业的发展，在更大程度上满足经济发展的需要，所以，银行信用成为现代信用的主要形式。20世纪以来，银行信用有了巨大的发展与变化，主要表现在：越来越多的借贷资本集中在少数大银行手中；银行规模越来越大；贷款数额增大，贷款期限延长；银行资本与产业资本的结合日益紧密；银行信用提供的范围也不断扩大。至今，银行信用所占的比重仍占有很大的优势。

尽管银行信用是现代信用的主要形式，但商业信用仍然是现代信用制度的基础。这是因为商业信用能直接服务于产业资本周转，服务于商品从生产领域到消费领域的运动，因此，凡是在商业信用能够解决问题的范围内，企业往往是首先利用商业信用。随着现代经济的发展，商业信用和银行信用相互交织，一方面，商业信用越来越依赖于银行信用，假如没有银行信用，一个企业能否提供商业信用，必然决定于企业自身的资金周转状况；有了银行信用，企业就能够在赊销商品之后，通过向银行融资（票据贴现）而提前收回未到期货款。另一方面，银行信用也越来越以商业信用为基础，因为，银行通过为企业办理大量的票据贴现和票据抵押，可以在激烈的竞争中拓展自身的业务领域。目前商业信用的作用还有进一步发展的趋势，许多跨国公司内部资本的动作都是以商品供应和放款两种形式进行的。不少国际垄断机构还通过发行相互推销的商业证券来动员它们所需借入的资本，用来对其分支机构提供借款，而银行则在这一过程中为跨国公司提供经济信息、咨询等服务，使商业信用和银行信用相互补充、相互利用。

（三）国家信用

国家信用是以国家和地方政府为债务人的一种信用形式，它的主要方式是通过金融机构等承销商发行公债，在借贷资本市场上借入资金；公债的发行单位则要按照规定的期限向公债持有人支付利息。

国家信用包括国内信用和国外信用两种。国内信用是国家以债务人身份向国内居民、企业团体取得的信用，它形成一国的内债；国外信用是国家以债务人身份向外国居民、企业团体和政府取得的信用，它形成一国的外债。从国家通过信用方式融资的期限长短来看，又可分为公债券和国库券，这也是两种典型的国家信用形式。其中国库券是政府为了解决短期预算支出的不足而发出的期限在一年以下的债券。公债券则是为了弥补长期的财政赤字而发行的期限在一年以上的长期债券。国家信用的债务人是政府，债权人是国内外的银行、企业和居民。

（四）消费信用

消费信用是企业、银行和其他金融机构对消费者个人所提供的，用于生活消费目的的信用。在前资本主义社会，商人向消费者个人以赊销方式出售商品时，就已经产生了消费信用。但是，一直到20世纪40年代，消费信用的规模依然不大。

消费信用主要由两种方式：一是企业赊销，二是金融机构的消费贷款。赊销是商业信用在消费领域中的表现。赊销可通过分期付款和信用卡来进行。分期付款是商家为消费者提供的信用，其具体做法是先由顾客与商店签订分期付款合同，然后由商店先交货物，再由顾客在规定的时间内根据合同要求分期偿付货款，在货款付清之前，消费品的所有权仍属于卖方。

信用卡是银行（或信用卡公司）对具有一定信用的顾客发行的一种证书。顾客可向银行申请信用卡，然后凭信用卡向承接该卡的各个商业服务部门（零售商店、旅馆等）赊购商品和其他劳务，再由银行定期对顾客和商店进行结算。消费贷款是银行向消费者提供的信用，包括信用贷款和抵押贷款。信用贷款无须抵押品，而抵押贷款通常需要由消费者将其所购商品或其他商品作为担保品。例如，汽车贷款即以消费者所购买的汽车作为取得贷款的担保品，住房贷款即以消费者所购买的房屋作为取得贷款的担保品。

消费信用是一种刺激消费需求的方式，也是一种促进生产发展的手段。一般而言，赊销商品的价格大多比较昂贵，消费贷款的利息率也比较高。如果消费者到期不能偿付款项，商品往往要被收回，已付的贷款也往往被没收。但是，在一国经济发展到一定水平后，尤其是在经济发展较缓慢的时期，发展消费信用一方面可扩大商品销售，减少商品积压，促进社会再生产；另一方面，也可为大量银行资本找到出路，提高资本的使用效率，改善社会消费结构。

（五）国际信用

国际信用是一个国家官方（主要指政府）和非官方（如商业银行、进出口银行、其他经济主体）向另外一个国家的政府、银行、企业或其他经济主体提供的信用，属国际的借贷行为。它包括以赊销商品形式提供的国际商业信用、以银行贷款形式提供的国际银行信用以及政府间相互提供的信用。

国际商业信用是由出口商以商品形式提供的信用，有来料加工和补偿贸易等形式。来料加工是指由出口国企业提供原材料、设备零部件或部分设备,利用进口国的厂房、劳动力等在进口国企业加工,成品归出口国企业所有,进口国企业获得加工费收入。有些加工合同规定,合同期满后出口商将设备留在加工生产国,并保证原料供应与生产。补偿贸易是指由出口国企业向进口国企业提供机器设备、技术力量、专利、各种人员培训等,联合发展生产和科研项目,待项目完成或竣工投产后,进口国企业可将该项目的产品或以双方商定的其他办法偿还出口国企业的投资。

国际银行信用是进出口双方银行所提供的信用,可分为出口信贷和进口信贷。出口信贷是出口方银行提供贷款,解决出口企业资金周转需要。由于在进出口贸易中,交易规模都比较大,买方经常会没有足够的资金偿付出口商的货款,此时,如果卖方以赊销方式提供商品,而没能及时收付到货款,便会使卖方的资金周转发生困难。为了鼓励本国出口商增加出口,出口方银行便向进口方或出口方提供贷款,其目的是支持本国出口商扩大出口。出口信贷又可以分为卖方信贷和买方信贷两种形式。进口信贷通常是指进口方银行提供贷款,解决本国企业资金需要,以支持本国进口商购买所需的商品或技术等。另一种是指本国进口商向国外银行申请贷款,如果进口商是中小企业,则往往还要通过进口方银行出面取得这种贷款。

政府间信用。政府间信用通常是指由财政部出面借款的行为,其特点是金额不大,利率较低,期限较长,通常用于非生产性支出。

四、信用工具

(一) 信用工具的概念

信用工具是指以书面形式发行和流通、借以保证债权人或投资人权利的凭证,是资金供应者和需求者之间继续进行资金融通时,用来证明债权的各种合法凭证。信用工具也称作金融工具。任何金融工具都具有双重性质:对出售者和发行人,它是一种债务,对购买者或持有人,它是一种债权或一种金融资产。

(二) 信用工具的特征

1. 偿还性

偿还性指信用工具的发行者或债务人按期归还全部本金和利息的特征。信用工具一般都注明期限,债务人到期必须偿还信用凭证上所记载的应偿付的债务。虽然信用工具一般都有偿还期,但也存在着特例,如股票只支付利息,不偿还本金,因此,它是没有偿还期的。但实际上,由于有价证券可以买卖转让,这样,对持有者来说,就可以把无期化为有期,长期化为短期。所以,作为所有权证书的股票也可视同为长期信用工具。

2. 流动性

流动性指信用工具可以迅速变现而不致遭受损失的能力。信用工具一般都可以在金融市场流通转让。信用工具的流动性大小包含着两个方面的含义:一是能不能方便地随时自由变现,二是变现过程中损失的程度和所耗费的交易成本的大小。凡能随时变现且不受损失的信用工具,其流动性大;凡不易随时变现,或变现中蒙受价格波动的损失,或在交易中要耗费较多的交易成本的信用工具,其流动性小。一般来说,流动性与偿还期呈反比,偿还期越短,流动性越大,偿还期越长,流动性越小;而与债务人的信用能力呈正比,债务人信誉越高,流动性越大,反之则越小。

3. 收益性

收益性指信用工具能定期或不定期地为其持有人带来一定的收入。收益的大小是通过收益率来反映的。收益率是净收益对本金比率。收益率一般有三种表示方法。一是名义收益率，即信用工具的票面收益与票面金额的比率。例如，某种债券票面金额为 100 元，10 年还本，每年利息为 6 元，其名义收益率就是 6%。二是当期收益率，即信用工具的票面收益与其市场价格的比率。假如该债券可以在市场上自由转让买卖，某日的转让价格为 95 元，则当期收益率就是 6.316%（ = 6÷95）。三是实际收益率，即将当期收益和本金损益共同计算在内的收益率。比如，某人以 95 元买入该债券并持有至到期，那么，他每年除了得到利息 6 元（ = 60÷10）外，还获得资本盈利 0.5（ = 5÷10 元）。这样，他每年的实际收益就是 6.5 元，其实际收益率为 6.84%。用公式表示为：

$$实际收益率 = \frac{净收益}{市场价格} \times 100\%$$

$$= \frac{年票面利息 + 年均资本损益}{市场价格} \times 100\%$$

$$= \frac{6 + 0.5}{95} \times 100\%$$

$$= 6.84\%$$

其中：

$$年均资本损益 = \frac{面值 - 行市}{偿还期}$$

$$= \frac{100 - 95}{10} = 0.5$$

4. 风险性

风险性指购买金融工具的本金有遭受损失的风险。本金受损的风险有信用风险和市场风险两种。信用风险，指债务人不履行合约，不按期归还本金的风险。这类风险与债务人的信誉、经营状况有关。就这方面来说，风险有大有小，但很难保证绝无风险。比如，向大银行存款的存户有时也会受银行破产清理的损失。信用风险也与金融工具种类有关。例如，股票中的优先股就比普通股风险低，一旦股份公司破产清理，优先股股东比普通股股东有优先要求补偿的权利。

（三）信用工具的种类

随着信用活动在现代经济生活中不断深化和扩展，信用工具的种类越来越多，信用工具可以从以下两种角度来划分：

（1）按信用形式划分，可分为商业信用工具，如各种商业票据等；银行信用工具，如银行券和银行票据等；国家信用工具，如国库券等各种政府债券；证券投资信用工具，如债券、股票等。

（2）按期限划分，可分为长期、短期和不定期信用工具。长期与短期的划分没有一个绝对的标准，一般以一年为界，一年以上的为长期，一年以下则为短期。西方国家一般把短期信用工具称为"准货币"，这是由于其偿还期短，流动性强，随时可以变现，近似于货币。长期信用工具通常是指有价证券，主要有债券和股票。不定期信用工具是指银行券和多数的民间借贷凭证。

（四）主要的信用工具

随着商品货币关系的发展和信用制度的建立，人们逐渐利用与货币作用相似的各种票据作为信用工具。历史上较早产生的信用工具主要有以下几种。

1. 本票

本票是出票人签发的，保证即期或定期或在可以确定的未来时间内，对某人或其指定人或持票人支付一定金额的无条件书面承诺。《中华人民共和国票据法》第 73 条规定，本票的定义是：本票是由出票人签发的，承诺自己在见票时无条件支付确定的金额给收款人或持票人的票据。第 2 款接着规定，本法所指的本票是指银行本票，不包括商业本票，更不包括个人本票。

2. 汇票

汇票是由出票人签发的，要求付款人在见票时或在一定期限内，向收款人或持票人无条件支付一定款项的票据。汇票是国际结算中使用最广泛的一种信用工具。

按出票人的不同，汇票可分为银行汇票、商业汇票。银行汇票是出票人和付款人均为银行的汇票。商业汇票是出票人为企业法人、公司、商号或者个人，付款人为其他商号、个人或者银行的汇票。

按承兑人的不同，汇票可分为商业承兑汇票、银行承兑汇票。商业承兑汇票是以银行以外的任何商号或个人为承兑人的远期汇票。银行承兑汇票承兑人是银行的远期汇票。

票据行为是以票据权利义务的设立及变更为目的的法律行为。广义的票据行为是指，票据权利义务的创设、转让和解除等行为，包括票据的签发、背书、承兑、保证、参加承兑付款、参加付款、追索等行为在内。狭义的票据行为专指，以设立票据债务为目的的行为，只包括票据签发、背书、承兑、保证、参加承兑等，不包括解除票据债务的付款、参加付款、追索等。

3. 支票

支票是指由出票人签发的，委托办理支票存款业务的银行或者其他金融机构在见票时无条件支付确定的金额给收款人或持票人的票据。凡在银行开立活期往来账户的，银行均给其空白支票簿，存户凭此在存款金额内签发支票。

支票按支付方式可分为现金支票和转账支票。现金支票票可以从银行提取现金，转账支票则只能用于对存户进行转账结算。支票经过一定的手续（如背书）可以流通转让，从而代替货币发挥流通手段和支付手段职能。

4. 信用卡

信用卡由银行或信用卡公司依照用户的信用度与财力发给持卡人，持卡人持信用卡消费时无须支付现金，待账单日时再进行还款。

信用卡分为贷记卡和准贷记卡，贷记卡是指银行发行的，并给予持卡人一定信用额度、持卡人可在信用额度内先消费后还款的信用卡；准贷记卡是指银行发行的，持卡人按要求交存一定金额的备用金，当备用金账户余额不足支付时，可在规定的信用额度内透支的准贷记卡。所说的信用卡，一般单指贷记卡。

5. 债券

债券是用来表明债权债务关系，证明债权人有按约定的条件取得利息和收回本金权力的债权凭证。债券的分类方法很多，其中，根据债券的发行主体不同，可分为政府债券、公司债券和金融债券。

5. 股票

(1) 股票的概念。

股票是股份公司发行的所有权凭证,是股份公司为筹集资金而发行给各个股东作为持股凭证并借以取得股息和红利的一种有价证券。每股股票都代表股东对企业拥有一个基本单位的所有权。每只股票背后都有一家上市公司。换言之,每家上市公司都会发行股票。

同一类别的每一份股票所代表的公司所有权是相等的。每个股东所拥有的公司所有权份额的大小,取决于其持有的股票数量占公司总股本的比重。

股票是股份公司资本的构成部分,可以转让、买卖或作价抵押,是资本市场的主要长期信用工具,但不能要求公司返还其出资。

(2) 股票的分类。

根据股东拥有的权利不同,股票分为普通股和优先股。

普通股是指在公司的经营管理和盈利及财产的分配上享有普通权利的股份,代表满足所有债权偿付要求及优先股东的收益权与求偿权要求后对企业盈利和剩余财产的索取权。普通股构成公司资本的基础,是股票的一种基本形式。现上海和深圳证券交易所上进行交易的股票都是普通股。

普通股的股东是股份有限公司最基本的股东,拥有投票、分红等权利,但没有偿还期,要承担公司的经营风险。普通股的权利包括:公司的决策权;利润分配权;优先认股权(保持其对企业所有权的原有比例);剩余资产分配权。普通股的股东在享有上述权力的同时也要承担公司的经营亏损,如果公司破产进行财务清算时,普通股股东最后一个获得剩余资产。

普通股的股东按其所持有股份比例享有以下基本权利:

① 公司决策参与权。普通股股东有权参与股东大会,并有建议权、表决权和选举权,也可以委托他人代表其行使其股东权利。

② 利润分配权。普通股股东有权从公司利润分配中得到股息。普通股的股息是不固定的,由公司盈利状况及其分配政策决定。普通股股东必须在优先股股东取得固定股息之后才有权享受股息分配权。

③ 优先认股权。如果公司需要扩张而增发普通股股票时,现有普通股股东有权按其持股比例,以低于市价的某一特定价格优先购买一定数量的新发行股票,从而保持其对企业所有权的原有比例。

④ 剩余资产分配权。当公司破产或清算时,若公司的资产在偿还欠债后还有剩余,其剩余部分按先优先股股东、后普通股股东的顺序进行分配。

优先股是公司在筹集资金时,给予投资者某些优先权的股票。这种优先权主要表现在两个方面:一是优先股有固定的股息,不随公司业绩好坏而波动并且可以先于普通股领取股息;二是当公司破产进行财产清算时,优先股股东对公司剩余财产有先于普通股股东的要求权。

但优先股一般不参加公司的红利分配,持股人亦无表决权,不能借助表决权参加公司的经营管理。因此,优先股与普通股相比较,虽然收益和决策参与权有限,但风险较小。

公司发行优先股主要是出于以下考虑:一是清偿公司债务;二是帮助公司渡过财务难关;三是希望增加公司资产,又不影响普通股股东的控制权。

大多数优先股也没有偿还期限,但可赎回优先股在一定期限后可由发行者按规定价格赎回。

6. 债券

债券是一种金融契约,是政府、金融机构、工商企业等直接向社会借债筹措资金时,向投资者发行,同时承诺按一定利率支付利息并按约定条件偿还本金的债权债务凭证。债券的本质是债的证明书,具有法律效力。债券购买者或投资者与发行者之间是一种债权债务关系,债券发行人即债务人,投资者(债券购买者)即债权人。

(1) 债券的含义。

债券包含了以下四层含义:

① 债券的发行人(政府、金融机构、企业等机构)是资金的借入者;

② 购买债券的投资者是资金的借出者;

③ 发行人(借入者)需要在一定时期还本付息;

④ 债券是债的证明书,具有法律效力。债券购买者与发行者之间是一种债权债务关系,债券发行人即债务人,投资者(或债券持有人)即债权人。

(2) 债券的基本要素。

债券尽管种类多种多样,但是在内容上都要包含一些基本的要素。这些要素是指发行的债券上必须载明的基本内容,这是明确债权人和债务人权利与义务的主要约定,具体如下:

① 债券面值。债券面值是指债券的票面价值,是发行人对债券持有人在债券到期后应偿还的本金数额,也是企业向债券持有人按期支付利息的计算依据。债券的面值与债券实际的发行价格并不一定是一致的,发行价格大于面值称为溢价发行,小于面值称为折价发行,等价发行称为平价发行。

② 偿还期。债券偿还期是指企业债券上载明的偿还债券本金的期限,即债券发行日至到期日之间的时间间隔。公司要结合自身资金周转状况及外部资本市场的各种影响因素来确定公司债券的偿还期。

③ 付息期。债券的付息期是指企业发行债券后的利息支付的时间。它可以是到期一次支付,或 1 年、半年或者 3 个月支付一次。在考虑货币时间价值和通货膨胀因素的情况下,付息期对债券投资者的实际收益有很大影响。到期一次付息的债券,其利息通常是按单利计算的;而年内分期付息的债券,其利息是按复利计算的。

④ 票面利率。债券的票面利率是指债券利息与债券面值的比率,是发行人承诺以后一定时期支付给债券持有人报酬的计算标准。债券票面利率的确定主要受到银行利率、发行者的资信状况、偿还期限和利息计算方法以及当时资金市场上资金供求情况等因素的影响。

⑤ 发行人名称。发行人名称指明债券的债务主体,为债权人到期追回本金和利息提供依据。

(3) 债券按发行主体可划分。

① 政府债券。政府债券是政府为筹集资金而发行的债券,主要包括国债、地方政府债券等,其中最主要的是国债。国债因其信誉好、利率优、风险小而又被称为"金边债券"。除了政府部门直接发行的债券外,有些国家把政府担保的债券也划归为政府债券体系,称为政府保证债券。这种债券由一些与政府有直接关系的公司或金融机构发行,并由政府提供担保。

② 金融债券。金融债券是由银行和非银行金融机构发行的债券。在我国金融债券主要由国家开发银行、进出口银行等政策性银行发行。金融机构一般有雄厚的资金实力,信用度较高,因此金融债券往往有良好的信誉。

③ 公司(企业)债券。在国外,没有企业债和公司债的划分,统称为公司债。

(4) 股票与债券的关系。

从企业融资的角度,发行债券和股票是直接融资的主要手段,在证券市场上股票和债券也是两个最主要的有价证券,与银行贷款等间接融资形式相比,发行债券和股票筹资数额大、时间长且不受贷款银行的条件限制。但是,债券和股票是有区别的。

第一,债券是债权凭证;债券持有者与债券发行人之间是债权债务关系;股票是所有权凭证,股东一般拥有投票权,可以通过选举董事行使对公司的经营决策权和监督权。

第二,债券是公司的负债,发行债券会增加企业的财务负担;股票发行所筹资金列入公司资本。

第三,债券有规定的利率;而股票的股息红利一般视公司的经营情况而定。

第四,债券一般有偿还期,到期需归还本金;而股票是永久性的,投资股票是不能抽回本金的,只能通过二级市场流通转让。

第五,有资格发行债券的经济主体很多,中央政府、地方政府、金融机构、公司组织等一般都可以发行债券;但能发行股票的经济主体只有股份有限公司。

第六,债券无论是利息支付,还是公司破产偿付,都在股票之前,因此比股票的风险小。

(五) 金融衍生工具

20 世纪 70 年代后期,西方通货膨胀加剧,市场利率大幅度上升,汇率频繁变动,利息收入急剧下降,金融投资利率与汇率风险大大增加,为减少或转移利率或汇率风险,与市场利率挂钩,有更大弹性的新金融工具不断涌现,在国际金融市场上出现了一股金融创新的浪潮,从而使 20 世纪 80 年代成为金融工具日新月异的创新年代。在金融工具创新上,美国、日本的银行及其他金融机构在金融市场起了带头作用,以美、日两国为主推出的金融商品已达上百种,为投资者提供了完整的、系列化的金融资产。

1. 金融衍生工具的概念

金融衍生工具是在货币、债券、股票等传统金融工具的基础上衍化和派生的,以杠杆和信用交易为特征的金融工具。

2. 金融衍生工具的分类

金融衍生工具可以按照基础工具的种类、风险—收益特性以及自身交易方法的不同而有不同的分类。

(1) 按照产品形态分类,金融衍生工具可分为独立衍生工具和嵌入式衍生工具。

(2) 按照交易场所分类,金融衍生工具可分为交易所交易的衍生工具和 OTC 交易的衍生工具。

(3) 按照基础工具种类分类,金融衍生工具可以划分为股权类产品的衍生工具、货币衍生工具、利率衍生工具、信用衍生工具以及其他衍生工具。

(4) 按照金融衍生工具自身交易的方法及特点分类可分为金融远期合约、金融期货、金融期权、金融互换和结构化金融衍生工具。

在现实中通常使用两种方法对金融衍生工具进行分类:

（1）按照产品类型，可以将金融衍生工具分为远期、期货、期权和掉期四大类型。

（2）按照衍生工具的原生资产性质，可以将金融衍生工具分为股票类、利率类、汇率类和商品类。

第四节　利息和利息率

一、利息的本质

利息伴随着信用的产生而产生，它有着悠久的历史。在信用活动中，货币所有者在一定条件下，贷出货币资本，让渡其使用权，货币使用者到期偿还借款时必须支付一个增加额，这个增加额就是利息，贷者之所以可以取得利息，是因为他放弃了货币资本的使用权，而拥有对货币资本的所有权；借者之所以愿意并且能支付利息，是因为他将这部分资本运用予生产过程中，能产生利润，形成价值的增值，他要从增值中分出一部分作为使用借贷资本的成本。因此，利息是借贷资本的增值额，或使用借贷资本的代价，它来自于借者（即生产者）使用资金发挥生产职能形成的利润的一部分。

关于利息的含义，西方经济学家们有多种说法。第一种观点认为，利息是资本所有者"节约"或"节欲"，抑制当前消费欲望而推迟消费的报酬。这种观点被称为"节欲论"。第二种观点认为，人们对现有财货的评价要大于对未来财货的评价，同样价值的财货，现在在使用的效用要高于未来使用的效用，若现在放弃使用财货，推迟到未来使用，就会有时差损失，而利息就是对这种价值时差损失的贴水。这种观点被称为"时差利息论"。第三种观点认为，人们都偏爱流动性高的货币，若要人们暂时放弃这种高流动性的货币，而等待将来使用，则必须给放弃流动性偏好者支付报酬，即利息。这种观点被称为"流动性偏好论"。上述这些观点实际上都是从17世纪英国古典政治经济学创始人威廉·配第（William Petty）关于利息的解释中引申出来的。配第认为，货币持有者贷出货币，就会减少用这笔货币购置土地而能获得的地租，这种补偿即利息。总之，在西方经济学家们看来，利息是对放弃货币的机会成本的补偿。

马克思经过科学地考察货币借贷过程及其结果后指出：利息是使用借贷资金的报酬，是货币资金所有者凭借对货币资金的所有权向这部分资金使用者所取得报酬。

二、利息的计算

（一）单利法和复利法

利息有两种基本计算方法：单利计算法与复利计算法。

1. 单利法

单利计算法就是不管贷款期限的长短，仅按本金计算利息，当期本金所产生的利息不计入下期本金计算利息。因此，单息计算的特点是对利息不再付息。其计算公式为：

$$I = P \times r \times n$$

式中：I——利息额；P——本金；r——利息率；n——借贷期限；S——本金和利息之和，简称本息和。

例如，一笔为期5年、年利率为6%的10万元贷款，利息总额为 $100\,000 \times 6\% \times 5 =$

30 000 元,本利和为 100 000 元×(1＋6%×5)＝130 000 元。

2. 复利法

复利法是一种将上一期利息转为本期本金一并计算的计算方法。如按年计息,第一年按本金计息;第一年年末所得的利息并入本金,形成第二年的本金并以此计算计息;第二年年末的利息并入本金,形成第三年的本金并以此计算计息;如此类推,直至信用期约期满。其计算公式是为:

$$S = P(1 + r)^n$$
$$I = S - P$$

若将上述实例按复利计算,则:

$S = 100\,000$ 元×$(1＋6\%)^5 = 133\,822.56$(元)

$I = 133\,822.56$ 元 － $100\,000$ 元 ＝ $33\,822.56$(元)

即按复利计算,比按单利计算可多得利息 33 822.56 元。

(二) 复利反应利息的本质特征

利息是信用关系赖以生存的条件。利息既是债权人的一项收入来源,也是债权人放弃资金流动性,暂时放弃其他赚钱机会的补偿。经济社会中既然产生了并长期存在着利息这一范畴,就表明了资金可以只依其所有权取得一部分社会产品的分配权力,其存在的合理性,使得复利的存在也具有了合理性。因为按期结出的利息属于贷出者所有,贷出者有权对这部分利息的使用者收取利息。因此,只有复利才能真正反映利息的本质特征。

(三) 现值与终值

经济学上,将现在的货币资金价值成为现值,将现在的货币资金在未来的价值称为终值。现值与终值是相对而言的,而且二者可以相互换算,但换算是通过复利方法来完成的。例如,一笔价值为 100 万元的货币存入银行 10 年,银行存款利率为 15%,则 100 万的现值相当于 10 年后的价值(即终值)为 404.6 万元。换算方法是 $100(1＋15\%)^{10} = 404.6$,或者颠倒过来,10 年后的 404.6 万元的价值只相当于现时点 100 万元(即现值)。换算方法是 $404.6÷(1＋15\%)^{10} = 100$。

三、利率及其种类

(一) 利息率

利息率,简称利率,是借贷期内利息额对本金的比率。一般情况下,利息率的最高界限为平均利润率,最低界限为零。利息率的计算公式为:

$$利息率 = \frac{利息额}{借贷资金额} \times 100\%$$

按照计算利息的时间,可将利率分为年利率、月利率和日利率。在中国,利率习惯上用"厘"来表示。因此,年利率又称年息几厘,一般用本金的百分比来表示;月利率又称月息几厘,一般用本金的千分比来表示;日利率又称日息几厘,一般用本金的万分比来表示。此外,还可以用"分"作为利率单位。由于分是厘的 10 倍,所以,如果是年息 5 分,则表示年利率为 50%;如果是月息 5 分,则表示月利率为 5%。年利率与月利率及日利率之间的换算公式为:

$$年利率 = 月利率 \times 12 = 日利率 \times 360$$

(二) 利率的种类

1. 按照利率的决定主体不同划分

按照利率的决定主体不同划分为市场利率、官方利率与公定利率。

(1) 市场利率是指由资金供求关系和风险收益等因素决定的利率。一般来说,当资金供给大于需求时,市场利率会下降;当资金供给小于需求时,市场利率会上升。并且,当资金运用的收益较高,资金运用的风险也较大时,市场利率也会上升,反之则相反。因此,市场利率能够较真实地反映市场资金供求与运用的状况。

(2) 官方利率是指由货币管理当局确定的利率。官方利率是由货币管理当局根据宏观经济运行的状况和国际收支状况及其他状况来决定的,它可用作调节宏观经济的手段。因此,官方利率往往在利率体系中发挥主导性作用。

(3) 公定利率是指由金融机构或行业公会、协会(如银行公会等)按协商的办法所确定的利率。公定利率只对参加该公会或协会的金融机构有约束力作用,而对其他金融机构则没有约束力作用。但是,公定利率对整个市场利率有重要影响。

2. 按照资金借贷关系存续期内利率水平是否变动划分

按照资金借贷关系存续期内利率水平是否变动划分为固定利率与浮动利率。

(1) 固定利率是指在整个借贷期限内,利率水平保持不变的利率。

(2) 浮动利率是指在借贷关系存续期内,利率水平可随市场变化而定期变动的利率。

3. 按照利率水平是否剔除通货膨胀因素划分

按照利率水平是否剔除通货膨胀因素划分为名义利率与实际利率。

(1) 实际利率,是指剔除通货膨胀因素的利率。即物价不变,从而货币购买力不变的条件下的利息率。例如,假定某年度物价没有变化,某甲从某乙处取得 1 年期的 1 万元贷款,年利息额 500 元,实际利率就是 5%。

(2) 名义利率,是指没有剔除通货膨胀因素的利率,即包括补偿通货膨胀风险的利率。概略的计算公式可以写成:

$$名义利率 = 实际利率 + 物价的变动率$$

在通货膨胀的条件下,市场各种利率都是名义利率,而实际利率却不易直接观察到。通常是利用上述公式,根据已知的名义利率和通货膨胀率推出实际利率。至于名义利率的变动,在利率可以自由变动的市场经济中,取决于对实际利率的预期与对通货膨胀的预期。关于通货膨胀率,由于它通常是处于不断变动的过程中,所以签约时的通货膨胀率并不必定是还款时候的通货膨胀率,而对保持本金不受损失来说,主要是考虑还款时的通货膨胀率。

4. 按照金融机构对同类存贷款率制定不同的标准划分

按照金融机构对同类存贷款率制定不同的标准划分一般利率与优惠利率。

后者的贷款利率往往低于前者,后者的存款利率往往高于前者。贷款优惠利率的授予对象大多为国家政策扶持的项目,如重点发展行业、部门及对落后地区的开发项目等。在国际信贷市场上,低于 LIBOR 的贷款利率被称为优惠利率。存款优惠利率大多用于争取目标资金来源。例如,我国曾经实行的侨汇外币存款利率就高于普通居民外币存款利率。

5. 按照借贷期限长短划分

按照借贷期限长短划分为长期利率与短期利率。

通常以 1 年为标准。凡是借贷期限超过 1 年的利率为长期利率,不超过 1 年的则为短期利率。

四、决定和影响利率的因素

利率是计算使用借贷资金报酬的依据。利率水平的高低直接影响借款者的成本和贷出者的收益。决定和影响利率水平的因素是多种多样的,主要有以下五种。

(一) 平均利润率

由于利息是利润的一部分,因此,利润率是决定利率的首要因素。根据市场法则,等额资本要获得等量利润,通过竞争和资源的流动,一个经济社会在一定时期内会形成一个平均利润率。这一平均利润率是确定各种利率的主要依据,它是利率的最高界限。当然,在一般情况下,利率也不会低于零。如果利率低于零,就不会有人出借资金了。所以,利率通常在平均利润率和零之间波动。

从理论上讲,借贷利率不能高于平均利润率,但具体到我国的实际情况,有时借贷利率会高于平均利润率。改革开放初期,由于我国企业的债务负担和社会负担都较重,加上国家政策的因素和企业经营管理方面的原因,我国的企业尤其是国有企业经济效益不太理想,因此,我国的社会平均利润率比较低,甚至低于银行存款的平均利率。当然,随着经济改革的不断深入与发展,银行的借贷利率已逐渐趋于社会平均利润率之下。当然,经济发展的一些特殊时期,也会出现实际利率为负利率的情况,尤其是存款利率,在我国,以下几个年份的一年期储蓄存款的实际利率曾经出现了负利率的情况:1985 年实际利率是 -1.6%,1988 年是 -9.86%,1989 年是 -6.46%,1994 年是 -10.27% 等。

(二) 借贷资金的供求关系

虽然从理论上讲,利率既不会高于平均利润率,也不会低于零,但实际上,决定某一时期某一市场上利率水平高低的是借贷资金市场上的供求关系,即利率是由借贷资金供求双方按市场供求状况来协商确定的。当借贷资金供大于求时,利率水平就会下降;当借贷资金供不应求时,利率水平就会提高,甚至高于平均利润率。

(三) 预期通货膨胀率

在信用货币流通条件下,特别是在纸币制度下,物价变动是一种经常的现象。尤其是通货膨胀是借贷资金本金贬值,会给借贷资金所有者带来损失。为了弥补这种损失,债权人往往会在一定的预期通货膨胀率基础上来确定利率,以保证其本金和实际利息额不受到损失。

当预期通货膨胀率提高时,债权人会要求提高贷款利率;当预期通货膨胀率下降时,利率一般也会相应地下调。

(四) 中央银行货币政策

自 20 世纪 30 年代凯恩斯主义问世以来,各国政府都加强了对宏观经济的干预。

调整利率是政府干预经济最常用的货币政策手段之一。中央银行采用紧缩性货币政策时,往往会提高再贴现率、再贷款利率或其他由中央银行所控制的基准利率(如美国的联邦基金利率);而当中央银行实行扩张性货币政策时,又会降低再贴现率、再贷款利率或其他基准利率,从而引导借贷资金市场利率作相应调整,并进而影响整个市场利率水平。

(五) 国际收支状况

一国的国际收支状况对该国的利率水平也有重要的决定作用。当一国国际收支平衡时,一般不会变动利率。当一国国际收支出现持续大量逆差时,为了弥补国际收支逆差,需要利用资本项目大量引进外资。此时,金融管理当局就会提高利率。当一国国际收支出现持续大量顺差时,为了控制顺差,减少通货膨胀的压力,金融管理当局就可能会降低利率,减少资本项目的外汇流入。这当然也会使本国的借贷资金利率水平发生变化。

除了以上五种因素外,决定一国在一定时期内利率水平的因素还有很多。例如,在经济高涨时期,金融管理当局大多会提高利率;而在经济衰退时期,又大多会降低利率。一国的利率水平还与该国货币的汇率有关,当本币贬值时,会导致国内利率上升。此外,借贷期限长短、借贷风险大小、国际利率水平高低、一国经济的开放程度、银行成本、银行经营管理水平等,都会对一国国内利率产生重要影响。因此,必须综合分析各种因素,才能找出利率水平变动的主要原因。

五、利率的作用

利率是经济的内生变量,也是金融政策的外生变量。作为经济的内生变量,当经济繁荣时,由于信贷需求量增加,利率就会提高;相反,经济不景气,对信贷需求量则会减少,利率自然就会下降。由于利率在很大程度上反映着经济的发展走势,于是各国政府及金融管理当局常常利用利率手段来改变经济的发展态势,是利率成为国家宏观调控的重要经济杠杆。

(一)调节货币流量,保证货币流通正常运行

在市场上资金供求缺口比较大时(资金供给小于资金需求),为促使二者平衡,就采取调高存贷款利率的措施,在增加资金供给的同时抑制资金需求。其传递机制是:当资金需求大于资金供给时,中央银行就要调高再贷款利率(或再贴现率),使商业银行的融资成本增加,在这种情况下,商业银行为保持其既得利润,就必须要同时调高存贷款利率。其中,贷款利率的调高会使借款人减少,借款规模压缩;存款利率的调高会使存款人增加存款且使存款来源增加。这样,在资金供给增加的同时,资金需求又在减少,从而使资金供求趋于均衡。当资金需求小于资金供给时,还可以推出另一个方向相反的传递机制。在通货膨胀率比较高的情况下,也可以动用利率杠杆进行有效抑制。总之,存款利率的高低直接影响银行的存款规模,进而会减缓或增加社会购买力对商品市场的压力;贷款利率的高低直接影响银行贷款的规模,决定货币供应量,对币值稳定有重要影响。

(二)优化产业结构

调高利率,一方面使拥有闲置货币资金的所有者受利益诱导将其存入银行等金融机构,使全社会的资金来源增加;另一方面,借款人因利率调高而需多付利息,成本也相应增加,而成本对于利润总是一个抵消的因素,由此而产生的利益约束将迫使那些经济效益较差的借款人减少借款,使有限的资金流向效益高的行业、企业和产品,从而促使全社会的生产要素产生优化配置效应。因此,利率作为资金的价格,会自发地引导资金流向利润率高的部门,实现社会资源的优化配置。同时,国家还可以自觉地运用差别利率、优惠利率等政策,对国家急需发展的农业、能源、交通运输、高新技术等行业与领域,以及有关的企业和产品,适当降低贷款利率,大力支持它们大发展;对需要限制的某些加工行业以及有关的企业和产品,适当提高利率,限制其发展,从而优化产业结构,实现经济结构合理化。

（三）调节国民经济结构，促使国民经济更加协调健康的发展

首先，国家利用利率积聚资金的功能，使分散在社会各阶层的货币收入和再生产过程中暂时闲置的货币资金得以集中起来，转化为信贷资金，通过信贷资金的分配，满足生产发展的资金需要，促进经济快速发展。然后，国家再对急需发展的农业、能源、交通运输等行业，适当降低利率，支持其大力发展；对需要限制的某些加工行业，则适当提高利率，从资金上限制其发展，从而使国民经济各部门能够健康、协调的发展。

（四）调节国际收支不平衡

当国际收支逆差比较严重时，可以将本国的利率调到高于其他国家的水平，这样一方面可以阻止本国资金流向利率较高的其他国家，另一方面还可以吸引外资流入本国。但是，当国际收支逆差发生在国内经济衰退时期，则不宜采取调节利率水平的做法，而只能通过调整利率结构来平衡国际收支。

六、我国的利率市场化趋势

从各国利率市场化过程来看，利率市场化可以分为三个阶段：第一阶段的目标是将利率提高到接近市场均衡状态的水平，保持经济、金融运行稳定；第二阶段的目标是通过扩大利率浮动范围，下放利率浮动权，以完善利率浮动机制；第三阶段的目标是通过增加金融交易品种，扩大交易规模，形成金融资产多样化，先在非存贷款金融交易中实现利率自由化，然后通过这些金融交易与银行存、贷款业务的竞争，促使银行先放开贷款利率，再放开存款利率，最终实现利率市场化。

20 世纪 90 年代起，我国借鉴国外实行利率市场化改革的成功经验，加快了利率体制改革的步伐。中国人民银行货币政策委员会明确提出，金融体制改革的一个重要内容是实现利率市场化。中国人民银行还提出了我国利率市场化改革的次序，即：先外币，后本币；先农村，后城镇；先贷款，后存款；先大额，后小额。近年来，我国的利率市场化改革也正是按照这一思路在进行，并在实践中取得了较好的效果。

（一）结合中国国情，放开同业拆借市场利率，推进货币市场化的发展

货币市场是利率市场化的基础，它有利于形成市场化的利率信号。市场化的利率信号的真实性和可信度，取决于货币市场的规模及其覆盖面。货币市场的覆盖面越广，参与者的种类越多，则市场的广度和深度越好，其资金交易中形成的利率水平越能准确反映资金供求状况。特别是同业拆借市场上形成的同业拆借利率，代表着市场主体取得批发性资金的成本，对整个金融市场利率水平具有导向性的作用。1996 年 1 月，我国同业拆借利率全部放开，通过市场机制形成。

（二）进一步扩大商业银行贷款利率的浮动幅度

1993 年以来，中国人民银行根据市场资金供求状况十多次调整贷款利率，并在此基础上逐步放松对商业银行的贷款利率管制，放宽了各商业银行贷款利率的浮动范围和幅度。如实行浮动利率制度初始，允许各金融机构流动资金贷款利率在 20% 的幅度内浮动。1996 年 8 月，中国人民银行在调低存贷款利率的同时，再次调整了利率浮动幅度。规定各金融机构的各项存款利率一律不准上浮，各商业银行、非银行金融机构和城市信用社（包括城市银行）流动资金贷款最高上浮幅度为 10%，农村信用社为 40%，各金融机构流动资金贷款利率下调幅度为 10%。如同利率水平进行了多次调整一样，利率浮动的幅度也进行了多次调

整。尤其是 1998 年 10 月以后,为了配合扩大内需,加强对中小企业的支持力度,各金融机构对中小企业的贷款利率上浮幅度都做了上调。从 1999 年 9 月 1 日开始,该幅度除农村信用社更高,为 50% 以外,其余金融机构也都达到了 30%。

(三) 放开外币利率

自 2000 年 9 月 21 日起,允许外币贷款利率市场化,外币大额定期存款(300 万美元以上)利率可由各大银行根据国际金融市场利率的变动情况以及国内经济情况、资金成本、风险差异等因素与客户协商确定,而外汇活期存款、7 天通知存款和 300 万美元等值以下的定期存款由我国银行协会统一制定、公布,各家银行统一执行。这是推进我国利率市场化的重要举措。

放开外币利率,使外币利率率先市场化,对我国金融改革尤其是利率体制改革必将产生重大影响。首先,这将促进我国商业银行提高内部经营管理效率。因为在外币利率市场化后,商业银行必须根据国际金融市场的利率变动以及本行资金成本、资产负债结构以及银行抗风险能力等来确定外币资产与负债的定价。这就需要银行合理安排资产负债结构,严格控制经营成本,提高外币资金效率以及银行资产流动性。其次,这将提高我国金融机构对利率变动的预测能力。由于实行利率市场化,利率变动频繁,而利率变动又直接影响金融机构、工商企业以及个人的金融资产价值,尤其对金融机构来说,其金融资产规模大,利率的轻微变动会使其收益相差数百万元、数千万元乃至数亿元。所以,金融机构必须密切关注利率的变化趋势,以便及时采取措施,规避因利率变动带来的资产损失。这将促使金融机构加大对利率预测的人力、物力和财力的投入,建立利率风险控制机制,提高对利率预测的准确度,以便为投资决策提供可靠的依据。最后,这将会加快我国利率市场化改革的步伐。随着改革开放的不断深入发展,本、外币业务的联系不断加强,并相互渗透,外币利率市场化必然会促进本币利率市场化改革,最终加快我国本币利率市场化进程。

阅读材料2

本章小结

概括地说,金融是指货币资金的融通。具体地说,凡是货币和货币资金的借贷、票据的买卖、债券和股票的发行和转让以及外汇的买卖等,都属于金融活动。

融资方式,从大的方面看,可分直接融资和间接融资两类。直接融资是指资金供给者与资金需求者运用一定的金融工具直接形成债权债务关系的行为,资金供给者是直接贷款人,资金需求者是直接借款人。直接融资是以股票、债券为主要金融工具的一种融资机制。间接融资则是指资金供给者与资金需求者通过金融中介机构间接实现融资的行为,其中资金供给者与资金需求者不是分别作为直接贷款人和直接借款人出现的,它们之间不构成直接的债权债务关系,而是分别与金融中介机构发生信用关系,成为金融中介机构的债权人或债务人。典型的间接融资便是银行的存贷款业务,资金供给者将资金存入银行。然后再由银行向资金需求者发放贷款,由此存款人是银行的债权人,借款人是银行的债务人,而银行对于资金供求双方来说,则是金融中介。

货币产生的几千年中,随着商品交换和信用制度的发展,货币的形态也是一个不断演进的过程,历经了实物货币、金属货币、纸币、存款货币、电子货币等几种形态。货币这种形态的变化即是不断适应交换发展的需要,也是逐步克服前一种货币缺陷的过程。马克思认为货币具有五个职能,它们的表述和排列顺序是:价值尺度、流通手段、贮藏手段、支付手段和世界货币。各个国家都有不同的货币制度,同一个国家在不同时期也有不同的货币制度。资本主义制度产生后主要经历了银本位制、金银复本位制、金本位制三种金属货币制度和不兑现信用货币制度。

所谓信用就是以偿还和付息为特征的借贷行为。具体说就是商品和货币的所有者,把商品和货币让渡给需要者,并约定一定时间由借者还本付息的行为。历史上,信用基本上表现两种典型的形态,即高利贷信用和借贷资本信用。随着商品货币经济的发展,信用产生了多种不同的形式,主要有高利贷信用、商业信用、银行信用、国家信用、消费信用和国际信用。

利息伴随着信用的产生而产生,它有着悠久的历史。在信用活动中,货币所有者在一定条件下,贷出货币资本,让渡其使用权,货币使用者到期偿还借款时必须支付一个增加额,这个增加额就是利息。利息有两种基本计算方法:单利计算法与复利计算法。利息率,简称利率,是借贷期内利息额对本金的比率。一般情况下,利息率的最高界限为平均利润率,最低界限为零。依据不同的分类标准,利率有多种划分方法:市场利率、官方利率与公定利率;固定利率与浮动利率;名义利率与实际利率等。

一、关键词

货币　信用　金融　利息　利息率　货币制度

二、复习思考题

1. 试述你对货币本质的理解。

2. 试述信用的主要作用有哪些。

3. 试比较一下高利贷资本与借贷资本的优缺点。

4. 简述消费信用的积极作用与消极作用。

5. 比较商业信用与银行信用的特点并说明两者之间的相互联系。

6. 试比较分析直接融资与间接融资的优点与局限性,你认为我国应怎样运用这两种方式?

7. 什么是单利,什么是复利? 利息的基本形式是单利还是复利?

8. 利率的影响因素主要有哪些?

第八章　金融机构

通过本章学习,了解我国金融该机构体系的构成及沿革,掌握商业银行的职能与组织形式,了解我国商业银行的成长历程,掌握中央银行的性质和职能,政策性金融机构的特征和种类以及我国银行信贷资金管理体制等。

引导案例

英格兰银行

世界上最早形成的中央银行,为各国中央银行体制的鼻祖。1694 年根据英王特许成立,股本 120 万镑,向社会募集。成立之初即取得不超过资本总额的钞票发行权,主要目的是为政府垫款。到 1833 年,英格兰银行取得钞票无限法偿的资格。1844 年,英国国会通过《银行特许条例》(即《比尔条例》),规定英格兰银行分为发行部与银行部;发行部负责以 1 400 万镑的证券及营业上不必要的金属贮藏的总和发行等额的银行券;其他已取得发行权的银行的发行定额也规定下来。此后,英格兰银行逐渐垄断了全国的货币发行权,至 1928 年,成为英国唯一的发行银行。与此同时,英格兰银行凭其日益提高的地位承担商业银行间债权债务关系的划拨冲销、票据交换的最后清偿等业务,在经济繁荣之时接受商业银行的票据再贴现,而在经济危机的打击中则充当商业银行的"最后贷款人",由此而取得了商业银行的信任,并最终确立了"银行的银行"的地位。随着伦敦成为世界金融中心,应实际需要,英格兰银行形成了有伸缩性的再贴现政策和公开市场活动等调节措施,成为近代中央银行理论和业务的样板及基础。1933 年 7 月设立"外汇平准账户"代理国库。1946 年之后,英格兰银行被收归国有,仍为中央银行,并隶属财政部,掌握国库、贴现公司、银行及其余的私人客户的账户,承担政府债务的管理工作,其主要任务仍然是按政府要求决定国家金融政策。英格兰银行总行设于伦敦,职能机构分政策和市场、金融结构和监督、业务和服务三个部分,设15 个局(部)。同时英格兰银行还在伯明翰、布里斯托、利兹、利物浦、曼彻斯特、南安普顿、纽卡斯尔及伦敦法院区设有 8 个分行。

思考题:1. 什么是金融机构? 金融机构体系如何组成?
　　　　2. 什么是中央银行? 有什么职能?

第一节　金融机构概述

一、金融机构与金融机构体系

(一) 金融机构的含义

金融机构就是指在金融活动中起中介作用的主体,在间接融资领域中的金融机构,是作为资金余缺双方进行金融交易的媒介体,如各类银行和非银行金融中介机构;在直接融资领域中的金融机构,是为筹资者和投资者双方牵线搭桥的证券公司等。

金融机构作为金融活动中起中介作用的主体,其作用主要体现在两个方面:一方面,金融机构充当支付中介;另一方面,金融机构充当调剂中介。

一般来讲,考察和衡量一个国家的金融机构体系是否科学合理的标准主要是:

(1) 金融机构是否符合本国国情;

(2) 金融机构体系能否灵活地融通社会资金,促进本国经济的发展;

(3) 金融机构体系是否有利于各金融机构之间的联系和制衡,是否有利于国家对整个金融事业进行有效的调控。

(二) 金融机构体系的含义

所谓金融机构体系,是指一国所有从事金融活动的组织按照一定结构形成的整体。现代经济条件下,各国金融机构体系一般包括三个环节:商业银行、中央银行和非银行金融机构。

1. 商业银行

商业银行是指直接面对企业和个人,具体经办存贷款和结算等业务的金融机构。商业银行在一国金融机构体系中居于主体地位。

2. 中央银行

中央银行是指代表国家对金融活动进行监督管理,制定和执行货币政策的金融机构。它不对企业单位和个人办理各种金融业务。中央银行在一国金融机构体系中居于领导核心地位。

3. 非银行金融机构

非银行金融机构是指商业银行和中央银行以外的具体经办某一类金融业务的金融机构。

非银行金融机构与商业银行的区别主要表现在以下几点:

(1) 资金来源不同。商业银行以吸收存款为主要资金来源,而非银行金融机构则依靠发行股票、债务筹措为主要的资金来源。

(2) 资金运用不同。商业银行的资金运用以发放贷款,特别是短期贷款为主,而非银行金融机构的资金运用则主要以从事贷款业务外的某一项金融业务为主,如保险、信托、证券、租赁等金融业务。

(3) 商业银行具有"信用创造"功能,而非银行金融机构由于不从事存款的划款(即转账结算业务),因此不具备信用创造功能。

二、我国金融机构体系

新中国金融机构体系是在合并根据地银行、组建中国人民银行以后，逐渐建立起来的。其建立的途径有以下几种。

（一）合并根据地银行，组建中国人民银行

1948年，国内革命战争转入战略性进攻阶段，各个老解放区逐渐连成一片，全国胜利在望。为配合新中国的诞生，经过充分酝酿和准备，1948年12月1日于河北省石家庄市，在合并解放区华北银行、北海银行和西北农民银行的基础上，建立了中国人民银行，并同时发行全国统一的人民币。中国人民银行的成立，是新中国金融机构体系建立的开端。新中国成立后，原来各根据地、解放区的银行先后改组为中国人民银行的分支机构，这样，中国人民银行成为我国统一的社会主义国家银行。

（二）没收官僚资本银行，改造民族资本银行

根据国家总政策的要求，对资本主义银行采取区别对待政策。对国民党四大家族的官僚资本银行（中央银行、中国银行、交通银行、中国农民银行、邮政储金汇业局与中央信托局等）实行没收政策，由中国人民银行接管。对民族资本银行实行赎买和利用、限制和改造的政策，一方面允许其继续正当经营，另一方面对其进行严格的管理，并逐步通过公私合营等形式，于1952年12月成立了统一的公私合营银行，完成了对民族资本银行的社会主义改造。

（三）取消外国在华银行的特权

这是一项不仅关系到国民经济上的独立自主，也关系到国家政治主权的措施。帝国主义在华银行的特权被取消后，仍允许在遵守政府法令和外汇管理制度的前提下继续经营。

（四）其他金融机构的建立和发展

包括建立和发展农村信用社和建立中国人民保险公司。我国农村信用合作社的普遍建立和发展是在1950年全国物价稳定以后。农村信用合作社是在国家银行领导下，农民自愿联合起来的社会主义劳动群众集体所有制的金融组织，是社会主义金融机构体系的组成部分。中国人民保险公司是我国专门经营国内外保险业务的非银行金融机构，成立于1949年10月，先后开办了城市财产保险、农村保险、人身保险等。

通过上述措施，建立起我国统一的社会主义金融机构体系。

三、我国的银行类金融机构

我国银行金融机构体系包括：中央银行；国有独资商业银行、全国及地方性股份制商业银行；政策性专业银行等。

（一）中央银行

中央银行首先是在西方资本主义国家产生的，是由私人商业银行演化而来的。一般认为，1844年英国通过《英格兰银行条例》，使英格兰银行垄断了银行券的发行权，标志着中央银行的诞生。

中国人民银行是我国的中央银行。在"大一统"金融机构体系下，它"一身二任"，既从事存贷款、结算等金融业务，又行使金融行政管理和货币发行职能。1983年9月，国务院决定中国人民银行专门行使中央银行职能。1995年3月，八届人大三次会议通过了《中华人民

共和国中国人民银行法》,使中国人民银行作为中央银行的地位进一步得到加强。

银行监管与货币政策一直都被视为中央银行的两项重要职责,但近年来许多国家都相继把银行监管职能从中央银行分离出来。2003年3月我国的央行体制改革将银行监管职能与人民银行分离,由新成立的银监会负责,这是我国金融体制市场化改革的重要步骤。中国人民银行根据履行职责的需要设立分支机构,作为中国人民银行的派出机构,负责所辖地区的金融监督管理,承办有关业务。

手机扫一扫,
读专栏8-1

(二) 商业银行

1. 商业银行的概念、性质

商业银行是通过办理吸收存款、发放贷款和转账结算业务获取利润的企业。在商品经济条件下,工农业生产部门创造的价值,必须通过流通部门来实现。流通领域在实现商品价值时,不仅要有商业从事商品购销活动而且也要银行从事资金融通、转账结算等金融业务。与从事价值创造和实现的工、农、商等各个行业比较,银行与它们各有分工,但又与它们具有共同的性质——都拥有从事业务经营所需的自有资本,实行自主经营、独立核算、依法活动、照章纳税,并遵从市场经营原则,以获取利润为经营目标。所以,从商业银行在再生生产过程中的地位和所具备的企业特征看,商业银行是企业性质的。但是,商业银行的经营对象不是普通商品,而是一种特殊商品——货币。所以,商业银行被看作是特殊的企业。

按商业银行的业务经营范围划分,西方商业银行有两大类型:职能分工型和全能型。所谓职能分工型,是指商业银行根据法律规定,主要经营短期工商信贷业务。有些国家,法律对各种金融机构的业务范围有严格的限定,有的经营长期金融业务,有的经营短期金融业务,有的专营证券,有的只经营信托等。采用这种类型分工的,以美国、英国、日本等国家的商业银行为代表。所谓全能型商业银行,也称为综合型商业银行,是指商业银行可以经营一切金融业务,包括各种期限和种类的存贷款,各种证券买卖以及信托,支付清算等金融业务。采用这种类型分工的国家以德国、奥地利和瑞士为代表。

2. 商业银行的组织形式

商业银行的外部组织形式是指商业银行在社会经济活动中的存在形式。由于各国的政治经济情况不同,各国商业银行的外部组织形式也有所不同。归纳起来,有如下几种形式:

(1) 单元银行制,也称单一或独家银行制,是指业务只由一个独立的银行机构经营而不设分支机构的银行组织形式。目前,只有美国采取这种形式,但随着经济的发展,地区经济联系的加强,以及金融业竞争的加剧,美国许多州对银行开设分支机构的限制已经逐渐放松。

(2) 总分行制,亦称分支行制,是指在大城市设立总行,并在该市以及国内或国外各地设立分支机构的银行组织形式。在这种形式下,分支行的业务和内部事业统一遵照总行的指示办理。目前,世界上大多数国家均采用这种形式。

(3) 集团银行制,亦称持股公司制,是指由一个集团成立股权公司,再由该公司控制或收购两家以上的若干银行,这些银行在法律上仍保持独立性,但业务经营都有同一股权公司所控制的银行组织。这种形式于第二次世界大战后在美国颇为流行。

（4）连锁银行制,也称联合银行制,是指两家以上商业银行受控于同一人或同一集团,但又不以股权公司的形式出现的银行组织形式。这种形式下的成员银行,在法律上是独立的,但实际上所有权由一个或两个集团控制。它与集团银行制的区别在于没有股权公司的形式,不需成立控股公司。

此外,银行相互间缔签有代理协议,委托对方银行代办指定业务,这种形式在国际是十分普遍的,称代理行制。被委托的银行为委托行的代理行,相互间的关系则为代理和被代理关系。一般来说,银行代理关系是相互的,因此互为对方代理行。

（三）政策性专业银行

政策性专业银行是相对于商业银行及商业性专业银行而言的。它是政府出于特定目的设立,或由政府施以较大干预,以完成政府的特定任务,满足整个国家社会经济发展需要而设立的专业银行。政策性专业银行等金融机构的设立及其运营是政府干预或调控国民经济的一种重要方式。

1. 开发银行

开发银行是指专门为经济开发提供长期投资性贷款的银行。设立开发银行,是世界许多国家特别是发展中国家通行的做法。目前世界各类开发银行约有 400 多家。

在中国,中国人民建设银行曾长期发挥着部分国家开发银行的作用,其他国有银行也在某些方面行使着国家开发银行的职能。1994 年后,适应我国建立和发展社会主义市场经济发展的要求,设立国家开发银行,以便使原有银行的政策性业务与商业性业务分离,使国家更有效的集中资金力量保证重点建设,增强国家对固有资产投资的宏观调控能力。

我国的国家开发银行同其商业性金融机构相比,有如下特征:① 任务特殊。它着重于贯彻政府行政意图,支持国家进行宏观经济管理,促进社会经济的发展。② 经营目标特殊。它不以盈利为目标,而主要从经济发展的角度来评价和选择项目。③ 融资原则特殊。它的主要资金来源是国家财政拨款和其他财政性资金,向金融机构发行的债权,向社会发行由财政担保的建设债权和经批准在国外发行的债权。它不吸收居民储蓄存款。当然,开发银行虽然不以营利为目的,但也必须按照社会主义市场经济的原则,讲求效益,择优选定项目,建立投资约束和风险责任机制。

2. 农业发展银行

农业发展银行是指专门向农业提供信贷及其相关金融服务的银行。农业信贷具有风险大、期限长、收益低等特点。一般商业银行和其他商业性金融机构多不愿或不宜承做这类业务。所以,许多国家专设由政府出资并直接管理或由政府直接控制,以支持农业发展为主要职责的国家农业银行。它与其他经营农业信贷业务的商业性金融机构一起,构成一国农业金融机构体系。

中国农业银行曾长期行使政策性农业金融机构和商业性农业金融机构的双重职能。1994 年后,国家设立"中国农业发展银行",作为独立的政策性金融机构,承担国家粮棉油储备、农副产品采购及农业开发等政策性贷款。其资金来源除国家财政拨款外,主要面向金融机构发行金融债券。

3. 进出口银行

进出口银行是指专门为本国商品进出口提供信贷及其相关服务的银行。这类银行通常是政府的金融机构,也有半官方性质。

一般来说,各国政府创建进出口银行的目的是促进本国商品输出。一方面,协助出口商对国外买主提供分期或延期支付方便,承担民间出口商和金融机构无力或不愿承担的政治及信用风险,并通过优惠信贷增强本国商品出口竞争能力;另一方面,进出口银行往往也是执行本国政府对外投资和援助的特定金融机构。

我国的中国银行曾长期行使国家对外贸易政策性银行的职能。1994年,我国设立独立的"中国进出口银行"。该行是为我国进出口贸易,尤其是支持和鼓励我国大型成套设备出口提供买方信贷和卖方信贷的国家政策性银行。

四、我国的非银行金融机构

非银行金融机构泛指除中央银行、商业银行及其他专业银行以外的金融机构。这类机构通常不冠以银行的名号,而以公司、信用社或基金相称。如保险公司、证券公司、信托公司、资产管理公司、财务公司或金融公司、租赁公司、农村及城市信用合作社、投资基金等。

(一) 保险公司

保险公司是经营保险业务的金融机构。它的主要经营活动包括财产、人身、责任、信用等方面的保险与再保险业务及其他金融业务。其资金来源以保险费形式聚集起来的保险基金以及投资效益。资金运用则为保险赔付、政府公债、市政债券、公司股票及债券、不动产抵押贷款、保单贷款等长期投资。所以,保险公司是当代各国金融机构体系的重要组成部分。在许多国家,它都被列为最大的非银行金融机构。

中国的保险公司主要包括中国人民保险公司,中国交通银行全资附属的中国太平洋保险公司,受中国人民保险公司所辖的中国人寿保险(股份)有限公司、中国保险(股份)有限公司、太平保险(股份)有限公司以及中国再保险有限公司等。其中,中国人民保险公司是我国最大的国有保险企业,它在中国保险业尤其是国内保险业中,处在无可替代的统治地位。后几家保险公司经营涉外保险业务,在新加坡、纽约、中国澳门和香港等地均设有分支机构。

近年来,我国保险业正在向国家办保险、地方办保险、社会办保险、行业办保险、部门办保险的格局发展。随着保险经营体制的改革,保险业务范围,特别是保险资金的运用范围和方式也正在扩大。

(二) 证券公司

证券公司是指专门从事各种有价证券经营及相关业务的金融机构。作为营利性的法人企业,证券公司是证券市场的重要参加者和中介机构。在许多国家,证券公司与投资银行是同一类机构,经营的业务大体相同。

我国的证券公司的主要业务内容有:自营、代理证券买卖业务;代理证券还本付息和红利的支付;证券的代保管和签证;接受委托证券利息和红利的支付;接受委托办理证券的等级和过户;证券抵押贷款;证券投资咨询等业务。

(三) 信托投资公司

信托投资公司也称信托公司。它是以资金及其他财产为信托标的,根据委托者的意愿,以受托人的身份管理及运用信托资产的金融机构。

中国信托投资机构是有两类机构组成。第一类是银行系统的信托投资公司,包括中国工商银行、中国农业银行、中国银行及中国人民建设银行等系统的信托投资公司。第二类是政府部门主办的信托投资公司,具体包括中央政府主办的信托投资公司以及地方政府主办的信托投资公司等。1994年以后,随着金融体制的改革和完善,信托投资公司逐渐与母体脱钩,成为独立经营的市场主体。

（四）资产管理公司

资产管理公司是美国、日本、韩国等一些国家,对金融机构中剥离出的不良资产实施公司化经营而设立的专业金融机构。1999年4月20日,我国第一家经营商业银行不良资产的公司——中国信达资产管理公司(以下简称"信达公司")在北京宣告成立。同年8月3日,华融、长城、东方等三家资产管理公司同时宣告成立。组成金融资产管理公司是我国金融体制改革的一项重要举措,对于防范和化解金融风险,依法处置国有商业银行的不良资产,加强对国有商业银行经营状况的考核,促进我国金融业的健康发展具有重要意义。《金融资产管理公司条例》经2000年11月1日国务院第32次常务会议通过,2000年11月10日予以公布,并于当日起施行。

（五）财务公司

财务公司也称金融公司,指以经营消费信贷以及工商企业信贷为主的非银行金融机构。中国目前的财务公司基本上是由企业集团投资兴办的,专门从事企业集团内部资金融通业务的金融机构,如中国东风汽车工业公司财务公司、中国有色金属工业总公司财务公司、华能集团财务公司等。企业集团财务公司是产业和金融业相结合的经济实体,是实行独立核算、自负盈亏的独立企业法人,服务对象限于企业集团内部的成员单位,业务范围尚窄。企业集团财务公司隶属于对其投资的企业集团,但作为实际的金融机构,业务活动必须接受金融监管部门管理,公司同银行及其他金融机构建立同业往来关系。

（六）租赁公司

现代租赁公司是指专门经营融资租赁业务的机构。一般来说,融资租赁活动通过直接融物满足客户实际上的融资需要,或者说,它是融资与融物为一个统一过程的信用活动。所以租赁公司成为一国金融机构体系中的一个特殊的部门。

中国的金融租赁业起始于20世纪80年代。1981年4月,中国第一家租赁公司——东方租赁有限公司成立。该公司为中国国际信托投资公司、北京市机电设备和日本东方租赁有限公司合资创办。1981年8月,中国第一家国营现代租赁公司——中国租赁有限公司正式成立。投资者为中国国际信托投资公司、国家物资总局、中国工商银行、中国农业银行、中国人民建设银行、中国人民保险公司、水电部、轻工部、电子工业部等。此后,中国租赁业得到迅速发展,形成业务齐全,机构遍布全国的融资租赁网络。

（七）信用合作社

信用合作社是由社员自愿集资结合而成的互助合作性金融机构。信用合作社成员之间一般具有共同联系的基础,如同属于某一社会团体,同为某一公司雇员,居住在同一地区等。

中国现行的信用合作社有两大类,即农村信用合作社和城市信用合作社。前者主要为农村广大农民及乡镇企业的生活、生产提供金融服务;后者主要为城市集体企业、个人工商户、城镇居民提供相关的金融服务。两类信用社均属于我国互助合作性质的金融机构,实行自主经营、独立核算、自负盈亏的经营原则。在经营管理上的主要特征是组织上的群众性、管理上的民主性和业务经营上的灵活性。1994 年以后,随着金融改革和发展,一些信用合作社陆续改组为地方性商业银行。

(八) 基金公司

基金公司是指筹集、管理、运用某种专门基金的金融机构。基金组织起源于 19 世纪的英国,盛行于 20 世纪后期特别是第二次世界大战后的美国。目前,世界各国,尤其是主要西方国家,基金组织是其现代金融机构体系的重要组成部分。

根据投资基金成立的法律基础不同,可以将投资基金划分为契约型和公司型两种。契约型投资基金是由委托人、受托人和受益人三方面订立信托契约,并以此为依据组成投资基金并加以管理。公司型投资基金是根据公司法和有关法律成立的,投资人就是基金的股东。根据交易的方式不同,可以将投资基金划分为开放型投资基金和封闭型投资基金两种。开放型投资基金的基金规模是不固定的,投资者可以随时购买、随时赎回;封闭型投资基金则是指基金一次发行一定数量的受益凭证,以后不再追加发行,投资者不能随时购买也不能随时赎回。

手机扫一扫,
读专栏8-2

第二节　商业银行

一、商业银行的产生与发展

(一) 商业银行的产生

现代商业银行是顺应资本主义生产方式的发展,在反对高利贷的斗争中发展起来的,是通过两条途径产生的:一是由旧式高利贷性质的银行逐渐适应新的经济条件而转变为资本主义银行,这种转变是早起商业银行形成的主要途径;二是按资本主义原则组织起来的股份制银行,这是现代商业银行形成的主要途径,大多数商业银行是按这一方式建立的。1694年,英国政府为了同高利贷做斗争,以维护新生的资产阶级发展工商企业的需要,决定成立的一家股份制银行——英格兰银行,并规定以 5%～6% 的低利率向工商企业发放贷款,而当时那些高利贷性质的银行利率一般都在 20%～30%。英格兰银行以高达 120 万英镑股份资本的雄厚实力,很快就动摇了高利贷银行在信用领域内的垄断地位,而成为现代商业银行的典范。英格兰银行的成立,标志着现代商业银行的诞生。但是各国对商业银行的称谓不尽一致,英国称之为"存款银行""清算银行";美国称之为"国民银行""州银行";日本称之为"城市银行""地方银行"等。

(二) 商业银行经营的模式

商业银行经过几个世纪的发展过程,归纳起来大致可以分为如下两种模式。

1. 分业经营

分业经营是对金融机构业务范围进行某种程度的"分业"管制。分业经营有三个层次：第一个层次是指金融业与非金融业的分离；第二个层次是指金融业中银行、证券和保险三个子行业的分离；第三个层次是指银行、证券和保险各子行业内部有关业务的进一步分离。

2. 混业经营

混业经营是商业银行及其他金融企业以科学的组织方式在货币和资本市场进行多业务、多品种、多方式的交叉经营和服务的总称。金融混业经营是世界金融发展的大趋势，也是中国金融改革的最终目标之一。从国内外的情况看，混业经营有诸多公认的好处，比如：为资金更合理的使用、更快的流动创造了有利条件；有助于金融各个领域之间发挥协同作用，减少或避免拮抗作用；有助于对风险的系统监管等。只有混业经营才有助于对风险的系统监管。

（1）狭义的概念。

它主要指银行业和证券业之间的经营关系，金融混业经营即银行机构与证券机构可以进入对方领域进行业务交叉经营。

（2）广义的概念。

它是指所有金融行业之间经营关系，金融混业经营即银行、保险、证券、信托机构等金融机构都可以进入上述任一业务领域甚至非金融领域，进行业务多元化经营。

二、商业银行的性质与职能

（一）商业银行的性质

商业银行是以追求最大利润为目标，以多种金融负债筹集资金，以多种金融资产为其经营对象，并向客户提供多功能、综合性服务的金融企业。

1. 商业银行具有一般的企业特征

因为商业银行与一般企业一样，拥有业务经营所必需的自有资本；商业银行实行独立核算、自负盈亏，具有独立法人资格；其经营目标是追求利润大化，获取最大限度的利润是商业银行产生和发展的基本前提，也是商业银行经营的内在动力。就此而言，商业银行与工商企业没有区别。

2. 商业银行是特殊的企业

商业银行与一般的工商企业又有不同，它是一种特殊的企业。商业银行的特殊性主要表现在以下几个方面：

（1）商业银行的经营对象特殊，一般企业经营的是具有一定使用价值的商品；而商业银行经营的对象是一种特殊商品——货币。

（2）商业银行经营内容特殊。一般企业从事的是一般商品的生产和流通；而商业银行是以金融资产和金融负债为经营对象、从事包括货币支付、借贷以及各种与货币运动有关的或者与之联系的金融服务。

（3）商业银行对社会经济的影响和受社会经济的影响特殊。商业银行对社会经济的影响远远大于一般的工商企业，同时商业银行受社会经济的影响也较任何一个工商企业更为明显。

（4）国家对商业银行的管理特殊。由于商业银行对社会经济的特殊影响，国家对商业银行的管理要比对一般的工商企业的管理更严格,管理范围更广泛。

3. 商业银行是一种特殊的金融企业

商业银行既有别于中央银行,又有别于专业银行和非银行金融机构。

(1) 与中央银行相比,商业银行是面向工商企业、公众及政府经验的金融机构,以营利为主要目的;而中央银行是只向政府和金融机构提供服务的具有银行特征的政府机关,他不对客户办理具体的信贷业务,不以营利为目的。

(2) 商业银行与专业银行和其他非银行金融机构的区别如下。专业银行和各种非银行金融机构只限于办理某一方面或几种特定的金融业务,业务经营具有明显的局限性;而商业银行的业务经营具有很强的广泛性和综合性,能提供更多更全面的金融服务,其业务触角已延伸至社会经济生活各个角落,成为"金融百货公司"和"万能银行"。

(二) 商业银行的职能

商业银行的性质决定了其职能,作为现代经济的核心,商业银行具有以下五个基本职能。

1. 信用中介职能

信用中介职能是商业银行最基本也是最能反映其经营活动特征的职能。这一职能的实质是通过银行的负债业务,把社会上的各种闲散货币资金集中到银行,通过资产业务,把它投向社会经济各部门,充当资金闲置者和资金短缺者之间的中介人,实现资金的融通。商业银行通过发挥信用中介职能,在资金盈余者和资金短缺者之间架起一座桥梁,从而在资金所有权不发生转移的前提下,使闲置的资金资源得到最大限度的利用,对经济活动起到多层次的调节转化作用,具体如下:

(1) 把暂时从再生产过程中游离出来的闲散资金转化为可用资金,从而在不改变社会资本总量的条件下,通过改变资本的使用量,提供扩大生产手段的机会。

(2) 将社会闲置的小额货币资金汇集成巨额资本,将大部分用于消费的货币资金转化为生产建设资金,加速社会生产的增长。

(3) 把短期货币资本转化为长期资本,在营利性原则支配下,还可以把资本从效益低的部门引向效益高的部门,从而优化经济结构。

2. 支付中介职能

支付中介职能是商业银行最传统的职能。这一职能是指商业银行利用活期存款账户,为客户办理各种货币结算、货币支付、货币兑换和转移存款等活动。借助这一职能,商业银行成为工商企业、政府、家庭个人的货币保管者、出纳人和支付代理人。

商业银行发挥的支付中介职能,一方面可使商业银行持续拥有比较稳定的廉价资本来源;另一方面可以大大减少现金的使用,节约社会流通费用,增加生产资本的投入。

3. 信用创造职能

信用创造职能是商业银行的特殊职能,它是在信用中介和支付中介职能的基础上产生的。信用创造是指商业银行利用其吸收活期存款的有利条件下,通过发放贷款,从事投资业务,从而衍生出更多的存款,从而扩大社会货币供给量。商业银行利用吸收的各种存款发放贷款,在支票和转账结算的基础上,贷款又转化为新的存款,在这种新的存款不提现或不完全提现的条件下,形成数倍于原始存款的派生存款。

商业银行通过信用创造,创造了流通工具和支付手段,可节约现金使用,节约社会流通费用,又满足了社会经济发展对流通和支付手段的需要。

4. 金融服务职能

这一职能是指商业银行利用其在国民经济生活中的特殊地位,及其在提供信用中介和支付中介业务过程中所获得的大量信息,凭借这些优势,运用电子计算机等先进手段和工具,为客户提供的各种服务。这些服务主要有财政咨询、代理融通、信托、租赁、计算机服务、现金管理,等等。

商业银行通过金融服务,一方面扩大了社会经济面和市场份额,另一方面也为银行取得不少费用收入,增加了盈利。

5. 调节经济职能

这一职能是指商业银行通过其信用中介活动,调剂社会各部门的资金余缺,同时在中央银行货币政策指导下,在国家其他宏观政策的影响下,实现调节经济活动、调节投资与消费比例关系,引导资金流向,实现产业结构调整,发挥消费对生产的引导作用。

三、商业银行的组织制度形式

一般来看,西方各国商业银行产生和发展的经济条件不同,因而组织形式也存在着一定的差异。纵观全球商业银行,主要有几种类型。

(一) 单元制

又称单一银行制,是指那些不设立或不能设立分支机构的商业银行,以美国最为典型。这种单一银行制度是由美国特殊的历史背景和政治制度所决定的。美国是各州独立性较强的联邦制国家,历史上经济发展很不平衡,东西悬殊。为了适应经济均衡发展需要,特别是适应中小企业发展的需要,各州都立法禁止或限制银行开设分支机构,特别是跨州设立分支机构以达到阻止金融渗透,反对金融权力集中,防止银行吞并的目的。

1. 单元制的优点

(1) 可以防止银行垄断,有利于自由竞争,也可以缓和竞争的剧烈程度。

(2) 有利于银行和地方政府协调,能适应本地区经济发展需要,集中全力为本地区服务。

(3) 银行具有较高的独立性和自主性,业务经营的灵活性也较大。

(4) 银行管理层次少有利于中央银行的管理和控制。

2. 单元制的缺陷

(1) 该制度使银行业务限制在某一地区、某个行业,使银行易受该地区、该行业经济发展状况的影响,风险难以分散。

(2) 商业银行不设分支机构,与现代经济的横向发展存在着矛盾,同时,在电子计算机等高新技术大量应用的条件下,其业务发展和金融创新受到限制。

(3) 银行规模较小,经营成本高,不易取得规模经济效益。

(二) 分行制

分行制是指法律上允许在总行之外,在国内外各地普遍设立分支机构的一种银行制度。这种银行的总部一般都设在大城市,所有分支机构统一由总行领导。分行制又可以进一步分为总行制和总管理处制。总行制是指总行除管理控制各分支行外,本身也对外营业办理业务;总管理处制是指总行只负责控制分支行,本身并不对外营业,但在总管理处所在地另设对外营业的分支行或营业部。

1. 分行制的优点

(1) 分支机构多,分布广,便于吸收存款,扩大经营规模,增强银行实力。

(2) 大量的分支机构,便于资产在地区和行业上的分散,降低放款的平均风险,提高银行的安全性。

(3) 银行规模较大,易于采用现代化设备,提高多种便利的金融服务,取得规模效益。

(4) 由于银行总数少,便于金融管理当局的监管。

2. 分行制的缺点

(1) 该制度容易造成大银行对小银行的吞并,形成金融垄断,使小银行处于不平等的竞争地位。

(2) 银行规模过大,内部层次结构较多,加大了银行内部的控制难度。

分行制有利有弊,但总的来看,分行制更能适应现代经济发展的需要,因而成为大多数国家普遍采用的一种银行制度。

(三) 持股公司制

持股公司制又称集团银行制,指一个集团成立股权公司,再由该公司收购或控制两家以上的若干独立银行而建立的一种银行制度。这些银行的业务和经营决策属于股权公司控制。持股公司对银行的有效控制权是指能控制一家银行 25% 以上的股票权。

持股公司制有两种类型,非银行性持股公司和银行性持股公司。前者是通过非银行的大企业控制某一银行的主要股份而组织起来的,后者是由大银行直接组织一个持股公司,通过控制小银行的大部分股份而组织起来的。一般把控制一家银行的称为单一银行持股公司,把控制两家以上银行的称为多银行持股公司。

持股公司制的优点是:能够有效地扩大资本总量,增强银行的实力,提高抵御风险和参与市场竞争的能力,弥补了单元制银行的不足。但实行持股公司制容易形成银行业的集中与垄断,不利于银行之间开展竞争,阻碍银行业的发展。

(四) 连锁银行制

连锁银行制又称联合银行制,是指由某个人或某个集团控制两家或两家以上的银行。这种控制可以通过持有股份、共同指导或其他法律允许的方式来完成。连锁银行制的成员银行保持各自的独立性,具有各自的董事会。

连锁银行制与持股公司制一样,都是为了弥补单一银行制的不足,规避对设立分支行的限制而实行的。但连锁银行与持股公司相比,由于受某个人或某个集团的控制,因而不易获得银行所需要的大量资本,不利于银行的发展。

四、商业银行的主要业务

商业银行是以经营工商业存放款为主要业务并以利润为其主要经营目标的银行。商业银行是适应市场经济的银行组织形式,商业银行的业务大致分为负债业务、资产业务和其他业务三大类。

(一) 负债业务

1. 自有资本

自有资本是指股东出资形成的资本金、资本盈余以及其运行结果累积留存收益。它们统称为所有者权益,本质上归属出资人股东。银行自有资本,又称为银行资本金或所有者权益。国际上的商业银行大多数是股份制的,其自有资本金指银行股东的投资和税后留存的利润。我国四家国有独资商业银行的自有资本主要来源于财政拨款和税后利润。股份制商业银行的自有资本主要包括股本、资本盈余、未分配利润、公积金和风险准备金。这些资金代表着对商业银行的所有权。自有资本包括:① 筹建银行时股东的投资,即法定资本,未达到不能开业;② 银行为扩大经营而追加的投资(其一,新招募的股本,即扩股;其二,股息资本化,即按照法令规定从每年支付的股利总额中提取的"法定公积金")。

2. 各项存款

存款指存款人在保留所有权的条件下把资金或货币暂时转让或存储与银行或其他金融机构,或者是把使用权暂时转让给银行或其他金融机构的资金或货币,是最基本也最重要的金融行为或活动,也是银行最重要的信贷资金来源。存款主要有下面几种:

(1) 活期存款(也称为支票存款)。

(2) 定期存款。

(3) 储蓄存款。

(4) 存款账户创新。

① 可转让支付命令账户(NOWs)。

② 货币市场存款账户(MMDA)。

③ 自动转账制度(ATS)。

④ 可转让大额定期存单。

除此之外,还有定活两便存款、通知存款等创新的存款账户。

3. 借款

银行借款是指企业向银行或其他非银行金融机构借入的、需要还本付息的款项,包括偿还期限超过一年的长期借款和不足一年的短期借款,主要用于企业购建固定资产和满足流动资金周转的需要。

(1) 短期借款。

① 同业借款。

② 向中央银行借款。

③ 转贴现。

④ 结算过程中的短期资金占用。

(2) 长期借款。主要是发行金融债券筹资。

(二) 资产业务

1. 贷款

贷款是银行或其他金融机构按一定利率和必须归还等条件出借货币资金的一种信用活动形式。广义的贷款指贷款、贴现、透支等出贷资金的总称。银行通过贷款的方式将所集中的货币和货币资金投放出去,可以满足社会扩大再生产对补充资金的需要,促进经济的发展;同时,银行也可以由此取得贷款利息收入,增加银行自身的积累。

(1) 根据资金的性质和风险程度不同分为:自营贷款、委托贷款和特定贷款。

① 自营贷款,系指贷款人以合法方式筹集的资金自主发放的贷款,其风险由贷款人承担,并由贷款人收回本金和利息。

②委托贷款,系指由政府部门、企事业单位及个人等委托人提供资金,由贷款人(即受托人)根据委托人确定的贷款对象、用途、金额、期限、利率等代为发放、监督使用并协助收回的贷款。贷款人(受托人)只收取手续费,不承担贷款风险。

③特定贷款,系指经国务院批准并对贷款可能造成的损失采取相应补救措施后责成国有独资商业银行发放的贷款。

(2)根据贷款期限不同分为:短期贷款、中期贷款和长期贷款。

①短期贷款,是指贷款期限在一年以内(含一年)的贷款。

②中期贷款,是指贷款期限在一年以上(不含一年)五年以下(含五年)的贷款。

③长期贷款,是指贷款期限在五年(不含五年)以上的贷款。

(3)根据贷款的担保方式不同分为:信用贷款、担保贷款和票据贴现。

①信用贷款,是指以借款人的信誉发放的贷款。

②担保贷款,是指保证贷款、抵押借款、质押贷款。

保证贷款,是指按《中华人民共和国担保法》规定的保证方式以第三人承诺在借款人不能偿还贷款时,按约定承担一般保证责任或者连带责任而发放的贷款。

抵押贷款,是指按《中华人民共和国担保法》规定的抵押方式以借款人或第三人的财产作为抵押物发放的贷款。

质押贷款,是指按《中华人民共和国担保法》规定的质押方式以借款人或第三人的动产或权利作为质物发放的贷款。

③票据贴现,是指贷款人以购买借款人未到期商业票据的方式发放的贷款。

(4)根据贷款的风险程度分为:正常、关注、次级、可疑、损失,后三种为不良贷款。

①正常贷款。借款人能够履行合同,一直能正常还本付息,不存在任何影响贷款本息及时全额偿还的消极因素,银行对借款人按时足额偿还贷款本息有充分把握。贷款损失的概率为0。

②关注贷款。尽管借款人目前有能力偿还贷款本息,但存在一些可能对偿还产生不利影响的因素,如这些因素继续下去,借款人的偿还能力受到影响,贷款损失的概率不会超过5%。

③次级贷款。借款人的还款能力出现明显问题,完全依靠其正常营业收入无法足额偿还贷款本息,需要通过处分资产或对外融资乃至执行抵押担保来还款付息。贷款损失的概率在30%～50%。

④可疑贷款。借款人无法足额偿还贷款本息,即使执行抵押或担保,也肯定要造成一部分损失,只是因为存在借款人重组、兼并、合并、抵押物处理和未决诉讼等待定因素,损失金额的多少还不能确定,贷款损失的概率为50%～75%。

⑤损失贷款。指借款人已无偿还本息的可能,无论采取什么措施和履行什么程序,贷款都注定要损失了,或者虽然能收回极少部分,但其价值也是微乎其微,从银行的角度看,也没有意义和必要再将其作为银行资产在账目上保留下来,对于这类贷款在履行了必要的法律程序之后应立即予以注销,其贷款损失的概率为75%～100%。

2. 投资业务

投资业务,是指银行购买有价证券业务,主要是购买债券和股票。

3. 现金资产业务

（三）中间业务和表外业务

1. 中间业务

中间业务，是指银行不运用自己的资金，而是代理客户承办支付和其他委托事项，并据以收取手续费的业务。

2. 表外业务

表外业务，是指商业银行所从事的，不列入资产负债表而且不影响资产负债总额的经营活动。

五、 商业经营管理原则

总的来说，商业银行经营管理只需遵循三项基本原则，即：流动性原则，安全性原则与营利性原则。

（一）流动性原则

1. 流动性原则的含义

流动性是指商业银行能够随时满足客户提现和必要的贷款需求的支付能力，包括资产的流动性和负债的流动性两重含义。

（1）资产的流动性是指资产在不受损失的情况下迅速变现的能力。

（2）负债的流动性是指银行能以较低的成本随时获得所需资金的能力。

2. 银行保持流动性的主要方法

（1）建立分层次的准备资产制度。

准备资产主要指银行持有的现金资产和短期有价证券。具体包括一级准备和二级准备。

① 一级准备又称现金准备，包括商业银行库存现金、在中央银行的存款及同业存款等。它们是货币性最强的部分，是商业银行为满足流动性需要的第一道防线，属于非盈利性资产。

② 二级准备金是指商业银行拥有的短期证券、短期票据。这些资产既能保持一定的盈利，又能随时或在短期内变现。其特点是期限短、质量高、销售快。二级准备金是应付流动性风险的第二道防线。

（2）实施负债管理。

负债管理指以增加负债的形式从市场上借入资金来满足流动性需要，包括向中央银行借款、发行大额可转让存单、同业拆借、利用国际货币市场融资等形式。但通过这一形式保持流动性需要考虑资金的成本及银行的信誉。

（3）统筹规划银行的流动性需求与流动性供给。

这是指将测定的流动性需要与银行所持有的流动性头寸联系起来做出规划，以解决面临的流动性问题。

（二）安全性原则

1. 安全性原则的含义

安全性是指商业银行应努力避免各种不确定因素对它的影响，保证商业银行的稳健经营和发展。

2. 安全性原则的必要性

（1）银行经营条件特殊，尤其需要强调安全性。商业银行作为社会的信用中介，它必须保持足够的资金流动清偿能力，以履行其债务。

（2）银行自有资本较少，经受不起较大损失。

（3）商业银行的安全性包括资产业务和负债业务的安全性。在负债业务中，主要面临客户随时提存的可能。在资产业务中，可能面临贷款和投资的规模超过资金来源的问题。

3. 影响银行经营安全的因素

影响银行经营安全的因素主要有信用风险、利率风险、汇率风险、流动性风险、政策风险。

4. 确保银行经营安全的措施

（1）对于风险太大并注定会给银行带来损失的业务，银行要拒绝给以贷款才能避免风险。

（2）在业务经营中，银行要合理安排贷款和投资的规模及期限结构，要加强对企业客户的资信调查和经营预测以减少或控制风险。

（3）银行资产要在种类和企业客户两个方面适当分散，避免过于集中而产生的大的信用风险；

（4）银行可通过转让、保险及套期交易和互换交易等方式转移风险。

（三）营利性原则

1. 营利性原则的含义

所谓盈利性，是指商业银行经营获取利润的要求。追求盈利、实现利润最大化是商业银行的经营目标，也是商业银行企业性质的集中体现。

2. 营利性原则的必要性

银行以营利为经营原则，是由其经济性质、经营特点决定的。

（1）从经济性质来看，一方面银行作为经济实体，必须具有承担风险的能力；另一方面，银行作为国民经济的综合部门，作为社会信用活动的主要组织者和承担者，还应以提高社会经济效益为己任。

（2）从银行的经营特点来看，银行是典型的负债经营机构，其业务活动建立在社会信用的基础上，而银行的盈利是影响银行信誉的重要因素。

3. 影响银行营利性的因素及提高营利性的方法

（1）扩大资产规模，合理安排资产结构，在保持银行资产流动性的前提下，尽可能减少非盈利资产，增加盈利资产所占的比重。

（2）商业银行应在多种筹资方式、筹资渠道之间进行比较、选择，以尽可能低的成本吸收更多的资金。

（3）充分利用自身所拥有的各项资源，积极开展中间业务和表外业务，同时提高工作效率，降低管理费用和营业成本的支出。

4. 三性之间的关系

（1）统一协调关系。营利性是核心，安全性是基础，流动性是保证。

（2）矛盾与制约的关系。一般地说，营利性与安全性、流动性之间是对立的。

第三节　中央银行

一、中央银行的产生与发展

(一) 中央银行的产生

资本主义商品经济的迅速发展,经济危机的频繁发生,银行信用的普遍化和集中化,既为中央银行的产生奠定了经济基础,又为中央银行的产生提供了客观必要性要求。究其原因,有以下几点。

1. 政府融资问题

银行是一个古老的行业,现代的银行业起源于文艺复兴时代的意大利。当时这些银行的贷款对象主要是商人和一些挥霍无度的王公贵族。国家机器的强化、自然灾害的发生和战争的频繁爆发。一方面减少了国家收入,另一方面则增加了开支。为弥补财政亏空,一国政府逐渐成为银行家的常客。17 世纪末,英国国王威廉三世执政时,国家财政陷于困境,需要大量举债,由英格兰银行向政府贷款 120 万英镑。从此,英格兰银行成为政府的融资者和国库代理人,成为历史上第一家具有"政府的银行"职能的银行。

2. 银行券发行问题

在银行业发展初期,差不多每个银行都有发行银行券的权力,许多商业银行除了办理存放和汇兑等业务以外,都从事银行券的发行。银行券分散发行的弊病很大,一是在资本主义竞争加剧、危机四伏、银行林立的情况下,一些银行特别是小的商业银行,由于信用能力薄弱,经营不善或同业挤兑,无法保证自己所发银行券的兑现,从而无法保证银行券的信誉及其流通的稳定,由此还经常引起社会的混乱;二是一些银行限于实力、信用和分支机构等问题,其信用活动的领域受到限制,所发行的银行券只能在国内有限的地区流通,从而给生产和流通带来困难。由此,客观上要求有一个实力雄厚,并在全国范围内有权威的银行来统一发行银行券。

3. 票据交换问题

随着银行事业的发展,银行业务必然日趋扩大,银行每天收到的票据数量增多,各银行之间的债权债务关系复杂化,由各个银行自行轧差进行当日清算已发生困难。不仅异地结算矛盾突出,即使同城结算也成问题。因此,客观上要求建立一个全国统一的、有权威的、公正的清算中心,而这个中心只能由中央银行承担。

4. 最后贷款人问题

随着商品生产和流通的扩大,对银行贷款的需求量也不断增加,并且要求贷款的期限延长。如果商业银行仅用自己吸收的存款来提供放款,就远远不能满足社会经济发展的需要。如将吸收的存款过多地提供贷款,又会削弱银行的清偿能力,从而出现因支付能力不足而发生挤兑或破产的情况。因支付手段不足而大量倒闭的现象,始终贯穿于 20 世纪 30 年代以前的银行史,对国民经济的稳定发展构成了极大的威胁。这就客观上要求有一个信用卓著、实力强大且可以提供有效支付手段的机构,适当集中各家商业银行的一部分现金准备,充当商业银行的最后支持者。

5. 金融监督与管理问题

同其他行业一样,银行业经营竞争也很激烈。但它们在竞争中的破产、倒闭给经济造成的动荡要大得多。因此,客观上需要有一个代表政府意志的专门机构从事金融业管理、监督、协调的工作。

中央银行的历史,最早可以追溯到 1656 年成立的瑞典银行。它原是由私人创办的欧洲第一家发行银行券的银行,1668 年由政府出面改组为国家银行,直到 1897 年才垄断货币发行权,开始履行中央银行职责,成为真正的中央银行。最早全面发挥中央银行各项职能的则是 1694 年成立的英格兰银行,虽比瑞典银行晚成立 40 年,但被人们称为近代中央银行的鼻祖,它的创立是中央银行制度发展史上一个最重要的里程碑。

英格兰银行最初为私人股份制银行,是基于国家利益的需要而创办,并为国家利益服务的发行银行和代理国库的银行。1833 年,由国会通过法案,规定英格兰银行的纸币为全国唯一的法偿货币。1844 年英国首相皮尔主持通过了《英格兰银行条例》(又称《皮尔条例》),限制了其他商业银行发行纸币的数量,这样,无形中赋予英格兰银行独占发行的权力。再加上该行与政府及国库的密切关系,英格兰银行作为特殊银行的地位更加巩固。由于该行发行的纸币流通范围最广,信誉最高,许多商业银行便把自己的一部分准备金存入英格兰银行,作为交换、清偿之用途。这样,英格兰银行就逐渐成为英国银行业的现金保管者,并于 1854 年成为英国银行业的票据交换中心,至此,英格兰银行成为清算银行。1872 年,英格兰银行将银行放款利率作为其货币政策的重要工具,担负起最后贷款人的角色。这样,英格兰银行就成为"银行的银行",成为现代意义上的中央银行。

(二) 中央银行的发展

从 19 世纪初到第一次世界大战爆发前这 100 多年里,出现了成立中央银行的第一次高潮。例如,成立于 1800 年的法兰西银行,在 1848 年垄断了全法国的货币发行权,并于 19 世纪 70 年代完成了向中央银行的过渡;德国国家银行成立于 1875 年,并于 20 世纪初基本垄断了德国的货币发行权;日本的中央银行,即日本银行则成立于 1882 年。1800—1900 年,成立中央银行的国家主要还有荷兰、奥地利、挪威、丹麦、比利时、西班牙、俄国等。它们的产生主要是本国经济、金融客观发展的产物,并且大部分都是由普通银行通过逐步集中货币发行和对一般银行提供清算服务及资金支持而演变为中央银行的。

美国的中央银行是西方主要国家中建立得最晚,同时也最具有特色的中央银行。美国早期具有中央银行职能的银行是美国第一银行(1791—1811 年)和美国第二银行(1816—1836 年),这两家银行均在成立之初规定的 20 年营业期满后中止。真正全面具有中央银行职能的美国联邦储备体系于 1913 年建立。它把美国分成了 12 个储备区,每区各设立一个联邦储备银行,并在此基础上设立中央一级的联邦储备理事会,由联邦储备体系统一发行联邦储备券,并把会员银行的存款准备金集中于 12 家联邦储备银行,使联邦储备体系执行中央银行的职能。

第一次世界大战爆发以后,许多国家经济和金融发生了剧烈波动,面对世界性金融危机和当时严重的通货膨胀,1920 年在比利时首都召开的国际经济会议上,要求尚未建立中央银行的国家尽快建立中央银行,以共同维持国际货币体系和经济的稳定,由此又一次推动了中央银行的产生和发展。从 1921 年至 1942 年,世界各国改组或设立的中央银行约有 40 多家。这一时期建立的中央银行大多是借助于政府的力量并根据前一时期中央银行创设和发展的经验直接设计而成。第二次世界大战以后，一批从殖民地统治中独立出来的国家，纷纷建立自己的中央银行。

二、中央银行的性质与职能

(一) 中央银行的性质

中央银行的性质一般表述为，中央银行是国家赋予其制定和执行货币政策，对国民经济进行宏观调控和管理的特殊的金融机构，具体如下。

1. 中央银行是特殊的金融机构

中央银行虽然也称为银行，也办理银行固有的"存、贷、汇业务"，但与普通的商业银行和金融机构相比，在业务经营目标、经营对象和经营内容上都有着本质的区别。

(1) 从经营目标来看，商业银行以及其他的金融机构作为经营货币业务的机构，一般以追求利润最大化为其经营目标；而中央银行不以营利为目的，原则上也不从事普通商业银行的业务，而是以金融调控为己任，以稳定货币、促进经济发展为宗旨。虽然中央银行在业务活动中也会取得利润，但不以营利为目的。

(2) 从服务对象来看，普通商业银行和其他金融机构一般以企业、社会团体和个人为其主要的服务对象；而中央银行在一般情况下不与这些对象发生直接的业务关系。中央银行只与政府和商业银行等金融机构发生资金往来关系，并通过与这些机构的业务往来，贯彻和执行政府的经济政策，并履行其管理金融的职责。

(3) 从经营内容来看，中央银行独占货币发行权，通过制定和实施货币政策，控制货币供应量，使社会总供给和总需求趋于平衡，而商业银行和其他金融机构则没有这种特权；中央银行接受银行等金融机构的准备金存款和政府财政性存款，但其吸收存款的目的不同于商业银行等金融机构，即不是为了扩大信贷业务规模，而是为了调节货币供应量，因此，其接受的存款具有保管、调节的性质，一般不支付利息。中央银行有调节信用的职能，其资产具有较大的流动性和可清偿性，一般不含有长期投资的成分，可随时兑付清偿，以保证其调节功能的正常发挥。

2. 中央银行是管理金融事业的国家机关

虽然各国中央银行在制度上存在着差异，但其本质都是一样的，中央银行都是国家机构的一个组成部分。大多数国家的法律都有明文规定：中央银行对行政、司法、立法部门负责，是国家管理金融的机关。中央银行大多属于国家和政府权力机关。例如，美国联邦储备系统直接对国会负责，是国会的一个部门；我国的中国人民银行直接隶属国务院，是政府的一个部委单位。无论中央银行隶属于国家权力机关，还是政府的一个部门，它都是国家在金融领域的代理人。

(二) 中央银行的职能

中央银行的职能是中央银行的性质在其业务活动中的具体体现。"发行的银行、银行的银行和国家的银行"仍被看作是中央银行的三大基本职能。

1. 中央银行是"发行的银行"

所谓"发行的银行"，主要有两个方面的含义：一是国家赋予中央银行集中与垄断货币发行的特权，是国家唯一的货币发行机构；二是中央银行必须以维护本国货币的正常流通与币值稳定为宗旨。

中央银行集中与垄断货币发行权是其自身之所以成为中央银行最基本、最重要的标志，也是中央银行发挥其全部职能的基础。中央银行垄断货币发行权是统一货币发行与流通和稳定货币币值的基本保证。货币发行是中央银行的重要资金来源，也为中央银行调节金融活动和全社会货币、信用总量，促进经济增长提供了资金力量。因此，具有"发行的银行"，这一基本职能是中央银行实施金融宏观调控的充分与必要条件。中央银行作为一国发行货币和创造信用货币的机构，在发行现钞、供给货币的同时，必须履行保持货币币值稳定的重要职责，将货币量和信贷规模控制在适当的水平，使社会经济能正常运行与发展。

2. 中央银行是"银行的银行"

所谓"银行的银行"，其一，是指中央银行的业务对象不是一般企业和个人，而是商业银行和其他金融机构及特定的政府部门；其二，中央银行与其业务对象之间的业务往来仍具有"存、贷、汇"业务的特征；其三，中央银行为商业银行和其他金融机构提供支持、服务的同时，对其进行管理。具体表现在以下几个方面：

(1) 集中存款准备金。实行中央银行制度的国家通常以立法的形式，要求商业银行和其他金融机构将其吸收的存款按法定的比率向中央银行缴存存款准备金，存款准备金集中于中央银行的"法定存款准备金"账户，成为中央银行的资金来源，并由中央银行集中统一保障存款人的资金安全，以防止商业银行等存款机构因发生挤兑而倒闭。中央银行通过调整存款准备金的上缴比率，来控制商业银行的货币创造能力和信用规模，以达到控制总体货币供应量的目的。

(2) 充当商业银行等金融机构的"最后贷款人"。当商业银行和其他金融机构发生资金困难而无法从其他银行或金融市场筹措时，可通过再贴现或再贷款的方式向中央银行融通资金，中央银行则成为整个社会信用的"最后贷款人"。中央银行向商业银行发放贷款的资金主要来源于国库存款和商业银行缴存的存款准备金，如果中央银行资金不足，则可以通过增发货币的方式加以解决。中央银行作为最后贷款人向商业银行和其他金融机构提供资金融通，一方面可以增强整个货币供应的弹性，提高商业银行和其他金融机构的资金流动性；另一方面也可以通过调整再贴现率，起到调控货币供应量和信用规模的作用。充当最后贷款人是中央银行极其重要的职能之一，也确立了中央银行在整个金融体系中的核心地位。

(3) 充当全国资金清算中心。在存款准备金制度建立以后，各商业银行都在中央银行开设了存款准备金账户和超额准备金账户，各银行之间发生的资金往来或应收、应付款项，都要通过中央银行划拨转账，中央银行遂成为全国的清算中心。清算时只要通过各商业银行在中央银行的存款账户进行转账、轧差，直接增减其存款金额便可完成。中央银行办理金融机构之间的清算具有安全、快捷、可靠的特点。中央银行通过组织全国银行系统的清算，一方面为各家银行提供服务，提高了清算效率，加速了资金周转；另一方面也便于中央银行利用清算系统强化对整个金融体系的监管和控制。

3. 中央银行是"国家的银行"

中央银行一方面代表国家制定并执行有关金融法规、代表国家监督管理和干预各项有关经济和金融活动，另一方面还为国家提供多种金融服务。另外，许多国家中央银行的主要负责人是由政府任命的，绝大多数国家中央银行的资本金为国家政府所有或由政府控制股份，还有些国家的中央银行直接是政府的组成部分。中央银行具有国家的银行的职能，主要通过以下几个方面得到具体体现：

（1）代理国库。国家财政收支一般不另设机构，而交由中央银行代理。财政的收入和支出均通过财政部在中央银行内开设的各种账户进行。具体包括，按国家预算要求代收国库存款并根据财政支付命令拨付财政支出，向财政部门反映预算收支执行情况，代理国库办理各种收支和清算业务。因此，中央银行又被称为国家的总出纳。

（2）代理政府债券的发行。当今世界各国政府均广泛利用发行国家债券的形式弥补开支的不足。中央银行通常代理国债的发行、推销以及发行后的还本付息等事宜。

（3）为政府融通资金、提供特定的信贷支持。当财政因先支后收而产生暂时性收支不平衡时，中央银行一般会向政府融通资金、提供信贷支持。各国中央银行一般不承担向财政提供长期贷款或透支的责任。因为向政府发放中长期贷款将会陷入弥补财政赤字而发行货币的泥潭，会导致通货膨胀，危及金融体系的稳定。同样中央银行也不宜在一级市场上承购政府债券。中央银行在二级市场上买卖政府债券虽然也是对政府的间接资金融通，但一般不会导致通货膨胀，反而是中央银行在控制货币量上的有效手段。

（4）外汇、黄金储备的保管、买卖和管理。世界各国的外汇、黄金储备一般都由中央银行集中保管。中央银行可以根据国内国际情况，适时适量购进或抛售某种外汇或黄金，可以起到稳定币值和汇率、调节国际收支、实现国际收支平衡的作用。

（5）代表政府从事国际金融活动，并提供决策咨询。中央银行一般都作为政府的代表，参加国家的对外金融活动，如参加国际金融组织、代表政府签订国际金融协定、参加国际金融事务与活动等。同时，在国际、国内的经济和金融活动中，中央银行还充当政府的顾问，提供经济、金融情报和决策建议。

（6）对金融业实施金融监督管理。中央银行作为国家最高的金融管理当局，行使其管理职能。其主要内容包括制定并监督执行有关的金融政策、金融法规、基本制度和业务活动准则等，监督管理金融机构的业务活动，管理和规范金融市场。

总之，发行的银行、银行的银行和国家的银行，体现了中央银行的基本职能，世界上绝大多数国家的中央银行都具备这三大基本职能。

三、中央银行的类型

（一）中央银行制度的基本类型

由于各国政治与经济制度、历史传统、文化背景和经济、金融发展水平各不相同，因而在中央银行制度的类型上出现较大的差异。归纳起来，大致可分为单一式中央银行制度、复合式中央银行制度、跨国中央银行制度和准中央银行制度等四种类型。

1. 单一式中央银行制度

单一式中央银行制度是指国家建立单独的中央银行机构，使之与一般的商业银行业务相分离，而全面行使中央银行的职能。单一式中央银行制度是最主要、最典型的中央银行制度形式。这种类型又可分为一元式和二元式两种情况。

所谓一元式的中央银行制度是指一国只设立一家统一的中央银行行使中央银行的权力和履行中央银行的全部职责，中央银行的机构设置一般采取总分行制，逐级垂直隶属。一元式的中央银行制度具有权力集中、决策迅速、职能完善、组织机构齐全等特点。目前世界上大多数国家都采取这种形式，比较典型的有英国、法国、日本和瑞典等。我国的中国人民银行自1984年以后也采取一元式的组织形式。

所谓二元式的中央银行制度是指中央银行体系由中央和地方两级相对独立的中央银行机构共同组成。中央级机构是最高权力和管理机构,地方级机构受中央级机构的监督管理,但是在它们各自的辖区内有较大的独立性。实行联邦制的国家多采取这种中央银行体制,如美国、德国等。

2. 复合式中央银行制度

复合式中央银行制度是指国家不单独设立专司中央银行职能的中央银行机构,而是由一家集中央银行与商业银行职能于一身的国家大银行兼行中央银行职能的中央银行制度,即所谓"一身二任"。复合中央银行制主要存在于过去的苏联和东欧国家,我国在1983年以前也实行这种制度。

3. 跨国中央银行制度

跨国中央银行制度是指由若干国家联合组建一家中央银行,由这家中央银行在其成员国范围内行使全部或部分中央银行职能的中央银行制度。

4. 准中央银行制度

准中央银行制度是指国家不设通常完整意义上的中央银行,而设类似中央银行的金融管理机构执行部分中央银行的职能,并授权若干商业银行也执行部分中央银行职能的制度。

(二) 中央银行的资本组成类型

1. 全部资本为国家所有的中央银行

这类中央银行也称国有化中央银行。目前世界上大多数国家中央银行的所有权都全部归国家所有。目前,中央银行资本为国家所有的国家主要有英国、法国、德国、加拿大、澳大利亚、荷兰、西班牙、印度、泰国等。中国人民银行的资本组成也属于国家所有的类型。

2. 资本为公私混合所有的中央银行

资本为公私混合所有的中央银行也称半国家性的银行。这种资本组成类型是国家持有中央银行的一部分资本金,大多在50%以上,其余的资本则由民间私人资本提供,如日本银行,政府拥有55%的股份,其余45%则由本国的金融机构、证券公司其他法人和个人认购。瑞士国家银行,其60%的股份由政府和一些商业银行持有,其余40%的股份则为私人所有,这部分股份可在市场上自由买卖。

3. 全部股份非国家所有的中央银行

这类中央银行,国家不持有股份,全部资本由其他股东投入,由法律规定执行中央银行的职能,其典型代表是美国和意大利。美国联邦储备银行的股本全部由参加联邦储备体系的会员银行所拥有,会员银行按照自己实收资本和公积金的6%认购所参加的联邦储备银行的股份,先缴付所认购股份的一半,另一半待通知随时缴付,会员银行按实缴股本享受年息6%的股息。

4. 资本为多国共有的中央银行

这类中央银行也称跨国中央银行,其资本不为某一个国家单独所有,而是由各成员国按商定比例认缴的,各国以认缴比例拥有对中央银行的所有权。

中央银行的资本金无论是属于国家、公私混合所有还是其他,都不会对中央银行的性质和业务活动产生实质性的影响。因为国家对中央银行拥有直接控制和监督的权力,私人持股者既无决策权,又无经营管理权。因此,从这个意义上讲,任何一个国家的中央银行本质上都是政府机构。

四、中央银行的业务

(一) 中央银行业务活动的原则

从总体上看,中央银行最基本的业务活动原则是必须服从于履行职责的需要。中央银行的全部业务活动都是为其履行职责服务的,是其行使特定职权的必要手段。所以,中央银行的各种业务活动必须围绕着各项法定职责展开,必须以有利于履行职责为最高原则。

1. 非营利性

中央银行的一切业务活动不是以营利为目的的。由于中央银行特殊的地位和作用,决定了中央银行以调控宏观经济、稳定货币、稳定金融、为银行和政府服务为己任,是宏观金融管理机构而非营业性金融机构,由此决定了中央银行的一切业务活动都要以此为目的,不能以追求盈利为目标,只要是宏观金融管理所必需的,即使不盈利甚至亏损的业务也要去做。因此,在中央银行的日常业务活动中,盈利与否不是其追逐和考虑的目的。

2. 流动性

流动性主要是指资产业务需要保持流动性。因为中央银行在充当金融机构的"最后贷款人"、进行货币政策操作和宏观经济调控时,必须拥有相当数量的可用资金,才能及时满足其调节货币供求、稳定币值和汇率、调节经济运行的需要。所以,为了保证中央银行资金可以灵活调度、及时运用,中央银行必须使自己的资产保持最大的流动性,不能形成不易变现的资产。

3. 主动性

主动性主要指资产负债业务需要保持主动性。由于中央银行的资产负债业务直接与货币供应相连(如货币发行业务直接形成流通中货币,存款准备金业务不仅导致基础货币的变化,还会引起货币乘数的变化,再贴现、公开市场业务是提供基础货币的主要渠道等)因此,中央银行必须使其资产负债业务保持主动性,这样才能根据履行职责的需要,通过资产负债业务实施货币政策和金融监管,有效控制货币供应量和信用总量。

4. 公开性

公开性主要指中央银行的业务状况公开化,定期向社会公布业务与财务状况,并向社会提供有关的金融统计资料。中央银行的业务活动保持公开性,一是可以使中央银行的业务活动置于社会公众监督之下,有利于中央银行依法规范其业务活动,确保其业务活动的公平合理性,保持中央银行的信誉和权威;二是可以增强中央银行业务活动的透明度,使国内外有关方面及时了解中央银行的政策、意图及其操作力度,有利于增强实施货币政策的告示效应;三是可以及时准确地向社会提供必要的金融信息,有利于各界分析研究金融和经济形势,也便于他们进行合理预期,调整经济决策和行为。

(二) 中央银行的业务

1. 中央银行的负债业务

(1) 货币发行业务。

在中央银行成立后,货币发行大都集中由中央银行统一办理。其原因有五点:第一,钞票可以整齐划一,在全国范围内流通,不致造成币制混乱。第二,便于政府监督管理,推行国家的货币政策。第三,中央银行可以随时根据社会经济发展变化进行调节和控制,使货币数量和流通需要尽可能相适应。第四,中央银行处于相对独立的地位,可以抵制政府滥发钞票的要求,使货币供应量适当。第五,中央银行统一发行货币,可以掌握一定量的资金来源,增强金融实力,有利于调控货币供应量。中央银行的纸币,是通过再贴现、贷款、购买证券、收购金银外汇等投入市场,从而形成流通中的货币。但每张纸币投入市场后,都是中央银行对社会公众的负债。因此,货币发行成为中央银行一项重要的负债业务。

(2)代理国库业务。

中央银行经办政府的财政收支,执行国库的出纳职能,如接受国库的存款,兑付国库签发的支票,代理收解税款,替政府发行债券,还本付息等。此外,国家财政拨给行政经费的行政事业单位的存款,也都由中央银行办理。财政金库存款、机关、团体、部队等行政事业单位存款在其支出之前存在中央银行,属于财政性存款,是中央银行的重要资金来源,构成中央银行的负债业务。中央银行代理国库业务,可以沟通财政与金融之间联系,使国家的财源与金融机构的资金来源相连接,充分发挥货币资金的作用,并为政府资金的融通提供一个有力的调节机制。

(3)存款业务。

存款业务主要有集中存款准备金业务和其他存款业务。

2.中央银行的资产业务

(1)再贴现和再贷款业务。

全国商业银行交存在中央银行的存款准备金,构成中央银行吸收存款的主要部分。当商业银行资金短缺时,可从中央银行取得借款。其方式是把工商企业贴现的票据向中央银行办理再贴现,或以票据或有价证券作为抵押向中央银行申请借款。中央银行对商业银行办理再贴现和再抵押业务,要注意这种资产业务的流动性和安全性,注意期限的长短,以保证资金的灵活周转。

(2)金银、外汇储备业务。

目前各国政府都赋予中央银行掌管全国国际储备的职责。金银、外汇不仅是稳定货币的重要储备,而且也是用于国际支付的国际储备,因而成为中央银行的一项重要资产业务。

(3)证券买卖业务。

各国中央银行一般都经营证券业务,主要是买卖政府发行的长期或短期债券。中央银行持有证券和买卖证券的目的,不在于盈利,而在于调节和控制市场货币供应量。中央银行买进有价证券,向市场投放了货币,可以增加商业银行的原始存款,用以创造存款货币,扩大货币供应量;反之,中央银行卖出有价证券,则可减少货币供应量。同时,中央银行买卖有价证券会影响利率发生变化。当中央银行买进有价证券时,促使有价证券增加,从而提高有价证券价格,降低银行利率;反之,中央银行卖出有价证券会造成银行可贷资金减少,致使利率上升。

3.中央银行的中间业务

各商业银行都有法定存款准备金存在中央银行,并在中央银行设有活期存款账户。这样就可以通过存款账户,在全国范围内划拨清算,了结银行之间的债权债务关系。中央银行的清算业务可包括同城或同地区清算、异地清算。

第四节　其他金融机构

一、保险公司

（一）保险和保险公司的概念

1. 保险的概念

保险的概念，可以从两个角度来定义：一方面，保险是一种经济补偿制度，主要是对意外灾害事故造成的损失进行补偿；另一方面，保险是一种因合同而产生的法律关系。

保险作为一种经济补偿制度，是以保险人（即保险公司）经过科学的计算，通过收取保险费的方式建立保险基金，用于对被保险人因所保危险的发生所造成的财产损失给予补偿或者对人身损失给予物质保障的制度。保险这种经济补偿制度，是通过保险人与投保人订立保险合同，投保人向保险人缴纳保险费，保险人向被保险人提供保险保障，形成一种法律关系来实现的。

2. 保险公司的概念

所谓保险公司，是指依法设立的专门从事保险业务的公司。对这一概念，应做如下理解：

第一，保险公司是依法设立的。所谓依法设立的，是指按照《中华人民共和国保险法》《中华人民共和国公司法》等有关规范保险公司的规定设立的。不依法设立，自称其为保险公司者，将会受到法律的惩处。保险公司只有依法设立，才能从事保险业的经营活动，其经营活动才受到法律的保护，也才便于开展经营活动。

第二，保险公司是专门从事保险业务的公司。保险公司是一种特殊的公司，这种公司经营的是保险业务。对保险公司的业务，《中华人民共和国》有明确的规定。

第三，保险公司是按照公司的业务范围的标准来划分的一种公司。公司有多种形式，根据不同的标准可以将公司分为多种。保险公司是一种业务范围特定的公司。

根据《中华人民共和国保险法》的规定，我国保险公司的组织形式有两种：一是股份有限公司，二是国有独资公司。

（二）保险形成的要素

作为经济补偿制度的保险，必须具备如下要素时方可形成。

1. 存在可保危险

危险的存在是保险产生的必要条件，但并非任何性质的危险都可成为保险的对象，只有具备一定条件的危险，才能够成为保险的要素。此所谓"具备一定条件的危险"，就称为可保危险。可保危险一般必须具备两个条件：一是危险的发生与否，发生时间，发生地点，造成危害的程度，都必须具有偶然性；二是危险对于保险技术和保险经营，具有承担的可能性和必要性。

2. 多个经济单位的结合

为了广泛分散危险，需要结合有共同危险顾虑的个人或单位，形成集体的力量来分担损失。因此，保险一般都是多个经济单位的共同行为，而非单个人的活动。多个经济单位的结合必须具备一定的条件，即其共同缴付的保险费，能够弥补保险人因承担危险所造成的经济损失而需要支付的保险金和经营保险业务的管理费开支。因此，很多国家的保险法中一般规定被保险人应达到一定的数量和规模,保险人方可营业;否则,就不准营业。

3. 随机事件的科学化

大数法则和概率论,是现代保险事业经营和发展的科学基础。大数法则也称大数定律,其含义是:个别事件的发生,可能是不规则的,但若集合众多的事件来观察,可以发现随着随机事件的增加,实际结果同所预期的结果在比例上的偏差会愈来愈小。概率论作为数学的一个分支,就是研究随机事件的规律性的。保险业经营中的概率,也称或然率,是从数量角度来研究偶然事件内部所包含的必然性。保险人将大数法则和概率论的原理结合起来,用于保险经营,可以将个别危险单位遭遇损失的不确定性,变成多数危险单位可以预知的损失,从而使保险费的计算有了比较准确的方法。

(三) 保险的功能

保险具有分散危险、组织经济补偿两个基本功能。此外,在现代社会中,保险还具有资金融通和社会管理两个重要功能。

1. 分散危险功能

分散危险功能是指保险人在最大范围内,通过向各个相互独立的经济单位或个人收取保险费的形式,将这些经济单位或个人可能遇到的危险损失化为必然,由保险人把"必然"的损失集中承担下来,并且使某些被保险人一旦遭遇到危险损失,由全体被保险人共同承担。

2. 经济补偿功能

经济补偿功能是指保险人把共同危险顾虑的经济单位或个人所缴付的保险费集中起来,对遭受危险损失的经济单位或个人实行经济补偿,以对抗危险,保障社会经济活动正常进行和人民生活安定。

保险的上述两个功能相辅相成,缺一不可。分散危险作为处理偶然性灾害事故的良策,是保险经济活动所特有的内在功能,而组织经济补偿作为体现保险行为内在功能的表现形式,是保险经济活动的外部功能。

3. 资金融通功能

资金融通功能是指保险人通过利用聚集起来的保险基金而实现的货币资金融通。这是保险在上述基本功能的基础上派生出来的特殊功能。如果说保险的基本功能是通过保险人的负债业务实现的,那么,保险的融通资金功能则是通过保险人的资产业务实现的。

4. 社会管理功能

一般来讲,社会管理是指对整个社会及其各个环节进行调节和控制的过程,目的在于正常发挥各系统、各部门、各环节的功能,从而实现社会关系和谐,整个社会良性运行和有效管理。保险的社会管理功能不同于国家对社会的直接管理,而是通过保险内在的特性,促进经济社会的协调以及社会各领域的正常运转和有序发展,包括社会保障管理、社会风险管理、社会关系管理和社会信用管理四个方面。

(四) 保险的种类

根据不同的标准,可将保险划分成不同的种类。目前,保险常见的分类方法有以下几种。

1. 按保险基金来源的不同为标准分类

按保险基金来源的不同为标准,分为商业性保险和政策性保险。

保险基金是保险人承保危险,赔付被保险人的后备资金。传统的保险,保险基金完全通过保险人收取投保人的保险费而组织起来,这类保险就称为商业保险。随着社会的进步,为了保障社会成员的生活安定,保障社会经济活动的正常进行,在某些难以通过商业原则组织保险基金的特殊领域,国家往往通过财政补贴组织各种保险基金。这种由国家补贴保险基金的保险种类,就称为政策性保险,如农业保险、社会保险等。

2. 按保险对象(保险标)的不同分类

按保险对象(保险标)的不同,分为财产保险与人身保险。

财产保险,是指以财产及其有关利益为保险标的一种保险。财产包括有形的财产、无行的财产(财产权利)。与财产有关的利益,如维护财产的费用的支付,因法律事实或者事件产生的财产责任等。人身保险,是指以人的生命或者身体作为保险标的一种保险。保险人对被保险人的生命或者身体因遭受意外伤害、疾病、衰老等原因导致死亡、残废、丧失工作能力或者年老退休负责给付保险金。

3. 按照保险保障的范围分类

按照保险保障的范围,分为财产损失保险、责任保险、保证保险、信用保险、人身保险。

财产损失保险,是指以各种财产为保险标的的保险。这里的财产仅限于各种有形的物质财产。责任保险,是指以被保险人的民事损害赔偿责任为保险标的的保险。保证保险是指由保险人提供担保,负责赔偿权利人因被保证人不履行合同义务而受到的经济信用损失。信用保险与保证保险的内容相同,两者区别在于投保人不同。债权人投保债务人的信用风险的,为信用保险;由债务人为自己的信用投保的,是保证保险。人身保险是以人为保险标的的一种保险。其基本内容是:投保人与保险人订立保险合同确立各自的权利义务,投保人向保险人缴纳一定数量的保险费;在保险期限内,当被保险人发生死亡、残疾、疾病等保险事故,或被保险人生存到期满时,保险人向被保险人或其受益人给付一定数量的保险金。因此,凡是与人的生命延续或终结以及人的身体健康或健全程度有直接关系的商业保险形式均可称为人身保险。

4. 按照保险的实施形式分类

按照保险的实施形式分类,分为自愿保险与强制保险。

自愿保险,是根据保险人和投保人双方在平等互利、协商一致的基础上,签订保险合同而实现的保险。强制保险,也称为法定保险,是以国家颁布法律、行政法规的形式来实施的保险。这类保险,带有强制性,不论被保险人是否愿意,都必须参加保险。

按照保险责任承担的次序分类,可以将保险分为原保险和再保险。原保险,是指保险人对被保险人因保险事故所造成的灾害损失承担直接赔偿责任的保险。再保险,也称为分保,是指保险人将其承担的保险业务以承保形式,部分转移给其他保险人的保险。

按照保险人承保危险的数量分类,可以将保险分为单一危险保险和综合危险保险。单一危险保险,是指对某一种危险所造成的损失给予经济补偿的保险。综合危险保险,是指对数种危险均承担赔偿责任的保险。

二、金融信托机构

(一)信托的概念和成立要素

1. 信托的概念

信托有"信任"与"委托"两重含义,它是以资财为核心、信任为基础、委托为方式的财产管理制度。信托的概念,可以表述为:财产(包括资金、动产、不动产、有价证券和债券)的所有者(个人或法人)为了达到一定的目的,通过签订合同,将其指定的财产委托信托机构(或其信任的个人),全权代为经营、管理或处理。

2. 信托的成立要素

信托的成立,必须具备信托行为、信托财产和信托关系人三个基本因素。

(1) 信托行为。

信托行为,是指达成信托时构成法律行为所履行的手续。信托行为一般是指委托人与受托人双方签订合同或协议。委托人立下遗嘱经过法院鉴证,也是法律行为,同样属于信托行为。此外,信托行为也可以由法律按有关法律强制性建立。

(2) 信托财产。

信托财产,也称信托标的物,是指委托人通过信托行为,转给受托人并由受托人按照一定的信托目的进行管理或处理的财产。作为信托财产,必须可计算价值,并可以转让。不可计算价值又不能转让的权利,如父母与子女间的亲权,不能成为信托财产。

从性质上讲,信托财产具有独立性,即信托财产有独立于其他财产的性质。信托财产的独立性,具体表现为如下三个方面:

第一,信托财产必须独立于受托人自己的固有财产。这是为了在法律上把信托财产与受托人的财产区分开来,实行分别管理,以便在受托人具有重大过失或违背委托人意愿而使信托财产蒙受损失时,使受托人承担补偿的义务;同时也是为了受托人破产时,其债权人没收信托财产归己所有。

第二,不同委托人的信托财产相互独立。这主要是为了保障每个委托人的利益,以避免个别委托人获得不当之利而使其他委托人受损。

第三,委托人的信托财产独立于其他财产。这是为了保障受益人享受的信托财产的利益不因委托人的破产而灭失。

3. 信托关系人

信托的成立,必须有委托人、受托人和受益人三方面当事人,他们围绕信托财产而建立的经济关系,称为信托关系,三方之间互称信托关系人。信托关系的建立要求信托关系人必须具备一定的条件,他们在信托关系中各有自己的权利和业务。

(二) 信托的特点

1. 财产权是信托关系成立的前提

委托人必须是信托财产的所有者(或支配者),受托人才能接受信托,信托关系才能建立;否则,就不能建立。其原因在于信托关系的建立要涉及财产权从委托人手中向受托人手中转移,如果产权不明晰,则会引起纠纷。

2. 信任是信托的基础

因为信托要涉及产权的转移,如果委托人对受托人的能力和信用缺乏信任,就不会委托受托人经营管理或处理财产。所以,受托人欲得到委托人的委托,就必须在经营和保全信托财产方面得到委托人的信任。

3. 信托的目的是为了保障受益人的利益

信托是受托人按照委托人的意愿,为了使受益人享受信托的利益而管理和处理信托财产,不是为了受托人本身的利益、受托人不能占有信托财产的收益,只能从委托人或受益人那里得到信托合同所约定的信托报酬,即手续费。为了保证受益人充分享有信托利益,受托人必须信守信托合同,公正地履行其职责。

4. 信托收益按信托财产经营的实际效果计算,受托人不承担损失风险

受托人按照委托人的意愿和要求,对信托财产进行管理和处理,就经营管理的实际状况做出核算,得到的收益归受益人享受,如有亏损由受益人或委托人负担,受托人在本身没有过失的情况下不承担损失风险,并可向受益人或委托人索取处理信托事务所发生的费用。

5. 信托是多边经济关系

信托关系的建立,一般涉及委托人、受托人和受益人三方关系人。有时委托人本身就是受益人,有时受益人不止一个人或一个单位。受托人与委托人和受益人发生的是多边经济关系。

(三) 信托的职能

1. 财务管理职能

财务管理职能,是指受托人即各种信托机构接受委托人的委托,作为经营管理或处理财产的职能。简言之,这一职能就是"受人之托,为人管业,代人理财"。由于信托最初起源于"尤斯制"替人管理产业(土地)的经验,现代的财产信托、资金信托等信托业务,也都属于财产管理活动,所以,财务管理职能是信托的基本职能。在这里,受托的信托机构不仅要按照委托人的要求运用信托财产,而且还要监督最终使用信托财产的单位的经济效果,以争取实现预期收益。

2. 资金融通职能

资金融通职能,是指信托作为金融业务,具有调剂、融通资金和物资余缺的职能。作为受托人的信托机构,充当信用中介,调剂资金的余缺,为一国的经济建设筹措资金。信托的这一职能,主要表现在长期资金营运方面。它能筹措长期稳定的资金,用于生产建设。同时,还表现在对外引进外资和先进技术设备方面。

信托的资金融通职能与银行信贷融资的区别,主要表现在以下几方面:

(1) 作为受托人的信托机构,与委托人和受益人发生的是多边经济关系;而银行信贷是银行与存款人和贷款人发生的双边经济关系。

(2) 信托的融通对象,既可以是货币资金,也可以是物资,或者是两者相结合进行融通;而银行信贷的融通对象只是单纯的货币资金。

(3) 信托融通资金的方式是直接的,即受托人代替委托人充当直接筹资或融资的主体;而银行信贷融资的方式是间接的,即银行以负债业务筹措资金,再以资产业务将所筹资金运用出去,银行是间接融资的主体。

(四) 信托业务

信托机构从事的信托业务,可以分为信托类业务、委托类业务和其他信托业务。

1. 信托类业务

信托类业务,是指信托机构接受委托人(法人或个人)的委托,对其财产进行经营、管理或处理的业务。这类业务所涉及的信托财产包括货币资金、各种有价证券和物资财产(动产、不动产)。

信托类业务与委托业务的区别主要有两点。一是信托类业务的委托人只要求保证受益人(委托人自己或他人)约定的收益,而对受托人(信托机构)对信托财产的经营活动不予过

问;而委托类业务,委托人对受托人就信托财产的营运则可以限定。二是信托类业务的经营风险由受托人承担,而委托类业务的经营风险则由委托人或受益人承担。

信托类业务又可分为信托存款、信托贷款和信托投资。

(1)信托存款业务。

信托存款业务,是指委托人将拥有所有权的资金委托给信托机构,在双方约定的时间内,由信托机构代委托人营运,其营运收益在扣除费用和支付给信托机构手续费后,全部归受益人所有的信托业务。

(2)信托贷款。

所谓信托贷款,是指信托机构运用所吸收的信托存款、自有资金和所筹集的其他资金而发放的贷款。

目前,我国信托机构发放的信托贷款,与银行贷款相比,有相似之处,但也存在明显的区别。这种区别主要表现在以下几点:

第一,信托贷款是一种综合性贷款,它既不受地区限制,也不受行业限制,贷款对象由信托机构自主选择。

第二,种类齐全,方式灵活。各种期限、档次和用途的贷款均可办理。在方式上,灵活多样,不拘一式。

第三,信托贷款比银行贷款具有较强的利率弹性,在实际工作中,信托贷款一般都实行浮动利率,而银行贷款大多实行固定利率。

第四,银行贷款以信用放款为主,而信托贷款较多的是抵押贷款和票据承兑贴现贷款。

信托贷款的程序,与银行贷款基本一样,一般要经过申请、审查和评估借款人的信用等级、调查、审批、签约、贷款发放、贷后检查、贷款归还等步骤。

(3)信托投资

信托投资,是指信托机构用自有资金或自筹的资金进行直接投资、直接经营、自担风险的投资活动。

2.委托类业务

信托机构办理的委托类业务主要有委托存款、委托贷款和委托投资三大类。

(1)委托存款业务。

委托存款业务,是指信托机构接受委托人的委托,将委托人交付的资金,按其要求及指定对象、用途代为运用和管理的业务。委托人交付信托机构代为运用的资金就称为委托存款。根据目前我国的规定,能列入信托机构委托存款范围的资金主要包括财政部门委托的基金、科研部门委托的基金、环保公益福利部门委托的基金、社会团体委托基金和企业主管部门委托运用和管理的资金。

委托存款业务与信托存款业务相比,最大的区别在于:委托存款的客户对资金的运用具有相当具体的委托要求,如资金投向的项目、资金使用的时间等;而信托存款的客户,虽然也有一些限制性条件,但一般没有具体的要求,信托存款的具体运用,由信托机构自主决定。

委托存款业务的办理程序是:委托人向信托机构提出委托存款申请;信托机构受理后,与委托人具体协商,意见达成一致后,双方签约;签约后,委托人按时将资金转入信托机构开立的委托存款账户,信托机构在款到账后,向委托人开具收款通知。

(2) 委托贷款业务。

委托贷款业务,是指信托机构接受委托人的委托,在委托人存入的委托存款额度内,按其指定的对象、用途、期限、利率和金额发放贷款,负责到期代为收回贷款本息的信托业务。

委托贷款业务的办理程序一般是:在委托存款业务办妥的基础上,委托人向信托机构提出发放委托贷款的申请;信托机构对委托指定的贷款对象情况进行审查,若与委托人的要求一致,则与委托人签《委托贷款协议书》信托机构按委托人要求将贷款发放出去后,应对借款单位对贷款的使用情况进行检查;贷款到期,则由信托机构收回,并将款项划入委托存款账户。

(3) 委托投资业务。

委托投资业务,是指信托机构接受委托人的委托,在委托人存入的委托存款额度内,向其指定的合资、联营企业和项目进行投资,并由信托机构对投资的使用、投资单位的建设、经营、管理和利润分配等代为进行监督的信托业务。

委托投资业务的办理程序一般是:委托人将欲投资的资金存入信托机构,开立委托投资基金户头;信托机构接到委托后,应同委托人签订《委托投资协议》,明确双方权利和业务;信托机构代委托人从各方面对投资项目进行调查研究;信托机构按委托人的要求,将款项划至投资项目账户,依约履行委托人委托的职责。

3. 其他信托业务

(1) 代理类业务。

代理类业务,是指信托机构接受单位和个人的委托,代委托人办理委托人指定的经济事务的业务。代理类业务一般不要求转移财产所有权,这是代理类业务与前述信托业务的显著区别。信托机构办理代理类业务,主要是发挥信托的财务管理职能和信用服务职能。

目前,我国信托机构办理的代理类业务主要有代理收付款、代理清理债权债务、代理发行债券和股票、代理组建新公司、担保见证和代理资产保管等。

(2) 信息咨询业务。

信息咨询业务,是指信托机构接受委托人的委托,凭其专门的知识、技术、经验和广泛的联系,为委托人提供有关市场和客户情况、经济信息,解答各种疑难问题,以作决策依据的业务。

我国信托机构已办理的信息咨询业务有资信调查业务、商情咨询业务、投资咨询业务、经济可行性咨询业务、管理咨询业务、介绍客户业务等。

此外,我国信托机构还办理国际信托业务和融资租赁等业务。

三、政策性金融机构

(一) 政策性金融机构的概念

政策性金融机构是当今世界上发达国家和发展中国家普遍存在的一类金融机构。目前比较完整的定义是:所谓政策性金融机构,政策性金融机构是指那些由政府或政府机构发起、出资创立、参股或保证的,不以利润最大化为经营目的,在特定的业务领域内从事政策性融资活动,以贯彻和配合政府的社会经济政策或意图的金融机构。

(二) 政策性金融机构的主要特征

(1) 有政府的财力支持和信用保证。

（2）不以追求利润最大化为目的。

（3）具有特殊的融资机制。政策性金融机构的融资机制既不同于商业性金融机构，也不同于政府财政。它的资金来源除了财政拨款外，主要通过发行债券、借款和吸收长期性存款获得，是高成本负债，而它的资金运用则主要是长期低息贷款，通常都是商业性金融机构所不愿或无法经营的，这样的负债和资产结构安排是通过由国家进行利息补贴、承担部分不良债权或相关风险等来实现的。

（4）具有特定的业务领域。政策性金融机构不与商业性金融机构进行市场竞争，它的服务领域或服务对象一般都不适于商业性金融机构，而是那些受国家经济和社会发展政策重点或优先保护，需要以巨额、长期和低息贷款支持的项目或企业。

（三）政策性金融机构的种类

按业务领域和服务对象划分的类型，主要有如下几种。

1. 经济开发政策性金融机构

经济开发政策性金融机构是指那些专门为经济开发提供长期投资或贷款的金融机构。这种金融机构多称为"开发银行""复兴银行""开发金融公司""开发投资公司"等。这些金融机构多以促进工业化，配合国家经济发展振兴计划或产业振兴战略为目的而设立，其贷款和投资多以基础设施、基础产业、支柱产业的大中型基本建设项目和重点企业为对象。中国国家开发银行成立于1994年3月，注册资本500亿元人民币，总部设在北京，在国内若干城市设有分行或代表处。

2. 农业政策性金融机构

农业政策性金融机构是指专门为农业提供中长期低利贷款，以贯彻和配合国家农业扶持和保护政策的政策性金融机构。这些金融机构多以推进农业现代化进程、贯彻和配合国家振兴农业计划和农业保护政策为目的而设立，其资金多来源于政府拨款、发行以政府为担保的债券、吸收特定存款和向国内外市场借款，贷款和投资多用于支持农业生产经营者的资金需要、改善农业结构、兴建农业基础设施、支持农产品价格、稳定和提高农民收入等。中国农业发展银行成立于1994年11月，总部设在北京，在全国各省、自治区、直辖市广泛设立分支机构。

3. 进出口政策性金融机构

进出口政策性金融机构是一国为促进进出口贸易，促进国际收支平衡，尤其是支持和推动出口的政策性金融机构。这些金融机构，有的为单纯的信贷机构，有的为单纯的担保和保险机构，有的则为既提供信贷，又提供贷款担保和保险的综合性机构，其宗旨都是为贯彻和配合政府的进出口政策，支持和推动本国出口。这些机构在经营过程中，以国家财力为后盾，由政府提供必要的营运资金和补贴，承担经营风险。中国进出口银行成立于1994年5月，注册资本33.8亿元人民币，总部设在北京，在国内若干城市和个别国家设有代表处；中国出口信用保险公司成立于2001年12月，是我国唯一承办出口信用保险业务的政策性保险公司，总部设在北京，现有15个职能部门，营业机构包括总公司营业部、18个分公司和6个营业管理部，已形成覆盖全国的服务网络，并在英国伦敦设有代表处。

4. 住房政策性金融机构

住房政策性金融机构是指专门扶持住房消费，尤其是扶持低收入者进入住房消费市场，以贯彻和配合政府的住房发展政策和房地产市场调控政策的政策性金融机构。

（四）政策性金融机构的职能

1. 倡导性职能

倡导性职能是指政策性金融机构以直接的资金投放或间接地吸引民间或私人金融机构从事符合政府政策意图的放款,以发挥其引导功能,引导资金的流向。

2. 选择性职能

选择性职能是指政策性金融机构对其融资领域或部门是有选择的,不是不加分别地任意融资。

3. 补充性职能

补充性职能是指政策性金融机构的金融活动具有补充和完善以商业性金融机构为主体的金融体系的职能,弥补商业性金融活动的不足。

4. 服务性职能

政策性金融机构的经营活动具有相当的专业性,在其服务的领域内积累了丰富的实践经验和专业技能,聚集了一大批精通业务的专业技术人才,可以为企业提供各方面的服务。

手机扫一扫,
读专栏8-3

本章小结 》》》

金融机构就是指在金融活动中起中介作用的主体,在间接融资领域中的金融机构,是作为资金余缺双方进行金融交易的媒介体,如各类银行和非银行金融中介机构;在直接融资领域中的金融机构,是为筹资者和投资者双方牵线搭桥的证券公司等。金融机构作为金融活动中起中介作用的主体,其作用主要体现在两个方面:一方面,金融机构充当支付中介;另一方面,金融机构充当调剂中介。所谓金融机构体系,是指一国所有从事金融活动的组织按照一定结构形成的整体。现代经济条件下,各国金融机构体系一般包括三个环节:商业银行、中央银行和非银行金融机构。我国银行金融机构体系包括:中央银行;政策性专业银行;国有独资商业银行、全国及地方性股份制商业银行、非银行金融机构;外资金融机构、外国金融机构的分支机构、中外合资金融机构。

商业银行的产生与货币兑换、保管、借贷是分不开的。1694年英格兰银行的成立,标志着现代商业银行的诞生。商业银行具有信用中介、支付中介、信用创造、金融服务和调节经济5个基本职能。商业银行的组织制度形式有单元制、分行制、持股公司制和连锁银行制。从组织形式看,我国的商业银行实行的是分支行制。

中央银行的性质一般表述为,中央银行是国家赋予其制定和执行货币政策,对国民经济进行宏观调控和管理的特殊的金融机构。中央银行的职能是中央银行的性质在其业务活动中的具体体现。"发行的银行、银行的银行和国家的银行"仍被看作是中央银行的三大基本职能。中央银行制度的类型大致可分为单一式中央银行制度、复合式中央银行制度、跨国中央银行制度和准中央银行制度等四种类型。

所谓政策性金融机构,是指那些专门从事政策性金融活动,支持政府发展经济,促进社会全面进步,配合宏观经济调控的金融机构。政策性金融机构的特征主要有:经营目标是为了实现政府的政策目标;资金来源主要是国家预算拨款,另外还有向政府借款、向国内外发行由政府担保的债券、向国内其他金融机构借款和向国际金融机构借款等;资金运用以发放长期贷款为主,贷款利率一般低于同期限的一般金融机构贷款利率;贷款重点是政府产业政策、社会经济发展计划中重点扶植的项目。

保险作为一种经济补偿制度,是以保险人(即保险公司)经过科学的计算,通过收取保险费的方式建立起来保险基金,用于对被保险人因所保危险的发生所造成的财产损失给予补偿,或者对人身损失给予物质保障的制度。保险这种经济补偿制度,是通过保险人与投保人订立保险合同,投保人向保险人缴纳保险费,保险人向被保险人提供保险保障,形成一种法律关系来实现的。保险具有分散危险、组织经济补偿两个基本职能。此外,在现代社会中,保险还具有资金融通和社会管理两个重要功能。

信托有"信任"与"委托"两重含义,它是以资财为核心、信任为基础、委托为方式的财产管理制度。信托的概念,可以表述为:财产(包括资金、动产、不动产、有价证券和债券)的所有者(个人或法人)为了达到其一定的目的,通过签订合同,将其指定的财产委托信托机构(或其信任的个人),全权代为经营、管理或处理。信托的成立,必须具备信托行为、信托财产和信托关系人三个基本因素。

一、关键词

金融机构　商业银行　保险公司　中央银行　信托

二、思考题

1. 什么是金融机构体系?银行金融机构与非银行金融机构有什么主要的区别?

2. 银行金融机构体系主要由哪些机构组成?非银行金融机构主要有哪些种类呢?

3. 非银行金融机构有什么特点?我国为什么要发展非银行金融机构?

4. 我国金融机构体系的现状如何?你对中国今后的金融业改革方向有何认识?

5. 原始存款1 000万元,法定存款准备金率9%,提现率6%,超额准备金率5%,试计算整个银行体系的派生存款。

6. 什么是银行的信用创造能力?是如何创造的?

7. 试述派生存款的创造过程。

8. 试述中央银行的性质及其主要职能。

9. 请分析构成信托关系的三方当事人各自的权利和义务关系。

第九章 货币供求与均衡

学习目标

通过本章信息,了解、掌握货币流通的范围,流通层次的划分,货币需求的需要量公式,纸币流通规律,银行在货币供给中的重要地位,制约货币供给的各种因素,货币供求与社会总供求的相互作用与影响,通货膨胀的概念、成因、效应及治理,通货紧缩的概念、成因、效应及治理等。重点掌握货币层次的划分、纸币流通规律及货币供求与社会总供求的关系、货币均衡、通货膨胀(紧缩)的成因。

引导案例

2020 年中国经济预测

当前全球经济贸易增速放缓,2020 年外部不稳定不确定因素增加,国内周期性问题与结构性矛盾叠加,经济运行面临的风险挑战仍然较多。在各项宏观调控政策综合作用下,预计 2020 年中国经济增长 6.0% 左右。其中,第一产业增加值增长 3.2%,第二产业增加值增长 5.4%,第三产业增加值增长 6.9%。

预计 2020 年全社会固定资产投资将达到 71.6 万亿元,名义增长 5.5%,增速比 2019年提高 0.4 个百分点。其中,房地产投资名义增长 80%,基础设施投资名义增长 5.5%,制造业投资名义增长 4.0%。预计 2020 年社会消费品零售总额将达到 44.4 万亿元,名义增长 7.8%,增速比上年回落 0.3 个百分点。预计 2020 年进出口有望实现小幅正增长,货物贸易顺差有所收窄。

预计 2020 年居民消费价格指数(CPI)上涨 3.4%,核心 CPI 上涨 2.0%,工业生产者出厂价格指数(PPI)下降 0.5%。

预计 2020 年农村居民人均纯收入和城镇居民人均可支配收入分别实际增长 6.2% 和5.1%,农村居民人均纯收入实际增速持续 10 年高于城镇居民人均可支配收入实际增速。预计 2020 年我国财政收入 19.6 万亿元,增长 3.2%,财政支出 26.0 万亿元,增长 7.9%。

思考题:经济走势如何影响货币供需?

第一节 货币供给

一、货币供给概述

(一) 货币供给

货币供给是指一定时期内一国银行系统(包括中央银行在内的金融机构)向经济中投入、创造、扩张(或收缩)货币的行为,是银行系统向经济中注入货币的过程。

货币供给主要研究由谁来提供货币、提供什么货币、怎样提供货币和提供多少货币等问题，从而引出了货币供给的主体、货币供给机制、货币供给的控制等诸多理论与实际问题。

（二）货币供给量

货币供给量指一国经济中在某一时点被个人、企事业单位和政府部门持有的可用于各种交易的货币总量。

货币供给量是货币供给过程的结果，其源头是中央银行初始供给的基础货币，经过存款货币银行的业务活动可以出现数倍的货币扩张。

货币供给有两条途径：一是中央银行通过提供基础货币来进行；二是商业银行等金融机构通过创造存款货币的功能来进行。

（三）基础货币

基础货币是流通于银行体系之外的现金（通货）和银行体系的储备之和。用 B 表示基础货币，C 表示流通于银行体系之外的现金，R 表示银行体系的储备，则：

$$B = C + R$$

流通于银行体系之外的现金就是公众持有的纸币和硬币，也就是货币供给口径中的 M_0，是货币供给中的重要部分，反映为中央银行负债中的现金发行。

银行体系的储备包括商业银行在中央银行的法定存款准备金和超额存款准备金，还有商业银行的库存现金。法定存款准备金是中央银行要求商业银行吸收的存款必须缴存中央银行的那部分，商业银行不能用于开展资产业务。法定存款准备金与存款额的比例成为法定存款准备金率，是中央银行重要的资金来源，也是中央银行各项业务的基础。超额存款准备金是商业银行在法定存款准备金之外，自愿保留的不用于发放贷款的储备，目的是应付客户不定时的提现要求。超额存款准备金的多少由商业银行自行确定。商业银行的库存现金是保留在商业银行金库中的现金储备，用于商业银行日常经营。

（四）中央银行对基础货币的影响

虽然公众和商业银行的行为很难影响到基础货币的变化，但因为基础货币表现为中央银行的负债，所以中央银行的行为变化可以影响到基础货币。中央银行对基础货币的影响是通过它的资产业务实现的，具体地说有三种：

（1）中央银行通过变动对商业银行的债权规模影响基础货币量。中央银行对商业银行提供债权主要是以票据再贴现和对商业银行的直接贷款两种业务来实现，我国主要是直接贷款，发达市场经济国家主要是再贴现。如果中央银行通过某种措施增加对商业银行再贴现或直接贷款，这笔资金会直接加记在商业银行的储备账户上，导致银行储备增加，基础货币增加；反之，如果中央银行减少对商业银行的债权，比如收回直接贷款，则直接减少商业银行储备账户上的资金，导致基础货币减少。

（2）中央银行通过变动外汇、黄金、证券等占款规模影响基础货币量。中央银行持有的外汇、黄金、证券是中央银行用基础货币购入的。如果中央银行增加这部分资产，或者在公共市场上从个人、企业手中购入，则要向其支付现金或支票，支付现金就是 C 的增加，支付支票就是 R 的增加，都是基础货币的增加；或者从商业银行手中购入，这笔资金直接加记在商业银行的储备账户上，也就是 R 的增加，基础货币增加。如果中央银行减少所持有的外汇、黄金、债券，就要在公开市场上出售，如果出售给个人，个人会用现金购买，导致 C 减少，基础货币减少；如果出售给企业，企业会用存款支付，导致 R 减少，基础货币减少；如果出售给商业银行,则直接减少商业银行的储备,也会导致基础货币减少。

(3) 中央银行通过变动对财政的债权影响基础货币量。中央银行可以用直接给财政贷款的方式或直接购买财政债券的方式获得对财政的债权。如果中央银行增加对财政的债权,财政拿到这笔资金后是要支出的,支出后形成个人手中的现金或企业账户上的存款,基础货币都会增加。但由于目前世界各国都明令禁止中央银行直接向财政透支或直接购入财政债券,所以这种影响方式就不那么重要了。

二、货币层次的划分

(一) 货币层次及其划分的原则

货币层次就是不同意义上的货币所包括的货币形式,不同层次的货币也就是货币范围的不断扩大。对货币划分层次首先出现在 20 世纪 60 年代的美国,联邦储备体系为了更好地实施货币政策,对货币供应进行了层次的划分。此后,世界上其他国家的中央银行也纷纷效仿。虽然各国不同层次货币包含的内容不尽相同,但划分货币层次的原则是一致的,即按照不同形式货币的流动性,或者说不同金融工具发挥货币职能的效率高低确定货币层次。流动性是指金融资产迅速变为现实货币购买力,而且持有人不会遭受损失的能力。金融资产流动性越强,在流通中周转的便利程度越高,发挥货币职能的效率越高,对商品流通和其他经济活动产生的影响越大。

(二) 我国的货币层次划分

现阶段我国的货币层次有以下几个:

$M_0 = $ 流通中的现金;

$M_1 = M_0 + $ 企业活期存款 + 机关团体部队存款 + 农村存款 + 个人持有的信用卡存款;

$M_2 = M_1 + $ 城乡居民储蓄存款 + 企业存款中具有定期性质的存款 + 信托类存款 + 其他存款;

$M_3 = M_2 + $ 金融债券 + 商业票据 + 大额可转让定期存单等。

其中,M_1 是狭义货币供应量,M_2 是广义货币供应量,M_2 与 M_1 之差是准货币,M_3 是根据金融工具的不断创新而设置的。

(三) 中央银行的控制重点

因为不同层次的货币反映了各层次货币流动性的不同,所以中央银行在实施货币政策,控制货币供应量时,会把侧重点放在流动性强的货币层次上,也就是上面所讲到的 M_0 或 M_1,而对 M_2 的关注程度则低得多。中央银行实施货币政策,是为了通过货币市场的变化影响产品市场的变化,以实现最终目标,货币市场和产品市场的结合点就在于货币和商品的交换。而金融工具的流动性就体现了金融工具和商品交换的便利程度,流动性越强的金融工具和商品交换的可能性越大。按流动性强弱划分货币层次,对科学的分析货币流通状况,制定正确的货币政策,及时有效地对宏观经济进行调控有十分重要的意义。

三、银行体系的货币创造

(一) 中央银行创造银行券

发行银行券是中央银行的重要职能,流通中的现金都是通过中央银行的货币发行业务流出的,中央银行发行的银行券——现金也是基础货币的主要构成部分。中央银行通过货币发行业务满足社会商品流通扩大和商品经济发展对货币的客观需要,也为中央银行其他职能的发挥筹集了资金。

目前不兑现的信用货币流通体制下,中央银行发行银行券要遵循三个原则。一是垄断发行原则。即货币发行权高度垄断在中央银行手中。二是货币发行要有可靠的信用做保证。货币发行要有一定的黄金、外汇或有价证券作保证,通过建立一定的发行准备制度,保证中央银行独立发行。中央银行通过在公开市场上买卖这些用于准备的资产来增加或减少流通中的现钞数量。三是要具有一定弹性。货币发行要有一定的伸缩性和灵活性,以适应经济状况变化的需要,在适当的时候可以增加或紧缩货币的发行。

(二) 存款货币的创造

1. 原始存款与派生存款

原始存款指银行吸收的现金存款或中央银行对商业银行贷款所形成的存款。

派生存款指商业银行以原始存款为基础发放贷款而引申出来超过最初部分存款的存款。

在现代货币制度下,现金和存款(尤其是商业银行的活期存款)是货币的两种不同表现形式,因此,原始存款的发生只改变了货币存在的形式,并不改变货币的总量。但是派生存款则不同,它的发行意味着货币总量的增加,即存款创造。

2. 存款准备金和存款准备金率

存款准备金是指商业银行在吸收存款后,以库存现金或中央银行存款的形式保留的、用于应付存款人随时提现的那部分流动资产储备,它是银行吸收的存款总量的一部分。

存款准备金率是指银行的存款准备金占银行吸收存款总量的比例。在现代市场经济中,商业银行必须按中央银行规定的比率保有存款准备金,这一部分准备金也叫法定存款准备金。除了法定的存款准备金,商业银行保留多少超额准备金和自由准备金则完全由商业银行自主决定。

3. 存款创造的条件

(1) 部分准备金制度。

部分准备金制度是指客户将现金或支票存入商业银行后,商业银行不必将全部资金放在保险柜里或存入中央银行,而只要保留一部分资金的储备,其余资金可用于银行贷款、贴现和投资的制度。

部分准备金是相对于全额准备金而言的,早期的货币兑换所和金匠代客户保管现金是100%的准备金,这是客户如果存入1 000元现金,货币兑换所和金匠除了把它锁入保险柜外,不会再有进一步的活动。因此,除了你自己存入的1 000元外,不会有别的存款增加,也就没有存款创造。由于货币兑换所和金匠代你保管货币又不能从你的存款中获得任何好处,因此,不能给你利息,反倒要征收你的管理费。全额准备金制度演变为部分准备金制度既是货币兑换所和金匠演变为现代银行的基础,也是商业银行存款创造的前提条件。

(2) 部分现金提取。

假定法定存款准备金为10%,商业银行在收到1 000元存款,扣除100元法定存款准备金后,就可以把余下的900元贷放出去。但是,如果借款人获得这笔贷款后,立即以现金的形式将它全部从这家银行取走,而且在贷款归还前,这贷款始终在公众手中流通而不再存入商业银行,这时商业银行也不会有存款创造。因为,收入这1 000元存款的商业银行在900

元存款被提走以后,就不再有多余的资金来扩张贷款了,从而也就不能创造出新的存款。同时这笔现金也没有被存入其他银行,所以整个银行系统存款和贷款的增加都是一次性的,不存在多倍存款创造。

但是在现实中,这种100%的现金提取是不可能的。商业银行向某一借款人发出一笔贷款后,通常把该笔资金贷记在借款人的支票账户上,借款人利用这笔款项进行支付时,通常也只是通过票据清算把它转到收款人的账户上。收款人的账户可以与借款人在同一家商业银行,也可以在别的商业银行,这对整个商业银行系统来说没有什么区别。当然借款人也可以把贷款提出来,用现金付款,但是收到现金的一方通常还要把它存入银行。因此,真正以现金形式游离在商业银行之外的只能是贷款的一部分,而非全部。这就使得多倍存款的创造成为可能。

4. 存款创造的过程

虽然存款创造的基本原理适用于各类存款,但是通过活期存款的创造说明这一原理更为简单。

为了分析简单,我们做四个简单的假设:

(1) 假设整个银行体系是由一家中央银行和至少两个商业银行组成的;

① 假设中央银行规定的法定存款准备金为20%,而且商业银行不保留超额准备金(商业银行吸收的贷款除了向中央银行缴纳法定存款准备金外,其余的全部用于贷款或投资);

② 假设没有现金从银行系统漏出(客户不从它们的存款账户上提取现金,或者提取现金支付以后,收款的另一方又立即将它存入银行);

③ 假设商业银行只有活期存款,没有定期存款和储蓄存款(二者称为非交易存款),以及活期存款向非交易存款的转化。

存款创造的过程实际上就是商业银行通过贷款、贴现和投资等行为引起成倍派生存款的过程。与多倍存款创造相对应,还有多倍存款收缩。其道理一致,只不过是方向变化相反而已。

四、货币乘数和货币供给模型

(一) 货币乘数的概念

乘数是指某一经济变量对另一经济变量的影响或比率。

货币乘数也称"货币创造乘数""信用的扩张倍数"或"存款的扩张倍数",是狭义货币供应量和广义货币供应量对基础货币的比率,体现为一定量的基础货币发挥作用的倍数。它反映了基础货币派生出货币供应量的能力,一般用 m 表示。

$$m = M/B$$

货币供应量与基础货币的关系为:

$$M = mB$$

(二) 影响货币乘数的因素

(1) 法定准备金率。定期存款与活期存款的法定准备金率均由中央银行直接决定。通常,法定准备金率越高,货币乘数越小;反之,货币乘数越大。

(2) 超额准备金率。商业银行保有的超过法定准备金的准备金与存款总额之比,称为超额准备金率。显而易见,超额准备金的存在相应减少了银行创造派生存款的能力,因此,超额准备金率与货币乘数之间也呈反方向变动关系,超额准备金率越高,货币乘数越小;反之,货币乘数就越大。

(3) 现金比率。现金比率是指流通中的现金与商业银行活期存款的比率。现金比率的高低与货币需求的大小正相关。因此,凡影响货币需求的因素,都可以影响现金比率。例如,银行存款利息率下降,导致生息资产收益减少,人们就会减少在银行的存款而宁愿多持有现金,这样就加大了现金比率。现金比率与货币乘数负相关,现金比率越高,说明现金退出存款货币的扩张过程而流入日常流通的量越多,因而直接减少了银行的可贷资金量,制约了存款派生能力,货币乘数就越小。

(4) 定期存款与活期存款间的比率。由于定期存款的派生能力低于活期存款,各国中央银行都针对商业银行存款的不同种类规定不同的法定准备金率,通常定期存款的法定准备金率要比活期存款的低。这样即便在法定准备金率不变的情况下,定期存款与活期存款间的比率改变也会引起实际的平均法定存款准备金率改变,最终影响货币乘数的大小。一般来说,在其他因素不变的情况下,定期存款对活期存款比率上升,货币乘数就会变大;反之,货币乘数会变小。总之,货币乘数的大小主要由法定存款准备金率、超额准备金率、现金比率及定期存款与活期存款间的比率等因素决定。而影响我国货币乘数的因素除了上述四个因素之外,还有财政性存款、信贷计划管理两个特殊因素。

市场经济中财政赤字或盈余对货币供给都有影响,但财政赤字是经常性的。

弥补赤字的几种方式对货币乘数的影响。

增税对货币乘数的影响:由于存在排挤效应,短期内不直接影响货币乘数和货币供给量;但长期将影响投资收益→投资需求下降→贷款需求减少→货币乘数数变小。

把货币供给量与基础货币的比定义为货币乘数,用 m 表示。如果货币供给量用 M_s 表示,就有:

$$m = \frac{M_s}{B}$$

如果用 C 表示流通中的现金,用 D 表示活期存款,TD 表示非交易性存款,那么,

$$M_S = C + D, B = C + R$$

因为,总准备金 R 包括活期存款的法定和超额准备金,还包括非交易性存款的准备金,所以:

$$R = r_d \times D + r_e \times D + r_t \times TD = (r_d + r_e + r_t \times t) \times D$$

又因为 $C = c \times D$,所以货币乘数的公式是:

$$m = \frac{C + D}{C + R} = \frac{(c + 1) \times D}{(r_d + r_e + c + t \times r_t) \times D} = \frac{c + 1}{r_d + r_e + c + t \times r_t}$$

显然,货币乘数和存款乘数非常相似,所不同的只是分子上多了一个 c。而且货币乘数会小于存款乘数,这是因为,货币供给量中的 D 是由银行系统的储备 R 创造出来的,而货币供给中的 C 与基础货币中的 C 是一样的。基础货币中的 R 可以创造出多倍的存款,而 C 的发行量是多少就是多少,不可能有多倍的创造。

一般而言,在货币乘数相对稳定的条件下,货币供应量与基础货币应保持同向运动。但在具体实践中,两者的运动有时并不完全一致。一是货币政策操作最终影响到货币供应量的变化有一段时间(时滞),如当中央银行观察到货币供应量增长偏快时,采取发行央行票据

等公开市场操作收回基础货币,基础货币增长速度放慢但由于政策发挥作用还需要一段时间,货币供应量可能还会保持一段时间的较高增长速度。二是货币乘数出现变化。当中央银行调整法定存款准备金率或金融机构超额准备金率变动时,货币乘数会随之变化,同样数量的基础货币会派生出不同的货币供应量。

五、货币供给的调控机制

由于中央银行和社会公众的行为都会影响到货币供应量,可以分别来看一看它们都是怎样影响的,也为采取正确的货币政策找到根据。

(一) 中央银行的行为和货币供给量

中央银行是通过变动基础货币和影响货币乘数对货币供给量进行调控的,中央银行通过它的资产业务影响基础货币的问题前文已经述及,在此不再赘述。中央银行对货币乘数的影响是通过调整法定存款准备金率来实现的:如果中央银行提高活期存款、非交易性存款的法定准备金率,货币乘数必然下降;反之,货币乘数则会上升。

(二) 居民个人的行为和货币供应量

居民个人的行为不会影响到基础货币总量的变化,但却可以通过收入在手持现金和存款之间的转换影响现金存款比,影响货币乘数。人们是更愿意持有现金还是更愿意持有存款,主要受以下几个方面因素的影响。

1. 财富的作用

从现实来看,现金更多地被低收入者持有,相对于存款来讲现金属于必需品,而必需品的弹性较小。因此,当人们收入增加时,现金持有的增加量会小于收入的增加量。换句话说,在收入增加时,存款的增加幅度会大于手持现金的增加幅度,这就意味着,随着收入的增加现金存款比是不断下降的,也就是货币供给量会增加。

2. 预期报酬率变化的作用

手持现金是没有预期收益的,活期存款本来也没利息收入,但金融创新活动使活期存款事实上可以取得利息。显然,如果活期存款的预期收益增加,人们会更愿意持有存款而不是现金,现金存款比下降,货币供给量增加。如果其他资产,比如债券的预期收益上升,人们会更愿意持有债券,由于现金持有的弹性很小,居民会把存款转换成债券,导致现金存款比上升,货币供给量下降。

3. 金融危机的作用

如果发生银行恐慌,金融危机,存款者的利益受到损害的可能增加,为了避免损失,人们会从银行把存款取出,导致现金存款比上升,货币供给下降。

4. 非法经济活动的作用

用支票进行非法经济活动,会在银行留下证据,容易被发现,所以非法经济活动更多用现金进行交易。由此可见,非法经济活动的数量增加,通货存款比上升,货币供给量减少。

5. 税收的作用

一方面,税收就是个人收入的减少,从而现金存款比会上升,货币供给量下降;另一方面,税率的提高又强化了人们的逃税动机,由于用支票交易无法逃税,所以更愿意用现金来绕过税务部门的监督。征税和提高税率都会提高现金存款比,减少货币供给量。

（三）企业的行为和货币供给量

企业的收入在现金和存款之间如何分配也会受上述几个因素的影响，所以企业通过影响现金存款比影响货币供给量和居民的行为相同。但企业更重要的影响货币供给的行为是其贷款行为。我们在讲存款创造时说，存款是通过整个银行体系反复的存贷款而创造出来的，如果企业不从银行借款，那么存款的多倍创造也就不可能了。也可以说，企业的借款要求事实上决定了银行的贷款，如果存款没有贷出，那么存款就都是准备金，准备存款比就是1，就没有更多的存款出现。如果由于企业借款需求低，导致可用于贷款的存款不能全部贷出，则是准备存款比高，创造的存款货币少，货币供给少。

（四）商业银行的行为和货币供给量

商业银行的行为对基础货币和准备存款比都有影响。

1. 商业银行变动超额准备率

银行准备金中超额准备的高低是由商业银行自己决定的，如果商业银行增加超额准备，虽然整个银行体系的准备金总量并没有增加，但创造的存款显然减少了，所以准备存款比上升，货币乘数下降，货币供给量减少；如果商业银行自觉少保留超额准备，则货币供给量增加。

2. 商业银行行为影响中央银行的再贴现

中央银行再贴现业务对基础货币的变动成效如何很大程度上取决于商业银行的行为，如果商业银行不增加再贴现，中央银行想通过扩大再贴现规模增加货币供给量的政策就不会实现。商业银行再贴现的多少实际取决于市场利率和再贴现率的差额，这个差额越大，再贴现越多，基础货币才能投放出来。

第二节　货币需求

一、货币需求概述

货币需求是指在一定时期内，社会各阶层（个人、企业单位、政府）愿以货币形式持有财产的需要或社会各阶层对执行流通手段、支付手段和价值储藏手段的货币需求。

（一）货币需求

在现代高度货币化的经济社会里，社会各部门需要持有一定的货币去媒介交换、支付费用、偿还债务、从事投资或保存价值，因此便产生了货币需求。货币需求通常表现为一国在既定时间上社会各部门所持有的货币量。对于货币需求含义的理解，我们还需把握以下几点。

（1）货币需求是一个存量的概念。

它考察的是在某个时点和空间内（如2016年年底，中国），社会各部门在其拥有的全部资产中愿意以货币形式持有的数量或份额。而不是在某一段时间内（如从2015年年底到2016年年底），各部门所持有的货币数额的变化量。因此，货币需求是个存量概念，而非流量概念。

（2）经济学中研究的货币需求是有条件限制的，是一种能力与愿望的统一。

它以收入或财富的存在为前提，在具备获得或持有货币的能力范围之内愿意持有的货币量。因此,构成货币需求需要同时具备两个条件:一是必须有能力获得或持有货币;二是必须愿意以货币形式保有其财产。二者缺一不可,有能力而不愿意持有货币不会形成对货币的需求;有愿望却无能力获得货币也只是一种不现实的幻想(美好的愿望)。

(3) 现实中的货币需求不仅包括对现金的需求,而且包括对存款货币的需求。

因为货币需求是所有商品、劳务的流通以及有关一切货币支付所提出的需求。这种需求不仅现金可以满足,存款货币也同样可以满足。如果把货币需求仅仅局限于现金,显然是片面的。

(4) 人们对货币的需求既包括了执行流通手段和支付手段职能的货币需求,也包括了执行价值贮藏手段职能的货币需求。

二者差别只在于持有货币的动机不同或货币发挥职能作用的不同,但都在货币需求的范畴之内。

(二) 名义货币需求与实际货币需求

1. 名义货币需求

名义货币需求是指社会各经济部门在一定时点所实际持有的货币单位的数量,通常以 Md 表示。

2. 实际货币需求

实际货币需求是指名义货币数量在扣除了物价变动因素之后那部分货币余额,它等于名义货币需求除以物价水平,即 $Md \div P$。

将货币需求细分为名义货币需求和实际货币需求,是在通货膨胀或物价变动的条件下产生的。如果价格是稳定不变的,就没有必要再去区分名义货币需求和实际货币需求。

所谓名义货币需求,是指社会各经济部门所持有的货币单位的数量。通常以 Md 表示。实际货币需求则是指名义货币数量在扣除了通货膨胀因素之后的实际货币购买力,它等于名义货币需求除以物价水平。两者的根本区别就在于,实际货币需求剔除了物价变动的影响,而名义货币需求则没有。对于货币需求者来说,重要的是货币所具有的购买力的高低而非货币数量的多寡,在物价总水平有明显波动的情况下,区分并研究名义货币需求对于判断宏观经济形势和制定并实施货币政策具有重要意义。

二、马克思主义的货币需求理论

马克思的货币需求理论集中反映在其货币必要量公式中。马克思的货币必要量公式是在总结前人对流通中货币数量广泛研究的基础上,对货币需求理论的简要概括,马克思对这个问题的分析无论是在理论上还是在表述上都达到了当时比较完美的境界。

货币需要量公式为:

$$执行流通手段职能的货币需要量 = \frac{商品可供量 \times 商品价格水平}{货币流通速度}$$

(一) 首先以完全的金币流通为假设条件来进行分析

依此条件,他做出了如下论证:

(1) 商品价格取决于商品的价值和黄金的价值,而商品价值取决于生产过程,所以商品是带着价格进入流通的;

(2) 商品的价格、数量决定了用以实现它的流通所需的金币的数量;

（3）商品与货币交换后，商品退出流通，货币却留在流通领域媒介其他商品的交换，从而一定数量的货币流通几次，就可以媒介几倍于它的商品的交换。

其中，商品价格总额等于商品价格与待售商品数量的乘积。因此，一定时期内，货币量的增减变动取决于价格、流通中的商品数量和货币流通速度这三个因素的变动。它与价格、流通中的商品数量呈正比，而与货币流通速度呈反比发生变化。马克思的货币必要量公式具有重要理论意义，它揭示了商品流通决定货币流通这一基本原理。但由于马克思的货币必要公式是以完全的货币流通为条件和基础的，因此还有以下问题需要引起注意。

其一，马克思的货币必要量公式强调商品价格由其价值决定，商品价格总额决定货币必要量，而货币数量对商品价格无决定性影响。这个论断适用于金属货币流通，而不适用于纸币流通。

其二，直接运用这个公式测算实际生活中的货币需求，还存在许多操作上的困难。也就是说，货币必要量公式只能是理论分析中的一个定性的量，而非实践中可以测量的值。

其三，马克思货币必要量公式反映的是货币交易性需求，即执行流通手段职能的货币需要量。不包含执行支付手段、贮藏手段职能的货币需求。

（二）进而分析了纸币流通条件下货币量与价格之间的关系

纸币流通规律与金币流通规律不同，在金币流通条件下，流通所需要的货币数量是由商品价格总额所决定的；而在纸币为唯一流通手段的条件下，商品价格水平会随纸币数量的增减而涨跌。

纸币是由金属货币衍化而来的，纸币所以能流通，是由于国家强制力的支持。同时，纸币本身没有价值，只有流通才能作为货币的代表。因此纸币一旦进入流通，就不可能退出流通。如果说，流通中需要的货币量是客观决定的，那么流通中无论有多少纸币，也只能代表客观所要求的货币量。

货币需求理论是西方货币理论中争论最为激烈的部分，形成了不同的理论和学说，接下来就按不同货币理论产生的先后顺序主要来介绍。

20 世纪 30 年代的古典货币需求理论；1936 年以来形成的凯恩斯主义的货币需求理论；以及 1956 年以来以弗里德曼为代表的一批经济学家建立和发展起来的现代货币数量论。

三、古典的货币数量说

货币数量论是指以货币的数量来解释货币的价值或一般物价水平的一种理论。早期的货币数量论并不是把货币需求作为直接的研究对象，而是研究名义国民收入及物价是如何决定的。但是由于它建立了名义国民收入条件下的货币量，因而被看成是一种货币需求理论。随着货币数量论的发展，它作为货币需求理论的特征也越来越明显。

（一）费雪的现金交易说

美国经济学家费雪在他 1911 年出版的《货币购买力》一书中，对古典的货币数量论进行了比较好的概括。

在该书中，他提出了著名的交易方程式，也称为费雪方程式：

$$MV = PT$$

其中，M——一定时期流通中的货币的数量；V——货币的流通速度；P——一般物价水平；T——商品与劳务的交易量。

注:由于商品和劳务的交易量 T 很难得到,一定时期的商品和劳务的交易额(PT)也用名义国民收入(PY)表示。分析如下:

(1)费雪认为,货币流通速度 V,是由制度因素决定的。具体地说,它取决于人们的支付习惯、信用的发达程度、运输与通信条件及其他与流通中货币量无关的社会因素。由于这些因素随时间的推移变化得非常缓慢,所以在短期内可以将其视为一个常数。

(2)费雪认为(和许多其他得古典经济学家一样)P 是可以灵活变动的;在经济保持充分就业水平上的时候一定时期的商品和劳务的总量 T 在短期内也将保持不变。

由于 V 和 T 保持不变,所以 M 的变化就完全体现在价格 P 上,如 M 增加 20%,P 也就增加 20%。这样,我们就得出了传统货币数量论的另一个观点,即 M(货币供应量)的变化引起一般物价水平的同比例变化。

$$P = MV/T$$

同理,我们也可以导出,一定价格水平之下的名义货币需求量:

$$M = PT/V$$

这说明,仅从交易媒介的功能来考察,全社会,一定时期一定价格水平下的总交易量与所需要的名义货币量具有一定的比例关系,这个比例是 $1/V$。

这就是由传统的货币数量论导出的货币需求函数。

(二)剑桥学派的现金数量余额理论

费雪方程式没有考虑微观主体对货币需求的影响,许多经济学家认为这是一个缺陷。以英国剑桥大学马歇尔和庇古为代表的剑桥学派在研究货币需求时,某种程度上弥补了这一不足,更重视微观主体的行为。

他们认为,处于经济体系中的个人对货币的需求,实质上是以怎样的方式保持自己的资产问题(个人资产选择的角度),决定人们持有货币多少的因素有很多:① 个人财富的总额;货币的需求首先就要受到个人所拥有的财富总额的限制;② 人们持有货币的机会成本,即货币以外各种资产的收益,人们往往要将持有货币资产的好处与持有其他金融资产和实物资产的好处进行权衡;③ 对未来收入、支出和物价变动的预期。但是在其他条件不变的条件下,对于每个人来说,名义货币需求与名义收入之间保持着一个较稳定的比例关系。对整个经济体系来说,也是如此。把这一想法用一个方程式表示,即剑桥方程式:

$$Md = kPY$$

式中,Y——总收入;P——价格水平;k——以货币形式保有的财富占名义总收入的比例;Md——名义货币需求。

至此,有人会认为,若把 k 换成 $1/V$,Y 换成 T,费雪方程式与剑桥方程式就大体相同了。其实,这两个方程的经济意义大不相同。

费雪方程式与剑桥方程式的不同,主要体现在以下几点:

(1)对货币需求分析的侧重点不同。费雪方程式强调的是货币交易手段的功能;而剑桥方程式则重视货币作为一种资产的功能。这是两个方程式的最大区别。

(2)两个方程式所强调的货币需求决定因素有所不同。① 费雪方程式用货币数量的变动来解释价格;反过来,在交易商品量给定和价格水平给定时,也能在既定的货币流通速度下得出一定的货币需求的结论。② 剑桥方程式则是从微观角度进行分析的产物。出于种种原因,人们对于持有货币有各满足程度的问题,机会成本的问题等。微观经济主体要在比较中决定货币需求。而且,剑桥方程式中决定货币需求的因素多于费雪方程式。

(3)费雪方程式把货币需求与支出流量联系在一起,重视货币支出的数量和速度,而剑桥方程式则是从用货币形式保有资产存量的角度考虑货币需求,重视这个存量占收入的比例。所以费雪方程式也被称为现金交易说,而剑桥方程式则称现金余额说。

现金余额理论较现金交易理论比,有一定的进步,但是,它也有很大的局限性。例如,这里它认为 k 是一个常数,实际上人们以货币形式持有的财富占总收入的比例 k 是取决于多种因素的一个变量(如利率、通货膨胀率等)。而现金余额理论无论是因为贪图方便还是因为急于得出货币数量论的观点,而放弃对它的进一步研究,简单地把它视为一个常数,影响了它研究的深度。

四、凯恩斯的货币需求理论

凯恩斯继承了现金余额理论的分析方法,从资产选择的角度来考虑货币需求。但是不同的是,它没有在概括地陈述了影响货币需求的各种因素之后,草率地断定,只有名义国民收入才是影响国民收入的主要因素,而是对人们持有货币的各种动机进行了详尽的分析,并进而得出实际货币需求不仅受实际收入影响,而且受利率影响的结论。由于凯恩斯将人们持有货币的动机称为流动性偏好。因此,凯恩斯的货币需求理论又被称为,流动性偏好论。

凯恩斯货币需求理论最显著的特点是注重对货币需求的各种动机的分析,他将人们保有货币的动机分为交易动机、预防动机和投机动机三类。

(一)交易动机

它是指个人或企业为了应付日常交易需要而产生的持有货币需要。它决定人们进行交易持有多少货币。

凯恩斯将交易需求看作是收入的稳定函数。收入越多,此项货币需求就越大;收入越少,此项货币需求也就越小。

(二)预防动机

预防动机又称谨慎动机,是指人们为了应付紧急情况而持有一定数量的货币。它的产生主要是因为未来收入和支出的不确定性。这一货币需求的大小也主要取决于收入水平的多少。

由于交易动机和预防动机的货币需求都主要取决于收入水平,而对利率变化则不很敏感,所以可以把这两种货币需求函数合二为一以下式表示:

$$M1 = L1(Y)$$

其中,$M1$——为满足交易动机和预防动机而持有的货币量;Y——收入水平;$L1$——$M1$ 与 Y 之间的函数关系。

(三)投机动机

投机动机是指人们为了在未来的某一适当时机进行投机活动而保持一定数量的货币。(这也是凯恩斯货币需求理论中最有特色的内容)投机动机的货币需求的大小取决于三个因素:当前利率水平、投机者心目中的正常利率水平和投机者对利率变化趋势的预期。

若当前利率高于正常利率,投机者就会预期利率下降;

若当前利率低于正常利率,投机者就会预期利率上升。

虽然,投机者心目中的正常利率水平因人而异,但是从整个经济的发展来看,如果当前利率较高,就会有较多的人预期利率下降,而当前利率较低就会有较多的人预期利率上升。

在一般情况下,市场利率与债券价格反向变动,人们预期利率上升,则意味着预期债券价格下降;而预期利率下降,则意味着债券价格上升,这种预期影响着人们持有资产的决策,从而影响投机性货币需求。具体而言,当前利率较低时,人们预期利率会上升,人们将抛出债券,持有货币;而当前利率较高时,人们预期利率下跌,人们将抛出货币而持有债券。所以,投机动机的货币需求是当前利率水平的递减函数。公式表示即是:

$$M2 = L2(r)$$

其中,$M2$——为满足投机动机而持有的货币量;r——市场利率;$L2$——$M2$ 与 r 之间的函数关系。

综合而言,货币总需求函数是:

$$M = M1 + M2 = L1(Y) + L2(r)$$

即货币的总需求是有收入和利率两个因素决定的。

有一个问题需要特殊说明(流动性陷阱)。凯恩斯认为,一般情况下,由流动偏好决定的货币需求在数量上主要受收入和利率的影响。其中,交易性和预防性货币需求是收入的递增函数;投机性货币需求是利率的递减函数,所以,货币需求是有限的。但是,当利率降到一定低点之后,由于利息率太低,所有的人们都会预期利率上升,人们不再愿意持有没有什么收益的生息资产(债券),而宁愿以持有货币的形式来持有其全部财富。这时,货币需求便不再是有限的,而是无限大了。这时,不论中央银行增加多少货币供应量,都将被人们无限大的投机性货币需求所吸收,将其储藏起来,利率不会再下降,这就像存在着一个大陷阱,中央银行的货币供给都落入其中。在这种情况下,中央银行试图通过增加货币供应量来降低利率的意图就会落空。如图 9-1 所示,当利率降到 i 低点时,货币需求曲线 L 就会变成与横轴平行的直线,后人把这一直线部分称作"流动性陷阱"。所谓"流动性陷阱"是凯恩斯分析的货币需求发生不规则变动的一种状态。

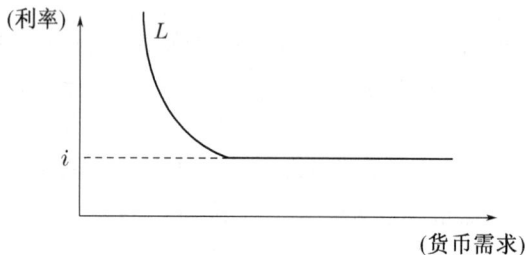

图 9-1　流动性陷阱

对于这种情形是否真的存在,经济学界存在广泛的争论。

关于凯恩斯货币需求理论的评价如下:

第一,他强调了货币作为资产或价值储藏的重要性。

第二,他提出了"流动性偏好"和"流动性陷阱"的思想。流动性偏好是指人们对货币的流动性的偏爱。流动性陷阱假说是指,当一定时期的利率水平降低到不能再低时,人们就会产生利率上升从而债券价格下跌的预期,货币需求弹性就会变得无限大,即无论增加多少货币,都会被人们储存起来。

五、弗里德曼的货币需求理论(货币学派的货币需求理论)

弗里德曼一方面继承了传统的货币数量论的长期结论,即非常看重货币数量与物价水平之间的因果关系,另一方面也继承了凯恩斯以及后来的剑桥学派把货币视为一种资产的观点,即把货币需求作为财富所有者的资产选择行为加以考察。

弗里德曼对各种情况下人们想持有多少货币的决定因素进行了仔细地分析。他认为,人们对货币的需求受三个因素的影响:收入或财富的变化;持有货币的机会成本;持有货币给人们带来的效用。

1. 收入或财富对货币需求的影响

收入式财富是影响货币需求的一个重要因素。一般情况下,财富可以用收入来表示,但是不能用统计测算出来的即期收入代表财富,因为即期收入受不规则的年度波动的影响,带有较大的片面性,应该用一个长期收入或恒久性收入(是弗里德曼分析货币需求中提出来的)来表示,恒久性收入可以理解为预期的长期平均收入,恒久性收入是指一个人拥有的各种财富在长期内获得的收入流量,相当于可观察到的长期平均收入。恒久收入等于过去收入加上现在和未来已知的收入之和,若以年度为权数加权平均,则相当于年度平均值。弗里德曼把财富分为人力财富和非人力财富。人力财富是指个人获得收入的能力,包括一切先天和后天的才能与技术;它的大小与接受教育的程度关系一般是比较密切的。人力财富转化为现实收入的条件是就业。人力财富带来的收入是不稳定的。非人力财富是指总财富中扣除人力财富的部分,主要指物质性财富,如房屋、机器、设备等。非人力财富同样具有获得收入的能力。非人力财富带来的收入具有相对稳定性。

2. 机会成本对货币需求的影响

机会成本是指获得某种收入时丧失的另一种收入,持有货币的机会成本主要是指因持币而丧失的潜在收益或遭受的损失。具体来讲,持有货币资本的机会成本是指货币与其他资产的预期收益率之差。货币的名义收益率一般情况下可以视为为零,在此可以看作是生息资产,有收益。其他资产的收益率一般可以分为两个部分。第一部分是目前的名义收益率,主要指:① 预期的固定收益率,如债券的收益率;② 预期的非固定的收益率,如股票的收益率。第二部分是预期的商品价格的变动率。当通货膨胀时,各种商品价格会随之波动,物质财富会给所有者带来收益或损失。物价上涨越快,持有货币的机会成本就越高,对货币的需求就越小。

3. 效用对货币需求的影响

考虑效用,就是要考虑为什么要持有它,或购买它,它能带来什么好处。例如,购买衣服,是为了美观和保暖,从而使自己得到享受。对于个人或企业来说,持有货币即可以用于日常交易的支付,又可以应付不测之需,还可以抓住获利的机会,这就是货币所提供的效用。这些效用虽然无法直接测量出来,只是一个主观评价,但是,人们的感觉和现实证明它确实是存在的。这种流动性效用以及影响此效用的其他因素,如人们的嗜好、兴趣等都是货币需求的影响因素。据此,弗里德曼列出货币需求函数:

$$M/P = f(Y, W; rm, rb, re, 1/p \times dp/dt; U)$$

式中:M——个人财富持有者保有的货币量,即名义货币需求量;

　　　P——一般价格水平;

M/P——个人财富持有者保有的货币所能支配的实物量,即实际货币需求量;

Y——按不变价格计算的实际收入,即恒久性收入,其与货币需求呈正相关关系;

W——物质财富(非人力财富)占总财富的比率;非人力财富占个人总财富的比率与货币需求呈负相关关系。

Rm——预期的名义货币收益率;

Rb——固定收益的债券收益率;

Re——非固定收益的证券(股票)收益率;

$1/p \times dp/dt$——预期物价变动率;

rm,rb,re、$1/p \times dp/dt$——机会成本变量,这些变量与货币需求呈负相关关系。

U——收入以外的可以影响货币效用的其他因素,是代表各种因素的综合变数,可能从不同方向对货币需求产生影响。

弗里德曼认为,货币需求解释变量中的四种资产——货币、债券、股票和非人力财富的总和即是人们持有的财富总额,其数值大致上可以用恒久性收入 Y 作为代表性指标。

关于弗里德曼的货币需求理论的评价如下:

第一,他研究的货币口径增大,从凯恩斯的 $M1$ 扩展到 $M2$。

第二,提出恒久收入概念,以此可以代表人们持有的财富总额——货币、债券、股票和非人力财富的总和。该概念的提出有利于用实证的方法证明该收入对货币需求的重要影响作用。

第三,提出具有决定意义的论断:由于恒久性收入的波动幅度比现期收入小得多,且货币流通速度(恒久收入除以货币存量)也相对稳定,货币需求也是比较稳定的。

六、影响我国货币需求的因素

由于不同国家在经济制度、金融发展水平、文化和社会背景以及所处经济发展阶段的不同,影响货币需求的因素也会有所差别。现阶段影响我国货币需求的因素主要有以下几种。

(一) 收入

在市场经济中,各微观经济主体的收入最初都是以货币形式获得的,其支出也都要以货币支付。一般来说,收入提高,说明社会财富增多,支出也会相应扩大,因而需要更多的货币量来满足商品交易。所以,收入与货币需求呈同方向变动关系。近年来,随着人们收入水平的不断上升,以及经济货币程度的提高,货币在经济生活中的作用领域不断扩大,使得我国的货币需求不断增加。

(二) 价格

从本质上看,货币需求是在一定价格水平上人们从事经济活动所需要的货币量。在商品和劳务量既定的条件下,价格越高,用于商品和劳务交易的货币需求也必然增多。因此,价格和货币需求,尤其是交易性货币需求之间,是同方向变动关系。在现实生活中,由商品价值或供求关系引起的正常物价变动对货币需求的影响是相对稳定的。而由通货膨胀造成的非正常物价变动对货币需求的影响则极不稳定。新中国成立后,我国几次通货膨胀期间都曾不同程度地出现了提款抢购、持币待购的行为,造成了这些时期货币需求的超常增长。可见,价格因素对我国货币需求的影响是很大的。

（三）利率

由于利率的高低决定了人们持币机会成本的大小,利率越高,持币成本越大,人们就不愿持有货币而愿意购买生息资产以获得高额利息收益,因而人们的货币需求会减少;利率越低,持币成本越小,人们则愿意手持货币而减少了购买生息资产的欲望,货币需求就会增加。利率的变动与货币需求量的变动是反方向的。

（四）货币流通速度

货币流通速度是指一定时期内货币的转手次数。动态地考察一定时期的货币总需求就是货币的总流量,而货币总流量是货币平均存量与速度的乘积。在用来交易的商品与劳务总量不变的情况下,货币速度的加快会减少现实的货币需求量;反之,货币速度的减慢则必然增加现实的货币需求量。因此,货币流通速度与货币总需求呈反方向变动关系。改革开放以来,我国的货币流通速度有减缓的趋势,客观上加大了货币需求量(1∶8 到 1∶6 的变化)。

（五）金融资产选择

各种金融资产与货币需求之间有替代性。所以各金融资产的收益率、安全性、流动性以及公众的资产多样化选择,对货币需求量的增减都有作用。

（六）其他因素

其他因素如体制变化,对利润与价格的预期变化、财政收支引起的政府货币需求的变化、信用发展状况、金融服务技术与水平,甚至民族特性、生活习惯等都会影响我国的货币需求。

第三节　货币均衡

实现货币均衡,为经济发展创造良好的货币流通环境,是研究货币供给和货币需求的最终目的。

一、货币均衡的判断

均衡是由物理学引入经济学的一个概念,用于说明市场供求的一种状态。货币均衡就是指货币供给和货币需求相等的状态,$M_s = M_d$;货币的非均衡就是 $M_s \neq M_d$,可能货币供给大于货币需求,也可能是货币供给小于货币需求。货币的非均衡是货币供求关系更经常出现的状态,而货币均衡只是一个点上出现的状态,更经常的是处于由非均衡向均衡过渡的过程中。所以从实质上说货币均衡是一个动态的概念,是一个由均衡到失衡,再由失衡到均衡的不断运动的过程。

货币的均衡和非均衡表现为货币的"值"的变化,一个表现为货币购买力的变化,即物价的变化;一个表现为利率的变化。所以货币均衡和非均衡的判别标志就是物价和利率。

（一）物价

价格水平提高,则名义收入增加,名义货币需求增加;价格水平下降,名义收入减少,名义货币需求减少。如果名义货币供应不能随之调整,必然带来货币需求的非均衡。也可以这样解释,名义货币需求的变化如果只是由价格变化引起的,实际货币需求并不会变化,但由于物价的变化,实际货币供给 M_s/P 却会变化,仍然会造成货币供求的非均衡。

当货币供给大于货币需求时,货币购买力下降,物价水平提高,物价水平提高,物价水平提高后,名义货币需求增加,货币供求实现均衡。货币供给小于货币需求时,货币购买力提高,物价水平下降,名义货币需求减少,货币供求实现均衡。因此可以看出,货币的非均衡表现为物价的变化,物价变化又会使其在新的水平上达到均衡。

(二)利率

在市场经济条件下,货币的均衡和非均衡更重要的表现为利率的变化。利率与社会公众的货币需求成负相关关系。而对货币供给来说,利率越高,商业银行持有超额储备的机会成本越高,超额储备越少,货币乘数越大。所以,利率和货币供给成正相关的关系。如图 9－2 所示,货币供求决定均衡利率水平 r_0,或者说在均衡利率水平上,货币供求实现了均衡。

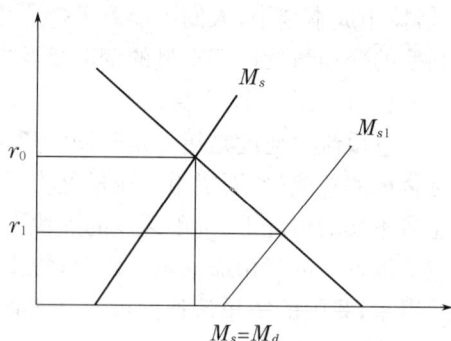

图 9－2　均衡利率下的货币供求

由图 9－2 可以看出,当利率为 r_0 时,货币供给和货币需求达到均衡。当货币供求由均衡变为非均衡时,比如,在货币需求不变的前提下,货币供给增加,也就是 M_s 曲线右移至 M_{s1} 的位置,货币供给增加导致利率下降,在利率为 r_1 的水平上,货币供求重新达到均衡。利率下降的过程也就是货币供求由非均衡到均衡的过程,在利率下降之前的 r_0 水平上,M_s 大于 M_d,这个缺口导致利率下降,随着利率下降,货币供给也在下降,货币需求在增加,当利率下降到 r_1 时重新达到均衡。所以,货币的非均衡表现为利率的变动,利率变动又使货币由非均衡趋向均衡。

二、货币供求均衡与社会总供求

从形式上看,货币均衡不过是货币领域内货币供给和货币需求相等而导致的一种货币流通状态,但从实质上看,是社会总供求均衡的一种反映。在商品经济条件下,社会总供给和总需求的矛盾是客观存在的。如果总需求大于总供给,会引起物价上涨和社会不稳;如果总需求小于总供给,则会出现经济增长速度下降,失业增加的现象。但不管发生哪种矛盾,人们好像都喜欢从货币供求上寻找解决矛盾的突破口,增加或减少货币供给量似乎是一个简洁的途径,这说明货币供求和社会总供求之间存在紧密的联系。

(一)货币供给与社会总需求的关系

货币供给是社会总需求的载体。社会总需求是人们在一定收入水平约束下,对商品的需求,收入水平决定了人们的总需求,而货币供给又决定了人们的收入水平。所以货币供给和社会总需求的关系是,货币供给决定社会总需求。货币供给增加时,名义国民收入增加,各部门的名义收入也增加,社会总需求增加。

当然,社会总需求对货币供给也不是完全被动的,也有能动性。企业扩大借款的愿望是否强烈决定了银行的贷款是否可以借出,影响了整个存款货币创造过程。企业是否愿意借款,取决于它的投资需求是否强烈。企业投资需求增加,银行贷款增加,货币乘数加大,货币供给量增加;反之,如果企业投资需求下降,会归还银行借款,银行又不能再次借出,导致货币供给量下降。

（二）社会总供给与货币需求

从宏观角度来看，货币需求是流通中的商品和劳务需求多少货币媒介它的交换，显然，流通中的商品和劳务的数量越多，需要的货币越多，商品和劳务的数量越少，需要的货币越少。而流通中的商品和劳务就是社会总供给。所以社会总供给和货币需求之间的关系应该是社会总供给决定货币需求。

从微观角度货币需求出发，也能得到相同的结论。微观角度的货币需求是人们在收入一定的情况下，有多少愿意以货币的形式保留下来。显然，货币需求的大小直接取决于人们收入的高低。而人们的收入最终来源于总供给，是总供给转化来的，人们只有提供商品或劳务，即创造出总供给，才可能获得收入。所以人们的实际收入水平取决于总供给的多少，又直接决定了货币需求。

（三）货币供给与总供给

货币供给的变动能否引起总供给的变动，这是货币经济学中存在很大争议的一个重要问题。认为货币供给的变动不能引起总供给变动的典型观点是"货币面纱论"。该理论认为，货币对于实际经济过程来说就向蒙在人们脸上的面纱，它的变动除了会导致价格的变化外，并不会引起诸如储蓄、消费、投资的变化。如果说在一定条件下，货币供给的增加在短期内还有增加实际产出的效应，从长期考察，也只能增加名义产出量，而实际产出水平是不变的。

认为货币供给能引起总供给变动的典型观点是马克思的"第一推动力"说法，马克思认为再生产扩张的起点是企业对实际生产资料和劳动力的购买，如果企业不握有足够的货币，即便客观上存在可以利用的资源，再生产规模也无从扩大。与货币面纱论不同，马克思对货币的估计是积极的，不但是第一推动力，还是持续推动力，认为如果没有货币供给的增加，总供给不会增加。

按照前面的分析，由于货币供给决定总需求，所以当经济体系中出现总需求大于总供给的矛盾时，似乎可以采用减少货币供给，压缩总需求的政策使总供求趋于平衡，消除通货膨胀。但根据货币供给对总供给的紧缩作用，货币供给减少后，总供给水平也会下降，总供给小于总需求的缺口仍然存在。所以依靠紧缩货币供给的政策，并不能从根本上解决总供求失衡的矛盾。但紧缩货币供给却是可以在短时间内使提高的物价压低，因为任何的物价上涨肯定都是由过多的货币作支撑。

（四）货币供求和社会总供求的关系

通过以上分析可以形成以下认识：

（1）总供给决定货币需求，但同等的总供给可有偏大或偏小的货币需求。

（2）货币需求引出货币供给，货币供给量应于需求量相适应，但也绝非是等量的，货币供求的非均衡是常态。

（3）货币供给成为总需求的载体，同等的货币供给可有偏大或偏小的总需求。

（4）总需求的偏大和偏小，对总供给产生巨大的影响。不足，总供给不能充分实现；过多，虽然在一定条件下有可能推动总供给的增加，但不可能因此消除差额。

（5）总需求的偏大或偏小，也可以通过紧缩或扩张货币供给的政策来调节，但单纯控制总需求难以真正实现均衡目标。

三、中央银行对货币供求的调节

货币供求的均衡和非均衡表现为物价和利率水平的变化,在完全的市场经济状态下,价格和利率的波动也会使货币供求由非均衡自动过渡到均衡,也就是说,在完全的市场经济中,货币均衡和非均衡是由市场自动调节的。但市场会失灵,所以需要对经济进行宏观调控,对货币供求的调控由中央银行完成。人们追求的是货币供求的均衡的状态,在均衡状态下,所有的货币都有商品与之相适应,所有的商品也都有货币与之相对应,可以说想买东西就能买得到,想卖东西就能卖出去。货币均衡的环境是经济增长所需要的最好的环境。但人们也知道 $M_s = M_d$ 的均衡状态只是出现在一个时间点上,不可能长期存在。所以中央银行的任务只是把货币供给和货币需求的对比维持在一个可以接受的差额幅度内,尽可能追求较小差额。

既然价格和利率的变动可以使货币趋于均衡,而物价水平又是中央银行无法掌控的,中央银行可以用来调控货币供求的最重要的手段就是利率手段。中央银行可以通过调整基准利率影响市场利率的变化,如果使利率提高,货币供给就会扩大,货币需求下降,货币供小于求的缺口就会缩小;如果使利率降低,货币供给会收缩,货币需求扩大,货币供大于求的缺口会缩小。

通过前两节的内容可以看出来,中央银行对货币供给的控制能力较强,而货币需求更多地取决于企业、个人的行为,中央银行的影响很小。所以中央银行对货币供求均衡的调节一般通过货币政策工具调节货币供给量来实现。比如,当货币供给过多时,中央银行可以采用紧缩政策,如提高法定存款准备率、提高再贴现率、增加公开市场出售等,都可以使货币供给量下降,货币供大于求的缺口缩小。

第四节　通货膨胀

一、通货膨胀的定义

在现代社会中,通货膨胀同股票、货币和利率等词汇一样,成为人们司空见惯的经济术语。但究竟什么是通货膨胀,经济学家们对此所做的解释却不尽相同。按照马克思主义的货币理论,所谓通货膨胀,是指在纸币流通条件下,因纸币发行过多,超过了流通中所需要的货币量,从而引起纸币贬值、一般物价水平持续上涨的现象。根据这一定义,我们不难发现,通货膨胀的产生必须具备两个条件。首先是纸币流通。在贵金属货币流通的条件下,不可能持续通货过多的现象。因为贵金属货币本身具有内在价值,它能通过储蓄手段的蓄水池作用自发调节货币流通,使之与商品流通相适应。其次是一般物价水平的持续上涨。如果一般物价水平的上涨是一次性的或临时性的,或者只是某一种商品加工的上涨,这都不能算是通货膨胀。

通货膨胀是一个被广泛使用的经济学范畴,其理论成果已相当丰富。但是,到目前为止,经济学家们对通货膨胀的定义并没有取得一致的意见。

(一) 西方学者

1. 凯恩斯之前

货币的过度发行使单位货币的购买力下降。这一时期，流行的经典定义就是"太多的货币追逐太少的货物"。

2. 凯恩斯

真正意义的通货膨胀是，只有在已经实现充分就业的情况下才发生，供给已经毫无弹性，货币供给的增长已经不再有增加产量和就业的作用，物价便随着货币供给的增加同比例的上涨。

3. 凯恩斯之后

(1) 萨缪尔森(新古典综合学派代表人物)：物品和生产要素价格的普遍上升——面包、汽车、理发价格的上升，工资、租金等也都上升。

(2) 弗里德曼(货币学派代表人物)：物价的普遍上涨，在任何时空条件下，都是一种货币现象。

(二) 中国普遍认同的

通货膨胀是商品和劳务的货币价格总水平持续明显上涨的过程。把握以下几点：

(1) 通货膨胀不是指一次性或短期的价格总水平的上升，而是一个持续的过程。在这个过程中有上涨的趋势，只有当价格持续地上涨作为趋势不可逆转时，才可称为通货膨胀。持续多长时间，购得上通货膨胀呢，对于这一点没有一个统一的共识。

(2) 通货膨胀不是指个别商品和劳务价格的上涨，而是指价格总水平的上涨和普遍的物价水平的上涨，局部性的或地区性的价格上涨不是通货膨胀。

(3) 通货膨胀是价格总水平的明显上升。那么物价总水平上涨多少，够得上通货膨胀呢，对于这一点没有一个统一的共识。有些经济学家主张规定一个限度，比如说，规定价格总水平超过 2% 时，称为通货膨胀，而低于 2% 则不认为是通货膨胀，还有的经济学家主张用"可以觉察到的""明显的"这样比较模糊的概念。

(4) 强调把商品和劳务作为考查的对象。目的在于与股票、债券以及其他金融资产的价格相区别。

(5) 强调"货币价格"，即每单位商品、劳务用货币数量标出来的价格，说明通货膨胀分析中关注的是商品、劳务和货币的关系，而不是商品、劳务与商品劳务之间的对比关系。

(6) 通货膨胀不仅指公开形式的物价上涨。在存在隐蔽性通货膨胀的条件下，消费品供不应求的矛盾主要是以非价格的方式表现出来的，如国家牌价和自由市场价格(黑市价格)之间存在巨大差价，一些商品在价格不变得情况下，质量下降、索取价外报酬等。在政府对物价进行管制的情况下，它表现为供应短缺、黑市活跃、配给制等。

(7) 通货膨胀存在于现代信用货币制度下。在足值的金属流通的条件下，一般不会出现货币过多，物价上涨的现象。因为金属货币本身具有内在价值，它可以通过自身数量的变动，自发地调节货币流通量，从而控制物价上涨，使货币流通与商品流通相适应。纸币条件下之所以会产生通货膨胀，是由纸币的性质所决定的。因为纸币本身没有价值，发行多少也不会自动退出流通，往往在发行数量越多时，单位货币所代表的价值越少，人们就会产生进一步贬值的预期，从而更多地抛出手中的货币，使流通中货币的数量更多。

二、通货膨胀的类型

(一) 按通货膨胀的程度划分

至于不同的程度以怎样的数量标准去衡量,需要考虑众多的因素,如一国出现通货膨胀的特殊背景和社会对通货膨胀的承受能力等。

1. 爬行式通货膨胀

爬行式通货膨胀指价格总水平上涨的年率不超过 2%～3%,并且在经济生活中没有形成通货膨胀的预期,是社会可以接受的,属于正常的物价上升。

2. 温和式通货膨胀

温和式通货膨胀指价格总水平上涨比爬行式高,但又不是很快,具体百分比没有统一比率。但一般情况是在 3%以上,两位数以内的水平。这种情况的通货膨胀一般不会对社会经济生活造成重大影响。大多数国家都经历过这种通货膨胀。

3. 奔腾式通货膨胀

奔腾式通货膨胀指物价上涨率在两位数以上,且发展速度很快。这一程度的通货膨胀已经对经济和社会产生重大影响,甚至出现挤提银行存款、抢购商品等引发市场动荡的现象,如果不坚决控制,就会导致物价进一步大幅上升,酿成恶性通货膨胀的后果。

4. 恶性通货膨胀

恶性通货膨胀亦称超级通货膨胀,指物价上涨特别猛烈,且呈加速趋势,开始成倍的增长。这一程度的通货膨胀已经严重地破坏了正常的生产流通秩序和经济生活秩序,开始动摇社会安定的基础,最后容易导致整个货币制度的崩溃。这一程度的通货膨胀多发生在战争、社会变革、政治动荡时期的国家和地区,如第一次世界大战后的德国,"二战"后的中国和 20 世纪 80 年代的巴西都出现过类似的情况。

(二) 按市场机制的作用划分

1. 公开型通货膨胀

公开型通货膨胀是价格总水平明显地、直接地上涨。这是市场经济条件下通货膨胀的一般表现形式。由于市场经济发达的国家价格很少受限制,当货币供应超过需求,社会总需求大于社会总供给时,就直接的、明显的表现为物价的上升。

2. 隐蔽型通货膨胀

隐蔽型通货膨胀指货币工资没有下降,物价总水平也未提高,但居民实际消费水准却下降的趋势。此时,商品供不应求的现实通过准价格形式表现出来,如黑市、排队、凭证购买、有价无货、价格不变但质量下降。主要是因为当经济中已经积累了难以消除的总需求大于总供给的压力,但是政府依然采取管理和冻结物价,对商品销售进行价格补贴,对购买行为进行限量控制等措施,使通货膨胀的压力不能通过物价上涨释放出来。在排斥市场经济、实行单一行政计划管理体制时期的苏联及东欧各国,以及在实施改革开放政策以前和改革初期实行"价格双轨制"时的中国,都不同程度地存在过隐蔽型的通货膨胀。

(三) 按市场对通货膨胀的预期划分

1. 预期性通货膨胀

预期性通货膨胀是指通货膨胀过程被经济主体预期到了,以及由于这种预期而采取各种补偿性行动引发的物价上升运动。

2. 非预期性通货膨胀

非预期性通货膨胀指未被经济主体预见的、不知不觉中出现的物价上升。

(四) 按通货膨胀的成因(各国通货膨胀的主要形成原因)划分

通货膨胀是个复杂的经济现象,各国在不同时期出现通货膨胀的主要原因是多种多样的。

不论何种类型的通货膨胀,其直接原因只有一个,即货币的失衡,也就是货币供应过多。用过多的货币供应量与既定的商品和劳务量相对应,必然导致货币贬值、物价上涨,出现通货膨胀。

导致货币供应量过多的深层原因主要有需求拉上、成本推动、结构因素以及供给不足、预期不当、体制制约等数种,不同的原因反映为有不同的学说。

1. 需求拉上的通货膨胀

社会总需求超过社会总供给,从而导致物价上涨,并直接引起商品价格上涨,这种通货膨胀称为需求拉上型通货膨胀。

在现实生活中,供给表现为市场上的商品和劳务,需求则体现在用于购买和支付的货币上。因此,需求拉动型通货膨胀又被通俗地表述为"过多的货币追逐过少的商品"。能够对物价水平产生需求拉动的原因不外乎实际因素和货币因素。实际因素主要是投资,由于投资需求增加,总供给与总需求的均衡被打破,物价水平上升。从货币方面来看,需求被拉起有两种可能:一是经济体系对货币的需求大大减少,即使在货币供给无增长的条件下,原有的货币存量也相对过多;二是货币需求量不变,货币供给增加过快。实际情况以后者居多。无论是实际因素还是货币因素,其造成的物价上涨效果是相同的。但两者也有区别。例如,投资需求过旺可能导致利率上升,而货币供给过多则可能造成利率下降。然而,这两者却往往是相伴而生的:过旺的投资需求往往要求更多的货币供给支持;增加货币供给的政策也往往是为了刺激投资。

前面的分析是将总供给水平设想为一个不受价格水平影响而稳定于充分就业水平的特定值,即总供给不变,因而价格水平的上涨就只能归因于需求的过度扩张。事实上,总供给并不总是一成不变的。如果投资的增加引起总供给以同等规模增加,物价水平可以保持不变;如果总供给不能以同等规模增加,物价水平上升会较缓慢;如果总供给丝毫也不增加,则需求的拉动将完全作用到物价上。该模型如图9-3所示。

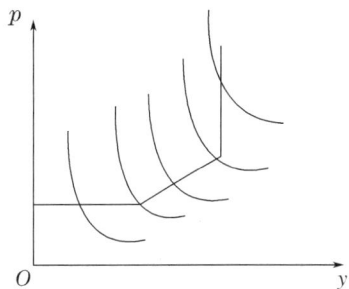

图9-3 需求拉动型通货膨胀示意图

图9-3中,横轴代表总产出或国民收入 y,纵轴代表物价水平 p,总供给

2. 成本推进的通货膨胀

进入20世纪70年代后,西方发达国家普遍经历过高失业和高通货膨胀并存的"滞胀"局面。这种情况下的通货膨胀显然无法通过需求过度理论来加以解释。因为按照上述理论,只有在达到充分就业水平之后,才会出现由于总需求过大产生的通货膨胀。因此,许多经济学家转而从供给方面去寻找通货膨胀的根源,提出了"成本推动"的通货膨胀理论,即认为通货膨胀的原因在于成本上升引起了总供给曲线的上移。这是指在一个封闭经济中,货

币工资在劳动生产率和价格水平均未提高前率先自动上升，或者其他生产投入品或要素价格因市场垄断力量的存在而上升，导致因生产成本提高而价格上涨。其中，由于提高工资而引致的生产成本增加又称工资推动，由于生产要素价格垄断而导致的生产成本增加又称利润推动。

工资推进型通货膨胀理论，是以存在强大的工会组织，从而存在不完全竞争的劳动市场为假定前提的。在一些发达国家，工会的力量十分强大，它们作为一个垄断性的组织，与雇主集体议定工人工资水平，使得工人有可能获得高于均衡水平的工资。由于工资的增长率超过劳动生产率，企业就会因人力成本的加大而提高产品价格以维持盈利水平。这样，过高的工资推动总供给曲线上移，从而形成工资推动型的通货膨胀。在此情况下，由于价格的上涨又会部分或全部抵消工资的上涨，工会就会继续要求提高工资，工资提高又引起物价上涨，从而形成西方经济学家们所谓的"工资—价格螺旋"。这种理论特别强调两点：一是货币工资率的上涨一定要超过劳动生产率的增长，否则就不是工资推进型通货膨胀；二是工会的力量。它认为即使存在货币工资率的上涨超过劳动生产率增长的情况，也不能完全肯定发生了工资推动型的通货膨胀，原因是有可能这种工资的上涨并不是由于工会发挥了作用，而是由于劳动力市场出现严重的供不应求而产生的。许多经济学家将欧洲大多数国家在 20世纪 60 年代末到 20 世纪 70 年代初所经历的通货膨胀认定为工资推动的通货膨胀。因为，在这一时期这些国家出现了工时报酬的急剧增加。例如，在联邦德国，工时报酬的年增长率从 1968 年的 7.5%增加到 1970 年的 17.5%。

利润推进型通货膨胀理论，是由于一些垄断经济组织控制了某些重要原材料的生产和销售，它们为了获得高额的垄断利润而操纵价格，使价格的上涨速度超过成本支出的增加速度，如果这种行为的作用大到一定程度，就会形成利润推进型通货膨胀。这种类型的通货膨胀又被称为供给冲击型通货膨胀。比较典型的例子是在 1973—1974 年，石油输出国组织（OPEC）将石油价格提高了 4 倍，到 1979 年，石油价格又被再一次提高，这两次石油提价对西方发达国家经济产生了强烈的影响，以致他们惊呼出现了"石油危机"。各种使成本上升的因素还可能交织在一起，使通货膨胀进一步加剧。例如，在 1973 年石油提价的同时，由于连年的粮食歉收，世界粮价也出现了暴涨。同时许多国家的工资增长也进一步升温，如美国和日本在 1973—1975 年的工时报酬年增长率都达到了 30%以上。

3. 供求混合型通货膨胀

现代经济复杂多变，很多经济学家认为通货膨胀不是单一的，是混合的。该种理论认为，虽然从理论上可区分需求拉动型与成本推动型通货膨胀，而事实上在经济生活中，需求拉动的作用与成本推动的作用常常是混合在一起的，任何单方面的作用只会暂时引起物价上涨，并不能引起物价总水平的持续上涨，只有总需求与总供给互相推动，才会导致通货膨胀的发生。即"拉中有推，推中有拉"。例如，通货膨胀可能从过渡需求开始，但由于需求过渡所引起的物价上涨促使工会要求提高工资，因而转化为成本推动的因素。另一方面，通货膨胀也可以从成本方面开始，如迫于工会的压力而提高工资等。但是，如果不存在需求和货币收入的增加，这种通货膨胀过程是不可能持续下去的。因为工资上升会导致失业增加或产量减少，结果将会导致"成本推进"的通货膨胀过程终止。可见，"成本推进"只有加上"需求拉上"才有可能产生一个持续性的通货膨胀。现实经济中，这样的论点也得到了论证：当非充分就业均衡严重存在时，则往往会引出政府的需求扩张政策，以期缓解矛盾。这样，成本推进与需求拉上并存的混合型通货膨胀就成了经济生活的现实。

需求与成本的共同作用，必然演化成"螺旋式"混合型通货膨胀。

4．结构型通货膨胀

有些经济学家认为，在总需求和总供给处于平衡状态时，由于经济结构、部门结构方面的因素发生变化，也可能引起物价水平的上涨。这种通货膨胀就被称为结构型通货膨胀，具体又可以分为三种：

（1）需求转移型通货膨胀。

由于社会对产品和服务的需求不是一成不变的。在总需求不变的情况下，一部分需求转移到其他部门，而劳动力和生产要素却不能及时转移。这样，原先处于均衡状态的经济结构可能因需求的移动而出现新的失衡。那些需求增加的行业，价格和工资将上升；另一些需求减少的行业，由于价格和工资刚性的存在，却未必会发生价格和工资的下降，最终结果导致物价的总体上升。

（2）部门差异型通货膨胀。

部门差异型通货膨胀是指经济部门（如产业部门和服务部门）之间由于劳动生产率、价格弹性、收入弹性等方面存在差异，但货币工资增长率却趋于一致，加上价格和工资的向上刚性，从而引起的总体物价上涨。许多西方经济学家相信，工人对相对实际工资的关心要超过对绝对实际工资的关心。因此，货币工资的整体增长水平便与较先进部门一致，结果就是落后部门的生产成本上升，并进而推动总体价格水平上升。还有一种情况是，由"瓶颈"制约而引起的部门间差异。在有些国家，由于缺乏有效的资源配置机制，资源在各部门之间的配置严重失衡，有些行业生产能力过剩，而另一些行业如农业、能源、交通等部门却严重滞后，形成经济发展的"瓶颈"。当这些"瓶颈"部门的价格因供不应求而上涨时，便引起其他部门，包括生产过剩部门的价格上涨。

（3）北欧型通货膨胀。

北欧型通货膨胀是由北欧学派提出的，它以实行开放经济的小国为探讨背景。在这些国家，经济部门可以分为开放的经济部门和不开放的经济部门，由于小国一般只能在国际市场上充当价格接受者的角色，世界通货膨胀就会通过一系列机制首先传递到它们的开放经济部门，并进而带动不开放经济部门，最后导致价格总体水平上升。

三、通货膨胀的效应与调控

关于通货膨胀对社会经济产生的影响，争论颇多，各持己见，其中主要有两种观点：促进论与促退论。

（一）通货膨胀促进论

1．凯恩斯的"半通货膨胀"论

凯恩斯认为货币数量增加，在实现充分就业前后，所产生的效果不同。在经济达到充分就业之前，货币量增加可以带动有效需求增加。也即，在充分就业之前，增加货币即可提高单位成本，又可增加产量。这是由于两方面的原因：第一，由于存在闲置的劳动力，工人被迫接受低于一般物价上涨速度的货币工资，因此单位成本的增加小于有效需求的增加幅度；第二，由于有剩余的生产资源，增加有效需求带动产量——供给的增加，此时货币数量增加不具有十足的通货膨胀性，而是一方面增加就业和产量，另一方面也使物价上涨。这种情况被凯恩斯称为半通货膨胀。

当经济实现充分就业之后,增加货币量就产生了显著的通货膨胀效应。由于各种生产资源均无剩余,货币量增加引起有效需求增加,但就业量和产量就不再增加,增加的只是边际成本中各生产要素的报酬,即单位成本,此时的通货膨胀才是真正的通货膨胀。

由于在凯恩斯的理论中,充分就业是一种例外,非充分就业才是常态,因此,增加货币数量只会出现利多弊少的通货膨胀。

2. 新古典学派的促进论

这一学派认为,通货膨胀通过强制储蓄,扩大投资来实现增加就业和促进经济增长,当政府财政入不敷出时,常常借助于财政透支解决收入来源。如果政府将膨胀性的收入用于实际投资,就会增加资本形成,而只要私人投资不降低或降低数额不小于政府新增数额,就能提高社会总投资,并促进经济增长。

当人们对通货膨胀的预期调整比较缓慢,从而名义工资的变动滞后于价格变动时,收入就会发生转移,转移的方向从工人转向雇主阶层,而后者的储蓄率高,因而会增加一国的总储蓄。由于通货膨胀提高了盈利率,因而私人投资也会增大,这样政府与私人的投资都增加,无疑有利于经济增长。

3. 收入在政府与私人部门的再分配与通货膨胀的促进论

在经济增长过程中,政府扮演着非常重要的角色。政府要建设基础设施、扶植新兴产业的发展、调整经济结构。政府的上述行为都依赖于政府的投资,而政府筹资主要包括政府本身的储蓄,举借内债和外债。20世纪60年代以来,通过货币扩张或通货膨胀政策来筹资建设变得越来越重要。在货币扩张中,正常发行的货币量的一部分直接转化为财政收入。

政府在收入中所占比重对一国储蓄率会有什么影响呢?从长期看,政府储蓄倾向高于私人部门平均的储蓄倾向。因此,通货膨胀时,政府占收入的比率增加,社会的储蓄率提高,有利于经济增长。这种有利影响主要表现在以下几方面:

首先,降低资本—产出系数。由于政府在进行投资决策时可以更多地考虑宏观经济平衡的需要,而宏观经济平衡能使生产能力得到更大限度的发挥。

其次,改变投资结构。在经济发展时期,会出现许多新兴的产业部门,这些部门是经济起飞的基础。但由于其新兴的性质,向这些部门的投资往往周期长、风险大,而且原始的投资数额也非常大。如果投资都依赖于私人部门,则新兴产业将是投资的空白。在这一方面,只有政府才能平衡投资结构。政府通过货币扩张政策进行投资的产业应该是基础设施和重工业,只有这样,才能维持经济长期稳定发展。

最后,促进对外贸易发展。在开放经济中为使投资超过计划储蓄,除国内实行温和的通货膨胀外,还可以采取扩大进口吸收国内储蓄的办法。但发展中国家往往缺少外汇,要保持较高的进口率,就要想办法通过各种途径弥补国际收支逆差。从国际金融关系上看弥补逆差的资金可以来自国际金融市场和国际金融机构的借款,也可以来自国外私人资本的流入,除此之外,还有一种无形的外汇收入渠道,即实行本币贬值政策。本币贬值可以促进出口,限制进口,从而弥补前一时期进口扩张的外汇缺口。国内通胀政策制造了这样一个外贸的循环,其结果是既提高了国内储蓄总水平,又促进了对外贸易的发展。

促进论认为,通货膨胀是政府的一项政策,政府可以获得直接利益,获利大小完全取决于政府调控经济水平的高低。政府应努力提高自己的管理技能,最大限度地发挥通货膨胀的积极作用,并把它带来的经济利益转化为经济增长的动力。

(二) 通货膨胀促退论

1. 通货膨胀降低储蓄

通货膨胀意味着货币购买力下降,减少了人们的实际可支配收入,从而削弱了人们的储蓄能力,造成本币贬值和储蓄的实际收益下降,使人们对储蓄和未来收益产生悲观预期,为避免将来物价上涨所造成的经济损失,人们的储蓄意愿降低,即期消费增加,致使人们的储蓄率下降,投资率和经济增长率降低。

2. 通货膨胀降低投资

首先,在通货膨胀的环境下,从事生产和投资的风险较大,而相比之下,进行投机却有利可图。这说明,在通货膨胀的环境中,长期生产资本向短期生产资本转化,短期生产资本向投机资本转化。生产资本,特别是长期生产资本的减少对一个国家的长期发展是不利的。同时,短期资本,特别是投机资本增加会使各种财产价格上升,土地、房屋等所有者可以坐享其成。其次,投资者是根据投资收益预期而从事投资的,在通货膨胀环境中,各行业价格上涨的速度有差异,市场价格机制遭到严重的破坏。由于市场价格机制失去了所有的调节功能,投资者也无法判断价格上涨的结构,做出盲目的投资或错误的投资决策,不利于产业价格的优化和资源的合理配置,使经济效率大大下降。最后,在通货膨胀时期,会计标准可能还会沿用过去的标准,对折旧的提取还是按固定资产原值和一定的折旧率为计算标准。折旧提取大大低于实际水平,因此企业成本中的很大一部分转变成了利润,这种虚假利润也会被政府征税,因此企业未来发展的资金将会下降。

3. 通货膨胀造成外贸逆差

本国通货膨胀率长期高于他国,会产生两种影响。一是使本国产品相当于外国产品的价格上升,从而不利于本国的出口,并刺激了进口的增加。二是使国内储蓄转移到国外,势必导致本国国际收支出现逆差,并使黄金和外汇外流,给本国经济增长带来压力。

4. 恶性通货膨胀会危及社会经济制度的稳定

当发生恶性通货膨胀时,价格飞涨,已经不能再反映商品供给和需求的均衡,信用关系也会产生危机。这样就会危及社会经济制度的稳定,甚至令其崩溃。

四、通货膨胀的社会效应

(一) 通货膨胀与收入再分配

假设以国家开支(投资、购买支出增加或转移支付增加)渠道而使货币供应总量增加,由此而引起的收入增加效应是明显的,对于企业家和家庭来说,就是名义货币收入的增加;从整个社会来看,就是总名义货币收入增加。

在通货膨胀时期,人们的名义货币收入与实际货币收入之间会产生差距,只有剔除物价的影响,才能看出人们实际收入的变化。由于社会各阶层人们收入的来源是不同的,因此,在物价总水平上涨时,有些人的收入水平会下降,有些人的收入水平反而会提高,这种由物价上涨造成的社会再分配,就是通货膨胀的收入分配效应。

一般来说,依靠固定薪金维持生活的职员,由于薪金的调整总是慢于物价的上升,因此是主要的受害群体;工人和雇员也是受害者,其受害的程度跟他们所在的行业和企业在通货膨胀中的利润变动有关,处在产品价格大幅上升的企业的工人或雇员,名义工资可能增加的较快,通货膨胀的损失得到的补偿也就快些,受害的程度也就小一些。作为雇主,一般都会让工资上涨的幅度小于物价上涨的幅度,以谋求最大的盈利,因此雇主,尤其是从事商业活动的雇主会是通货膨胀的受益者。其中,最大的受益者是那些经营垄断性商品、从事囤积居奇的专门的投机商和不法经营者。在债权、债务关系中,那些以一定的利率借得货币的债务人,由于通货膨胀降低了实际利率等因素,使得他们的债务减轻,因而是受益者,而那些以获得一定的利息为报酬获得债权的人,则是受损者。

(二)资产结构调整效应

一个家庭的资产由两部分构成:实物资产和金融资产。

在通货膨胀的条件下,实物资产的货币值大体上是随着通货膨胀率的变动而相应升降的。金融资产则比较复杂。例如,股票,它的行市是可变的,一般在通货膨胀下,会呈上升的趋势,但是由于影响股票价格的因素有很多,所以股票绝不是通胀中稳妥的保值资产的形式,尽管有些股票在通货膨胀之中令其持有者获得大大超出保值的收益。一般情况下,表明货币债权债务的各种金融资产都有一个共同的特征,就是有确定的货币金额,这样的名义货币金额并不会随着通货膨胀发生与否而变化。显然,物价上涨,实际的货币额就会减少;物价下跌,实际的货币额就会增多。在这一领域中,防止通货膨胀损失的办法通常是提高利息率或采用浮动利率。但是,在严重的通货膨胀条件下,这样的措施往往难于弥补损失。所以,一般来说,通货膨胀有利于债务人资产的增加,而易于导致债权人资产的减少。

(三)社会就业效应

经济学家菲利普斯通过对英国近百年的统计资料的分析,发现在失业率与货币工资上涨率之间存在一种比较稳定的此增彼减的替代关系,这种替代关系可以用一条向右下方倾斜的曲线表示,即著名的菲利普斯曲线。

(四)强制储蓄效应

在这里所说的储蓄,是指用于投资的货币积累。归纳起来,这种积累的来源主要有三种:一是家庭;二是企业;三是政府。上述三个部门的储蓄有其各自的形成规律。家庭部门的储蓄由收入减去消费支出构成。企业的储蓄由用于扩张生产的利润和折旧基金构成。政府的储蓄从来源上说比较特殊,可以有两种形式:如果政府用增加税收的办法来筹资搞生产性投资,那么,这部分储蓄是从其他两部分储蓄中挤兑出来的,从而全社会储蓄的总量并不增加;如果政府向中央银行借款,从而直接或间接的增发货币,这就会增加全社会的储蓄总量,结果将是物价上涨。在公众名义收入不变的前提条件下,按原来的模式和数量进行消费和储蓄,两者的实际额均减少,其减少的部分大体相当于政府运用通货膨胀强制储蓄的部分。

上面的分析是基于这样的假定,即经济已经达到充分就业的水平。因此,用扩张货币的政策来强制储蓄会引起物价总水平的上涨。在实际经济运行中,可能尚未达到充分就业的水平,实际 GNP 大大低于潜在的 GNP,生产要素大量闲置,这时,政府如果扩张有效需求,虽然也是一种强制储蓄,但是并不会引发持续的物价上涨。

五、通货膨胀的治理

由于通货膨胀对一国国民经济乃至社会、政治生活各个方面都会产生严重影响,因此各国政府和经济学家都将控制和治理通货膨胀作为宏观经济政策研究的重大课题加以探讨,并提出了治理通货膨胀的种种对策措施。

(一) 紧缩性货币政策

紧缩性货币政策又称为"抽紧银根",即中央银行通过减少流通中货币量的办法,提高货币的购买力,减轻通货膨胀压力。具体政策工具盒措施包括:

(1) 通过公开市场业务出售政府债券,相应减少经济体系中的货币存量;

(2) 通过贴现率和再贴现率,以抬高商业银行存贷款利率和金融市场利率水平,缩小信贷规模;

(3) 通过商业银行的法定准备金,以缩小货币发行的扩张倍数,压缩商业银行放贷,减小货币流通量。在政府直接控制市场利率的国家,中央银行也可直接提高利率,或直接减少信贷规模。

(二) 紧缩性财政政策

紧缩性财政政策主要是通过消减财政支出和增加税收的办法来治理通货膨胀。消减财政支出的内容主要包括生产性支出和非生产性支出,生产性支出主要是国家基本建设和投资指出,非生产性支出主要有政府各部门的经费支出、国防支出、债息支出和社会福利支出等。在财政收入一定的条件下,削减财政支出可相应地减少财政赤字,从而减少货币发行量,并可减少总需求,对于抑制财政赤字和需求拉上所引起的通货膨胀比较有效。但财政支出的许多项目具有支出刚性,可调节的幅度有限,因此增加税收就成为另一种常用的紧缩性财政政策。提高个人的所得税或增开其他税种可使个人可支配收入减少,降低个人消费水平;而提高企业的所得税和其他税率则可降低企业的投资收益,抑制投资支出。

(三) 收入指数化政策

收入指数化政策又称指数联动政策,是指对货币性契约订立物价指数条款,使工资、利息、各种债券收益以及其他货币收入按物价水平的变动进行调整。这种措施主要有三个作用:一是借此剥夺政府从通货膨胀中获得的收益,杜绝其制造通货膨胀的动机;二是可以消除物价上涨对个人收入水平的影响,使社会各阶层原有生活水平不至于降低,维持原有的国民收入再分配格局,从而有利于社会稳定;三是可稳定通货膨胀环境下微观主体的消费行为,避免出现抢购囤积商品、储物保值等加剧通货膨胀的行为,维持正常的社会经济秩序,并可防止盲目的资源分配造成的浪费资源和低效配置;四是可割断通货膨胀与实际工资、收入的互动关系,稳定或降低通货膨胀预期,从而抑制通货膨胀的持续上升。

总之,治理通货膨胀是一个十分复杂的问题,不仅造成通货膨胀的原因及其影响是多方面的,而且其治理过程也必然会涉及社会经济生活的方方面面,影响到各个产业部门、各个企业、各个阶层和个人的既得利益,因此不可能有十全十美的治理对策。尤其是我国通货膨胀的治理,必须从我国的特殊国情出发,认真分析通货膨胀的成因,既要从宏观经济整体出发,保持国民经济较快的增长和总供给的不断增长,解决因产业结构调整和社会劳动生产率提高而出现的失业率提高的问题,又要适度控制流通中的货币总量和总需求,防止经济过热导致通货膨胀升温;既要通过推进经济体制改革,整顿经济秩序等综合治理措施,消除通货膨胀的环境因素,又要根据具体原因,采取一些针对性较强的有力措施。

第五节　通货紧缩

一、关于通货紧缩定义的争论

通货紧缩是通货膨胀的对应称呼,描述的是与通货膨胀完全相反的货币经济现象。经济学家对于什么是通货紧缩有着不同的意见。

(一)"物价总水平下降说"

同意这种观点的有萨缪尔森、斯蒂格利茨斯等人。

(1)萨缪尔森和诺德豪斯在其《经济学》中的定义是:"价格和成本正在普遍下降"。

(2)《MIT 现代经济学辞典》定义:"价格总水平的持续下降"。

(3)英国戴维·皮尔斯主编的《现代经济学辞典》中对通货紧缩定义:通货紧缩是指一般物价水平的持续下降,表示为单位时间内一般物价水平减少的百分比。

(4)"物价总水平的持续下降":第一,价格总水平持续在零值以下,表现为 CPI 和全国零售物价上涨率连续负增长;第二,持续下降的时间在 6 个月以上。

(二)"三个要素"说

该学说认为"通货紧缩主要是指这样一种连续状态:在一定时期内,随着价格水平的不断下降,总需求没有相应的增长。"

(1)一定时期界定为 18 个月以上。

(2)价格主要是居民消费价格商品零售价格和固定资产投资价格。

(3)社会总需求下降的标志是通货量和货币供给量下降。

(4)总需求没有相应增长指:一是低位徘徊;二是处于停滞状态;三是严格单调下降。

(5)定义通货紧缩时,价格、时间、需求三个要素一个都不能少,否则是不完整的。

(三)一般定义

通货紧缩是指由于货币供应量过少,不能满足市场商品流通的正常需要,从而引起货币升值、市场物价水平持续下跌的一种现象。

二、通货紧缩的标志和判定

(1)物价水平的变动是判断通货紧缩的重要标志,但不能简单看物价现象,科技进步、劳动生产率提高均可导致价格在成本下降的基础上下降,只有市场物价总水平下降是由货币供应量过少,与市场商品流通量的需要量严重脱节所引起,才与通货紧缩有直接关系。与通货膨胀一样,通货紧缩也可使用消费物价指数、批发物价指数、国民生产总值平减指数和居民生活费用指数等物价总水平指标来衡量。

(2)物价总水平下降的持续时间:6 个月是比较公认的——可以排除那些偶然的、暂时的或短期的物价水平下降,也可以防止对通货紧缩的迟判,避免贻误宏观调控的时机。

(3)社会有效需求不足,以货币计量的商品总需求不断下跌,生产相对过剩。

(4)真实利率不断上升。

(5)有利可图的投资机会减少,企业的投资边际收益下降,生产性投资减少。

(6)失业率大幅飙升。

三、通货紧缩对国民经济的影响

通货紧缩对国民经济的影响会因通货紧缩的程度、持续时间、形成原因、表现形式等的不同而存在差异,而且会因为所处的经济、社会环境等的不同而不同。这里只讨论通货紧缩对国民经济的一般影响,通货紧缩是一种宏观经济现象,是宏观经济失衡的一种类型,因此,其对国民经济的影响是相当广泛的。

(一) 对储蓄和消费的影响

通货紧缩意味着在名义利率不变的条件下、实际利率会上升,从而会刺激储蓄的增长;同时,通货紧缩意味着货币购买力的上升,货币购买力上升对储蓄增长会形成刺激。因此,通货紧缩仍会促进储蓄的增长。

通货紧缩对消费的影响具有双重性,一方面在出现了通货紧缩的条件下,货币购买力会上升,刺激消费者消费;另一方面由于货币购买力上升,会形成储蓄对消费的挤压,并且,在通货紧缩的条件下,消费者会形成价格下降预期,从而推迟购买,这样就会导致消费增长下降。一般来说,消费者"买涨不买落"的行为倾向会使消费者在价格水平下降的条件下持币待购。因此,出现了通货紧缩之后,居民的边际消费倾向会下降,从而导致消费增长下降,而这会加剧通货紧缩。

(二) 对实质性投资的影响

通货紧缩对投资的影响也具双重性,既有促进投资增长的作用,也有促使投资下降的作用。

1. 通货紧缩促进投资增长的主要途径
(1) 投资品价格下降,投资成本下降。
(2) 工资率增长下降,劳动成本下降。
2. 通货紧缩促使投资下降的主要途径
(1) 产品销售价格下降,利润率下降。
(2) 产品销售困难,影响企业资金周转。
(3) 资金供应紧张,筹集投资资金困难。
(4) 贷款实际利率上升,投资成本上升。
(5) 市场前景预期悲观,投资意愿下降。

通货紧缩对投资增长的影响的性质取决于上述两方面的净影响。如果其促进投资增长的影响超过促使投资下降的影响,则会导致投资增长;反之,则会导致投资下降,若两方面的影响力相等,则投资规模不变或保持正常增长。一般来说,出现了通货紧缩,其促使投资下降的作用往往要超过其促进投资增长的作用,因此,伴随着通货紧缩的往往是投资的下降,而这是不利于长期经济增长的。

(三) 对经济增长的影响

在出现通货紧缩的条件下,企业所面临的是产品销售困难和产品销售价格的下降,这会使企业削减生产,同时通货紧缩导致资金供应紧张,也会迫使企业收缩生产规模。企业削减生产,必导致产量下降,因而导致经济增长下降。

(四) 对生产能力利用状况的影响

由于通货紧缩导致企业削减生产,就会使已有的物质生产能力的利用率下降,厂房、机器设备等的闲置率上升;企业生产下降会使劳动力需求减少,从而劳动力利用率下降,公开失业或隐性失业增加;同时,由于生产削减,管理能力等的利用也必然下降。总之,通货紧缩会使生产能力的利用率下降,导致生产能力的闲置和浪费增加。

(五) 对居民劳动收入增长的影响

通货紧缩导致企业削减生产、减少投资,从而导致劳动力需求减少,这样,一方面会导致失业增加,从而导致一部分居民劳动收入减少;另一方面劳动力市场结构会发生变化,劳动力市场竞争性程度提高,雇主力量增加,由此会导致工资收入增长下降,并且在出现通货紧缩的条件下,雇主提高工资率的能力下降。这样即使劳动者未失去就业岗位,其劳动收入增长也会下降。这里所说的劳动收入增长下降包括两种情况:

(1) 居民劳动收入出现绝对下降,在居民名义劳动收入下降幅度超过货币购买力的上升幅度的条件下,即会出现此种结果。

(2) 居民劳动收入出现相对下降,在居民名义劳动收入下降幅度小于货币购买力的上升幅度时,就会出现此种情况,也就是说,虽然居民实际劳动收入仍呈正增长,但收入增长幅度会下降。一般来说,这种情况更常见。

(六) 对财富分配和收入分配结构的影响

如果通货紧缩具有均衡性,即所有财富的市场价值和所有人的收入随通货紧缩而同等地下降,则通货紧缩不会改变财富分配结构和收入分配结构,即对财富分配和收入分配不产生影响。不过,通货紧缩往往并不具有均衡性,就是说在通货紧缩过程中,不同种类财富的市场价值的下降和不同人的收入的下降幅度并不相等,有的下降幅度大,有的下降幅度小,这样通货紧缩便要改变财富分配结构和收入分配结构。一些人从中受益,而另一些人则要受损,由通货紧缩造成的财富的市场价值和收入下降幅度大的人会因此而受损,而那些财富的市场价值和收入下降幅度小的人则因此而受益,他们在财富分配和收入分配中所处的地位会相对上升。通货紧缩对财富分配和收入分配结构的这种影响主要反映在以下几个方面。

1. 导致有利于债权人、不利于债务人的分配

出现了通货紧缩,在名义利率不变的条件下,实际利率会上升,货币升值,债权人债权的实际价值因此而上升。债务人的实际债务价值上升,债务人的债务负担因此而加重。由此而形成有利于债权人,而不利于债务人的财富和收入分配。

2. 导致有利于固定收入者,不利于非固定收入者的收入分配

通货紧缩意味着货币升值,由于固定收入者的名义收入保持稳定。因此,其实际收入会因为货币升值而增加其相对收入(即其在全部收入中所占的比重)会因此而上升,在通货紧缩过程中,非固定收入者的收入下降,其相对收入就会因此而下降。

这里需要说明的是,通货紧缩并不意味着所有的非固定收入者的收入都会下降,通货紧缩对非固定收入者的影响也有不均衡性,也不意味着非固定收入者的绝对收入会普遍下降。出现更多的是非固定收入者的相对收入的下降,并且在通货紧缩的过程中,非固定收入者的收入还可能以较大幅度增长。但只要其收入增长不是来源于通货紧缩本身,而是来源于付出更多的劳动或来源于向社会提供更多的生产要素,那就不能说他们是通货紧缩的受益者。对由此而形成的非固定收入者的收入增长在分析中应予扣除。总之,非固定收入者的收入增长只要不是来源于通货紧缩本身,那他们就仍然是通货紧缩的受损者。

3. 导致有利于金融资产持有者,不利于实物资产持有者的财富再分配

因为在通货紧缩过程中,实物资产的市场价值的下降幅度要超过金融资产价值的下降幅度。通货紧缩意味着实物资产的市场价值在总体上是下降的。虽然不同种类的实物资产的市场价值的变化幅度会不同。金融资产包括无名义收益的金融资产、有固定的名义收益的金融资产、无固定的名义收益的金融资产。前两类金融资产的价值在通货紧缩过程中不仅不会下降,反而会因为货币升值,实际利率的上升而上升。只有最后一类金融资产的市场价值会在通货紧缩过程中下降。但其市场价值的下降幅度并不一定会超过实物资产的下降幅度。这样就造成从整体上来看,金融资产的市场价值相对上升,实物资产的市场价值相对下降,从而形成有利于金融资产持有者,而不利于实物资产持有者的财富再分配。

(七) 对金融业(指商业银行)的影响

1. 对银行负债的影响

银行的资金主要来源于外部资金,包括吸收存款、发行债券、向中央银行举债、同业拆借等。出现了通货紧缩,在名义利率不变的条件下,实际利率上升,银行的利息负担因此而加重,因此通货紧缩会增加银行的实际债务负担。在通货紧缩的条件下,银行负债业务的发展面临两难困境:一方面在通货紧缩的条件下,人们愿意存款,愿意购买债券,从而有利于银行增加负债规模,不过收入的下降又会使资金来源减少;另一方面如果名义利率不变,银行的负债规模越大,实际增加的利息负担会超重。而如果银行为减轻利息负担而调低名义利率,在面临市场竞争的条件下,会使银行在资金市场中处于不利地位,并且会出现存款的流失,而这会给银行的资金周转、支付、资产业务的发展等带来负面影响,银行就只得按现行利率吸收存款或发行债券。这样,银行的负债只会处在一种被动增加的状态。

2. 对银行资产的影响

通货紧缩的情况下,银行的实际利息收入会增加,因为在名义利率不变的条件下,实际利率会上升,这是有利于银行的。但问题在于,由于银行的主要资产是贷款,通货紧缩对银行资产的安全性会造成很大的影响。一方面,发生通货紧缩后,企业产品销售困难,产品售价下降,销售收入减少,偿还本息的能力下降,银行的债权利益得不到保障。另一方面,通货紧缩导致借款的实际利息负担加重,拖欠贷款会增加,并且通货紧缩会造成一些企业破产、倒闭,因此通货紧缩会增加违约风险,导致银行资金质量下降,资产的风险性增加。由此,会对银行资产的转让、变现带来负面影响,从而会降低银行资产的流动性。

由此,可以得出结论:通货紧缩会使金融业风险(信用风险、流动性风险)增加,会增加金融体系的不稳定性,不利于金融业的稳定发展。

四、通货紧缩的治理

通货紧缩是经济健康运行的"顽敌",有时通货紧缩的治理要比通货膨胀的治理更为困难。由于通货紧缩一般表现为物价低于合理的水平,因此治理通货紧缩,就是要综合利用各种政策措施,促使一般物价上升到合理水平。

治理通货紧缩的政策是综合性的,可归结为几个方面:国内的宏观经济政策,包括财政政策和货币政策;国际经济政策,如汇率政策以及优化供给政策等。

(一) 实行积极的货币政策

实行积极的货币政策,就要求中央银行及时做好货币政策的微调,适时增加货币供应

量,降低实际利率,密切关注金融机构的信贷行为,通过灵活的货币政策促使金融机构增加有效贷款投放量,以增加货币供给。具体如下。

1. 较大幅度地增加货币供应量,尤其是扩大中央银行基础货币投放

在我国,四大国有商业银行资金比较充裕,但贷款需求相对不足,而中小金融机构的资金相对于贷款需求却明显不足,基于此,投放基础货币可以考虑如下方式:财政部发放长期国债;增加对四家国有商业银行的再贷款,改变目前存在的对中小金融机构再贷款的限制,根据资产管理公司运作的实际需要,适当提供再贷款,并允许资产管理公司发行债券,抵冲关键性大中型国有企业的部分债务,由中央银行买入,增加货币供给,化解部分金融风险,有效使用沉淀在央行和商业银行的过剩资金。

2. 下调法定存款准备金率和完善准备金制度

法定存款准备金率的下调,有助于增加金融机构可运用的资金数量,支持经济增长。改革准备金制度,包括降低超额准备金存款利息;法定准备金可用于清算等。

3. 加快利率市场化

治理通货紧缩,有必要下调利率,调整利率结构,同时更应加快利率体制的改革。我国连续多次下调利率,再继续下调,会加大对人民币汇率的贬值预期。因此,应该在扩大银行贷款利率浮动幅度的基础上放开贷款的利率管制,让商业银行根据贷款对象的资信状况和风险大小来确定贷款利率。中央银行利率政策的作用,也应通过贴现和中央银行的贷款及公开市场操作来发挥。

4. 加速货币信贷主体的货币投放积极性,消除货币投放中的障碍

要重新制定债券机构参与货币市场交易的规定,使其能够在有效的监管下进入货币市场融资,发挥其在债券市场的造市作用。提高中小金融机构社会信誉的根本措施在于提高其本身素质,但同时也要看到信誉的建立和完善能稳定广大存款人信心的存款保险制度相关,建立中小金融机构保险制度,促进货币的投放。强化国有商业银行的利润约束机制,使利润约束与风险约束一样具有严肃性,从而促使加快货币投放的规模和速度。

(二) 实行积极的财政政策

实行积极的财政政策不仅意味着扩大财政支出,而且还要优化财政支出的结构,以增大财政支出的"乘数效应"。扩大财政支出,可以发挥财政支出在社会总支出中的作用,弥补个人消费需求不足造成的需求减缓,起到"稳定器"的作用。优化财政支出的结构,使财政支出能最大限度地带动企业和私人部门的投资,以增加社会总需求。

1. 调整财政投资的内容和方向

(1) 适当缩小国家财政对公共基础设施的直接投资规模,抽出部分财政投资资金,通过财政贴息、财政参股、财政担保等多种途径,以吸纳、带动社会资金参与公共基础设施建设。

(2) 调整财政投资方向。继续进行国家重点基础设施建设,另外还应有选择地对国有大中型企业的技术改造和产业升级,对关于工业和国民经济现代化的加工工业,特别是技术装备工业,以及高科技产业的投资需求,予以更大的财政支持。

(3) 发行专项建设国债。此类国债的发行以及项目投资、项目经营和还本付息等活动,建立在运用这些国债所形成的资产及其收益上,并最终以资产转让和经营收益,作为还本付息的财产基础和资金来源。这样能收到刺激经济、减少财政债务负担、提高投资的资本化程度、增加国有资产比重和控制力、优化经济和产业产品结构等多种功效。

2. 加大启动消费需求的财政政策力度

实施积极的财政政策,对投资需求起到明显的拉动作用,但对最终消费需求的提升作用还有待加强。在传统的计划经济——卖方市场短缺经济条件下,习惯于把刺激经济的重点放在投资和生产上,即增加产品供给。但在买方市场已初步形成的条件下,需要刺激的重点却是消费需求,有效需求是制约国民经济发展的主要方面。从一定意义上讲,刺激投资和生产固然也是在提供需求,但这只是中间需求,它对经济增长发挥的作用,即能否提高经济效益,取决于最终需求的状况。适时加大直接启动我国消费需求的财政政策力度,消除目前大多数人的消费后顾之忧和消费心理不确定性,才能够拉动消费需求。

3. 加速推进税费体制改革,是持续扩大内需、遏制当前通货紧缩的一个重要环节

通过税费体制改革,切实减轻企业和农民的负担,增加其可支配收入,为提高城乡市场主体的投资消费能力奠定基础。我国人口的2/3在农村,农民理应是最大的消费群体。大力推进税费体制改革,切实减轻农民和企业难以承受的负担,不仅是完善企业制度、规范市场竞争环境、保护企业积极性的紧迫需要,而且也是依法增加农民和企业的可支配收入,促进城乡投资和消费需求,缓解通货紧缩压力的必要举措。

(三) 优化供给

导致通货紧缩的一个主要因素在于总需求严重不足,解决总需求不足除了刺激总需求外,一个更为重要的措施是优化供给,优化供给可以引发新的需求,带动需求增加,从而实现刺激需求的目的,调节需求的不足。

1. 通过完善产业组织而优化供给

要按照规模经济的要求关闭那些违反规模经济原则的小企业,减少大量的低效供给甚至无效供给;其次要按照竞争原则消除各种垄断,尤其是行政性垄断,因为垄断很容易引发无效供给和低效供给。

2. 通过技术创新而优化供给

技术创新可以促进需求的增加:一是技术创新本身就是新的需求,可以带来比原来更好的产品,诱发购买,购买就是需求;二是技术创新可以使产品质量提高,必然会扩大需求;三是技术创新可以降低产品成本,使产品便宜,使原来消费不起的人进入可消费行列,从而扩大了需求。技术创新要求打开融资渠道,而最适合于技术创新的融资渠道是资本市场,因此必须从加快技术创新的要求上完善资本市场,还要求充分调动技术创新者的积极性,使技术创新作为资本性质的生产要素参与分配,参与企业的股权制度设置。

3. 通过结构调整而优化供给

我国目前的结构不合理既抑制了有效需求,使需求严重不足,又造成了大量的低效供给与无效供给,使供给相对过剩。调整结构要促进传统部门的产品升级换代,更要促进新兴产业部门的发展,如促进高新技术产业的发展,促进以教育产业化和旅游业化等为特征的精神产品产业的发展,使新的需求得以较快增长。

4. 通过体制改革而优化供给

高效的并且能带来极大需求的供给,只有在企业体制高效化的基础上才能产生,因而必须建立起现代企业制度。现代企业制度的核心是现代产权制度,现代产权制度要求产权清晰,产权结构合理,产权具有可流通性,制度的设置要能充分调动人力资本的积极性,即调动企业家和技术创新者的积极性。

❖ 本章小结 ➤➤➤

货币层次就是不同意义上的货币所包括的货币形式,不同层次的货币也就是货币范围的不断扩大。现阶段我国的货币层次有以下几个:

M_0＝流通中的现金;

M_1＝M_0＋企业活期存款＋机关团体部队存款＋农村存款＋个人持有的信用卡存款;

M_2＝M_1＋城乡居民储蓄存款＋企业存款中具有定期性质的存款＋信托类存款＋其他存款;

M_3＝M_2＋金融债券＋商业票据＋大额可转让定期存单等。

其中,M_1是狭义货币供应量,M_2是广义货币供应量,M_2与M_1之差是准货币,M_3是根据金融工具的不断创新而设置的。

基础货币是流通于银行体系之外的现金(通货)和银行体系的储备之和。中央银行对货币乘数的影响是通过调整法定存款准备金率来实现的:如果中央银行提高活期存款、非交易性存款的法定准备金率,货币乘数必然下降;反之,货币乘数则会上升。

凯恩斯对货币需求理论最大的贡献在于三个动机分析的提出:交易动机、预防动机、投机动机。

实现货币均衡,为经济发展创造良好的货币流通环境,是研究货币供给和货币需求的最终目的。货币均衡就是指货币供给和货币需求相等的状态,$M_s = M_d$;货币的非均衡就是$M_s \neq M_d$,可能货币供给大于货币需求,也可能是货币供给小于货币需求。

所谓通货膨胀,是指在纸币流通条件下,因纸币发行过多,超过了流通中所需要的货币量,从而引起纸币贬值、一般物价水平持续上涨的现象。通货膨胀的成因和机理比较复杂,有四种,即:需求拉上说、成本推进说、供求混合推进说和部门结构说。由于通货膨胀对一国国民经济乃至社会、政治生活各个方面都会产生严重影响,因此各国政府和经济学家都将控制和治理通货膨胀作为宏观经济政策研究的重大课题加以探讨,并提出了治理通货膨胀的种种对策措施,如紧缩性货币政策、紧缩性财政政策和收入指数化政策。

通货紧缩是指物价的普遍持续下降的现象,通货紧缩是一种宏观经济现象,其含义与通货膨胀正好相反。通货紧缩是经济健康运行的"顽敌",有时通货紧缩的治理要比通货膨胀的治理更为困难。治理通货紧缩的政策是综合性的,可归结为几个方面:国内的宏观经济政策,包括财政政策和货币政策;国际经济政策,如汇率政策以及优化供给政策等。

一、关键词

基础货币　原始存款　通货膨胀　通货紧缩　派生存款

二、思考题

1. 什么叫基础货币?它对货币供给有何重要影响?
2. 原始存款与派生存款有何不同?它们对货币总量有何不同的影响?
3. 如何理解理想的货币均衡状态?
4. 如何理解通货膨胀的定义,如何度量通货膨胀?
5. 简述有关通货膨胀产出效应的争论。
6. 怎样运用宏观紧缩政策治理通货膨胀?
7. 试析中国改革开放以来有关通货膨胀形成原因的若干观点。

第十章　金融市场

► 学习目标

通过本章学习,掌握金融市场的有关基础知识:金融市场的概念、构成及分类,资金市场的含义、特点及构成、证券发行市场的内容、发行方式、发行价格、证券流通市场的构成、组织形式股票价格指数,外汇市场作用的基本知识。

≫ 引导案例

2007 年至 2011 年:美国次贷危机及全球金融危机

长期以来,美国金融机构盲目地向次级信用购房者发放抵押贷款。随着利率上涨和房价下降,次贷违约率不断上升,最终导致 2007 年夏季次贷危机的爆发。这场危机导致过度投资次贷金融衍生品的公司和机构纷纷倒闭,并在全球范围引发了严重的信贷紧缩。

2007 年 4 月,美国第二大次级房贷公司——新世纪金融公司的破产就暴露了次级抵押债券的风险;从 2007 年 8 月开始,美联储做出反应,向金融体系注入流动性以增加市场信心,美国股市也得以在高位维持,形势看来似乎不是很坏。然而,2008 年 8 月,美国房贷两大巨头——房利美和房地美股价暴跌,持有“两房”债券的金融机构大面积亏损。

美国次贷危机的原因:一是商业银行放出次级贷款;二是商业银行把次级债卖给投资银行;三是投资银行打包再卖给全世界;四是为次级债上保险。

美国金融危机的爆发,使美国包括通用汽车、福特汽车、克莱斯勒三大汽车公司等实体经济受到很大的冲击,实体产业危在旦夕。

美国金融海啸也涉及全球,影响到了全世界。美国次贷危机最终引发了波及全球的金融危机。2008 年 9 月,雷曼兄弟破产和美林公司被收购标志着金融危机的全面爆发。随着虚拟经济的灾难向实体经济扩散,世界各国经济增速放缓,失业率激增,一些国家开始出现严重的经济衰退。

思考题:1. 美国次贷危机的原因是什么?

2. 2008 年金融危机给全球经济带来了什么影响?

第一节　金融市场概述

一、金融市场的概念

金融是指货币资金的融通。金融市场是进行资金融通的市场，是建立在金融商品买卖内容基础上的融资场所、融资机制和各种融资活动的总称。金融市场有广义和狭义之分。

广义的金融市场泛指一切融资活动，包括金融机构的存贷款、有价证券的发行与交易、票据的承兑与贴现、黄金外汇买卖、信托投资、租赁与保险等各类融资市场。狭义的金融市场专指典型金融商品（如票据、有价证券等）的买卖而进行的融资活动，而将银行的存贷款业务、信托、保险等排除在研究范围之外。

所谓金融商品，也称金融工具，是指借以实现资金融通的一切金融资产，不仅包括股票、债券、商业票据、回购协议和银行承兑汇票等有价证券，也包括存款、贷款凭证、黄金、外汇等其他各种金融资产。

一般来说，早期的金融交易通常有固定的场所，即为有形市场，各种金融商品的交易到该场所进行，现在的有形市场最主要的形式是证券交易所。随着电子通信技术的发展和便捷通信工具的产生，人们无须再到固定场所交易，往往可以通过网络、电话等实现资金的融通，这也就是新兴的无形市场。目前，金融市场呈现有形市场与无形市场并存的状态。

二、金融市场的特点

金融市场是社会大市场体系的重要组成部分，它与商品市场一样，都存在着价格、供求关系以及市场竞争等多种机制。但金融市场还以商品市场的发展为前提，对商品市场的发展起着影响和制约的作用。金融市场与普通商品市场相比，具有以下特点。

（一）交易商品的特殊性

首先是交易的商品品种特殊。金融市场上交易的商品是同质的货币资金或其表现手段（即金融商品）。因此，无论是银行存贷款、票据业务还是有价证券的买卖都是在进行货币资金的融通。而普通商品市场的交易对象是千差万别的商品。其次是交易商品所有权的交接方式特殊。普通商品交易实现的过程是商品所有权实现从销售方到购买方的转移过程，而金融商品交易只是实现了买卖双方对资金使用权的交接，即金融商品交易一般表现为货币资金使用权的让渡。

（二）交易方式的特殊性

普通商品交易买方与卖方的关系随着商品交易的结束而结束。而金融市场上的交易方式是以借贷方式为主的，金融商品交易所形成的资金主体的关系不随交易的结束而结束。例如，借款方要在约定期限后偿付资金使用的代价——利息，或投资人以参与受资人利润分配的形式取得投资报酬等。

（三）交易价格的特殊性

普通商品的交易价格是由该商品的价值所决定的，并且受商品市场的供求状况影响。价格表现为围绕商品价值运动上下波动的曲线模式，不同商品的价格各不相同。而金融商品的价格是根据资金供求和市场竞争的状况由买卖双方共同决定的，不是由商品即货币资金本身的价值决定的。金融市场上的商品——货币,其价值已远远超出了自身所具有的价值。金融市场上的商品价格表现为利息率或收益率,随着社会平均利润率的趋同,金融商品的价格也必然趋向于大体相同。

(四) 交易市场的多元化

与普通商品市场相比,金融市场具有交易市场多元化的特征。这种多元化首先表现为交易主体的多元化。金融商品交易主体包括银行等金融机构、非银行金融机构、企业实体、政府、其他经济组织和个人等。其次表现为金融工具的多样化。金融工具主要有各种票据、有价证券以及各种衍生工具。最后表现为交易方式的多样化。在金融市场上,直接融资与间接融资方式并存,现货交易与期货交易并存。

(五) 交易目的的特殊性

普通商品交易中,买方的目的是获得商品的使用价值,即获得具有特定用途的商品。卖方的目的是实现商品的价值,即获得货币。而金融市场交易双方的目标则有所不同,资金提供者的目标是获得让渡资金的报酬——利息或参与分配利润,资金使用者的目标是获得超过资金使用成本的更高的利润。

三、金融市场的构成要素

一个完善的金融市场,一般包括以下基本要素。

(一) 金融市场交易的主体,即参与者

金融交易同其他交易一样,要有交易双方,即货币资金的供给者和需求者,也就是金融市场业务活动的参加者,一般有政府、企业、金融中介机构、家庭与个人。

1. 企业:既是资金的需求者又是资金的供给者

企业是金融市场运行的基础,也是整个经济活动的中心。当企业资金有盈余时,可以利用金融市场进行投资,或投资于货币市场,或投资于证券市场取得收益;当企业资金不足时,可以从金融市场上筹措资金,或持未到期的商业票据到银行贴现,或以企业财产和各种有价证券作抵押到银行办理抵押贷款,或在证券市场上发行股票和债券。

金融市场是企业筹集各种资金,运用闲置资金进行金融投资的理想场所。因此,企业在金融市场上具有资金需求者和资金供给者的双重身份。

2. 政府:既是资金的需求者又是金融市场的管理者

政府是一国金融市场上主要的资金需求者,从中央政府到地方政府,为了建设公共工程,为了弥补财政赤字,一般都通过发行国库券和公债等方式筹集所需资金,从而政府主要以资金需求者的身份在发行市场上活动。对金融市场的监管,政府主要是授权给相应的监管机构,有时也直接出面对金融市场施加影响,如政策的制定与实施等。

3. 金融中介机构:既是资金的需求者和供给者又是市场的中介

金融中介机构是短期金融市场的主要投资者,它们通过同业拆借、票据贴现、抵押贷款以及买进短期债券等向市场提供资金;金融机构要向市场提供资金,首先要筹集资金即利用吸收存款、拆借资金、出售短期债券、再贴现等筹集资金;金融机构又是交易市场的媒介即通过吸收存款、发放贷款获取利息收入。

4. 家庭和个人:主要是资金供应者

家庭和个人在金融市场上既是资金需求者又是资金的供应者,但主要是资金供应者。

这是因为,尽管家庭和个人经常需要借入资金,用于提前消费、大额消费和投资等,但大多数家庭和个人或是出于节俭,或是为了预防不测、养老和子女教育等,往往将收入和支出相抵后的剩余用于间接投资即储蓄或购买有价证券。由于家庭和个人的投资具有分散性,使金融市场具有广泛的参与性和多样性。

手机扫一扫,
读专栏10-1

(二) 金融市场交易的客体,即货币资金

各类金融市场交易的主体参与金融市场的目的,无非就是为了交易货币资金而实现自身对利润的追求。资金供给者"卖"出货币资金是为了获取利息或红利,资金需求者"买"进货币资金,是为了获取比支付利息或红利更多的利润收入;金融中介机构提供各种服务,是为了获取手续费收入或赚取差价收入。所以,货币资金成为金融市场交易的对象。

(三) 金融市场交易的媒介,即金融工具

金融工具即金融商品,是指在金融市场上为融资提供媒介服务的各种信用工具,是金融市场上交易的对象,包括国家债券、金融债券、企业债券、股票、大额可转让存单、本票、汇票、支票等。金融工具的种类和数量的多少,是一国金融是否发达或经济发展水平高低的重要标志。一般而言,金融工具种类和数量的增长,是一国金融市场发达的重要表现,有利于活跃经济和改善资源配置。金融工具之间的差别主要体现在流动性、风险性和收益性三个方面。一般来讲,流动性和风险性、收益型呈反比,而风险性和收益型呈正比,金融市场主体就要在三者之间进行选择,以寻求最适合自己的投资组合方式。通过金融商品的买卖,资金在供给者和需求者之间得以相互融通。

(四) 金融市场交易的价格,即利息率

在金融市场上,利率是货币资金商品的"价格",其高低主要由社会平均利润率和资金供求关系决定;反过来,它又对资金供求和流向起着调节和引导作用。也就是说:每一种金融工具的买卖,实际上都是货币资金的借贷,由此而形成的利率则成为金融商品的价格,它必然要随着市场货币资金供求状况的变化而波动,利率的波动既反映着市场资金供求状况,同时又是引导市场资金流向的信号。

(五) 金融市场交易的组织形式与管理方式

金融市场的组织形式是市场活动方式,它将交易双方和交易对象结合起来并最终实现交易的目的。金融市场的组织形式主要有交易所交易和柜台交易两种,交易方式有现货交易、期货交易、期权交易、信用交易等。金融市场管理主要包括管理机构的日常管理和中央银行的间接管理及国家的法律管理等。

手机扫一扫,
读专栏10-2

四、金融市场的功能

金融市场通过组织金融资产、金融产品的交易,可以发挥多方面的功能:

(一)资金积聚功能

金融市场最基本的功能就是将众多分散的小额资金汇聚为能供社会再生产使用的大额资金的集合。在这里金融市场就实际发挥着资金蓄水池的作用。在一个国家的经济中,各部门之间和部门内部的资金收入和资金支出在时间上往往是不一致的。在某一段时间内,有一些单位和部门可能出现暂时的闲置资金,另一些部门和单位则可能存在资金缺口,通过金融市场可以帮助实现资金在盈余部门和短缺部门之间的调剂,满足投资者与筹资者的需要。例如,金融市场上资金需求者通过发行股票、债券筹集资金,满足生产经营的需要,而资金盈余者通过购买股票和债券,将储蓄转化为投资,从而实现盈利的目的。

(二)宏观调控功能

由于金融市场在市场体系中占据主导地位,它必然成为国家进行宏观调控的主要工具。同时,金融市场是公家调控经济运行的重要载体,为政策的执行提供了操作平台。中央银行通过金融市场,运用的存款准备金率、再贴现率和公开市场操作,影响市场货币供应量,达到宏观调控的目的。例如,当社会上货币资金过多时,中央银行可以减少对商业银行的再贴现和贷款,或在金融市场上出售有价证券,从市场上抽回货币;当社会上货币资金过少时,中央银行可以增加对商业银行的再贴现和贷款,或在金融市场上买进有价证券,向市场投入货币,从而实现对经济的宏观调节。

(三)优化资源配置功能

优化资源配置是指在资源需求无限和资源供给有限的条件下,最合理分配资源,使其发挥最佳效用。

在金融市场上,交易工具价格波动实际上就反映其背后隐含的相关信息。投资者对这些信息的分析判断,决定着资金或其他经济资源的流向。一般来说,资金总是流向最有发展潜力、能够为投资者带来最大利益的部门或企业。这样,金融市场就将资源从效率低的部门转移到效率高的部门,从而使全社会的经济资源得到更加有效的配置和使用。

(四)反映功能

金融市场是国民经济的运行的"晴雨表",能够及时而棱面的反映各种经济状况。例如,股票市场上价格指数的涨落,反映国民经济景气和萧条的程度。哪个行业或企业效益好,该行业或企业的股票价格就上涨,社会资金就流向该行业或企业,促使这些行业或企业的发展;反之,社会资金就会流出这些行业或企业,导致这些行业经济萧条。社会资源在良好的金融环境和价格信号引导下,投资者以此作为决策的重要依据。

(五)风险分散功能

金融市场为市场参与者提供了防范资产风险和收入风险的手段。投资者通过对资产组合的分散化管理,可以有效地降低甚至抵消投资风险。同时,金融工具的应用将大额投资分散为小额零散投资,从而将较大的投资风险分散给大量的投资者共同承担,既使投资者的利益得到保证,又便于投资者实现融资目的。

(六)交易功能

规范的交易组织、交易规则和管理制度,使得金融市场工具大都具有较强的流动性,能更加便捷地进行交易。金融市场为金融资产的变现提供了便利，流动性则是金融市场效率和生命力的体现。便利的金融资产交易和丰富的金融资产选择，使得交易成本大大降低，进而促进了金融市场的发展。

五、金融市场的分类

（一）按照资金融通期限分类

按照资金融通期限分类，金融市场可分为短期金融市场与长期金融市场。

短期金融市场是指期限在一年以内的资金借贷及短期有价证券的交易市场又称为货币市场。它的期限短、流动性高、风险小，交易的目的主要是解决短期资金周转的供求需要，如同业拆借市场、票据贴现市场等。

长期金融市场是指期限在一年以上的资金借贷及长期有价证券的交易市场又称为资本市场。它的偿还期限长甚至无期限、风险较大，其筹集资金的目的主要用于固定资产投资，如股票市场、债券市场等。

（二）按照金融交易的程序分类

按照金融交易的程序分类，金融市场可分为发行市场和流通市场。

发行市场又称为一级市场或初级市场，是指新发行的证券从发行者手中出售给投资者的市场。

流通市场又称为二级市场或次级市场，是指买卖已发行证券的市场，是投资者之间进行金融交易的市场。

（三）按照金融交易的场地和空间分类

按照金融交易的场地和空间分类，金融市场可分为有形市场和无形市场。

有形市场指有固定的场地，在组织严密的特定交易场所中进行金融交易活动。例如，股票的买卖，对股民来说，是在证券公司的营业大厅中进行的，而股票的交易是在证券交易所完成的。在银行、证券公司、保险公司等各类金融机构的营业厅中，也可以进行多种金融工具的买卖。

无形市场是指没有固定的交易场地，通过电话、电报、电传、电脑网络等进行的金融交易活动，如资金拆借、外汇交易等。随着电信、电子计算机事业的日益发达，越来越多的金融交易利用现代化的信息传递手段，联成一个庞大无比的市场，实现快讯、安全的金融交易。有形市场和无形市场不能截然划分，两者能够相互衔接，相互转化。

（四）按照成交后是否立即交割分类

按照成交后是否立即交割分类，金融市场可分为现货市场和期货市场。

现货市场是指交易双方达成协议或成交后，当天或在三天以内进行交割的金融交易场所。期货市场是指交易双方达成协议或成交后，不立即交割，而在未来的一定时间内，如1个月，2个月或3个月后进行交割的金融交易场所。

（五）按照金融交易的地理范围分类

按照金融交易的地理范围分类，金融市场可分为地方性金融市场、全国性金融市场和国际金融市场。

地方性金融市场是指在国内的一个城市或一个经济区内进行金融交易市场；全国性金融市场是指不超越国界，在全国范围内进行金融交易的市场；国际金融市场则是超越国界，在国际进行资金融通的市场,外资借贷、外汇买卖、黄金交易,构成了国际金融市场融资活动的基本内容。

第二节 货币市场

货币市场是融资期限在一年以内的短期资金交易市场。在这个市场上,用于交易的工具主要有银行票据、可转让大额定期存单、政府发行的国库券等。

货币市场的主要特征有以下几点:① 融资期限短。货币市场是提供短期借贷的市场,其交易的金融工具的偿还期一般为1年或1年以下,期限短的只有1天,以3~6个月居多。② 融资的目的主要是满足短期资金周转的需要,货币市场的资金供给主要是资金所有者的暂时闲置资金,资金需求一般用于满足流动资金的临时不足。③ 参与者主要是机构投资者。由于货币市场的融资期限短,交易额大,一般投资者难以涉及。④ 金融工具具有较强的"货币性"。该货币交易活动所使用的金融工具期限短,具有较强的流动性,风险较小,随时可在市场上转换成现金而接近于货币,所以有时把货币市场称为短期资金市场。

货币市场根据交易对象不同,可分为以下几种。

一、同业拆借市场

同业拆借市场是指银行等金融机构相互之间进行的资金融通活动。参加者都是金融机构。

银行等金融机构在业务经营过程中,往往会出现所谓时间差、空间差。某些银行今天的资金暂时有余,明日则可能不足,另外一些银行则相反,即出现时间差;或者是某地银行出现多余资金,而其他地方的银行的资金面临不足,即出现空间差。这就产生了银行等金融机构同业之间的资金拆借交易。

银行间的同业拆借交易,一般没有固定交易场所,主要通过电话洽谈方式成交,期限按日计算,一般不超过1个月,最短的只有半日,如日本的"半日拆",从上午票据交换清算后到当日营业结束为限。如果拆借期限为24小时,则称"日拆"。拆借的利率叫"拆息"。拆借利率变动频繁,可灵敏地反映资金供求状况。

同业拆借市场的特点表现在:① 期限短;② 拆借资金都很大;③ 拆借利率有融资双方根据资金供求关系及其他因素自由议定,日拆利率每天不同,甚至有时不同,这个利率是货币市场松紧程度的指示器,所以被货币市场上的观察家所注意;④ 拆借可以通过中介机构进行,也可以由拆借双方直接联系,洽谈成交;⑤ 同业拆借一般不须提供担保品,属于信用拆借,一般用于一日或几日内的拆借,拆出和收回都通过中央银行的电子资金转账系统直接转账完成。也有担保拆借,多采用购回协议的方式,即拆入方提供短期票据或政府债券作为担保,拆出方买进这些有价证券,当拆期届满还款时,以相反的方向进行证券的买卖,并加上利息。

我国同业拆借市场的兴趣,源于1985年开始实行"统一计划、划分资金、实贷实存、相互融通"的信贷资金管理体制。"实存实贷"管理体制规定允许和鼓励银行之间相互融通资金,其核心是把中央银行与专业银行、专业银行与专业银行、专业银行内部下级银行与上级银行之间的资金供应关系改为借贷关系,并允许各专业机构之间可以充分运用信贷资金的"时间差"和"空间差"相互调剂余缺。1986年上半年,全国各地出现了零星的拆借活动,1986年下半年以后,发展很快,形成了不同层次、不同规模的拆借市场,建立了以中心城市为依托,跨地区、跨系统的资金融通网络。但我国同业拆借市场还存在很多问题,表现为:第一,拆借期限偏长。这主要是因为拆借资金不是为了应付资金周转中暂时不足或多余的问题,而往往是为了解决企业或地方经常性的流动资金缺口,或用来发放固定资金贷款,更有人把拆借资金用来炒股、炒地皮,从而拉长了拆借期。第二,拆借市场利率混乱。虽然拆借利率应该低于再贴现或再贷款利率而略高于资金成本。但事实上,私下的"好处费""手续费"等名义,变相抬高利率,导致拆借成本有所上升。

相信随着同业拆借市场相关法律法规的健全和实施,我国同业拆借市场已步入正轨,其功能也得到相应的发挥。

二、票据市场

票据市场是以票据作为交易对象,通过票据承兑、票据贴现、票据转让和票据抵押进行融资活动的货币市场。我国目前使用的票据有三种,即汇票、银行本票和支票,其中汇票分为银行汇票和商业汇票两种。由于银行汇票、银行本票、支票三种票据是即期票据,见票即付,不必承兑,更不必办理贴现。因此,票据市场上交易的对象一般是商业汇票。

票据市场包括票据承兑市场和票据贴现市场。

(一) 票据承兑市场

票据承兑市场是指授权承兑保证,创造承兑汇票市场。承兑是指汇票付款人承诺在汇票到期日支付汇票金额的一种票据行为。只有经过承兑后的汇票,才具有法律效力,才能作为市场上合格的金融工具流通转让。

根据承兑人的不同,由企业承兑的汇票称为商业承兑汇票,由银行承兑的汇票称为银行承兑汇票。经过银行承兑的汇票,具有付款人和承兑银行的双重保证,可随时在市场上转让流通,是银行和客户都乐于接受的金融工具。

目前,世界各国票据承兑市场上办理汇票承兑业务的机构主要是商业银行,也有专门办理承兑业务的金融机构,如英国的票据承兑所。这些机构办理承兑业务时并不支用自身财产,而仅是利用自己的信誉为客户作为担保,办理承兑时向客户收取一定的手续费。而客户,则可通过票据承兑市场获得价格低廉的融资,以便作为支付手段转让出去,或到商业银行办理贴现。

(二) 票据贴现市场

票据贴现市场是指对未到期的票据进行贴现,为客户提供短期资金融通的市场。在票据市场上办理贴现业务的机构主要有商业银行、贴现公司、中央银行等,可用以贴现的票据主要是经过背书的本票和经过承兑的汇票。

票据贴现市场具体又包括贴现、再贴现和转贴现。贴现是指客户将所持有的未到期票据向商业银行(或办理贴现业务的其他金融机构)兑取现款以获得短期融资的行为。再贴现是指商业银行将其贴现收进的未到期票据向中央银行再办理贴现的融资行为,也称重贴现。转贴现是指商业银行将贴现收进的未到期票据向其他商业银行或贴现机构进行贴现的融资行为。

票据贴现市场上的种种贴现形式,是贴现机构买进未到期的票据,实质上是债权的转移;表面上是票据的转让,实际上是资金的买卖。

经过十几年的发展,贴现业务范围渐渐扩展,除商业票据外,更包括有未到期的政府债券和企业债券,地区性和全国性的票据承兑贴现市场已经初步形成。但是,我国票据和贴现开办以来,发展还很不平衡,尤其是在中小城市发展很慢,主要原因是企业账务人员对票据承兑和贴现业务不十分熟悉;企业信誉使得有些银行为承兑风险大而不愿意为之;结算方法及法规制度不健全缺乏对欠款的约束,等等。随着我国金融体制改革的深化,票据贴现市场在我国将会得到很大发展。

手机扫一扫,
读专栏10-3

三、回购市场

回购协议,也称为回购协议,是指资金短缺者在货币市场出售证券以融通资金时,同资金盈余者即证券购入者签订协议,同意证券出售者在约定的时间按协议约定的价格购回所售证券。购回协议的期限很短,通常为 1 个营业日,最长也只有 6 个月。从资金融通的角度看,是今天借入,明天还款;从证券买卖的角度看,是今天卖出,明天购回。由此可见,回购协议实质上是一种有抵押品的短期资金融通方式——作为抵押品的就是协议项下的证券。这些证券主要是风险小的政府债券。所以,回购协议市场属于短期资金市场的一个组成部分。回购协议 1969 年在美国金融创新的浪潮中出现的。当企业有暂时闲置的资金时,存在银行利息很低,所以,企业可以向银行安排一笔回购协议,由银行购买证券,同时与银行商定在需要动用这笔资金时,银行保证按原价购回证券,并按约定利率支付利息。这样,企业就能得到这笔资金,银行既可以获得报酬,又保持了流动性。对于银行来说,回购协议是一种较优的资金来源,因为该项资金形式上是出售证券所得的款项,而不是存款,因此不用缴存款准备金,期限也有弹性,并且证券本身的收益仍属于自己。

回购协议交易一般是通过电话进行,没有一个集中市场,多数是通过经纪人成交,有时供需双方也直接联系。交易金额一般都很大。回购协议虽然表现为买卖证券的形式,但买卖价格却与真正买卖证券的价格脱离,一般稍低于市价。实际上由于按约定价格购回,所以不受证券价格涨落影响,一般不会发生资本损失的风险。

最初,回购协议抵押品主要是政府债券。后来,大额可转让定期存单、企业债券黄金等也可作为抵押品。由于风险不同,用存单或企业债券作为抵押品的利率要稍高于政府债券或现金作为抵押品的利率;另外,决定利率高低的因素还有证券到期日的远近,到期日远的证券利率要高于到期日近的利率。

我国的回购协议市场兴起于 1994 年,作为抵押品的主要是国库券。

四、其他货币市场

(一) CD 市场

可转让大额定期存单市场,简称 CD 市场,是可转让大额定期存单的发行与转让市场。

　　CD 是可转让大额定期存单的英文简称。CD 是银行为吸收资金而开出的按一定期限和利率支付本息的存款单据,是具有转让性质的定期存款凭证,固定面额,固定期限,到期时,持有人可向银行提取本息。CD 有记名和不记名两种。在到期前,持有人如需现金,可以转让,即为不记名式交付转让;记名式转让必须到当地人发银行批准的机构办理过户手续。CD 是一种兼有活期存款流动性强和定期存款收益性高两方面优点的一种新型存款形式。

　　CD 的利率一般都高于同档次定期存款利率,不办理提前支取,不分段计算利息。

　　存单的主要特点有以下几点:① 期限短而且灵活。大部分存单期限在 1 年以内,最短的只有 14 天,一般可分为 30 天、60 天、120 天、150 天、180 天、1 年等。② 面额较大。在美国最小额为 10 万美元,而二级市场交易的存单面额通常为 100 万美元。存单在美国法定为大额存款,但无须支付存款准备金。③ 种类多样化。例如,美国有四种形式的存单:美国银行在美国境内发行的国内存单;外国银行在美国以外发行的美元计值的欧洲美元存单;大的外国银行通过其美国分行发行的扬基存单;大的储蓄贷款机构和其他非银行储蓄机构发行的储蓄存单。④ 利率较一般存款利率高。⑤ 可以转让流通。

　　可转让大额定期存单市场的主要参与者是货币市场基金、商业银行、政府和其他非金融机构投资者,市场收益率高于国库券。

(二) 短期政府债券市场

　　短期政府债券是政府部门以债务人身份承担到其偿付本息责任的期限在一年以内的债务凭证。从广义上看,政府债券不仅包括国家财政部门所发行的债券,还包括了地方政府及政府代理机构所发行的证券。狭义的短期政府债券则仅指国库券。一般来说,政府短期债券市场主要指的是国库券市场。

　　短期国债是由中央政府发行的期限在一年以内的政府债券。期限通常为 3 个月、6 个月或 12 个月。最早发行短期国债的国家是英国。现在,西方各国都普遍发行大量短期国债,把它作为弥补财政赤字的重要手段。同时,一定规模的短期国债也是中央银行开展公开市场业务,调节货币供给的物质基础。1990 年年底,美国发行在外的短期国债达 5 270 亿美元,是该国规模最大的货币市场金融工具之一。我国自 1981 年恢复国债发行以来,所发国债期限多在两年以上,1994 年首次发行了期限为半年的短期国债,丰富了我国的国债品种。

　　短期国债的最大特点是安全性,由于它是凭中央政府的信用发行的,所以几乎与不存在违约风险;它在二级市场上的交易也极为活跃,变现非常方便。此外,于其他货币市场工具相比,短期国债的起购点比较低,面额种类齐全,适合一般投资者购买。短期国债的这些特点使它成为各商业银行、非银行金融机构、企业和社会公众的投资首选品种之一。

第三节　资本市场

一、资本市场的概念与特点

　　资本市场是融资期限在一年以上的长期资金交易的市场。此类市场的功能是积聚长期资金,转化储蓄为投资。交易的对象主要是政府中长期公债、公司债券和股票等有价证券以及银行中长期贷款。

　　资本市场的主要特点有以下几点:① 融资期限长,至少一年以上,最长可达数十年,甚至没有期限。② 融资的目的主要是为了解决长期投资性资金的需要。新筹措的长期资金主要用于弥补固定资本,扩大生产能力,如开办新企业、更新改造或扩充厂房设备、国家长期建设性项目的投资等。③ 资金交易量大。④ 作为交易工具的有价证券,与短期金融工具相比,收益高但流动性较差,价格变动幅动大,有较大风险。

二、资本市场的内容

资本市场主要包括长期资金借贷市场、股票市场、债券市场和基金市场。长期资金借贷是指借款期限在一年以上的资金借贷市场,本部分主要介绍股票市场、债券市场和基金市场。

(一) 股票市场

1. 股票发行市场

股票市场是指股票发行和转让流通的场所,包括股票发行市场和流通市场。

股票的发行市场是通过发行新的股票筹集资本的市场,它一方面为资金的需求者提供融资渠道,另一方面为资金的供应者创造投资机会。发行股票是股票市场一切活动的起点,所以发行市场又称为"一级市场"或"初级市场"。

(1) 发行市场的特点。一是无固定场所,可以在投资银行、信托投资公司和证券公司等处发生,也可以在市场上公开出售新股票;二是没有统一的发生时间,由股票发行者根据自己的需要和市场行情走向自行决定何时发行。

(2) 发行市场的构成。发行市场的主体由股票发行者、股票承销商和股票投资者构成。

(3) 股票发行方式。股票的发行方式也是多种多样的。根据不同的分类方法,可以概括如下:

① 根据发行的对象不同,可分为公募发行与私募发行。

公募又称公开发行,是指事先没有特定的发行对象,向社会广大投资者公开推销股票的方式。采用这种方式,可以扩大股东的范围,分散持股,防止囤积股票或被少数人操纵,有利于提高公司的社会性和知名度,为以后筹集更多的资金打下基础,也可增加股票的适销性和流通性。公开发行可以采用股份公司自己直接发售的方法,也可以支付一定的发行费用通过金融中介机构代理。

私募发行,是指发行者只对特定的发行对象推销股票的方式。通常在两种情况下采用:一是股东配股,又称股东分摊,即股份公司按股票面值向原有股东分配该公司的新股认购权,动员股东认购。这种新股发行价格往往低于市场价格,事实上成为对股东的一种优待,一般股东都乐于认购。如果有的股东不愿认购,可以自动放弃新股认购权,也可以把这种认购权转让他人,从而形成了认购权的交易。二是私人配股,又称第三者分摊,即股份公司将新股票分售给股东以外的本公司职工、往来客户等与公司有特殊关系的第三者。采用这种方式往往出于两种考虑:一是为了按优惠价格将新股分摊给特定者,以示照顾;二是当新股票发行遇到困难时,向第三者分摊以求支持。无论是股东还是私人配股,由于发行对象是既定的,因此,不必通过公募方式,这不仅可以节省委托中介机构的手续费,降低发行成本,还可以调动股东和内部的积极性,巩固和发展公司的公共关系。但缺点是这种不公开发行的股票流动性差,不能公开在市场上转让出售,而且也会降低股份公司的社会性和知名度,还存在被杀价和控股的危险。

② 根据推销出售股票的方式不同,可分为直接发行与间接发行。

直接发行又叫直接招股,是指股份公司自己承担股票发行的一切事务和发行风险,直接向认购者推销出售股票的方式。采用直接发行方式时,要求发行者熟悉招股手续,精通招股技术并具备一定的条件。如果当认购额达不到计划招股额时,新建股份公司的发起人或现有股份公司的董事会必须自己认购出售的股票。

间接发行又称间接招股,是指发行者委托证券发行中介机构出售股票的方式。这些中介机构作为股票的推销者,办理一切发行事务,承担一定的发行风险并从中提取相应的收益。股票的间接发行有三种方法:一是代销,又称为代理招股,推销者只负责按照发行者的条件推销股票,代理招股业务,而不承担任何发行风险,在约定期限内能销多少算多少,期满仍销不出去的股票退还给发行者。由于全部发行风险和责任都由发行者承担,证券发行中介机构只是受委托代为推销,因此,代销手续费较低。二是承销,又称余股承购,股票发行者与证券发行中介机构签订推销合同明确规定,在约定期限内,如果中介机构实际推销的结果未能达到合同规定的发行数额,其差额部分由中介机构自己承购下来。这种发行方法的特点是能够保证完成股票发行额度,一般较受发行者的欢迎,而中介机构因需承担一定的发行风险,故承销费高于代销的手续费。三是包销,又称包买招股,当发行新股票时,证券发行中介机构先用自己的资金一次性地把将要公开发行的股票全部买下,然后再根据市场行情逐渐卖出,中介机构从中赚取买卖差价。若有滞销股票,中介机构减价出售或自己持有,由于发行者可以快速获得全部所筹资金,而推销者则要全部承担发行风险,因此,包销费更高于代销费和承销费。股票间接发行时究竟采用哪一种方法,发行者和推销者考虑的角度是不同的,需要双方协商确定。

③ 根据投资者认购股票时是否缴纳股金,可分为有偿增资、无偿增资和搭配增资。

有偿增资就是指认购者必须按股票的某种发行价格支付现款,方能获得股票的一种发行方式。一般公开发行的股票和私募中的股东配股、私人配股都采用有偿增资的方式,采用这种方式发行股票,可以直接从外界募集股本,增加股份公司的资本金。

无偿增资,是指认购者不必向股份公司缴纳现金就可获得股票的发行方式,发行对象只限于原股东。采用这种方式发行的股票,不能直接从外办募集股本,而是依靠减少股份公司的公积金或盈余结存来增加资本金。一般只在股票派息分红、股票分割和法定公积金或盈余转作资本配股时采用无偿增资的发行方式,按比例将新股票无偿交付给原股东,其目的主要是为了股东分益,以增强股东信心和公司信誉或为了调整资本结构。由于无偿发行要受资金来源的限制,因此,不能经常采用这种方式发行股票。

搭配增资,是指股份公司向原股东分摊新股时,仅让股东支付发行价格的一部分就可获得一定数额股票的方式。这种发行方式也是对原有股东的一种优惠,只能从他们那里再征集部分股金,很快实现公司的增资计划。

2. 股票流通市场

股票流通市场是已经发行的股票按时价进行转让、买卖和流通的市场,包括交易所市场和场外交易市场两部分。由于它是建立在发行市场基础上的,因此又称作"二级市场"或"次级市场"。相比而言,股票流通市场的结构和交易活动比发行市场更为复杂,其作用和影响也更大。

(1) 流通市场的功能。股票流通市场的存在和发展为股票发行者创造了有利的筹资环境,投资者可以根据自己的投资计划和市场变动情况,随时买卖股票。对于投资者来说,通过股票流通市场的活动,可以使长期投资短期化,在股票和现金之间随时转换,增强了股票的流动性和安全性。对于企业来说,股权的转移和股票行市的涨落是其经营状况的指示器,还能为企业及时提供大量信息,有助于它们的经营决策和改善经营管理。可见,股票流通市场具有重要的作用。

(2) 股票交易方式。转让股票进行买卖的方法和形式称为交易方式,它是股票流通交易的基本环节。现代股票流通市场的买卖交易方式种类繁多,从不同的角度可以分为以下三类:

① 现货交易,亦称现金现货。它是指股票的买卖双方,在谈妥一笔交易后。马上办理交割手续的交易方式,即卖出者交出股票,买入者付款,当场交割,钱货两清。它是证券交易中最古老的交易方式。最初证券交易都是采用这种方式进行。以后,由于交易数的增加等多方面的原因使得当场交割有一定困难。因此,在以后的实际交易过程中采取了一些变通的做法,即成交之后允许有一个较短的交割期限,以便大额交易者备款交割。各国对此规定不一,有的规定成交后第二个工作日交割;有的规定得长一些,允许成交后四五天内完成交割。究竟成交后几日交割,一般都是按照证券交易的规定或惯例办理。

现货交易有以下几个显著的特点:第一,成交和交割基本上同时进行。第二,是实物交易,即卖方必须实实在在地向买方转移证券,没有对冲。第三,在交割时,购买者必须支付现款。由于在早期的证券交易中大量使用现金,所以,现货交易又被称为现金现货交易。第四,交易技术简单,易于操作,便于管理。一般说来现货交易是投资,它反映了购入者有进行较长期投资的意愿,希望能在未来的时间内,从证券上取得较稳定的利息或分红等收益,而不是为了获取证券买卖差价的利润而进行的投机。

② 期货交易,是指买卖双方成交后,按契约中规定的价格延期交割。期货的期限一般为15～90天。期货交易是相当于现货交易而言的。现货交易是成交后即时履行合约的交易,期货交易则将订约与履行的时间分离开来。在期货交易中买卖双方签订合同,并就买卖股票的数量、成交的价格及交割期达成协议,买卖双方在规定的交割时期履行交割。比如,买卖双方今日签订股票买卖合约而于30日后履约交易就是期货交易。在期货交易中,买卖双方签订合约后不用付款也不用交付证券,只有到了规定的交割日买方才交付货款,卖方才交出证券。结算时是按照买卖契约签定时的股票价格计算的,而不是按照交割时的价格计算。在实际生活中,由于种种原因,股票的价格在契约签订时和交割时常常是不一致的。当股票价格上涨时,买者会以较小的本钱带来比较大利益;当股票价格下跌时,卖者将会取得较多的好处。所以,这种本小利大的可能性,对买者和卖者都有强烈的吸引力。

期货交易根据合同清算方式的不同又可分为两种。第一种在合同到期时,买方须交付现款,卖方则须交出现货即合同规定的股票;第二种在合同到期时,双方都可以做相反方向的买卖,并准备冲抵清算,以收取差价而告终。上述第一种方法通常称为期货交割交易;第二种方法通常称作差价结算交易。这两种交易方法的总和又称为清算交易。

投资者进行期货交易的目的可以分为两种:第一,以投机为目的。在这种条件下,买方与卖方都是以预期价格的变动为基础或买或卖,买方期望到期价格上升,准备到期以高价卖出,谋取价差利润;卖方期望证券价格下跌,以便到期以较低的价格买进,冲销原卖出的期货合同,并赚取价差利润;第二,以安全为目的。在这种情况下的期货交易就是买卖双方为避免股票价格变动的风险,而进行的期货股票买卖。

总之,期货交易带有很强烈的投机性,采取这种交易方式的买卖双方往往怀有强烈的赌博心理。买者通常不是要购买股票,在交割期到来之前,若股票行市看涨,他还可以高价卖出与原交割期相同期限的远期股票,从中得到好处;卖者手中也不一定握有股票,在交割期未到来之前,若股票行市看跌,他还可以低价买进与原交割期相同期限的远期股票,从中得利。所以,在股票期货交易中,买卖双方可以靠"买空"和"卖空"牟取暴利。

③ 信用交易,又称垫头交易,是指证券公司或金融机关提供信用,使投资人可以从事买空、卖空的一种交易制度。在这种方式下,股票的买卖者不使用自己的资金,而通过交付保证金得到证券公司或金融机关的信用,即由证券公司或金融机关垫付资金,进行的买卖的交易。各国因法律不同,保证金数量也不同,大都在30%左右。一些股票交易所,又把这种交付保证金,由证券公司或金融机关垫款,进行股票买卖的方式,称为保证金交易。

保证金交易分为保证金买长交易和保证金卖短交易两种。保证金买长交易,是指价格看涨的某种股票由股票的买卖者买进,但他只支付一部分保证金,其余的由经纪人垫付,并收取垫款利息,同时掌握这些股票的抵押权。由经纪人把这些股票抵押到银行所取的利息,高于他向银行支付的利息的差额,就是经纪人的收益。当买卖者不能偿还这些垫款时,经纪人有权出售这些股票。

保证金卖短交易,是指看跌的某种股票,由股票的买卖者缴纳给经纪人一部分保证金,通过经纪人借入这种股票,并同时卖出。如果这种股票日后价格果然下跌,那么再按当时市价买入同额股票偿还给借出者,买卖者在交易过程中获取价差利益。

信用交易对客户来说最主要的好处有以下几点:

a. 客户能够超出自身所拥有的资金力量进行大宗的交易,甚至使得手头没有任何证券的客户从证券公司借入,也可以从事证券买卖,这样就大大便利了客户。

b. 信用交易具有较大的杠杆作用。这是指信用交易能给客户以较少的资本,获取较大的利润的机会。

(3)流通市场的结构。股票的流通市场主要由交易所市场和场外交易市场构成,此外还包括第三市场和第四市场。

① 交易所市场,是股票流通市场的最重要的组成部分,也是交易所会员、证券自营商或证券经纪人在证券市场内集中买卖上市股票的场所,是二级市场的主体。具体说,它具有固定的交易场所和固定的交易时间,接受和办理符合有关法律规定的股票上市买卖,使原股票持有人和投资者有机会在市场上通过经纪人进行自由买卖、成交、结算和交割。证券公司也是二级市场上重要的金融中介机构之一,其最重要的职能是为投资者买卖股票等证券,并提供为客户保存证券、为客户融资融券、提供证券投资信息等业务服务。

② 场外交易市场,又称店头市场或柜台市场。它与交易所共同构成一个完整的证券交易市场体系。场外交易市场实际上是由千万家证券商行组成的抽象的证券买卖市场。在场外市场交易市场内,每个证券商行大都同时具有经纪人和自营商双重身份,随时与买卖证券的投资者通过直接接触或电话、电报等方式迅速达成交易。作为自营商,证券商具有创造市场的功能。证券商往往根据自身的特点,选择几个交易对象。作为经纪证券商,证券商替顾客与某证券的交易商行进行交易。在这里,证券商只是顾客的代理人,他不承担任何风险,只收少量的手续费作为补偿。

投资者如果想买卖某些公司发行的、没有在股票交易所登记上市的股票,可以委托证券商人进行。他们通过电脑、电话网或电报网直接联系完成交易。在场外交易市场买卖股票有时需付佣金,有时只付净价。场外交易市场的股票通常有两种价格:一是公司卖给证券公司的批发价格;二是证券公司卖给客户的零售价格。在这种市场上,股票的批发和零售价格的差价不大,但当市场平淡时,差价就要大一些,一般来说,这种差额不得超过买卖金额的5%。

总之,场外交易市场具有三个特点:一是交易品种多,上市不上市的股票都可在此进行交易;二是相对的市场,不挂牌,自由协商的价格;三是抽象的市场,没有固定的场所和时间。

③ 第三市场,是指在柜台市场上从事已在交易所挂牌上市的证券交易。这一部分交易原属于柜台市场范围,近年来由于交易量增大,其地位日益提高,以至许多人都认为它实际上已变成独立的市场。第三市场是20世纪60年代才开创的一种证券交易市场,是为了适应大额投资者的需要发展起来的。一方面,机构投资家买卖证券的数量往往以千万计,如果将这些证券的买卖由交易所的经纪人代理,这些机构投资家就必须按交易所的规定支付相当数量的标准佣金。机构投资家为了减低投资的费用,于是便把目光逐渐转向了交易所以外的柜台市场。另一方面,一些非交易所会员的证券商为了招揽业务,赚取较大利润,常以较低廉的费用吸引机构投资家,在柜台市场大量买卖交易所挂牌上市的证券。正是由于这两方面的因素相互作用,才使第三市场得到充分的发展。第三市场的交易价格,原则上是以交易所的收盘价为准。

第三市场并无固定交易场所,场外交易商收取的佣金是通过磋商来确定的,因而使同样的股票在第三市场交易比在股票交易所交易的佣金要便宜一半,所以第三市场一度发展迅速。

第三市场交易属于场外市场交易,但它与其他场外市场的主要区别在于第三市场的交易对象是在交易所上市的股票,而场外交易市场主要从事上市的股票在交易所以外的交易。

④ 第四市场,是投资者直接进行证券交易的市场。在这个市场上,证券交易由买卖双方直接协商办理,不用通过任何中介机构。同第三市场一样,第四市场也是适应机构投资家的需要而产生的,当前第四市场的发展仍处于萌芽状态。

由于机构投资者进行的股票交易一般都是大数量的,为了保密,不致因大笔交易而影响价格,也为了节省经纪人的手续费,一些大企业、大公司在进行大宗股票交易时,就通过电子计算机网络,直接进行交易。第四市场的交易程序是:用电子计算机将各大公司股票的买进或卖出价格输入储存系统,机构交易双方通过租赁的电话与机构网络的中央主机联系,当任何会员将拟买进或卖出的委托储存在计算机记录上以后,在委托有效期间,如有其他会员的卖出或买进的委托与之相匹配,交易即可成交,并由主机立即发出成交证实,在交易双方的终端上显示并打印出来。由于第四市场的保密性及其节省性等优点,对第三市场及证券交易所来说,它是一个颇具竞争性的市场。

(二) 债券市场

1. 债券的概念及特点

债券是债务人为筹集债权资本而发行的,约定在一定期限内向债权人还本付息的有价证券,它是反映债权债务关系的书面证明。资本市场上发行的债券,一般具有以下特点:

(1) 债券是表明债权债务的凭证。债券持有者只拥有按期收回本金和利息的权利,而无权参与企业的经营管理。

（2）债券安全性较高相对于股票而言，债券约定在一定期限还本付息，而股票要随市场发展和企业的经营状况来确定收益分配的数额及比例，因此，投资债券更加安全。

（3）债券收益稳定性强，债券的利率是事先确定的，不随市场变化而变化，债券的利率较银行存款要高，因此债券对投资者有较大吸引力。

2. 债券的分类

按照不同的分类标准，可以将债券进行如下分类：

（1）按照发行主体不同可以分为政府债券、公司债券和金融债券。

政府债券，是指中央政府和地方政府为筹集财政资金和建设资金而发行的债务凭证。公司债券是指公司依据法定程序发行、约定在一定时期还本付息的债务凭证。公司债券的发行一般受到严格的限制，并且有时还要求提供抵押或者担保。金融债券是指银行或者非银行金融机构为筹措中长期资金向社会公开发行的债务凭证。

（2）按债券可否上市可分为上市债券和不可上市债券。

上市债券是指经有关机关审核允许持有人在证券市场上买卖的证券，大部分公募债券属于上市债券。上市债券一般信誉度较高，有提高公司知名度和吸引投资者的作用。不可上市债券是指不能在交易所公开流通的证券，我国大部分私募债券为不可上市证券。

（3）按债券发行有无抵押分为抵押债券和信用债券。

抵押债券也称担保债券，指债券的发行是以一定的财产作为抵押的，按担保品的不同分为不动产抵押债券、动产抵押债券和信托抵押债券等。信用债券也称无担保债券，是指债券的发行无任何抵押，完全凭信用发行，政府债券为无抵押债券，有些信誉良好的大公司也可发行无抵押债券，无抵押债券利率一般高于同等情况下的抵押债券利率。

一般认为，AAA级、AA级、A级、BBB级四个级别的债券质量较高，大多数投资者可以接受，因而被称为投资等级证券，后五个级别的债券质量较低，被称为投机等级证券。

（4）按债券发行的形式可分为收益债券、可转换公司债券和附认股权债券。

收益债券是指只有当发行人有税后收益可供分配时，才支付利息的一种有价证券。收益债券使发行人不必承担固定的利息支出，但发行票面利率较高，对投资人而言，投资风险高，但收益也较高。

可转换公司债券是指依照发行公司发行时的规定，投资人拥有在一定时间、一定的条件下将所持证券按一定转换价格转换成发行公司股票的权利。相比其他债券而言，可转换公司债券票面利率较低。投资人转换权力的行使自主决定，不进行转换的债券，投资人有权到期收回本息。这种债券的发行，既为投资者提供了更为灵活的投资机会，也为发行方自身调整资金结构或缓解财务压力提供了方便。

附认股权债券是指发行的债券附带一种允许债券持有人按特定价格认购股票的长期选择权。认股权随债券一同出售，与可转换公司债券一样，附认股权债券票面利率低于其他不附认股权债券票面利率。

此外，债券还可以按照是否记名分为记名债券和无记名债券、按债券利率是否变动分为固定利率债券和浮动利率债券等多种分类方法。

3．债券筹资的优点和缺点

债券筹资的优点如下：

（1）债券筹资的资金成本较低。

债券发行的利率水平只比同期银行存款利率略高，较其他筹资方式而言，发行方付出代价较低，尤其对企业债券而言，债券利息允许在计算所得税之前得到扣除，发行企业可以享受税收优惠，因此实际负担成本低于其他筹资成本。

（2）公司利用债券筹资可以更好地发挥财务杠杆作用。

无论发行公司的盈利多少，债券持有人一般只收取固定的利息收入，更多的收益留给股东或公司持续经营，从而增加股东和公司的财富，因此，公司每股收益随着债券筹资数量的增多而增长，即获得财务杠杆效应。当然，负债筹资发挥的财务杠杆效应也是有限度的，当超过一定程度之后，债务风险的危害会远远大于带来的杠杆效用。

（3）保证股东的控制权。

债权人享有的是到期收入本息的权利，不能对投资人的生产、财务等进行干预，因此，债券筹资行为不会损伤投资和经营主体的经营行为。

债券筹资的缺点如下：

（1）财务风险较高。

债券发行人负有到期按约定利率和方式偿付投资人债券本息的义务，当发行主体出现偿债困难的情况下，仍然要按原定协议执行付款，偿债刚性强，该债务的履行，会给发行方带来更严重的财务风险，企业甚至会面临破产的风险。

（2）限制条件较多。

债券的发行有严格的发行主体和发行条件的限制，并不是任何需要资金的主体都可以采用债券筹资的方式吸收资金，相比来说，银行借款、租赁等方式比债券筹资方式更为灵活。限制条件的增多，对发行主体筹措资金的使用形成约束，甚至会影响其以后的筹资能力。

三、证券市场管理

证券市场在现代经济中起着重要作用，因此各个国家都十分注意对它时行严格的管理与监督。但由于各国的国情不同，对证券市场的管理形式也是有所不同。有的设立专门机构对证券市场进行管理，有的则强调由证券行业"自律"。各国证券立法也各有特点，有的国家是一整套关于证券的专门法，有的国家则将证券法则分散在其他法律中。

（一）证券管理机构

1．政府管理机构

设立专门的政府机构管理证券市场，以美国为代表。在这种模式下，政府积极参与证券市场管理，重视发挥国家证券主管机关对证券市场的统一管理作用，往往拥有强大的证券管理机构，政府充分授权，具有强大的威力。

世界上大部分国家属此类型，如美国、日本、法国、加拿大、韩国、新加坡、马来西亚、菲律宾、印度、巴基斯坦、埃及、土耳其、以色列等国。美国是这种模式的典型代表，故又称美国模式。

2．自律管理型模式

在这种模式下，政府对证券市场的干预较少，政府也不设立专门的证券管理机构。

证券和管理完全由证券交易所及证券交易商会等民间组织自行管理,强调证券业者自我约束、发挥自我管理的作用。

世界上的一些国家和地区(如英国、德国、意大利、荷兰、中国香港等)大体属于这一类型。英国是这一类型的典型代表,故也称英国模式。

3. 分级管理型模式

这类模式又分为二级管理模式和三级管理模式两种。二级管理是指政府和自律机构相结合的管理;三级管理是指中央和地方两级政府加上自律机构相结合的管理。分级管理一般采取两种方式进行:一是政府和自律机构分别对证券进行管理,形成官方和民间的权力分配和制衡;二是中央和地方分别对证券进行管理,形成政府间、政府与民间的权力分配和制衡。

目前,世界上绝大多数国家和地区都开始采取分级管理模式,如美国、法国、意大利和中国香港都逐步向二级、三级管理模式靠拢。这主要是因为,完全由政府行政部门对证券管理的模式不利于市场的发展,事实上,离开证券业者的自我约束、自我管理的基础,政府再强大的管理机构也难以奏效;而完全由行业公会自律管理又容易形成行业垄断和利益集团,也不利于证券市场的规范化和顺利发展。

(二)对证券发行的管理

对于证券发行,各国有不同的规定。美、日等国采用登记制,法律要求证券发行人将一切资料公开,不得伪造、误导或遗漏。法、英、意等国采取核准制,即除了履行公开义务外,还须符合某些法律或交易所规则,经专门机构批准方可发行证券。不论采用哪种发行方式,各国都有一个统一的规定,即发行人必须分开披露关于发行人和所发行的证券的一切资料。公开的具体内容和程度各国规定不同,但原则都是使投资者能够获得必要的、反映证券发行的真实资料,以使其做出明智的投资决策。各国都规定,隐瞒或提供虚假、欺骗性的资料,有关人员需要承担虚假陈述的责任,受到行政罚款,被剥夺从事证券业务的资格,直至承担刑事责任。

(三)对证券交易的管理

对证券交易的管理分为三个部分:一是对交易本身的管理;二是对从事证券交易的机构和人员的管理;三是对投资公司的管理。

对证券交易本身的管理。各国对证券交易管理以保证交易的公平、公正、公开为原则,主要是指对证券交易中出现的价格操纵、内幕交易等不法行为的管理。价格操纵是指利用种种人为地影响证券市场价格。内幕交易行为指利用内容信息从事的交易,这也是各国立法管理的核心问题。

对证券交易人员的管理,包括对证券交易所与证券商和经纪人的管理和监督。其活动要依法进行,接受监督。

对投资公司的管理。投资公司是一种专门经营信托投资业务的金融机构,它通过发行本公司的股票和债券筹集资金,然后投资于其他公司的证券来取得收益。各国都对投资公司的业务经营进行监督和管理。

(四)对投资者进行保护

对投资者进行保护可以说是各国管理证券市场的出发点和最终目标,各国都建立了保护投资者的制度。

第四节　衍生金融工具市场

近30年来,衍生产品市场的快速崛起成为市场经济史中最引人注目的事件之一。过去,通常把市场区分为商品(劳务)市场和金融市场,进而根据金融市场工具的期限特征把金融市场分为货币市场和资本市场。衍生产品的普及改变了整个市场结构:它们连接起传统的商品市场和金融市场,并深刻地改变了金融市场与商品市场的截然划分;衍生产品的期限可以从几天扩展至数十年,已经很难将其简单地归入货币市场或是资本市场;其杠杆交易特征撬动了巨大的交易量,它们无穷的派生能力使所有的现货交易都相形见绌;衍生工具最令人着迷的地方还在于其强大的构造特性,不但可以用衍生工具合成新的衍生产品,还可以复制出几乎所有的基础产品。它们所具有的这种不可思议的能力已经改变了“基础产品决定衍生工具”的传统思维模式,使基础产品与衍生产品之间的关系成为不折不扣的“鸡与蛋孰先孰后”的不解之谜。

一、衍生金融工具的含义

金融衍生产品是英文derivatives的中文意译,其原意是派生物、衍生物。它是指一种根据事先约定的事项进行支付的双边合约,其合约价格取决于或派生于原生金融工具的价格及其变化。金融衍生工具是相对于原生金融工具而言的。这些相关的或原生的金融工具一般指股票、债券、存单、货币等。

由金融衍生工具的定义可以看出,它们具有下列四个显著特性。

(一) 跨期性

金融衍生工具是交易双方通过对利率、汇率、股价等因素变动趋势的预测,约定在未来某一时间按照一定条件进行交易或选择是否交易的合约。无论是哪一种金融衍生工具,都会影响交易者在未来一段时间内或未来某时点上的现金流,跨期交易的特点十分突出。这就要求交易双方对利率、汇率、股价等价格因素的未来变动趋势做出判断,而判断的准确与否直接决定了交易者的交易盈亏。

(二) 杠杆性

金融衍生工具交易一般只需要支付少量的保证金或权利金就可签订远期大额合约或互换不同的金融工具。例如,若期货交易保证金为合约金额的5%,则期货交易者可以控制20倍于所投资金额的合约资产,实现以小搏大的效果。在收益可能成倍放大的同时,投资者所承担的风险与损失也会成倍放大,基础工具价格的轻微变动也许就会带来投资者的大盈大亏。金融衍生工具的杠杆效应一定程度上决定了它的高投机性和高风险性。

(三) 联动性

这是指金融衍生工具的价值与基础产品或基础变量紧密联系、规则变动。通常,金融衍生工具与基础变量相联系的支付特征由衍生工具合约规定,其联动关系既可以是简单的线性关系,也可以表达为非线性函数或者分段函数。

(四) 不确定性或高风险性

金融衍生工具的交易后果取决于交易者对基础工具(变量)未来价格(数值)的预测和判断的准确程度。基础工具价格的变幻莫测决定了金融衍生工具交易盈亏的不稳定性,这是金融衍生工具高风险性的重要诱因。

二、衍生金融产品工具的分类

(一) 根据原生工具的分类

据原生工具大致可以分为股票衍生工具、利率衍生工具、货币或汇率衍生工具。货币或汇率衍生工具包括远期外汇合约、外汇期货、外汇期权、货币互换等;利率衍生工具包括短期利率期货、债券期货、债券期权、利率互换、互换期权、远期利率协议等;股票衍生工具包括股票期权、股票价格指数期权、股票价格指数期货、认股权证、可转换债券、与股权相关的债券等。

(二) 按交易形式的分类

按交易形式,即合约类型可以分为远期、期货、期权和互换四大类。

远期合约和期货合约都是交易双方约定在未来某一特定时间、以某一特定价格、买卖某一特定数量和质量资产的交易形式。期货合约是期货交易所制定的标准化合约,对合约到期日及其买卖的资产的种类、数量、质量做出了统一规定。远期合约是根据买卖双方的特殊需求由买卖双方自行签订的合约。

互换合约是一种为交易双方签订的在未来某一时期相互交换某种资产的合约。更为准确地说,互换合约是当事人之间签订的在未来某一期间内相互交换他们认为具有相等经济价值的现金流的合约。较为常见的是利率互换合约和货币互换合约。互换合约中规定的交换货币是同种货币,则为利率互换;是异种货币,则为货币互换。

(三) 根据交易方法的分类

根据交易方法,即是否在交易所上市,可分为场内工具和场外工具。场内交易,又称交易所交易,指所有的供求方集中在交易所进行竞价交易的交易方式。在场内交易的金融衍生工具主要有期货和期权。场外交易指交易双方直接成为交易对手的交易方式。这种交易方式有许多形态,可以根据每个使用者的不同需求设计出不同内容的产品。同时,为了满足客户的具体要求,出售衍生产品的金融机构需要有高超的金融技术和风险管理能力。但是,由于每次交易的清算是由交易双方相互负责进行的,场外交易参与者仅限于信用程度高的客户。在场外交易的金融衍生工具主要有远期、期权和互换。互换交易和远期交易是具有代表性的柜台交易的衍生产品。

三、衍生金融工具的最新发展趋势

金融衍生工具产生于 20 世纪 70 年代。自出现以来,发展迅速,呈现出以下趋势:

首先,金融衍生工具的品种日益复杂和多样化且迅猛发展。几乎每个月都有一种新型的衍生工具产生。衍生工具也日见复杂,当今衍生工具所对应的基础工具已经包括了衍生工具本身。同时衍生工具以惊人的速度迅猛发展,衍生工具的发行量也呈高速增长。

其次,利率衍生工具发展最快。就发行量而言,利率期货、期权、互换比其他品种的衍生工具要高出很多,发展也最快。

再次,银行已成为主要使用者。衍生工具的使用者可分为两大类,一类是最终使用者,包括公司、政府、机构投资者和金融机构等;另一类是经纪人,主要有银行、证券公司、保险公司以及高信誉的公司(比如能源公司)等。一个机构既可以是最终使用者也可作为经纪人。比如银行在其资产负债管理中运用衍生工具套期保值即为最终使用者,而为满足客户的需要运用衍生工具时则为经纪人。银行在利率互换和货币互换业务中的业务量均占全球业务量的一半。

最后,衍生工具交易地区相对集中。就全球有组织交易所交易的衍生工具而言,美国是较为集中的地区,占全球交易量的一半;其次是欧洲,占三分之一强;再次是日本,拥有 10% 左右的交易量。在场外交易市场中,英国是全世界金融衍生工具交易最活跃的市场,约占全球交易金额的 30%;其次是美国,占 15%。

本章小结

(1) 金融市场是对资金交易关系的总称。它是由金融机构的借贷活动和金融市场各种金融工具的买卖所组成的。而现代金融市场的特定含义往往是指由股票市场与债券市场所组成的资本市场。

(2) 金融市场的构成,从参与主体来看,有金融机构、工商企业、政府部门与投资者个人,而从管理者看,则有中央银行的参与。金融市场的交易工具根据期限可划分为短期金融工具与长期金融工具。短期金融工具交易构成的是货币市场,而由股票与债券等长期金融工具所组成的是资本市场。

(3) 金融市场的建设与发展是市场经济体系发展最主要的部分,它能使社会资金的积累、分配与投资通过市场原则进行,这对一定时期社会资源的合理配置、有效利用有着不可替代的作用。

一、关键词

金融市场 货币市场 资本市场 债券 股票 股票价格指数 现货交易 期货交易 期权交易 信用交易

二、复习思考题

1. 若你有 10 万元钱,你愿意选择下列哪种投资渠道? 试说明理由。如选择持有股票,你是愿意持有普通股还是优先股?

2. 当通货膨胀持续上涨时,如果你手中持有可转换债券,你是否愿意将其转换成股票?

3. 某人于 3 月 1 日购入一笔证券,决定 3 个月后将其卖出,为避免证券贬值,应在期货市场上进行什么样的操作? 据此分析期货市场的作用。

4. 下列哪些属于资本市场的金融工具? 哪些属于货币市场的金融工具? 两者的区别是什么?

    A. 本票   B. 汇票   C. 股票   D. 5 年期国债

5. 请分析金融市场与普通商品市场在交易对象、交易方式、交易价格和交易目的等各方面的差异。

6. 某企业准备发行总额为 1 000 万元的企业债券,由中介机构代为发售,现有代销、包销和承销三种方式选择,请代为分析个中利弊。

三、案例分析

李小姐和爱人都是普通工薪阶层,刚刚结婚按揭买了房子,花光了手中的所有积蓄,每月要还 1 000 元的房贷,贷款期限是 5 年。她和爱人每月收入 3 000 元左右,每月支出在 1 800 元左右(包括房贷),夫妻二人都有基本的保险,每年有大约 10 000 元的其他收入。李小姐属于保守型的投资者,买房前把手中的钱都存在了银行,办理了定期储蓄和零存整取。现在她想进行一些投资。请你为李小姐提供一些建议,她应该选择什么样的投资渠道。

第十一章　国际金融

通过本章的学习掌握收支平衡表的构成及失衡的调节；掌握外汇的作用汇率的影响因素及汇率变动对经济的影响；了解国际货币体系的类型；掌握国际结算的相关知识，初步具备灵活运用金融、汇率、国际收支等重要概念分析我国的国际金融实践活动的专业能力。

引导案例

人民币加入 SDR

美国东部时间 2016 年 11 月 30 日（北京时间 2016 年 12 月 1 日），国际货币基金组织总裁拉加德宣布，将人民币纳入"特别提款权"篮子，2016 年 10 月 1 日正式生效，成为可自由使用的货币。这标志着人民币成为第一个被纳入 SDR 篮子的新兴市场国家货币。

当前全球官方储备中美元、欧元、英镑、日元分别占 63.8%、22.5%、4.7% 和 3.8%，人民币在 1.1% 左右。加入 SDR 后，国际储备中人民币占比若赶上日元水平，全球央行对人民币资产需求将增加约 2 100 亿美元，若赶上英镑水平，将增加约 2 900 亿美元。

思考题：1. 什么是特别提款权？
　　　　2. 人民币加入 SDR 汇率走势会怎么变化？

第一节　外汇与汇率

一、外汇与汇率概述

（一）外汇

1. 外汇的概念

外汇是外币和以外币表示的用于国际结算的各种国际支付手段。这是一般意义上的外汇概念，它属于一种静态的含义。外汇从本质上讲是国际汇兑的简称，即动态的含义，它是指以本国货币兑换成外国货币并转移到国外的活动。

我国《外汇管理条例》中规定外汇的内容包括：① 外国货币，包括纸币、铸币；② 外币支付凭证、包括票据、银行存款凭证、邮政储蓄凭证等；③ 外币有价证券，包括政府债券、公司债券、股票等；④ 特别提款权，欧元；⑤ 其他外汇资产。

国际货币基金组织对外汇下的定义是："外汇是货币行政当局（中央银行、货币机构、外汇平准基金组织及财政部)以银行存款、财政部库券、长短期政府债券等形式所持有的在国际收支逆差时可以使用的债权。其中包括因中央银行间及政府间协议而发行的在市场上不流通的债券,而不问它是以债务国货币还是以债权国货币表示。"

2．外汇的种类

(1)贸易外汇与非贸易外汇。

这是根据外汇的来源和用途不同划分的。贸易外汇是指来源于或用于进出口贸易以及与进出口贸易有关的从属费用外汇,如运费、保险费、样品费、宣传广告费、推销费等;非贸易外汇是指进出口贸易以外的其他各方面所收支的各项外汇,如侨汇、旅游、港口、航空、铁路、海运、邮电、海关、保险、银行等收支的外汇。

(2)自由外汇与记账外汇。

这是根据外汇可否自由兑换来划分的。自由外汇是指不需要货币发行当局批准,可以自由兑换成其他国家货币,或是可以向第三者办理支付的外国货币及其支付手段,如美元、英镑、欧元、日元、瑞士法郎等。记账外汇或叫作双边外汇,是指不经货币发行国批准不能自由兑换成其他国家货币或对第三国进行支付的外汇。

3．外汇的作用

外汇是一个国家特殊的清偿手段或国际债权。它在一国宏观经济中和国际经济贸易中的作用非常重要。其主要作用有以下几点:

(1)充当国际结算的支付手段。由于各个国家实行不同的货币制度,不同货币之间的流通除了在金本位条件下运送黄金之外,其购买力是不能够转移的。随着银行外汇业务和国际业务的发展,只要借助于以国际通行的、可自由兑换货币计值的信用工具,就能使不同国家的货币在一定范围内实现流通。这样外汇就使国际债权债务的结算得以实现,并以此促进国际经济关系的发展。

(2)促进国际贸易和国际资本流动。由于外汇的使用不仅节省运送现金的费用,避免风险,缩短国际债权债务支付的时间,加快了资金的周转。更重要的是,外汇作为一种信用工具,使国际贸易中的进出口商之间能够授受信用,扩大资金的融通,从而促进国际贸易的发展。另外,随着银行国际业务的飞速发展,国际资本流动变得十分便利和频繁,成为现代国际金融市场的一个突出特点。

(3)体现一国的国际经济地位。外汇是一种国际支付手段,当一国拥有的外汇资产持续增加时,就表明该国的对外经济地位将会提高;而当其外汇收入减少时,则表明该国的国际收支逆差的压力加大,币值降低,从而削弱该国的国际经济地位。

(二)汇率

所谓汇率是指以一种货币表示的另一种货币的相对价格,或者可以简单地理解为两种货币之间的兑换比率、比价或价格。

(三)汇率的标价方法

汇率是一种价格,就要以一定的价格形式表达出来。为了使各国都能够理解并接受,必须有统一的表达方式。汇率的表达方式即标价方法主要有两种:直接标价法和间接标价法。除了这两种主要的标价方法外,在现代国际金融市场上还有美元报价法。

1．直接标价法

是指一定单位的外国货币为标准,折算成一定数量的本国货币表示标价方式。用等式表达就是 1 或 100 单位的外币等于若干单位的本币。直接标价法又可表述为购买一定单位外币应付多少本币的应付标价法。在直接标价法下,等式右边的数字越来越大时,它同时表示外币的升值和本币的贬值;反之,当数字越来越小时,则表示外币的贬值和本币的升值。

手机扫一扫,
读专栏11-1

2．间接标价法

是指以一定单位的本国货币为标准,折算成一定数量外国货币的标价方式。用公式表达就是 1 或 100 单位的本国货币等于若干单位的外币。间接标价法又可理解为卖一定单位的本币应收多少外币。所以间接标价法又叫应收标价法。当等式右边的数字越来越大时,就表示本币的升值和外币的贬值;反之,则表示本币的贬值和外币的升值。目前,大多数国家采取直接标价法。而英国和美国则由于历史的原因,它们各自的货币成为各国买卖的对象,于是,为了与其他国家的标价一致而采取间接标价法。还有一些货币也常常采用间接标价法,如澳大利亚元、欧元等。

除了直接标价法和间接标价法外,在当今的国际金融市场上普遍使用的另一种报价方法是美元报价法,即以美元作为关键货币报出各种货币的价格。这是由于"二战"以来布雷顿森林体系的建立和运行使国际金融市场上的各种货币之间的买卖以美元为中心进行交叉买卖。

（四）汇率的种类

在金融交易和实际应用当中,汇率是以各种类别区分的。按照不同的划分标准,汇率可分为以下几种。

1．买入汇率和卖出汇率

它是根据买卖立场的不同来区分的。一般的外汇交易往往是以银行为主,所以从银行的立场来看,银行买入外汇所使用的汇率叫买入汇率;银行卖出外汇所使用的汇率叫卖出汇率。由于汇率的标价方法不同,买卖汇率是不同的。在直接标价法下,第一个数字是外汇的买入价,后者是外汇的卖出价。在间接标价法下,第一个数字是本币的买入价,后者是本币的卖出价。

2．电汇汇率、信汇汇率和票汇汇率

它是根据汇兑方式不同来区分的。电汇汇率是通过电报方式买卖外汇使用的汇率。信汇汇率是用信函方式通知付出外汇的汇率。票汇汇率是指银行买卖长短期外汇汇票时所使用的汇率。由于银行买卖汇票的收付款时间比电汇时间长,所以票汇汇率要比电汇汇率低。

3．即期汇率和远期汇率

它是根据交割期的不同来区分的。即期汇率是指买卖双方在达成交易后的两个工作日内进行外汇资金收付的汇率。远期汇率是指买卖双方在达成交易后的一定时期以后进行外汇资金交割的汇率。

4．固定汇率和浮动汇率

它是根据汇率制度来区分的。固定汇率是指基本固定的、波动幅度限制在一定幅度以内的汇率安排。浮动汇率是指可以自由变动的、听任外汇市场供求决定的汇率安排。除了以上的几种划分,在实际应用和分析当中,还有一些非常重要的区分,如官方汇率与市场汇率、单一汇率与复汇率、名义汇率与实际汇率等。

手机扫一扫,
读专栏11-2

二、汇率的决定与变动

(一) 汇率的决定

我们知道汇率是两种货币之间的比价,但它是由什么决定的呢? 关于汇率决定的问题是非常复杂的。按照货币制度发展演变的历史,本节分为两个大的阶段来分析,即金本位制度和不兑现的信用货币制度。在不同的货币制度条件下,汇率决定的基础是不同的。

1. 金本位制度下的汇率决定

金本位制度又分为金币本位制、金块本位和金汇兑本位制。由于在金块本位和金汇兑本位制度下已经没有金币流通,流通当中的银行券也不能直接兑换金币,黄金的自由输出入受到限制,即丧失了金本位制的典型特征。所以研究金本位制条件下的汇率决定的重点就是了解清楚金币本位制度下的汇率决定。在金本位条件下各国货币都规定其含金量,这个含金量就是货币所代表的价值量,对应的两国货币的法定含金量之比,即铸币平价就成为金本位制度下汇率决定的基础。但是,在实际经济活动中,并不是所有的外汇交易都是以铸币平价作为交易汇率的。这主要是汇率是受各种因素影响的,因而会不断变动。真正的交易汇率是在铸币平价的基础上受外汇市场的供求关系影响而最终形成并在一定幅度之内上下波动的。这就是黄金输送点的作用。所谓黄金输送点是指在金本位条件下汇率涨落引起黄金输出或输入的界限。当汇率上涨引起黄金输出的界限叫作黄金输出点;而当汇率下跌引起黄金输入的界限叫作黄金输入点。因此,在金本位条件下汇率是以铸币平价为基础,以黄金输出点为上限,以黄金输入点为下限,围绕着铸币平价上下波动的。而决定黄金输出点和黄金输入点的因素则是运送黄金的各种费用即输金费用。

2. 不兑现的信用货币制度下的汇率决定

金本位制崩溃瓦解之后,货币制度过渡到信用货币阶段,而铸币平价也不再成为决定汇率的基础了。到底信用货币条件下的汇率决定基础是什么,不同理论和不同学者对此有不同观点。马克思对汇率问题的论述中认为,汇率的本质是两国货币以各自所具有的或所代表的价值为基础而形成的交换比率。它是各国货币之间的价值比率的一种代表形式。而构成国际货币交换基础的"等量的共同的东西"就只能是它们各自所具有的价值。这就是马克思关于汇率决定的"价值平价理论"。这一观点深刻揭示出汇率的本质及其决定基础,至今仍然正确。但随着国际经济的快速发展、经济一体化进程的不断推进,决定汇率的因素越来越多。

(二) 汇率的变动

汇率变动是与汇率决定紧密联系的问题。汇率决定解答的是汇率的基础是什么,但在实际交易中的汇率是在汇率基础之上，由许多其他因素的影响下最终形成的。因此，影响汇率变动的因素问题和汇率变动对经济的影响成为研究和分析汇率问题的重点。

1. 汇率变动的概念

为了描述汇率的变动，往往使用一些专用的词汇，如汇率的上涨、下跌、法定升值、法定贬值、货币的高估和低估等。

汇率的上涨或货币的升值是指由于国际金融市场供求关系的变化和作用使一国货币与其他货币之间的市场汇率或固定汇率上升的情况。汇率的下跌或货币的贬值是指由于国际金融市场供求关系的变化使一国货币与其他国家货币之间的汇率下降的情况。

(1) 法定升值是指在金属货币流通条件下，国家通过法律程序提高本国货币的含金量，从而提高其对外国货币的法定比价，或在纸币流通条件下由国家机关调高本币的对外牌价。

(2) 法定贬值是指在金属货币流通条件下，国家通过法律程序降低本国货币的含金量，从而降低其对外比价，或在纸币流通条件下由国家机关调低本币的对外牌价。法定升值和法定贬值的概念主要适用于官方汇率的国家。

与此相关的概念还有：货币的高估是指货币的法定平价或市场价格高于它的价值基础；货币的低估是指货币的法定平价或市场价格低于它的价值基础。

2. 影响汇率变动的因素

随着经济发展的不断推进，国与国之间的联系和交往不断密切，影响两国货币价值的因素变得纷繁复杂。但深入分析后可以发现，影响汇率变动的深层次因素主要有以下几个：

(1) 通货膨胀率差异。汇率是不同货币价值量之比，它是汇率形成的基础。而货币的价值量往往具体体现在一系列的商品和劳务的价格即物价总水平上。因此，两国的通胀率成为影响一国商品劳务在世界市场上竞争力的重要因素。当然，通胀率差异并不是立即影响汇率的相应变动，而是需要一定的时间才体现出来，这正是所谓的"时滞"。

(2) 国际收支状况。国际收支是影响汇率变动的直接因素。一个国家的国际收支差额直接决定了外汇市场的供求关系。国际收支的顺差就形成外汇市场供大于求的局面，外汇汇率就会有下跌的压力，同时本币汇率有上涨的压力。当发生国际收支逆差时就必然对本币汇率有下跌压力，对外币汇率有上涨的需要。

(3) 利率差异。利率是反映一国经济金融状况的基本指标，同时也是体现一国筹资成本和投资利润的重要指标。当一国的利率高于其他国家时，往往会引起资金的内流，使外汇市场的供求关系显现出外汇汇率下降、本币汇率上涨的状况。

(4) 外汇干预能力。任何一个国家都不愿本国货币汇率发生大幅波动，因此在汇率政策上会做出一定的安排，即把汇率波动幅度限制在一定范围之内。为达到这一目的，各国纷纷采取外汇干预的措施。而体现干预能力的就是国际储备和国际清偿能力的大小。中央银行持有的储备多，政府干预外汇市场、稳定汇率的能力就强；反之，储备匮乏使外汇市场的稳定受到影响。除了以上几个因素之外，还有一些因素也被认为是影响汇率变动的因素。例如，政局的稳定、心理的预期、投机、国际储备、重要商品价格以及政府的宏观经济政策等。

3. 汇率变动对经济的影响

汇率对于开放经济的国家意义重大。这是因为汇率变动对其国内经济的重要指标如国际收支、国民收入、产量、就业等将产生深刻影响,下面将对这些影响进行分析和阐述。

（1）汇率变动对国际收支的影响。

下面以国际收支的自主性交易为线索来具体分析汇率变动对国际收支的经常账户、资本与金融账户的影响。

① 对经常账户的影响。一般来讲,本币汇率的贬值将刺激货物和服务的出口,抑制进口;而本币汇率的升值将有利于进口,不利出口。汇率变动对劳务的影响与对商品的影响基本一致,本币对外贬值有利于增加劳务的外汇收入,抑制劳务的支出,本币的对外升值则会导致劳务对外支出的增加,收入的减少。

② 对资本与金融账户的影响。在当今国际资本流十分频繁和大规模的背景下,货币的升值或贬值对资本与金融账户的影响较大。一般说来,本币汇率的贬值往往会导致直接投资的成本下降,因此会引起直接投资的增加;而本币的升值则使同等外币换得的本币数量减少,投资成本上升,抑制直接投资的流入。汇率变动对证券投资的影响则有些不同。证券投资中因投机因素而产生的短期资本流动,往往因为投资国货币的贬值发生抽逃、因投资国货币的坚挺而流入的情况。因此,汇率变动给国际收支产生的最终影响还需要具体和综合的分析。

（2）汇率变动对国内经济的影响。

一国宏观经济的内外均衡中,汇率是对外经济平衡的杠杆。这深刻地表明,汇率变动将对经济内部均衡产生重大影响。下面具体从汇率对物价、产量、产业结构、就业、国民收入等方面的影响进行分析。

① 对物价的影响。本币的贬值一般会引起国内物价的上涨。这种影响是通过两条途径来传导的。一方面,本币贬值刺激商品和劳务的出口,抑制了进口,从而使国内商品的供应相对减少,供求关系出现求大于供的压力,从而形成物价的上涨。另一方面,本币的贬值使进口商品的成本上升,进口商品的价格上涨,并且会相应带动起国内相关商品的价格上涨。相反,当本币对外升值时,则会引起国内物价的下跌。

② 对产量的影响。由于本币的贬值刺激了出口,使出口行业的利润增加,其产量也随之增长,并相应地带动起国内工农业等相关产业的发展,增加社会的总产量。与此同时,由于本币的贬值促进了出口,使国家获得的外汇收入增长。利用这些外汇资金投入到生产当中去,又会使产量有进一步的增长。相反,本币的升值由于不利于出口,而有利于进口,一方面会使国内出口商的产量有一定的萎缩,另一方面由于进口的增加又会使外汇资金的支出增加,因此,会造成总产量的减少。

③ 对产业结构的影响。本币的贬值使出口商的收入增加,由于利益机制的作用,会带动国内其他行业向出口行业的转移,而不适应出口的产业结构逐渐被淘汰,最终形成以出口结构为主的国内产业结构格局。另外,由于本币的贬值使进口商品的价格上涨,从而激发了国内进口替代品生产的积极性,相应的生产进口替代商品的行业也会繁荣起来。

④ 对就业水平的影响。本币的贬值有利于出口产品的生产,于是出口的规模不断扩大、利润水平也相应提高,这在一定程度上增加了就业。对于进口商品的抑制效应在一定程度上可以促使国内需求向其替代品转移,也在一定程度上带来相关产业的繁荣,增加就业。相反,本币的升值则不利于就业的增加。

⑤ 对国民收入的影响。在以上的分析中可以看出,本币的贬值会促使国内出口行业和

进口替代行业的繁荣和发展,这就在一定程度上提供了额外的就业机会,促进国民经济扩张,使整体国民收入增加。另外,由于本币的贬值会引起长期资本的流入,流入的外资也会促使国民经济的扩张,增加国民收入。

三、汇率制度

(一) 汇率制度的定义和分类

汇率制度是一国政府对维持、调整与管理汇率的原则、方法和机构所进行的系统安排和规定。汇率制度种类很多,如1999年国际货币基金组织对汇率制度划分为:货币联盟、货币发行局制度、传统的盯住汇率制、平行盯住汇率制、爬行盯住汇率制、爬行区间浮动汇率制、无区间的管理浮动汇率制、独立浮动八种类型。本书主要按照传统的划分方法分为两种类型的汇率制度:固定汇率制度和浮动汇率制度。

1. 固定汇率制度

固定汇率制度是指两国货币比价基本固定,并且两国货币比价的变动幅度被控制在一定范围之内。

在国际金本位制下,汇率在铸币平价加减黄金输送点范围内浮动。第二次世界大战后,许多国家参加了国际货币基金组织,按照协定的规定,有关国家的货币汇率只能在一定幅度内波动,超过规定的上下限,该国中央银行有义务进行干预,使汇率保持在规定的幅度内。各国干预的方法主要是在外汇市场上买进或售出某种外汇,以影响汇价,这就是第二次世界大战后曾长时期所实行的固定汇率制度。

固定汇率有利于进出口核算和利润的匡算,有利于减少外汇风险;但也容易受到国际游资的冲击以及国内目标和汇率稳定目标相矛盾,影响国内经济发展。

2. 浮动汇率制度

浮动汇率制度是指本国货币与外国货币之间的比价不加以固定,也不规定汇率波动界限,而是听任外汇市场供求关系自行确定本币对外币的汇率。

20世纪70年代,固定汇率制度崩溃,西方各国普遍实行了浮动汇率制度。这种汇率制度的特征是,对各国外汇行市的波动没有严格的国际性限制,而由本国政府自主调节,或由外汇供求关系自行决定其涨落。其中,有的实行单独浮动,即本国货币不与任何国家货币保持固定联系,完全由本国政府自行考虑汇率的变动,有的实行联合浮动,即几个国家组成货币集团,在集团内实行固定汇率,对外则实行浮动。

浮动汇率制度可以防止国际游资冲击,能够发挥汇率调节经济的杠杆作用,使国内货币政策和财政政策较灵活的运用;但在国际经济交往中,面临的外汇风险较大。

(二) 人民币汇率制度

1994年1月1日起人民币市场汇率和官定汇率并轨,境内机构的外汇实行结汇、售汇制,从而构造了外汇指定银行和普通银行客户之间的外汇交易市场。1994年4月设在上海的中国外汇交易中心正式启用,通过与全国19个城市的分中心的现代通信设备和计算机联网,形成了全国性的、统一的银行间外汇交易市场。鉴于外商对于原来的外汇调剂市场的动作比较熟悉,因此,在今后的一段时间内外商投资企业间的外汇调剂业务仍维持原来的做法不变。当然,这带有明显的过渡性。外商投资企业实行银行结售汇的试点工作已于1996年3月1日起开始进行。

同时,为了进一步完善人民币汇率形成机制,促进外汇市场的发展,中国人民银行决定,自1995年4月1日起,只公布中国外汇交易中心交易币种(现为美元、港币、日元)的市场汇率,各外汇指定银行根据国际外汇市场行情及人民银行有关规定自行制定人民币对其他可兑换货币的牌价。

自2005年7月21日起,中国开始实行以市场供求为基础、参考"一篮子货币"进行调节、有管理的浮动汇率制度。

<h2 style="text-align:center">第二节　国际收支</h2>

一、国际收支的概念

国际收支是一个国家在一定时期内其居民与国外非居民之间的全部经济交易的系统记录。它反映了一国对外经济往来的全部货币价值总和,包括货物、服务和收入、对世界其他地方的金融债权和债务的交易以及转移项目。为了便于各国掌握对外经济交往的全貌,国际货币基金组织在《国际收支手册》第五版(1993年)中,对国际收支做了如下定义:"国际收支是一种一定时期的统计报表,它系统地记载一经济体(通常指一个国家或地区)与世界其他经济体之间发生的经济交易。因此,国际收支反映一国居民与非居民之间发生的一切经济交易,而不管其是货币形态的还是实物形态的,是有偿的还是无偿的。"因此,我们应从下面两方面来理解国际收支的含义:

第一,国际收支是一个流量的概念。它通常是指某一个时期(一年、一个季度或一个月)的经济交易的总和,或者说它是一个时期的概念。

第二,国际收支所反映的内容是以交易为基础,并非以收支为基础。与国际收支这一名词的字面含义不同,国际收支的内容不仅包括那些直接用货币收支的交易,而且还包括那些虽未用货币交易但须折算成货币加以记录的交易。因此,国际收支的内容中的经济交易涉及所有一个经济实体向另一个经济实体转移的经济价值,包括下面几种:

(1)物物交换:商品与商品,商品与劳务间的交换。

(2)物币交换:金融资产与商品劳务之间的交换。

(3)金融资产与金融资产间的交换。

(4)无偿的商品劳务转移。

(5)无偿的金融资产转移。

前三类直接涉及货币收支,后两类虽未涉及货币支付,但须折算成货币记入国际收支。

第三,国际收支记录的是一国居民与非居民之间的交易。

国际收支统计中的居民不是基于国籍或法律标准来划分的,而是以居住地、从事生产、消费等经济活动所在地作为划分的标准。它是一个经济上的概念,不是法律上的概念。所谓居民,是指在一个国家(或地区)居住或从事经济活动达一年以上的自然人或经济单位。否则则是该国或该地区的非居民,因此,这里的"居民"概念,与法律上的"公民"的概念是不一样的。居民与非居民都包括个人、企业、政府、非营利团体四类。但官方外交使节、驻外军事人员即使在本国滞留时间为一年以上,仍然是所在国的非居民;另外按IMF的规定,中央银行为企业居民;政府居民指设在境内的各级政府机构及其所属部门,包括其设在境外的大使馆、领事馆和军事机构等,但设在某国的国际性机构如联合国、国际货币基金组织、世界银行等对于任何国家都是非居民。

手机扫一扫,
读专栏11-3

二、国际收支平衡表

国际收支平衡表是指一国政府出于经济分析的需要,按照复式簿记原理对一定时期的国际经济交易系统地记录形成的统计报表。其目的是为了使政府全面了解本国在对外经济往来中所处的地位,对其经济状况进行分析,并为制定本国内外经济政策提供依据。

(一) 国际收支平衡表的记账原则

(1) 国际收支平衡表按照"有借必有贷,借贷必相等"的复式簿记原理编制。对于每一笔国际交易都要以相同金额分别记录在借、贷两方。

第一,凡是引起本国从国外获得外汇收入的交易记入贷方,凡是引起本国对外国有外汇支出的交易记入借方。这里的收入包括出口商品或劳务赚取的外汇收入和资本流入两个项目。

第二,凡是引起本国外汇供给增加的交易记入贷方,引起本国外汇需求的交易记入借方。按照复式簿记原理,会计意义上的国际收支平衡表全部项目的借方总额与贷方总额应是相等的,其净差额为零。但在实际中,国际收支平衡表每一具体项目的借方和贷方却是经常不相等的。收支相抵后总会出现一定的差额,如经常项目差额,资本与金融项目差额等。这种差额称为局部差额,各项局部差额的合计就成为国际收支总差额,称为国际收支顺差(出超)或逆差(入超)。

(2) 关于记录时间问题,在国际收支的复式簿记原理下,每一笔交易的两笔账目都要在同一时间做记录。但是,在许多经济交易中,交货和付款却常常并不在同一时间进行,这就产生了经济交易的记录以什么时间为准的问题。按照 IMF 的规定,"交易时间的登记要遵守权责发生制的原则"(所有权变更原则),即在交易发生日期进行记录。

(3) 关于记账单位,为了便于全球性的报表和分析,IMF 要求各国建立标准的记账单位,这一记账单位应该是稳定的,使用该单位表示的国际交易的价值不应由于参加交易的其他货币发生变化(相对于该记账单位)而受到较大的影响,并且要为多数国际收支统计数据编制人员较为熟悉的货币。因此,记账单位通常用美元或特别提款权表示。

(4) 关于计价原则,为了保持系统地编制汇总各项交易以及编制与这类交易相一致的资产/负债头寸,IMF 要求各国对各类国际账户实行统一记价,即使用成交的实际市场价格作为交易记价的基础,但在没有既定的实际市场价格的情况下,则以代表价或其他代替方法替代市场价格。

国际收支平衡表中的各个具体项目,如商品的出口与进口,劳务的收入和支出,资本的流入与流出等,经常是不平衡的,因而,每一个项目的收入与支出相抵后,就会出现差额,如贸易差额、劳务差额、资本差额等。这种差额通常称为局部差额。如果收入大于支出,出现贷方余额时,称为顺差,用"＋"号表示;支出大于收入,出现借方余额时,称为逆差,用"－"号表示。

(二)国际收支平衡表的基本内容

为了能较为完整和科学地反映一国国际收支的基本状况,IMF对国际收支平衡表的编制所采用的概念、准则、结构、分类方法及标准组成都做了统一的规定。按照1993年9月出版的《国际收支手册》(第五版)的规定,国际收支平衡表可分为三个基本账户,即经常项目账户、资本与金融账户和错误与遗漏账户。

1. 经常项目账户

经常项目账户是国际收支平衡表中最基本最重要的账户。它反映了一个国家(或地区)与其他国家(或地区)之间实际资源的流动,与该国的国民收入账户有密切的联系。经常账户通常下设四个子项目:货物、服务、收入和经常转移。

(1)货物,亦称有形贸易,它是因商品进出口而引起的外汇收支的完整记录,主要包括一般商品、用于加工的货物、货物修理、在港口采购的货物和非货币黄金。

(2)服务,亦称无形贸易,主要记录服务的输入和输出情况,包括运输、旅游、通信服务、建筑服务、保险服务、金融服务、计算机和信息服务、专有权利使用费和特许费、其他商业服务、个人文化和娱乐服务以及政府服务。

(3)收入,该项目系统记录生产要素在国际流动的要素报酬收支,主要包括职工报酬和投资收入。前者包括本国工人受雇在国外工作不足一年或在外资企业获取以外币计所得工资、薪金或其他报酬以及本国雇佣外国季节工人和边境工人的报酬;后者包括本国居民持有国外资产而获得的利润、股利和利息等收入,以及非居民据有本国资产而产生的利润、红利和利息等支出。

(4)经常转移,这是一种特种科目,它是指不发生偿还的实物资产和金融资产所有权在国际的转移。按照复式簿记原理,一国居民向另一非居民无偿提供实际资源或金融产品在国际收支平衡表中做出记录时,需要在另一方进行抵消性记录以达到平衡,这就是转移账户。

2. 资本与金融账户

资本与金融账户是对资本所有权在国际流动行为进行记录的账户。它分为资本账户和金融账户两个子项目(没有反映交易的海外资产和负债的价值变化不包括在该项目中,而是反映在国际投资头寸中)。

(1)资本账户。资本账户的主要科目是资本转移和非生产性、非金融性资产的收买/放弃。非生产性、非金融性资产的收买/放弃主要指各种无形资产,如注册的单位名称、租赁合同或其他可转让的合同和商誉。该项目不包括在某一经济领土的土地,但可能包括外国使馆购买或出售的土地。

(2)金融账户。金融账户记录经济体对外资产和负债所有权变更的交易。该账户可分为直接投资、证券投资、其他投资。

直接投资反映一经济体的居民单位(直接投资者)对另外一经济体的居民单位(直接投资企业)的永久权益,它包括直接投资者和直接投资企业之间的所有交易。

证券投资主要投资于股本证券和债务证券,后者包括一年以上的中长期债券、货币市场工具以及各种衍生性金融工具。

其他投资包括各种长短期的贸易信贷、贷款(包括利用基金组织的信贷、基金组织的贷款和同金融租赁联系在一起的贷款)、货币和存款(可转让的和其他类型,如储蓄存款和定期存款,入股形式的存款等)以及其他在直接投资、证券投资和储备投资中未包括的应收应付款。

3. 平衡项目

国际收支平衡表是按照"有借必有贷,借贷必相等"的会计复式记账原理编制的。从原则上说,国际收支平衡表的借贷方总额应当是相等的。而实际上由于统计资料的不完整、统计口径不一致、统计数字不准确等原因,一国国际收支平衡表的经常项目与资本金融项目经常处于不平衡状态,不是出现顺差就是出现逆差。因而需要设置平衡项目进行调节,以弥补差额,达到国际收支的平衡。平衡项目包括净误差与遗漏和储备资产变动两个子项目。

(1) 净误差与遗漏。

这是一个人为设置的平衡项目。在实际工作中,由于技术性或其他原因(统计资料来源渠道不一致或涉及商业机密、不易公开等)而使国际收支平衡表不能平衡时,特设该项目进行人为的调节。当所有项目借贷方总额相抵出现余额时,就将其差额反方向记入本项目。若为借方余额,则将差额记入该项目的贷方;反之则列入借方。

(2) 储备资产变动。

所谓储备资产,是指一国政府所持有并可直接动用的国际储备货币及资产的存量,包括货币黄金、特别提款权(SDR)、在国际货币基金组织的储备头寸、外汇和其他债权等。储备资产变动项目反映的是当经常项目和资本金融项目不能自求平衡时,动用国家储备资产的情况。因此,国际收支平衡表中反映的储备资产,不是一国储备资产的存量即持有量,而是该年度储备资产的增减额,或者说,是为了弥补经常项目和资本金融项目收支差额、保持国际收支平衡而动用的那部分储备资产的数量。其数额为储备资产本年度与上年度余额之间的差额。由于储备资产变动项目属于平衡项目,统计时要反向记录。若黄金外汇等储备增加,记"-"号,减少则记"+"号。从原则上来说,国际收支平衡表的借贷方总额必定相等。但由于多种因素的影响,国际收支平衡表的各个大项目及其子项目、明细项目之间经常存在着各种各样的局部性差额,具体可用下表表示。

手机扫一扫,
读专栏11-4

(三) 国际收支平衡表的差额分析

对国际收支平衡表进行差额分析,主要是为了全面了解一国对外经济状况,从中发现问题,为政府提供决策依据。

目前,对国际收支状况的分析主要采用四种差额分析方法,即贸易差额分析、经常项目差额分析、资本与金融差额分析和综合差额分析。

1. 贸易差额

贸易差额是指货物进出口之间的差额。贸易账户在国际收支平衡表中占有相当的位置,影响和制约着其他账户的变化。货物贸易是国际经济活动的基础,在传统意义上,它是整个国际收支的代表。这主要是因为对一些发展中国家而言,其贸易收支在全部国际收支中所占份额相当大;同时,对货物贸易的统计可以相对方便、准确地从海关报表中获取;此外,它还体现了一个国家(地区)的自我创汇能力,反映了一国的产业结构是否合理以及产品在国际市场上的竞争能力。因此,尽管目前在世界贸易中服务贸易的比重在日趋增加,但各国仍然普遍重视对贸易差额的分析。

2.经常账户差额

经常账户差额包括货物贸易差额、服务贸易差额、收入差额和单方面转移差额四项差额。它是衡量国际收支状况的一个最重要的指标,它反映了一国实际资源在国际转移的净额。如果一国的经常项目处于盈余状态,这就意味着该国在货物贸易、服务贸易、收入单方面转移方面对外存在净投资;反之,如果经常项目赤字,则意味着该国输入了较多的商品、劳务和对外赠予,该国在国内资本形成中利用了较多的国外储蓄资源。

3.资本与金融账户差额

资本与金融账户差额包括经常项目差额与长、短期资本流动差额之和。这一差额分析在使用《国际收支手册》第四版时分为基本差额分析和官方结算差额分析。基本差额分析是经常项目差额与长期资本流动差额之和。官方结算差额是基本差额与短期资本流动差额之和,它主要是用来区别居民事前的自主性交易和官方事后的补偿性交易的。

4.综合差额

综合差额又称清偿差额,是经常项目差额和资本与金融项目差额之和,也就是国际收支平衡表中剔除官方储备项目的差额。

(四) 国际收支的失衡与调节

1.国际收支平衡(失衡)的判断标准

通常我们用自主性交易或补偿性交易来判断一国国际收支的平衡与失衡。如前所述,国际收支平衡表是根据复式簿记原理来编制的,一笔国际经济交易总是会产生金额相同、方向相反的借方记录和贷方记录,因此,一国的国际收支必定是平衡的,即使由于统计误差造成借贷方失衡,也会通过错误与遗漏项目加以平衡。但是,这种平衡只是会计意义上的平衡,政府在依据国际收支状况进行相应的宏观决策时,主要关注的是实际经济意义上的平衡。即我们前面所讨论到的差额分析的结果。按照国际经济交易的动机和目的,国际收支平衡表中所记录的交易可分为自主性交易(或称为事前交易)和补偿性交易(或称为事后交易)。自主性交易是指那些基于商业动机(利润)或其他考虑而独立发生的交易,包括商品和劳务的输出输入、私人直接投资、政府间贷款、投资、侨民汇款等,实际上包括了经常项目和资本与金融项目中一年以上交易的所有内容。这些交易所产生的货币收支并不必然相抵,因此就造成了外汇的超额需求或超额供给,引起外汇价格(汇率)的变动。在这种情况下,如果该国实行的是浮动汇率制,则自主性交易收支会自行平衡,但如果该国实行的是固定汇率制,政府就必须动用外汇储备或向国外借款来弥补自主性交易的失衡。对自主性交易失衡所造成的外汇供求的缺口加以弥补或填塞就称为补偿性交易或调节性交易。国际收支是否平衡,实际上是看自主性交易所产生的借贷金额是否相等。由于会计上的国际收支是一个恒等式,补偿性交易是自主性交易的相抵项目(方向相反),因此,当自主性交易项目的借方金额小于贷方金额时,我们称国际收支盈余;当自主性交易项目的贷方金额小于借方金额时,我们则称国际收支赤字。当然,运用最为广泛的是 IMF 倡导的用综合差额来判断国际收支的平衡与失衡。

2. 国际收支失衡的原因及类型

导致国际收支失衡的原因是多种多样的,有经济结构方面的因素,也有地理环境、自然资源、技术水平、政府决策、货币价值变动等方面的因素。由此而造成的国际收支失衡,概括起来有下列几种类型:

(1) 季节性和偶发性失衡。

我们知道,生产和消费都有季节性变化,一个国家的进出口数量及收入也会随之而发生变化,从而造成季节性的国际收支失衡。偶发性失衡主要是指自然灾害、国内政治骚乱等突发性事件所导致的国际收支失衡。但是,这种季节性和偶发性的因素对国际收支平衡所带来的冲击是一次性的、短暂的,一旦这些因素消失,国际收支便会恢复正常。

(2) 周期性失衡。

周期性失衡是指由于商业周期的变化所导致的国际收支出现的盈余或赤字的交替性变化。商业周期分为繁荣、衰退、萧条、复苏四个阶段,在商业周期的不同阶段,其价格、生产、消费等都会发生变化,继而影响到国际收支的状况。

(3) 货币性失衡。

货币性失衡是指一国由于货币价值的变动(通货膨胀或通货紧缩)所引起的该国国内一般物价水平与其他国家相比较相对发生变动引发的国际收支失衡。它通常是由于一国的价格水平、货币成本、汇率、利率等货币性因素的变动所造成的国际收支失衡。

(4) 结构性失衡。

结构性失衡是由于一国经济结构失调所造成的国际收支失衡,一般可分为产品供求结构失衡和要素价格失衡。如果一国的产品供求结构无法跟上国际市场产品结构的变化,该国的国际收支将会出现长期性的失衡。

(5) 国际资本流动造成的失衡。

这种情况一般发生在实行浮动汇率制的国家,是指由于汇率变动所带来的风险对国际收支的影响。

3. 国际收支的调节政策

国际收支调节是指消除一国国际收支失衡状况的调整过程。国际收支作为一国国民经济的重要变量,其失衡对整个国民经济将会产生重大影响。政府为了某一既定的目标,所采取的平衡国际收支的措施。目前,各国对国际收支失衡的调节通常采用下列措施:

(1) 外汇缓冲政策。

外汇缓冲政策是指货币当局动用官方储备或向外短期借款来抵消超额外汇需求或供给所造成的国际收支短期性失衡的做法。

(2) 财政和货币政策。

如前所述,当一国出现长期性的国际收支失衡时,必须通过调整政策来加以解决。这种调整政策就是指通过财政和货币政策的扩张或紧缩来调节国际收支的失衡。在财政政策方面,主要是通过调整财政收入(税收)和财政支出来平衡国际收支的赤字或盈余。

(3) 汇率调整政策。

汇率调整政策是指运用汇率的变动来消除国际收支失衡。应该注意,这里的汇率调整政策是指一国货币当局公开宣布的法定升值与法定贬值,并不包括国际金融市场自然的汇率变动。汇率调整的目的主要是通过调整货币的比价来改变进出口商品的价格、资本融进融出的收益或成本,以消除国际收支失衡。

(4)直接管制政策。

直接管制是指对国际经济交易采取直接的行政干预,它与汇率贬值同属支出转换政策,对改善国际收支能收到非常迅速的效果。直接管制的优点主要在于它的灵活性,可以针对某一具体的进出口项目或资本项目予以实施,迅速达到预期效果。直接管制主要包括外汇管制和贸易管制。前者是指对汇价的管制和对外汇交易量的限制;后者主要是通过关税或其他非关税壁垒(如配额、许可证制等)来控制进出口数量,改善国际收支。

第三节　国际货币体系

一、国际货币体系概述

国际货币体系是随着国际经济交往的不断扩大而产生与发展的。由于各国之间商品劳务往来、资本转移的日趋频繁,速度、规模的不断扩大,这些活动最终都要通过货币在国际进行结算与支付来了结彼此之间的债权债务,这样就产生了在国际范围内协调各国货币关系的要求。国际货币体系正是在协调各国货币制度、法律制度及经济制度的基础上形成的,并随着社会经济的发展变化而不断演变。

(一)国际货币体系的概念

国际货币体系是指支配各国货币关系的规则和机构,以及国际各种交易、支付所依据的一套安排和惯例的总称。

(二)国际货币体系的构成内容与功能

1.国际货币体系的三大功能

(1)规定储备资产。

一国用什么货币作为支付货币,政府应持有何种为世界各国所普遍接受的资产作为储备资产。

(2)规定汇率体系。

一国货币与其他货币之间的汇率应如何决定和维持,能否自由兑换,是采取固定还是采取浮动汇率体系等。

(3)规定国际收支的调节方式。

各国政府应采取什么方法弥补这一缺口,各国之间的政策措施又如何互相协调,以纠正各国国际收支的不平衡,确保世界经济的稳定与平衡发展。

2.判断一种国际货币体系是否有效发挥了上述功能作用的标准

(1)储备资产的清偿能力,即储备资产的适度性。

它主要体现在储备资产是否能够提供足够的国际清偿能力并保持国际储备资产的信心,是否能够保证国际收支的失衡得到有效而稳定的调节。同时,一国的国际清偿能力应保持与世界经济与一国对外贸易发展相适的增长速度,过快的增长会加剧世界性的通货膨胀,而过慢的增长会导致世界经济和贸易的萎缩。

（2）市场信心。

即国际金融市场对一国汇率稳定性和国际储备价值稳定性的相信程度，它是否使交易者避免承受不必要的风险，市场信心体现为各国政府和私人都愿意继续持有某种货币和国际储备资产而不发生大规模的抛售国际储备货币的危机。所以，保持清偿能力的适量增长是维持信心的关键。

（3）调节效率。

即国际收支不平衡的调节成本大小以及各国调节责任的分布是否公平合理，它的操作成本是否超过必要的限度。理想的国际货币体系需有良好的国际收支调节机制，它使各国公平合理地承担国际收支失衡调节的责任，并使调节付出的代价最小。

（三）国际货币体系的划分

国际货币体系划分时通常的做法是同时以国际储备货币和汇率体系来作为分类的标准，按时间的先后，将国际货币体系分为国际金本位制、布雷顿森林体系、"牙买加协议"后的管理浮动汇率制三种。

二、国际金本位体系

世界上首次出现的国际货币体系是国际金本位体系，它大约形成于 19 世纪 70 年代，到 1914 年第一次世界大战爆发时结束。在这一时期以黄金为本位的货币体系（简称金本位制），在这一货币体系下，黄金具有货币的全部职能，即价值尺度、流通手段、贮藏手段、支付手段和世界货币。英国作为最早的发达的资本主义国家，于 1816 年实行了金本位，而欧洲和美洲的一些主要资本主义国家在 19 世纪 70 年代也先后在国内实行了金本位，国际金本位体系至此大致形成了。

（一）国际金本位体系的特点和作用

黄金是储备资产，是国际结算和国际支付的主要手段，是国际货币体系的基础。各主要资本主义国家国内都实行金本位制是以黄金为储备资产的国际金本位体系的基础。因此，国际金本位同各国国内金本位一样，具有相对的稳定性。各国货币之间的汇率由它们各自法定含金量的比例即铸币平价决定。因为金本位条件下黄金的自由交换、自由铸造和自由输出入保证了外汇市场上汇率的波动维持在黄金输送点以内，所以国际金本位下的汇率是固定的。而严格的固定汇率制是国际金本位的一个重要特点。自动调节国际收支。在国际金本位体系中，各国国际收支的不平衡能通过黄金在各国间的输出入得到自动调节。

（二）国际金本位体系的缺陷、演变与崩溃

国际金本位体系的固定汇率对发展国家间的贸易、借贷和投资非常有利，因而国际金本位对当时世界经济高度繁荣和发展起了积极有力的推动作用。但国际金本位体系本身也还存在着一些缺陷，我们应做出中肯的评价。

第一，国际金本位体系自动调节机制作用的发挥要受到许多因素的限制。在实行国际金本位时，黄金在各国之间的流动并不频繁。一国的国际收支不平衡可通过利用国外的贷款、资本输出（如对外贷款和投资）来减少盈余，不一定要输出黄金。所以，贸易的不平衡未必通过引起双方货币供应量和价格的相反变动来得到纠正。国际贸易将使各国之间的价格差异缩小，这就会使国家之间物价水平的变动幅度减小，使进出口贸易变动幅度减小，进而引起黄金在两国间流动的减少，从而削弱了"价格—铸币流动机制"的自动调节力量。还有

一国中央银行或货币管理当局执行这样的货币政策便会破坏货币发行和价格与黄金储备之间的关系,从而使金本位的自动调节机制难以实现。

第二,在国际金本位时期,受黄金产量的影响,物价并不是长期稳定的。由于在国际金本位体系下,货币与黄金保持固定的联系(法定含金量),那么要实现商品价格的稳定,黄金与商品的交换比例或贸易条件就必须保持不变。然而如果黄金的供应剧烈波动,这个贸易条件就不可能保持稳定,在金本位时期,黄金产量的变化与物价水平的变化密切相关。总的来说,当货币黄金的增长率超过物质产品的增长率,价格水平就趋于上升;反之,则趋于下降。当然黄金产量的波动对物价的影响是长期而且是缓慢的,其间还可能有滞后期,但这种影响确实是存在的。1929 年爆发的空前严重的世界性经济危机和 1931 年的国际金融危机使得国际金本位体系彻底瓦解。

三、布雷顿森林体系

国际金本位彻底崩溃后,30 年代的国际货币体系一片混乱,正常的国际货币秩序遭到破坏,国际贸易严重受阻,国际资本流动几乎陷于停顿。主要的三个国际货币英镑、美元和法郎,各自组成相互对立的货币集团——英镑集团、美元集团、法郎集团。汇率是浮动的,国际收支的自动调节机制丧失,各种贸易保护主义措施和外汇管制手段盛行。基于上述情况,在第二次世界大战还没有结束的时候,同盟国即着手拟定战后的经济重建计划,其目标在于寻求国际的经济合作和全球经济问题的解决。由于各国存在着不同的利益,所以改革的方案较多。1944 年 7 月,44 个同盟国家的 300 多位代表出席在美国新罕布什尔州布雷顿森林市召开的国际金融会议,商讨重建国际货币体系。在这次会议上产生的国际货币体系因此被称为布雷顿森林体系,根据会议协议条款所成立的国际货币基金组织(IMF)则是布雷顿森林体系赖以维持的国际货币机构。

(一) 布雷顿森林体系的内容

1944 年 7 月在美国布雷顿森林召开的同盟国家国际货币金融会议上通过了以美国怀特方案为基础的《国际货币基金协定》和《国际复兴开发银行协定》,总称布雷顿森林协定,从此建立起布雷顿森林体系。布雷顿森林体系的主要内容如下。

1. 在储备资产方面

规定了以美元作为最主要的国际储备货币,实行美元—黄金本位制。美元直接与黄金挂钩,规定每盎司黄金等于 35 美元,各国政府或中央银行随时可用美元向美国按官价兑换黄金。由此可见,布雷顿森林体系中美元实际上等同于黄金。

2. 在汇率方面

其他国家的货币与美元挂钩,规定与美元的比价,从而间接与黄金挂钩,各国货币均与美元保持固定汇率,成员国政府有义务随时干预外汇市场使本国货币与美元的市场汇率的波动幅度保持在平价±1%以内。但在出现国际收支基本不平衡时,经 IMF 批准可以进行汇率调整,所以布雷顿森林体系实行的是可调整的固定汇率制。

3. 在国际收支调节机制方面

一方面成员国的国际收支暂时不平衡可由各成员国动用官方储备或采用对外借款等方式加以消除,另一方面也可由国际货币基金组织向国际收支赤字国提供短期资金融通,以协助其解决国际收支困难。

国际货币基金组织是根据布雷顿森林协定建立的一个永久性的国际金融机构，旨在促进国际货币合作。它是战后国际货币体系的核心，它的各项规定构成了国际金融领域的基本秩序，它对会员国融通资金，在一定程度上维持着国际金融形势的稳定。

（二）布雷顿森林体系内在的缺陷

布雷顿森林体系消除了战前各个货币集团之间的对立，稳定了国际金融的局面，建立了世界主要国家之间的货币秩序，并且固定汇率有利于国际贸易和国际投资的发展。但该体系也存在着一些基本的内在缺陷。这些缺陷包括以下几点。

1. 储备资产的缺陷

布雷顿森林体系以一国货币——美元作为主要的储备资产，必然面对两个矛盾。一是储备货币国拥有的特权与同时存在劣势的矛盾。作为布雷顿森林体系的储备货币国，美国处于一种特殊地位。一方面，由于美国可以其本国货币对外进行支付，故可以用对外输出美元的方式来保持其国际收支逆差，只要其他国家愿意保持其手中的美元，美国就不会像其他国家那样面临巨大的平衡国际收支压力。这意味着美国独自享有了国际货币铸造税，这自然会导致其他国家的不满。另一方面，美国作为储备货币国也有不利之处。由于各国货币是盯住美元的，所以只能由各国变更它们的货币与美元的汇率平价，而美国却不能主动变更美元对其他国家货币的比价。因此，美国就失去了调节国际收支的一个重要的政策工具。二是美元供应与美元信用的矛盾。为满足国际经济与贸易对国际储备资产的日益增长的需要，必须逐步增加在美国境外的美元数量，而这只有通过维持美国国际收支逆差才能达到。而如果美国国际收支出现持续逆差，就会影响人们对美元的信心。这就出现了所谓的"特里芬难题"，即当美国国际收支处于长期顺差时，人们会愿意持有美元，但却很难得到它；而当美国国际收支出现持续逆差时，人们对美元的需求就会很容易得到满足，但此时人们却因对美元丧失信心而不愿再持有它了。

2. 僵硬的汇率机制

对于成员国因基本经济情况发生变化而出现的基本不平衡，布雷顿森林体系采取允许成员国调整汇率平价的方法予以解决。事实上布雷顿森林体系对各国汇率平价的管理还是比较宽松的。根据 IMF 协定第四条规定，10% 以内的平价变动可由成员国自由决定，仅需向 IMF 通报。但在布雷顿森林体系的实际运转过程中，各成员国政府往往不愿意变更其货币的汇率平价。他们既不愿接受本国货币的贬值，害怕这会被人视为政策上的失败；但也不愿将本国货币升值，担心这会影响本国的出口竞争力。而 IMF 本身又无权主动做出变更某成员国汇率平价的决定，仅能在成员国申请后才能变动该成员国货币的汇率平价。因此，在布雷顿森林体系的实际运转过程中汇率平价调整是十分少见的，而且往往是滞后的。汇率平价调整的不及时不仅使有关国家的国际收支不平衡难以消除，而且会助长投机。投机的盛行最终会使各国货币的汇率平价难以维持，导致布雷顿森林体系的崩溃。

3. 缺乏有效的政策协调机制

战前的国际金本位制之所以较为稳定，是因为金本位制的竞赛规则对各国的货币政策有较强的约束力，而这种约束力在布雷顿森林体系中是较为薄弱的。IMF 协定仅在第四条含糊地要求各成员国对可能影响国际货币体系稳定的国内经济政策进行相互协调，但并未明确授予 IMF 广泛且具有约束力的协调职能。而在战后，各发达资本主义国家政府对经济的干预十分盛行，政府政策对经济的影响很大，各国在经济政策方面又喜欢追求独立性，因而相互之间的政策差异很大。这必然会导致各国在收入水平、经济增长率、失业率、通货膨胀率等方面的差异，进而引起各国国际收支的不平衡。各国货币的固定汇率平价也会因与实际经济情况变化脱节而变得难以维持。各国又多不愿牺牲本国国内经济目标以扭转这一趋势，国际货币体系自然也就难以稳定。

4. 逆差国与顺差国之间调整责任不对称

在布雷顿森林体系下，逆差国受到的经济调整压力要比顺差国大得多。在缺乏对顺差国强有力的政策约束机制的前提下，消除各国间国际收支不平衡的责任不得不主要由逆差国承担。而国际收支不平衡是相对的，一国的国际收支顺差即意味着对应国家的国际收支逆差。顺差国如果不采取措施消除本国的国际收支顺差，即不扩大进口或对外投资，逆差国要想消除国际收支逆差将是十分困难的，它不得不在国内经济方面付出更大代价（经济紧缩，失业增加等）。而且由于此时逆差国不得不主要靠减少进口，而不是扩大对顺差国的出口来消除逆差，故它倾向于减少而不是扩大总的国际贸易规模，这也是与建立国际货币体系的宗旨不相符的。

5. 国际短期资本流动的冲击

上面所谈及的布雷顿森林体系的缺陷，仍然仅为布雷顿森林体系的崩溃提供了一种可能性。然而在20世纪60年代后，随着西方各国对外汇管制的放宽，境外金融市场的出现，以及金融与通信技术的进步，国际短期资本规模急剧扩大，其在国与国之间的流动也变得越来越便利、迅速，从而为大规模的外汇投机活动提供了可能。而布雷顿森林体系下形成的各国汇率平价日趋不合理的局面，又使得该体系下的投机活动几乎不存在任何风险，收益却很高，故具有很大的诱惑力。因而在布雷顿森林体系下，外汇投机活动十分猖獗。与日趋频繁且规模巨大的国际短期资本相比，各国的国际储备水平逐渐显得微不足道，使得各国在干预外汇市场、捍卫本国货币方面越来越感到力不从心。难以抵挡的外汇投机浪潮加速了布雷顿森林体系的崩溃。

（三）布雷顿森林体系的演变与崩溃

布雷顿森林体系从1944年建立到20世纪70年代崩溃，时间并不算长，但对战后的世界经济发展却起了极大的促进作用。但该体系内在缺陷使得它终难逃脱崩溃的命运。美元危机纵贯了布雷顿森林体系演变、崩溃的全过程。在布雷顿森林体系的早期，各国都需要从战争废墟中恢复经济，迫切需要美元，而此时美国通过国际收支逆差所输出的美元数量有限，因此世界上面临着"美元荒"的局面。随着美国国际收支的持续逆差，各国手中持有的美元数量激增，"美元荒"演变为"美元灾"，人们对美元的信心日益丧失。当人们对美元与黄金之间的可兑换性产生怀疑时，就会抛售美元，抢购黄金和经济处于上升阶段的国家的硬通货（如马克），这便爆发了美元危机。大规模的美元危机最早爆发于1960年，其后在1968年、1971年、1973年多次爆发。每次美元危机爆发的原因是相似的，即对美元与黄金之间可兑换性产生怀疑，由此引起大量投机性资金在外汇市场上抛出美元，酿成风暴。在每次美元危机爆发后，美国与其他国家也都采取了互相提供贷款、限制黄金兑换、美元贬值等一系列协调措施，但这都不能从根本上弥补布雷顿森林体系内在的缺陷，因此只能收到暂时的效果。最终，当1973年2月外汇市场再度爆发美元危机时，布雷顿森林体系彻底崩溃了。

四、牙买加体系

布雷顿森林体系崩溃之后,国际金融形势更加动荡不安,各国从各自的利益出发,提出了不同的国际货币体系改革的新方案。1976 年 IMF"国际货币体系临时委员会"在牙买加首都金斯敦召开会议,并达成"牙买加协议"。同年 4 月,IMF 理事会通过了 IMF 协定的第二次修正案,从而形成了国际货币的新体系。

(一) 牙买加协议的主要内容

"牙买加协议"涉及汇率体系、黄金、扩大 IMF 对发展中国家的资金融通、增加会员国在 IMF 份额等等问题,不仅对第二次修正 IMF 协定有指导意义,而且对形成目前的国际货币体系有重要作用。1976 年 1 月 8 日 IMF 国际货币体系临时委员会举行的第五次会议是在牙买加首都金斯敦召开的,所以也称牙买加会议,所达成的协议则称为"牙买加协议",其要点如下:

(1)浮动汇率合法化。会员国可以自由选择任何汇率体系,可以采取自由浮动或其他形式的固定汇率体系。但会员国的汇率政策应受 IMF 的监督,并与 IMF 协商。IMF 要求各国在物价稳定的条件下寻求持续的经济增长,稳定国内的经济以促进国际金融的稳定,并尽力缩小汇率的波动幅度,避免操纵汇率来阻止国际收支的调整或获取不公平的竞争利益。协议还规定实行浮动汇率制的会员国根据经济条件,应逐步恢复固定汇率体系,在将来世界经济出现稳定局面以后,经 IMF 总投票权的 85% 多数票通过,可以恢复稳定的但可调整的汇率体系。

(2)黄金非货币化废除黄金条款,取消黄金官价,各会员国中央银行可按市价自由进行黄金交易,取消会员国相互之间以及会员国与 IMF 之间须用黄金清算债权债务的义务。

(3)提高 SDRs 的国际储备地位修订 SDRs 的有关条款,以便 SDRs 逐步取代黄金和美元而成为国际货币体系的主要储备资产。

(4)扩大对发展中国家的资金融通以出售黄金所得收益设立"信托基金",以优惠条件向最贫穷的发展中国家提供贷款或援助,以解决它们的国际收支的困难。扩大 IMF 信贷部分贷款的额度、由占会员国份额的 100% 增加到 145%,并放宽"出口波动补偿贷款"的额度,由占份额的 50% 提高到 75%。

(5)增加会员国的基金份额各会员国对 IMF 所缴纳的基本份额,由原来的 292 亿 SDRs 增加到 390 亿,增加 33.6%。各会员国应缴份额所占的比重也有所改变,主要是石油输出国的比重提高一倍,其他发展中国家维持不变,主要西方国家除联邦德国和日本略增以外,都有所降低。

(二)"牙买加协议"后国际货币体系的特征

1. 黄金非货币化

黄金不再是各国货币平价的基础,也不能用于官方之间的国际清算。

2. 储备货币多样化

虽然"牙买加协议"中曾规定未来的国际货币体系应以特别提款权为主要储备资产,但事实上,特别提款权在世界各国国际储备中的比重不但没有增加,反而有下降的趋势。基金组织在 1981 年以后再也没有分配过新的特别提款权。以前美元一枝独秀的局面被以美元为首的多种储备货币所取代。

３.汇率安排多样化

尽管我们称 1973 年以后的汇率体系为浮动汇率制,但由于许多国家中央银行不时地介入外汇市场买卖外汇以达到其政策目标,汇率因此并不是仅由市场供求力量决定的,所以现行的汇率体系实际是一种有管理的浮动汇率。

(三) 对牙买加协定后国际货币体系的评价

牙买加协定后的国际货币体系迄今为止运行了 20 多年,它对维持国际经济运转和推动世界经济发展发挥了积极的作用。

首先,多元化的储备体系在一定程度上缓解了仅以一国货币为储备货币的各种矛盾,当对一种储备货币发生信心危机时,这种储备货币地位下降,而其他储备货币则在储备资产中比重上升;当一个储备货币发行国国际收支盈余而无法提供足够的国际清偿能力时,又有其他货币可以补充其不足。这样,多元储备体系在世界经济繁荣和衰退期间都有较强的适应性。

其次,浮动汇率体系能较灵活地随经济状况的变动做出调整。自由的汇率安排能使各国充分考虑本国的宏观经济条件,并使宏观经济政策更具独立性和有效性,而不必为维持汇率稳定而丧失国内经济目标。最后,多种国际收支调节机制并行也较能适应各国经济发展水平相差悬殊,发展模式、发展战略和政策目标都很不相同的局面。

总之,当今的国际货币体系的最大特点就是它具有较强的灵活性。但"牙买加协议"后的国际货币体系也还存在着一些缺陷,这使得它从诞生那天起就面临着改革的呼声,需要进行相应的改革。

五、国际货币体系改革

2008 年爆发的美国次贷危机,引发了各界对国际货币体系改革的呼声,其中涵盖诸多领域,如各国政策协调、加强全球金融监管、建立危机预警,乃至提高新兴国家话语权和代表性等,在历次全球或局部金融危机后都曾被反复提及。与以往不同的是,此次危机起源于国际金融中心地带,带来的破坏也更广泛和深远,为避免类似次贷危机的全球性金融危机再次发生,国际货币体系改革必须超越技术层面,触及国际货币体系的核心——国际本位货币改革。

(一) 金融全球化下现行国际货币体系引发的问题

１.导致短期国际资本流动加剧

布雷顿森林体系崩溃以后,国际资本流动的增长速度已超过国际贸易和国际生产的增长速度,而且随着金融全球化的发展,短期国际投机资本数额仍在不断膨胀。跨国资本流动,尤其是短期性国际资本规模的增长主要得益于现有的国际货币体系,正是现有的国际货币体系为短期性国际资本的流动提供了便利。反过来,跨国资本流动尤其是短期性国际资本的快速流动又强化了现行国际货币体系的不稳定性。这些基于套利性动机的短期国际资本总是对一国金融体系的缺陷进行攻击,并导致货币危机的爆发。随后,当短期国际性资本大批逃离该国时,又会将货币危机放大成银行危机、金融危机、甚至整个宏观经济的衰退。

２.导致国际储备供求矛盾深化

国际货币体系决定国际储备体系,在现行的多元货币体系下,一国的储备资产中的特别提款权、储备头寸和黄金储备是相对稳定的,这时,外汇就成了一国增加国际储备的主要手段。通常来看,外汇收入的增加来源于国际收支盈余,这样在国际收支差额与外汇储备的关系上,一些国际收支长期盈余的国家外汇储备需求较低,却出现了外汇储备的过剩,而赤字国虽有强烈的外汇储备需求,却出现了外汇储备的短缺。于是,就出现了国际收支差额对外汇储备供给和需求两方面的矛盾。

3. 导致国际收支调节混乱

多元化的国际收支调节机制允许各国在国际收支不平衡时可采用不同调节方式,但除了国际货币基金组织和世界银行的调节外,其他几种调节方式都由逆差国自行调节,并且国际上对这种自行调节没有任何的制度约束或支持,也不存在政策协调机制和监督机制。这样,当部分逆差国出现长期逆差时,由于制度上无任何约束或设计来促使逆差国或帮助逆差国恢复国际收支平衡,逆差国只能依靠引进短期资本来平衡逆差,而大量短期资本的流入为金融危机的爆发埋下了隐患。在国际收支调节问题上的这种混乱状态,成为现行国际货币体系与经济全球化发展趋势矛盾的集中体现。

(二) 国际货币体系改革

美国次贷危机的爆发使国际社会加深了对国际货币体系缺陷的认识,也为国际货币体系改革提供了契机。但是,由于美国在全球经济和政治领域的霸权地位并未根本动摇,因而短期内难以改变美元在国际货币体系中的主导地位。因此,试图在短期内将原有国际货币体系推倒重来的想法并不现实,国际社会只能着眼于现实,面向未来,制定近期和远期行动规划,循序渐进地改革国际货币体系。针对现行国际货币体系存在的问题,未来的改革应重点包括以下几方面内容。

1. 建立多元化的国际货币体系

现行国际货币体系中的美元独大的局面客观上存在着不稳定性,依靠单一主权国家的货币来充当国际清偿能力的货币体系必然走向崩溃。因此,国际货币体系改革的内容之一就是推动国际货币的多元化,包括储备货币的多元化、国际贸易交易货币的多元化和国际大宗商品计价货币的多元化,形成国际货币相互制约和相互竞争的机制。为了实现多元化的国际货币体系,应重点推进以下方面的改革:① 在国际收支出现根本性不平衡时,关键货币国家必须同广大非关键货币国家一样,实质性地承担调整国际收支不平衡的责任,确定合理的关键货币与非关键货币之间的汇率关系。② 在美元、欧元、日元等关键货币之间,必须建立起负责任的、透明的、可检验的和有约束的汇率关系,各关键货币国家对国际汇率的波动应当承担相应的责任。③ 加快推进区域性货币的诞生。随着世界各国以及区域经济的发展,特别是中国等发展中国家经济地位的不断上升,必然有亚元圈乃至更多货币圈的诞生。只有众多的区域性货币加入国际货币体系的行列,才能彻底摆脱广大发展中国家被盘剥的局面,从而真正实现国际货币多元化。

2. 改革国际收支调节机制

由于近年来国际货币体系的合作和制约机制的缺失,美国之外的经济体不愿或没有能力吸收国际收支失衡的冲击,也无法对美国的经济政策进行制约。国际货币市场成为一个无规制的高度垄断性市场,其稳定完全依赖于对美国经济的信心。在这种制度下,通过汇率调节国际收支的功能下降,同时,国际收支失衡在技术革命和经济全球化的推动下,进一步导致发达国家和发展中国家、实体经济和虚拟经济的不均衡。为了解决上述问题,必须推动以下方面的改革：① 作为主要世界货币发行国的美国，必须承担起国际收支调节的主要责任，采取平衡的财政政策，减少财政赤字，扩大高新技术产品出口，增加国内储蓄，减少国际收支逆差。只有美国的国际收支实现基本平衡，才有可能保证美元汇率的稳定，进而促进国际货币体系的稳定。② 主要国际货币国应建立相应的合作机制，加强在国际收支调节领域的合作，共同解决由于一国国际收支失衡对全球货币稳定可能造成的影响。③ 采取有效措施适度控制各国贸易顺差或逆差占 GDP 的比重，有效控制全球资本和贸易项下严重失衡的局面，扭转不同国家过度消费或过度储蓄的局面。

3. 强化 IMF 在国际货币体系中的管理职能

IMF 是根据布雷顿森林协议创建的多边国际金融组织，主要职能是增强全球金融稳定和汇率稳定，为了构建一个更加公平和稳定的国际货币体系。IMF 应在以下方面进行改革：① 改革 IMF 不合理的份额制，IMF 应综合考虑经济规模、外汇储备、国际贸易总额、国民经济活力、人口等因素对基金份额的计算公式进行调整，重新计算成员国的投票权，并取消大国在 IMF 中的一票否决权，大幅度增加发展中国家的投票权，从而使发展中国家的意愿得到尊重和体现。② 在增强 IMF 资金实力的基础上，扩大其援助的范围，增强其应对国际金融危机的能力。一方面以多种方式筹集资金，摆脱目前资金不足的困境；另一方面扩充 IMF 职能，使其在某种程度上充当国际最后贷款人，从而有效缓解危机对发生国的冲击并阻止危机向其他国家蔓延。③ IMF 应建立地区性和世界性金融危机的预警机制，担负起全球性金融监管的职责。通过改组和强化 IMF，赋予其监控全球货币流通总量和币值稳定的职责，并积极探索监控全球流动性和应对金融危机的有效方法。

4. 增强国际货币体系多边协调的有效性

长期以来，由于各国面临的国内经济和政治环境不尽相同、利益出发点和利益预期不同等原因，往往难以在重大问题上达成协调一致的行动，国际多边组织的协调作用难以发挥。进一步加强国际金融组织多边协调，保证协调机制的有效性，是未来国际货币体系有效运行的重要前提。为此，应推进以下方面的改革：① 各种国际多边协调组织运作机制应进一步完善，切实关注各成员国经济、金融发展中的现实问题，致力于在解决国际收支调节机制失灵等关键领域展开实质性协调与合作。② 加强国际层面宏观政策的协调、磋商、监督机制，对主要国家宏观政策进行必要的监督和约束，维护各主要经济体间的货币汇率相对稳定。③ 推动全球治理结构的民主化，让更多的发展中国家参与到国际经济、金融规则的制定中来，增强发展中国家在国际金融事务中的话语权，形成有效的多边磋商机制。

5. 建立和完善国际金融监管机制

次贷危机对国际金融秩序造成了极大的冲击和破坏，直接导致了全球经济陷入衰退，危机以一种特殊方式揭示了当前国际金融监管制度存在着严重问题，为此，必须在以下方面完善国际金融监管制度：① 赋予 IMF 履行国际金融监管和协调的责任，对全球金融市场进行监管，建立全球金融和经济预警系统，避免金融危机的发生和蔓延。② 加强对国际资本流动的监督。应当在国际层面建立对资本流动的监管协调机制，尽快制定针对对冲基金等主要投资者的监管框架，加强对场外衍生品市场的跨国监管协调，制定监管准则，提高市场交易透明度，有效防范金融风险。③ 建立国际金融稳定机制。在金融全球化背景下，金融资源的国际流动高度自由，如果没有相应的监测和稳定机制，对各国金融稳定都将形成潜在的威胁,为此要加强金融危机预警机制的建设,强化对全球资本市场的监督和管理,建立国际金融监督和检查机制,从而保障全球金融市场的稳定和正常运转。

手机扫一扫,　　手机扫一扫,
读专栏11-5　　读专栏11-6

第四节　国际结算

一、国际结算的概念

世界各国由于经济、政治、文化等各方面的往来而产生了债权债务关系。国际结算是指为清偿国际债权债务关系而发生在不同国家之间的货币收付。换句话说,国际结算就是国际的资金调拨与货币收付的活动。

国际结算按使用的手段不同可分为现金结算和非现金结算。现金结算在前资本主义社会中被广泛使用。随着社会经济的发展,现金结算给人们带来许多不便,于是非现金结算成了国际结算的主要形式。非现金结算又称转账结算,即通过信用工具——票据来清算国际的债权债务关系的一种方式。这种结算方式与现金结算方式相比,具有安全、方便、快捷等优点。

二、国际结算制度

国际结算制度是指国际结算过程中的规范、准则及约定俗成的习惯等,主要有以下几种类型。

(一) 自由的多边结算制度

自由的多边结算制度是指一国所持有的对外债权通过跨国银行或国际清算银行的资金划拨和货币兑换,可以用来冲抵对另一国家的债务的结算制度。实行自由的多边结算制度必须具备以下几个条件:

第一,相关国家的货币可以自由兑换;

第二,外汇可以自由买卖;

第三,资本可以在国际自由流动。

(二) 协定多边结算制度

协定多边结算制度是指两个以上的国家签订国际协定,对清算机构、清算账户、清算货币、清算范围、清算差额保值、相互提供信用的限额等事项进行确认,通过跨国银行或国际清算银行的资金划拨,集中清算各国之间的债权债务关系的结算制度。

(三) 协定双边结算制度

协定双边结算制度是由两国政府签订支付协定,通过银行清算账户,集中抵消两国之间的债权债务关系的一种结算制度。

三、国际结算工具

票据作为市场经济发展到一定阶段的必然产物,已经成为现代经济生活中主要的信用支付工具。市场经济越发达,就越需要使用票据作为媒介来清偿债权债务,而国际结算中普遍使用的结算工具就是票据。

一般说来,票据有广义和狭义之分。广义的票据是指各种记载一定文字、代表一定权力的书面凭证,如股票、债券、发票、提单、汇票等。狭义的票据是指出票人委托他人或自己承诺在特定时期向指定人或持票人无条件支付一定款项的书面凭证。是以支付金钱为目的的特定证券,它是汇票、本票和支票的总称。现在,人们所说的票据都是指狭义的票据,专指《票据法》规定的汇票、本票和支票。

(一) 汇票

汇票(Bill of Exchange/Postal Order/Draft)是由出票人签发的,要求付款人在见票时或在一定期限内,向收款人或持票人无条件支付一定款项的票据。汇票是国际结算中使用最广泛的一种信用工具。

汇票(Bill of Exchange/Draft)是出票人签发的,委托付款人在见票时或者在指定日期无条件支付确定的金额给收款人或者持票人的票据。

从以上定义可知,汇票是一种无条件支付的委托,有三个当事人:出票人、付款人和收款人。各国都对票据进行了立法。中国于 1995 年 5 月 10 日通过了《中华人民共和国票据法》,并于 1996 年 1 月 1 日起施行。票据可分为汇票、本票和支票。国际贸易结算中以使用汇票为主。

1. 汇票的分类

(1) 按出票人不同,可分成银行汇票和商业汇票。

银行汇票(Bank's Draft),出票人是银行,付款人也是银行。

商业汇票(Commercial Draft),出票人是企业或个人,付款人可以是企业、个人或银行。

(2) 按是否附有包括运输单据在内的商业单据,可分为光票和跟单汇票。

光票(Clean Draft),指不附带商业单据的汇票。银行汇票多是光票。

跟单汇票(Documentary Draft),指附有包括运输单据在内的商业单据的汇票。跟单汇票多是商业汇票。

(3) 按付款日期不同,汇票可分为即期汇票和远期汇票。

汇票上付款日期有四种记载方式:见票即付(at sight);见票后若干天付款(at days after sight);出票后若干天付款(at ... daysafterdate);定日付款(at a fixed day)。若汇票上未记载付款日期,则视作见票即付。见票即付的汇票为即期汇票。其他三种记载方式为远期汇票。

(4) 按承兑人的不同,汇票可分成商业承兑汇票和银行承兑汇票。

远期的商业汇票,经企业或个人承兑后,称为商业承兑汇票。远期的商业汇票,经银行承兑后,称为银行承兑汇票。银行承兑后成为该汇票的主债务人,所以银行承兑汇票是一种银行信用。

2. 票据行为

汇票使用过程中的各种行为,都由《票据法》加以规范,主要有出票、提示、承兑和付款。如需转让,通常应经过背书行为。如汇票遭拒付,还需做成拒绝证书和行使追索权。

(1) 出票(Issue)。

出票人签发汇票并交付给收款人的行为。出票后,出票人即承担保证汇票得到承兑和付款的责任。如汇票遭到拒付,出票人应接受持票人的追索,清偿汇票金额、利息和有关费用。

(2) 提示(Presentation)。

提示是持票人将汇票提交付款人要求承兑或付款的行为,是持票人要求取得票据权利的必要程序。提示又分付款提示和承兑提示。

(3) 承兑(Acceptance)。

承兑指付款人在持票人向其提示远期汇票时,在汇票上签名,承诺于汇票到期时付款的行为。具体做法是付款人在汇票正面写明"承兑(Accepted)"字样,注明承兑日期,于签章后交还持票人。付款人一旦对汇票做承兑,即成为承兑人以主债务人的地位承担汇票到期时付款的法律责任。

(4) 付款(Payment)。

付款人在汇票到期日,向提示汇票的合法持票人足额付款。持票人将汇票注销后交给付款人作为收款证明。汇票所代表的债务债权关系即告终止。

(5) 背书(Endorsement)。

票据包括汇票是可流通转让的证券。根据中国《票据法》规定,除非出票人在汇票上记载"不得转让"外,汇票的收款人可以以记名背书的方式转让汇票权利。即在汇票背面签上自己的名字,并记载被背书人的名称,然后把汇票交给被背书人即受让人,受让人成为持票人,是票据的债权人。受让人有权以背书方式再行转让汇票的权利。在汇票经过不止一次转让时,背书必须连续,即被背书人和背书人名字前后一致。对受让人来说,所有以前的背书人和出票人都是他"前手",对背书人来说,所有他转让以后的受让人都是他的"后手",前手对后手承担汇票得到承兑和付款的责任。

(6) 拒付和追索(Dishonour & Recourse)。

持票人向付款人提示,付款人拒绝付款或拒绝承兑,均称拒付。另外,付款人逃匿、死亡或宣告破产,以致持票人无法实现提示,也称拒付。出现拒付,持票人有追索权。即有权向其前手(背书人、出票人)要求偿付汇票金额、利息和其他费用的权利。在追索前必须按规定做成拒绝证书和发出拒付通知。拒绝证书。用以证明持票已进行提示而未获结果,由付款地公证机构出具,也可由付款人自行出具退票理由书,或有关的司法文书。拒付通知。用以通知前手关于拒付的事实,使其准备偿付并进行再追索。

3. 汇票的主要内容

汇票的主要内容包括"汇票"字样、无条件支付命令、一定金额、付款期限、付款地点、受票人、受款人、出票日期、出票地点、出票人签字。

(二) 本票

本票是一个人向另一个人签发的,保证即期或定期或在可以确定的将来的时间,对某人或其指定人或持票人支付一定金额的无条件书面承诺。中国《票据法》第73条规定本票的定义是:本票是由出票人签发的,承诺自己在见票时无条件支付确定的金额给收款人或持票人的票据。第2款接着规定,本法所指的本票是指银行本票,不包括商业本票,更不包括个人本票。

根据《日内瓦统一法》规定,本票要求具备以下必要项目:① 表明"本票"的字样;② 无条件支付的承诺;③ 确定的金额;④ 收款人名称;⑤ 出票日期;⑥ 出票人签章。

（三）支票

1. 支票的概念

支票（Cheque/Check）是出票人签发，委托办理支票存款业务的银行或者其他金融机构在见票时无条件支付确定的金额给收款人或持票人的票据。

支票出票人签发的支票金额，不得超出其在付款人处的存款金额。如果存款低于支票金额，银行将拒付。这种支票称为空头支票，出票人要负法律上的责任。

开立支票存款账户和领用支票，必须有可靠的资信，并存入一定的资金。支票可分为现金支票和转账支票。支票一经背书即可流通转让，具有通货作用，成为替代货币发挥流通手段和支付手段职能的信用流通工具。运用支票进行货币结算，可以减少现金的流通量，节约货币流通费用。

2. 支票的必要项目

（1）写明其为"支票"字样。

（2）无条件支付命令。

（3）付款银行名称。

（4）出票人签字。

（5）出票日期和地点（未载明出票地点者，出票人名字旁的地点视为出票地）。

（6）付款地点（未载明付款地点者，付款银行所在地视为付款地点）。

（7）写明"即期"字样，如未写明即期者，仍视为见票即付。

（8）一定的金额。

（9）收款人或其指定人。

3. 支票的特点

由于支票是代替现金的即期支付工具，所以有效期较短。我国《票据法》规定：支票的持票人应当自出票日起 10 日内提示付款；异地使用的支票，其提示付款的期限由中国人民银行另行规定。超过提示付款期限的，付款人可以不予付款。

（1）使用方便，手续简便、灵活；

（2）支票的提示付款期限自出票日起 10 天；

（3）支票可以背书转让，但用于自取现金的支票不得背书转让。

手机扫一扫，
读专栏11-7

四、国际结算方式

目前，国际上通用的结算方式主要有汇款、托收和信用证三种。

（一）汇款

汇款是一国的付款人通过银行的转账结算，将款项汇付给他国收款人的结算方式。包括电汇、信汇和票汇三种形式。

1. 电汇

电汇是付款人委托汇出行用电报或电传等方式将款项划转到国外的收款方银行(汇入行)账户上的一种汇款方式。其特点是划款迅速,款项到账的期限较短,但汇款人不仅要缴付汇款费,还要负担比较昂贵的国际电报费用。

2. 信汇

信汇是汇款人委托汇出行将付款委托书邮寄给汇入行,授权其解付一定金额给该地的指定收款人的一种汇款方式。信汇费用较低,但收款时间较晚。

3. 票汇

票汇是汇款人委托汇出行签发汇票,由汇款人自行交付收款人,凭票向付款行提款的一种汇款方式。票汇的特点:一是汇入行不需通知收款人取款,而由收款人凭票到银行自行提取;二是收款人可以将汇票背书转让给其他人。

(二)托收

1. 托收的概念

托收(Collection)是出口人在货物装运后,开具以进口方为付款人的汇款人的汇票(随附或不随付货运单据),委托出口地银行通过它在进口地的分行或代理行代出口人收取货款一种结算方式。属于商业信用,采用的是逆汇法。

2. 托收的当事人

托收的当事人包括委托人、托收银行、代收银行和付款人。

3. 托收的种类

根据是否随附货运单据,托收方式可以分成光票托收和跟单托收两大类。

光票托收是出口人仅开具汇票,委托银行收款,不随附任何货运单据。光票托收一般用于收取出口货款尾数、代垫费用、佣金、样品费等,不是托收的主要方式。

跟单托收是出口人发运货物后,开具汇票,连同全套货运单据委托银行向出口人收取货款的一种方式。国际贸易中,使用托收方式收取货款主要是采用跟单托收的办法。

(三)信用证

信用证是有条件的银行担保,是银行(开证行)应买方(申请人)的要求和指示保证立即或将来某一时间内付给卖方(受益人)一笔款项。卖方(受益人)得到这笔钱的条件是向银行(议付行)提交信用证中规定的单据,如商业、运输、保险、政府和其他用途的单据。信用证有一定的融资担保功能,是国际贸易中最常见的结算方式,是较为安全的结算方式,但信用证中的很多软条款也可能令出口方受到巨大损失。

1. 信用证简介

信用证是一种银行开立的有条件的承诺付款的书面文件,它是一种银行信用。信用证是银行(即开证行)依照进口商(即开证申请人)的要求和指示,对出口商(即受益人)发出的、授权出口商签发以银行或进口商为付款人的汇票,保证在交来符合信用证条款规定的汇票和单据时,必定承兑和付款的保证文件。

信用证以其是否跟随单据,分为光票信用证和跟单信用证两大类。在国际贸易中主要使用的是跟单信用证。

2. 信用证的当事人

(1)信用证开证行。

开证行是应申请人(进口商)的要求向受益人(出口商)开立信用证的银行。该银行一般是申请人的开户银行。

(2)信用证受益人。

受益人是开证行在信用证中授权使用和执行信用证并享受信用证所赋予的权益的人,受益人一般为出口商。

(3)信用证保兑行。

保兑行是应开证行或信用证受益人的请求,在开证行的付款保证之外对信用证进行保证付款的银行。

3.信用证的内容

(1)信用证名称、形式、号码、开证日期、受益人、开证申请人、信用证金额、有效期限。

(2)汇票中的出票人、付款人、汇票期限、出票条款。

(3)货运单据中的商业发票、提单、其他单据。

(4)货物描述中的货名、数量、单价。

(5)运输条款中的装货港、卸货港或目的地、装运期限、可否分批装运、可否转运。

(6)保兑、保付条款。

(7)开证行对议付行的指示条款、议付金额背书条款、索汇方法、寄单方法。

4.信用证的特点

(1)开证行负第一付款责任。

(2)信用证是一项独立文件,不依附于贸易合同。

(3)信用证业务只是处理单据,而与货物无关。

(4)信用证按照单证一致、单单一致的原则。

5.信用证运作过程

第一阶段,国际贸易买卖双方在贸易合同中约定采用信用证付款。

第二阶段,买方向所在地银行申请开证。开证要缴纳一定数额的信用证定金或请第三方有资格的公司担保。

第三阶段,开证银行按申请书中的内容开出以卖方为收益人的信用证,再通过卖方所在地的往来银行将信用证转交给卖方。卖方接到信用证后,经过核对信用证与合同条款符合,确认信用证合格后发货。

第四阶段,卖方在发货后,取得货物装船的有关单据,可以按照信用证规定,向所在地银行办理议付货款。

第五阶段,议付银行核验信用证和有关单据合格后,按照汇票金额扣除利息和手续费,将货款垫付给卖方。

第六阶段,议付银行将汇票和货运单寄给开证银行收账,开证银行收到汇票和有关单据后,通知买方付款。

第七阶段,买方接到开证银行的通知后,向开证银行付款赎单。赎单是指向开证银行交付除预交开证定金后的信用证余额货款。

(四)银行保函

银行保函又称"银行保证书""银行信用保证书"或简称"保证书"。银行作为保证人向受益人开立的保证文件。银行保证被保证人未向受益人尽到某项义务时,则由银行承担保函中所规定的付款责任。保函内容根据具体交易的不同而多种多样；在形式上无一定的格式；对有关方面的权利和义务的规定、处理手续等未形成一定的惯例。遇有不同的解释时，只能就其文件本身内容所述来做具体解释。

1. 银行保函的概念

银行保函是指银行应委托人的申请而开立的有担保性质的书面承诺文件，一旦委托人未按其与受益人签订的合同的约定偿还债务或履行约定义务时，由银行履行担保责任。它有以下两个特点。

（1）保函依据商务合同开出，但又不依附于商务合同，具有独立法律效力。当受益人在保函项下合理索赔时，担保行就必须承担付款责任，而不论委托人是否同意付款，也不管合同履行的实际事实。即保函是独立的承诺且基本上是单证化的交易业务。

（2）银行信用作为保证，易于为合同双方接受。

银行保函业务中涉及的主要当事人有三个：委托人、受益人和担保银行。此外，往往还有反担保人、通知行及保兑行等。这些当事人之间形成了一环扣一环的合同关系，它们之间的法律关系如下：

① 委托人与受益人之间基于彼此签订的合同而产生的债权债务关系或其他权利义务关系。

② 委托人与银行之间的法律关系是基于双方签订的《保函委托书》而产生的委托担保关系。

③ 担保银行和受益人之间的法律关系是基于保函而产生的保证关系。

2. 银行保函的种类

依保函的性质不同，可分为从属性保函和见索即付保函。见索即付保函是指对由银行出具的，书面形式表示在受益人交来符合保函条款的索赔书或保函中规定的其他条件时，承担无条件的付款责任。履约保函是指：应劳务方和承包方（申请人）的请求，银行金融机构向工程的业主方（受益人）做出的一种履约保证承诺。如果劳务方和承包方日后未能按时、按质、按量完成其所承建的工程，则银行将向业主方支付一笔约占合约金额 5%～10% 的款项。履约保函有一定的格式限制，也有一定的条件。

（五）国际保理

1. 国际保理简介

国际保理是银行作为保理商为国际贸易记账赊销方式提供出口贸易融资、销售账务处理、收取应收账款及买方信用担保合为一体的综合性金融服务。

常见的还有融资保理及到期保理（到期保理指出口商将其应收款出售给保理商后，保理商在发票到期日从债务人手中收回债款，扣除服务费后，把款项付给出口商）。国际保理服务的范围主要有资金服务、信用保险服务、管理服务、资信调查服务等。

从广义范围看，它是指保理商为国际贸易中采用赊销（O/A）或跟单托收承兑交单（D/A）结算方式时，为卖方提供的将出口贸易融资、账务处理、收取应收账款和买方信用担保融为一体的综合性金融服务。根据 1995 年生效的国际统一私法协会《国际保付代理公约》第 2 条的规定，保理是指一方当事人（供应商）与另一方当事人（保理商）之间存在的一种合同关系。根据该合同，卖方（供应商）将根据其现有或将来的基于与买方（债务人）订立的货物（服务）贸易销售合同所产生的应收账款转让给保理商，由保理商为其提供下列服务中的至少两项：① 贸易融资；② 销售分户账管理；③ 应收账款的催收；④ 信用风险控制和坏账担保。

2．国际保理的益处

（1）扩大营业额。

向进口商提供更有竞争力的付款条件，如 O/A、D/A，有利于拓展市场，扩大销售额。得到优惠的付款条件，减轻财务压力，加快资金流动，扩大营业额。

（2）提供风险保障。

保理商承担其核准的额度范围内的进口商信用风险，提高了应收账款质量，仅靠公司的信誉和良好的财务表现获得信用额度，无须担保。

（3）节约成本。

资信调查、账务管理和账款追收由保理商负责，减轻企业的相关负担，节约管理成本；节省了开立信用证和处理繁杂文件的费用和时间。

（4）简化手续。

省却了一般信用证交易的烦琐手续，被授予信用额度后，购买手续简化，进货便捷。

（5）提高利润。

出口额扩大、管理成本降低、信用风险由保理商承担，利润随之扩大，加快了资金和货物的流动，扩大了业务量，增加了利润。

本章小结

国际收支是指一国或地区在一定时期内全部对外经济交往的系统的货币记录。国际收支平衡表是将国际收支根据复式记账原则和特定账户分类原则编制出来的会计报表。国际收支的调节机制主要包括市场调节机制、政策调节机制和国际协调机制。外汇是指以外币表示的用于国际结算的支付手段和资产。影响汇率变化的因素有国际收支、通胀率差异、利率差异、国家经济政策、直接管制等。汇率变动会对一国经济产生很大影响。国际货币体系可以划分为三个阶段：国际金本位制时期、布雷顿森林体系和牙买加体系。

国际结算是对指为清偿国际债权债务关系而发生在不同国家之间的货币收付，国际结算时用的工具是票据，包括汇票、支票和本票，主要通过汇款、托收、信用证、银行保函、国际保理等方式来结算。

一、关键词

国际收支　国际收支平衡表　资本项目　汇率　外汇储备　国际结算

二、复习思考题

1．国际收支的内容。

2．影响国际收支平衡的因素有哪些？

3．外汇的特征及功能是什么？

4．如何理解我国高额的外汇储备？

5．国际结算的工具有哪些？

6．汇款、托收、信用证、银行保函、国际保理各有什么优缺点？

三、案例分析

中国甲公司与美国美丽公司签订了一出口红枣的合同,约定货物品质为三级,信用证支付。交货时甲公司因三级红枣缺货,便改装了二级货,并在发票上注明,货款仍按原定价格计收。在办理议付时,银行认为发票注明的货物品级,与信用证规定的三级品质不符,因而拒绝收单付款。你认为银行的此种做法是否正确,为什么?

第十二章 财政政策与货币政策

本章主要介绍如何运用财政政策和货币政策对宏观经济进行调控。通过学习,要求学生了解财政政策和货币政策的类型、目标以及两者进行配合的必要性,明确财政政策与货币政策的配合方式及其所适用的经济条件,掌握财政政策与货币政策的工具及运用,使学生能够运用所学知识对我国近几年来的财政政策和货币政策对经济的影响进行分析。

引导案例

2019 年第三季度中国货币政策执行报告

2019 年第三季度以来,中国经济运行总体平稳,结构调整扎实推进,投资缓中趋稳,消费、就业总体稳定,物价上涨结构性特征明显,同时国内外形势复杂严峻,困难挑战增多,经济下行压力持续加大。按照党中央、国务院决策部署,中国人民银行坚持金融服务实体经济的根本要求,实施稳健的货币政策,加强逆周期调节,加强结构调整,将改革和调控、短期和长期、内部均衡和外部均衡结合起来,用改革的办法疏通货币政策传导,促进降低社会综合融资成本,为实现"六稳"和经济高质量发展营造了适宜的货币金融环境。

一是畅通渠道,深化金融供给侧结构性改革,提高货币政策传导效率。8 月 17 日中国人民银行宣布完善贷款市场报价利率(LPR)形成机制,疏通市场化利率传导渠道,推动银行改进经营行为,打破贷款利率隐性下限,促进降低企业融资成本。以永续债为突破口补充银行一级资本,开展央行票据互换操作对永续债发行予以支持。

二是调节闸门,保持流动性合理充裕,引导货币供应量和社会融资规模合理增长。9 月 6 日宣布全面降准 0.5 个百分点,释放资金约 8 000 亿元。灵活运用中期借贷便利、常备借贷便利、公开市场操作等多种货币政策工具保持流动性松紧适度,保持货币市场利率平稳运行。

三是精准滴灌,加大结构调整引导力度,支持民营、小微企业发展。继续发挥好再贷款、再贴现等工具引导信贷结构优化的作用。9 月 6 日宣布对仅在省级行政区域内经营的城商行额外降准 1 个百分点,释放资金约 1 000 亿元,发挥好宏观审慎评估(MPA)的作用,将定向降准城商行使用降准资金发放民营、小微企业贷款情况纳入 MPA 考核,引导中小银行回归基层、服务实体。

四是精准拆弹,稳妥有序推进包商银行风险处置,防范化解金融风险。包商银行接管托管工作进展顺利,制止了金融违法违规行为,遏制住风险扩散,既最大限度保护了客户合法权益,又依法依规打破了刚性兑付,促进了金融市场的合理信用分层。中国人民银行建立了防范中小银行流动性风险的"四道防线",通过货币政策操作及时稳定了市场信心,对保持货币、票据、债券等金融市场平稳运行发挥了重要作用。

五是以"我"为主,把握好内部均衡和外部均衡之间的平衡,有效应对外部冲击。8月5日,人民币汇率在市场力量推动下破"7",发挥了自动稳定器作用。人民币汇率以市场供求为基础双向浮动,在合理均衡水平上保持了基本稳定。继续在香港常态发行中央银行票据,进一步丰富香港市场短期高等级人民币金融产品,促进离岸人民币货币市场发展,推动人民币国际化。

总体来看,稳健的货币政策成效显著,传导效率明显提升。9月末,M2同比增长8.4%,社会融资规模存量同比增长10.8%,M2和社会融资规模增速与前三季度名义GDP增速基本匹配并略高,体现了强化逆周期调节。前三季度人民币贷款新增13.6万亿元,同比多增4 867亿元,多增部分主要投向了民营和小微企业等薄弱环节。企业综合融资成本稳中有降,9月企业债券加权平均发行利率为3.33%,较上年高点下降1.26个百分点,其中民营企业债券加权平均发行利率较上年高点下降1.8个百分点;新发放企业贷款利率较上年高点下降0.36个百分点。9月末,CFETS人民币汇率指数为91.53,人民币汇率预期趋于平稳。主要宏观经济指标保持在合理区间,前三季度国内生产总值(GDP)同比增长6.2%,居民消费价格(CPI)同比上涨2.5%。

当前,中国经济保持平稳发展的有利因素较多,三大攻坚战取得实质性进展,供给侧结构性改革深化,总供求基本平衡,经济增长保持韧性,改革开放有力推进,宏观政策效果逐步显现,不存在持续通胀或通缩的基础。但全球经济下行压力加大,主要经济体货币政策空间有限,外部不确定不稳定因素增多。我国发展长短期、内外部等因素变化带来较多风险挑战,国内经济下行压力持续加大,内生增长动力还有待进一步增强,食品价格指数同比上涨幅度较大,未来一段时间需警惕通胀预期发散。

下一阶段,中国人民银行坚持以习近平新时代中国特色社会主义思想为指导,全面贯彻党中央、国务院决策部署,紧紧围绕服务实体经济、防控金融风险、深化金融改革三项任务,实施好稳健的货币政策。继续保持定力,把握好政策力度和节奏,加强逆周期调节,加强结构调整,妥善应对经济短期下行压力,坚决不搞"大水漫灌",保持广义货币M2和社会融资规模增速与名义GDP增速相匹配。注重预期引导,防止通胀预期发散,保持物价水平总体稳定,坚持用市场化改革方法降低实体经济融资成本,推动银行更多运用LPR,引导金融机构增加对实体经济特别是民营、小微企业的支持。健全可持续的资本补充体制机制,重点支持中小银行多渠道补充资本,优化资本结构。

协调好本外币政策,处理好内部均衡和外部均衡之间的平衡,保持人民币汇率在合理均衡水平上的基本稳定。加强风险监测,坚持在推动高质量发展中防范化解风险,精准有效处置重点领域风险。深化金融供给侧结构性改革,建设现代中央银行制度,健全具有高度适应性、竞争力、普惠性的现代金融体系,形成供给体系、需求体系和金融体系之间的三角良性循环。

思考题:1. 什么是货币政策?
　　　　2. 2019年我国经济形势发生了哪些变化?

第一节　宏观经济调控概述

一、宏观经济政策的形成和发展

宏观经济政策是指国家或政府为了增进社会经济福利而制定的解决经济问题的指导原则和措施。

宏观经济政策的形成和发展,是与凯恩斯主义和宏观经济学的形成、发展相一致的。20世纪30年代以来,宏观经济政策的形成发展大致经历了三个阶段。

第一阶段:从20世纪30年代到第二次世界大战前。其间,凯恩斯在1936年发表的《就业、利息和货币通论》为各国政府干预经济提供了理论依据。该书从总需求的角度分析国民收入的决定,并用有效需求不足来解释失业存在的原因,提出了放弃自由放任、由国家干预经济的主张。

第二阶段:第二次世界大战后到20世纪70年代。美国政府在1946年通过的《就业法》把实现充分就业、促进经济繁荣作为政府的基本职责。英国也在1944年发表了《就业政策白皮书》。这标志着国家将全面而系统地干预经济,由此,宏观经济政策的发展进入一个新时期。这一时期的宏观经济政策是以凯恩斯主义为基础的,主要政策工具是财政政策与货币政策。

第三阶段:20世纪70年代初,西方国家出现了高通货膨胀率与高失业率并存的"滞胀"局面,这就迫使它们对国家干预经济的政策进行反思,于是,宏观经济政策的发展进入了第三个阶段。在这个阶段,最主要的特征是自由放任思潮的复兴。自由放任思潮主要要求减少国家干预,加强市场机制的调节作用。因此,经济政策的自由化和多样化,成为宏观经济政策的重要发展。

总的来说,20世纪30年代以后的资本主义国家进入了国家垄断资本主义时期。这一时期的总趋势是要借助国家的力量克服市场经济本身所固有的缺陷。当然,资本主义社会的基础是市场经济,利用市场机制来调节经济是基本的,但国家的宏观调控已是现代市场经济的一个重要组成部分。当今,宏观经济政策的一项重要任务,是如何把市场机制与国家干预更好结合起来。

二、宏观经济政策的目标

任何一项经济政策的制定都是根据一定的经济目标而进行的。宏观经济政策的目标被认为有四个,即充分就业、物价稳定、经济增长和国际收支平衡。

(一) 充分就业

充分就业一般是指在现有的激励下,所有愿意工作的人都能找到工作。由于自愿失业和摩擦性失业等自然失业的存在,使得自然失业率大于零。实现充分就业,就是把失业率保持在自然失业率的水平,让自然失业以外的所有愿意为现行工资工作的人都找到工作,实现最大量的就业。在西方经济学家眼中,4%~6%的失业率一般被认为是正常的。

(二) 物价水平稳定

物价水平稳定是指价格总水平的稳定。物价稳定不是价格不变,经济要增长,没有一点通货膨胀是很难的。一般说来,通货膨胀率与经济增长率有一定的正相关关系。但过高的通货膨胀对社会经济生活的危害是极其严重的。因而,物价稳定就是要维持一个低而稳定的通货膨胀率。

（三）持续均衡的经济增长

持续均衡的经济增长是指在一个特定时期内国民经济要达到一个适度的增长率。超出社会各方面承受能力的过高的增长率,将会扭曲经济结构,破坏经济平衡,带来适得其反的结果。因此,适度的增长率既要能满足社会发展的需要,又应该是人口增长和技术进步所能达到的。

（四）国际收支平衡

国际收支平衡主要要求一国能保持汇率稳定,同时其进出口达到基本平衡,达到既无大量的国际收支赤字又无过度的国际收支盈余。因为过度的国际收支赤字和盈余都会对国内经济发展带来不利的影响。前者会给一国带来沉重的债务负担;后者会造成资源的闲置,机会损失大。

以上四种目标之间既存在着密切的联系,又存在矛盾。例如,充分就业和物价稳定往往是矛盾的,因为要实现充分就业,就必须运用扩张性财政政策和货币政策,而这些政策又会由于财政赤字的增加和货币供给量的增加而引起通货膨胀。充分就业与经济增长有一致的一面,也有矛盾的一面。这就是说,经济增长一方面会提供更多的就业机会,有利于充分就业;另一方面经济增长中的技术进步又会引起资本对劳动的替代,相对缩小对劳动的需求,使部分工人,尤其是文化技术水平低的工人失业。此外,物价稳定与经济增长之间也存在矛盾,因为在经济增长过程中,通货膨胀是难以避免的。

宏观经济政策目标之间的矛盾,就要求政策制定者或者确定重点政策目标,或者对这些政策目标进行协调。政策制定者在确定宏观经济政策目标时,既受自己对各项政策目标重要程度理解的限制,又受社会可接受程度的制约。如何对这些目标做出最适当的抉择和取舍,是当代各国政府与经济学者所面临的难题。不同的国家,在不同时期,对宏观经济政策目标的选择和侧重点会有所不同。同时,不同流派的经济学家对政策目标也有不同的理解。

三、宏观经济政策工具

宏观经济政策工具是用来达到政策目标的手段。在实现经济政策工具中,在不考虑对外经济交往的情况下,常用的有需求管理和供给管理政策。

（一）需求管理

需求管理是通过调节总需求来达到一定政策目标的宏观经济政策工具。这也是凯恩斯主义所重视的政策工具。

需求管理是要通过对总需求的调节,实现总需求等于总供给,达到既无失业又无通货膨胀的目标。在总需求小于总供给时,经济中由于需求不足而产生失业,这时就要运用扩张性的政策工具来刺激总需求。在总需求大于总供给时,经济中会因为需求过度而引起通货膨胀,这时就要运用紧缩性的政策工具来抑制总需求。需求管理包括财政政策与货币政策。

（二）供给管理

供给管理是要通过对总供给的调节,来达到一定的政策目标。供给即生产,在短期内影响供给的主要因素是生产成本,特别是生产成本中的工资成本。在长期内影响供给的主要因素是生产能力,即经济潜力的增长。因此,供给管理包括控制工资与物价的收入政策、人力政策、产业政策以及促进经济增长的增长政策。

四、宏观经济政策的手段

(一) 经济手段

经济手段是指政府在自觉依据和运用价值规律的基础上借助于经济杠杆的调节作用,对国家经济进行宏观调控。经济杠杆是对社会经济活动进行宏观调控的价值形式和价值工具,主要包括价格、税收、信贷、工资等。

(二) 法律手段

法律手段是指政府依靠法制力量,通过经济立法和司法,运用经济法规来调节经济关系和经济活动,以达到宏观调控目标的一种手段。通过法律手段可以有效地保护公有财产、个人财产、维护各种所有制经济、各个经济组织和社会成员个人的合法权益;调整各种经济组织之间横向和纵向的关系,保证经济运行的正常秩序。

法律手段的内容包括经济司法和经济立法两个方面。经济立法主要是由立法机关制定各种经济法规,保护市场主体权益;经济司法主要是由司法机关按照法律规定的制度、程序,对经济案件实行检察和审理的活动,维护市场秩序,惩罚和制裁经济犯罪。

(三) 行政手段

行政手段是行政机构采取强制性命令、指示、规定等行政方式来调节经济活动,以达到宏观调控目标的一种手段。行政手段具有权威性、纵向性、无偿性及速效性等特点。社会主义宏观经济调控手段还不能放弃必要的行政手段。因为计划手段、经济手段的调节功能都有一定的局限性,如计划手段有相对稳定性,不能灵活地调节经济活动;经济手段具有短期性、滞后性和调节后果不确定性。当计划、经济手段的调节都无效时,就只能采取必要的行政手段。尤其当国家经济重大比例关系失调或社会经济某一领域失控时,运用行政手段调节将能更迅速地扭转失控,更快地恢复正常的经济秩序。当然,行政手段是短期的非常规的手段,不可滥用,必须在尊重客观经济规律的基础上,从实际出发加以运用。

第二节　财政政策

一、财政政策的概念

财政政策是政府根据客观经济规律的要求,为实现一定目标而制定的指导财政工作的基本方针和准则。作为国家经济政策的重要组成部分,财政政策主要是通过财政支出与税收政策来调节总需求,以保持国民经济的正常运行。

财政政策作为一个有机的整体主要由三个要素组成:一是财政政策的目标,即通过财政政策的实施所要达到或实现的目的,它构成财政政策的核心内容,使财政政策具有确定的方向和指导作用;二是财政政策的主体,是指财政政策的制定者和执行者,即各级政府。政府主体的行为是否规范,对于政策功能的发挥和政策效应的大小都具有直接的作用;三是财政政策的工具,是指财政政策主体所选择的用以达到财政政策目标的各种财政手段。财政政策主体主要是通过控制财政政策的工具来实现预期的目标。

二、财政政策的目标

财政政策的目标是政府制定和实施财政政策所要达到的预期目的。财政政策目标虽然与国家总的经济政策目标和宏观调控目标是一致的,但由于财政政策是通过国家参与社会产品的分配活动来影响经济和社会的发展,因而又具有其特殊性,一般情况下,可以把财政政策目标归纳为以下几个方面。

(一) 经济增长

经济增长指的是国民生产总值与国民收入保持一定的增长速度,避免经济停滞或下降。一般采用国民生产总值扣除价格变动因素后的年增长率来测定。当前经济增长是世界各国政府均在追求的重要目标。我国实行的是社会主义市场经济,经济增长是实现其他一切目标的基础,因此,这一目标应作为我国财政政策的首选目标。

(二) 物价稳定

物价稳定是指物价总水平的稳定。物价稳定并不排斥个别商品价格的剧烈波动,也并非是物价总水平的固定不变。只要在一定时期内,价格总水平的上涨在社会可接受范围内,即可视为物价稳定。

(三) 充分就业

所谓充分就业并不是指每个人都有工作,而是指每一个有工作能力并且愿意工作的劳动者都有工作。从更广泛的范围讲,充分就业又指现实的、可供利用的各种资源都得到了充分利用,不存在闲置无用的资源。

(四) 国际收支平衡

国际收支平衡是指在一定时期内,一国与他国之间进行的各种经济交易的收支平衡,具体体现为一个适当的国际储备水平与一个相对稳定的外汇汇率,它对一个国家的经济发展具有重要影响。

三、财政政策的类型

财政政策种类繁多,为了更好地研究、运用财政政策,充分发挥财政政策的作用,必须对财政政策进行科学的分类。

(一) 根据财政政策对社会经济总量的影响分类

1. 扩张性财政政策

扩张性财政政策是指通过减少财政收入或扩大财政支出刺激社会总需求增长的政策。由于减少财政收入、扩大财政支出的结果往往表现为财政赤字,因此,扩张性财政政策也可以称为赤字财政政策。我国习惯称之为积极的财政政策。具体措施是:减少税收、减少上缴利润、扩大投资规模、增加财政补贴和实行赤字预算。

在 20 世纪 30 年代经济危机以前,经济学家都强调预算平衡的重要性,把年度预算的平衡视为财政是否健全的标志,而在经济大萧条之后,许多国家通过大量增加财政支出以恢复经济,使得财政赤字逐渐取得合法地位,赤字财政政策亦成为一些国家经济政策的重要内容。

2. 紧缩性财政政策

紧缩性财政政策是指通过增加财政收入或减少财政支出以抑制社会总需求增长的政

策。由于增加财政收入、减少财政支出的结果往往表现为财政结余,因此紧缩性财政政策也称盈余性财政政策。具体措施包括提高税率、提高国有企业上缴利润的比例、降低固定资产折旧率、缩小投资规模、减少财政补贴以及实现盈余预算。紧缩性财政政策是作为反通货膨胀的对策出现的。由于一些国家实行赤字政策后,引起了巨额财政赤字,导致通货膨胀的出现。为了避免通货膨胀对国民经济的破坏性影响,一些国家开始实行紧缩性财政政策,力图通过缩小财政赤字来缓和通货膨胀及其对国民经济的冲击。

3. 中性财政政策

中性财政政策是指财政的分配活动对于社会总需求的影响保持中性的政策,即财政的收支活动既不产生扩张效应,也不产生紧缩效应。也就是说,不管社会经济怎么变化,财政收支自始至终保持平衡。实践证明这种中性政策只是理论上的存在,在实践中到目前为止无人采用,也无法采用,除非这个国家的经济非常稳定,但当前各国经济都处于不稳定的状态中,只要社会经济不稳定,中性政策就不能付诸实施。

(二) 根据财政政策对经济的调节是否是自动的分类

1. 自动稳定的财政政策

自动稳定的财政政策是指政府不须改变其政策,而是利用财政工具与经济运行的内在联系来影响经济运行的政策。这种内在联系是指财政政策工具在经济周期中能够自动调节社会总需求的变化所带来的经济波动,因此,这种财政政策工具被称作"内在稳定器"。所得税与各种社会保障支出是常用的手段。在经济繁荣时期,个人收入与公司利润都增加,符合所得税纳税规定的个人或公司企业随之增加,就会使所得税总额自动增加;同时,由于经济繁荣时期失业人数减少,各种社会保障支出也随之减少,这样就可以在一定程度上抑制总需求的增加与经济的过分扩张。而在经济衰退时期,个人收入与公司利润都减少,失业人数增加,那么所得税总额会降低,各种社会保障支出需要增加,从而在一定程度上刺激有效需求,防止经济进一步衰退。

需要指出的是,对于短期的、较小的经济波动,"内在稳定器"可以取得一定的效果,但对于长期的、较大的经济波动它就有些力不从心了。正是由于自动稳定的财政政策的这一局限性,使许多国家越来越重视采取另外一种类型的财政政策即相机抉择的财政政策对经济进行调节。

2. 相机抉择的财政政策

相机抉择的财政政策是政府在对宏观经济形势进行分析的基础上,适时调整财政收支规模和结构的财政政策。实行相机抉择的财政政策要求政府根据客观经济形势的不同状况,机动灵活地采取财政政策和措施。当整个社会需求不足,以致失业率提高时,政府就应增加支出,减少收入;当社会上需求过旺,为避免发生通货膨胀,政府就应减少支出,增加收入;当社会上借贷资本过剩,就应出售政府债券;当社会上资金不足,就应回收政府债券。相机抉择的财政政策要求政府不必拘泥于预算收支之间的对比关系,而应当保持整个经济的平衡。

根据财政政策的长、短期目标,还可以将财政政策分为长期财政政策和短期财政政策。长期财政政策是为国民经济发展的战略目标服务的财政政策,具有长期稳定的特点。短期财政政策属于战术性政策,适用于特定时期和特定范围。

四、财政政策工具

财政政策工具是财政政策主体所选择的用以达到政策目标的各种财政手段。没有财政政策工具,财政政策目标就无从实现,而财政政策工具如选择不适也会导致财政政策目标的偏离。财政政策工具主要有税收、公债、公共支出、政府投资、财政补贴等。

(一) 税收

税收是国家凭借政治权力参与社会产品分配的重要形式。它具有强制性、无偿性和固定性的特征,这使得税收具有广泛的调节作用,成为实施财政政策的一个重要手段。税收的宏观调控功能,表现为以下几个方面。

1. 在资源配置中的作用

首先,税收调节资源在积累和消费之间的分配。在市场经济条件下,通过税收组织的财政收入,基本上是用于满足公共消费需要的支出。因此,总的来看征税的结果会降低积累率,提高消费率。其次,税收调节资源在产业之间的配置,即调节产业结构。一方面,通过征收投资方向调节税、实行有区别的折旧等政策引导投资方向,调整投资结构;另一方面,通过征收消费税,引导消费方向,从而间接引导投资方向。最后,调节资源在政府部门和非政府部门(企业和居民)之间的配置。这主要是通过确定适度的税率来实现的。

2. 在实现收入公平分配中的作用

这个作用主要是通过调节企业的利润水平和居民的个人收入水平来实现的。调节企业利润水平主要是通过统一税制、公平税负和征收资源税、土地使用税、房产税和消费税等税种,剔除或减少客观因素对企业利润水平的影响,为企业创造一个平等竞争的外部环境。在调节个人收入分配不公方面,发挥作用最大的是个人所得税和社会保障税。社会保障税,目前在许多西方国家已成为第一或第二大税它不仅对建立社会统筹的现代社会保障制度有利,对深化企业改革,保持社会稳定,保证市场经济体制正常运行也有重要意义。因此,尽快建立和完善社会保障税和个人所得税并不断提高其在整个税制结构中的比重,是今后我国深化税制改革的一项重要任务。

3. 在实现经济稳定和增长中的作用

要实现经济的稳定和增长,关键是要保持社会总供给与社会总需求之间的平衡。税收在这方面的作用,主要表现在以下几点:第一,通过征收流转税,特别是消费税,可以控制对消费品的需求;通过征收个人所得税会直接减少居民可支配收入,从而控制居民用于消费的支出;通过征收投资方向调节税,有利于控制投资需求的膨胀。第二,通过征收企业所得税可以直接调节供给,即通过减税可以刺激投资和供给;反之,增税则可以抑制供给。第三,通过实行累进的所得税制,可以对经济波动进行调节,发挥"内在稳定器"的作用,即当经济过热,出现通货膨胀时,企业和居民收入增加,适用税率相应地提高,税收的增长幅度超过国民收入的增长幅度,从而可以抑制经济过热;反之,当经济萧条时,企业和居民收入下降,适当降低税率,可以刺激经济复苏和发展。

4. 税收优惠与税收惩罚的特别调控

税收优惠与税收惩罚主要是在征收正税的基础上,为了某些特殊需要而实行的鼓励性措施或惩罚性措施。这种措施在运用上具有较大的灵活性,它往往起到正税所难以起到的作用,因而在各国税法中都不同程度地保留着某些税收优惠性和惩罚性的措施。税收的优惠性措施包括减税、免税、宽限、加速折旧以及建立保税区等。与税收优惠措施相反的是税收的惩罚性措施,比如报复性关税、双重征税、税收加成、征收滞纳金等。无论是优惠性的还是惩罚性的措施,对实现财政政策的某些目标都起到了一定作用。

(二) 国债

国债是国家按照有偿的信用原则筹集财政资金的一种形式,同时也是实现宏观调控和财政政策的一个重要手段。国债的调节作用主要表现在以下几点。

1. 调节国民收入的使用结构

国民收入从最终使用形式来看分为积累基金和消费基金两部分。国债可以在调节积累和消费的比例关系方面发挥一定的作用。例如,国家向居民发行公债,是在不改变所有权的条件下,将居民尚未使用的消费基金转化为积累基金,用于生产建设的需要。

2. 国债可以调节产业结构

企业投资和银行投资更多地注重项目的微观效益和偿还能力,这往往同宏观经济目标发生矛盾,而国家通过以财政信用形式筹集的资金可以投到那些微观效益不高,但社会效益和宏观经济效益较高的项目上,如用于农业、能源、交通和原材料等国民经济的薄弱部门和基础产业的发展。这就能够调节投资结构,促进国民经济结构的合理化。

3. 国债可以调节资金供求和货币流通

在发达国家,国债是调节金融市场的重要手段,通过增加或减少国债的发行,以及调整国债的利率和贴现率,可以有效地调节资金供求和货币流通量。

(三) 政府投资

政府投资是国家财政安排的预算内投资,它是进行国家重点建设和其他大中型项目的主要资金来源,是形成国有资产的主要物质基础。在市场经济条件下,政府投资的项目主要是指那些具有自然垄断特征、外部效应大、产业关联度高、具有示范和诱导作用的基础性产业、公共设施,以及新兴的高科技主导产业。政府的投资能力与投资方向对经济结构的调整起关键作用,它可以将受到制约和压抑的民间部门的生产潜力释放出来,并使国民收入的创造达到一个较高的水平。这种方式被称为政府投资的"乘数效应"。因此,政府投资是实现国家宏观调控的强有力的手段。

(四) 财政补贴

财政补贴是国家为了某种特定需要将一部分财政资金直接补助给企业或居民的一种再分配形式。从补贴与供求平衡的关系来看,它与税收的作用正好相反。为了抑制总需求,既可以通过增加税收,也可以通过减少补贴的办法来实现,而减少税收或增加补贴,则可以刺激总需求。从调节供给来看,减税或增加补贴,可以刺激生产,有利于促进供给的增加,反之,增税或减少补贴,都能起到抑制生产和供给的作用。总体来看,增加财政补贴,一方面会减少财政收入,另一方面又会增加财政支出,不利于财政收支平衡,属于扩张性的财政政策,从而引起需求的膨胀;反之,减少财政补贴,有利于增收节支,从而有助于财政收支平衡,属于紧缩性财政政策,可以抑制总需求。总之,只要运用得当,财政补贴可以配合价格、税收、工资等杠杆,发挥一定的调节作用。

第三节　货币政策

一、货币政策的概念

货币政策是指中央银行为实现其特定的经济目标,在金融领域内所采取的控制和调节货币供应量的各种金融措施的总称。货币政策是国家宏观经济政策的重要组成部分,主要通过中央银行在国家法律授权的范围内独立地或在中央政府领导下制定并组织实施货币政策。

货币政策主要由三个要素组成:一是货币政策的目标,即通过货币政策的实施所要达到或实现的目的;二是货币政策的主体,是指货币政策的制定者和执行者,即政府或代表政府的中央银行;三是货币政策的工具,是指政府或中央银行为实现货币政策目标而使用的各种调控手段。

二、货币政策的目标

货币政策目标包括货币政策的最终目标和中介目标,前者一般是一国宏观经济的目标;后者则是为实现宏观经济目标的中央银行的货币供给目标与利率目标。

(一)货币政策的最终目标

货币政策的最终目标,是指中央银行通过货币政策操作而最终要达到的宏观经济目标,包括物价稳定、充分就业、经济增长和国际收支平衡等。就此而论,货币政策目标同财政政策目标是一致的。

(二)货币政策的中介目标

货币政策的最终目标,对中央银行来说在操作和控制上都是比较困难的,因为最终目标效果的出现需要一定的作用时间,而且还会受到其他相关因素的影响。因此,中央银行必须寻求和设立能直接操作和控制的中介目标。所谓货币政策的中介目标,就是中央银行为实现货币政策的终极目标而设置的可供观测和调整的指标。

中央银行在选择货币政策的中介目标时,必须遵循四个原则。一是可测性原则。可测性是指中央银行所选择的金融控制变量必须具有明确而合理的内涵和外延。具体地说,第一,中央银行能够迅速获得中介目标变量的准确数据资料。第二,中央银行能够对这些数据资料进行有效的分析并做出相应的判断。二是可控性原则。可控性是指中央银行通过各种货币政策工具的运用,能对货币中介目标变量进行有效的控制与调节,并能准确地控制中介目标变量的变动状况及其变动趋势。三是相关性原则。相关性是指中央银行所选择的中介目标变量必须与货币政策最终目标紧密关联,当中央银行通过对中介目标的控制与调节,使之达到预期水平时,也能使货币政策的最终目标达到或接近预期水平。四是抗干扰性原则。抗干扰性是作为中介目标变量的金融指标应能较准确地反映政策效果,并且较少受外来因素的干扰。只有这样,才能通过货币政策工具的操作达到最终目标。

按照上述原则,常用的货币政策中介目标包括以下内容。

1. 利率

利率是金融市场的一个最基本的影响因素。原因在于以下几点:① 利率与经济状况高度相关。当经济繁荣时,货币的需求量增加,为限制过度需求,中央银行会提高利率;当经济衰退时,货币的需求量下降,为鼓励需求,中央银行又会降低利率;② 利率的变动对市场资金需求也起调节作用。利率上升,会抑制资本投资,减少投资需求;利率下降,会刺激资本投资,增加投资需求;③ 利率的指标便于中央银行的控制。中央银行可以通过货币政策工具来调节和控制利率,而且还可以在金融市场中观测出其水平的高低。因此,利率是货币政策重要的中介目标。

2. 货币供应量

货币供给量是较理想的货币政策中介指标。原因主要有以下几点:① 货币供应量的变动直接影响宏观经济的运行。一方面,货币供应量是经济过程的内生变量(即由客观因素所决定的变量),生产和商品交换规模的变化必然引起货币供应量相应的变化;另一方面,货币供应量又是货币政策的外在变量(即由中央银行人为决定的变量),它的多少变化会直接影响经济活动。可见,货币供应量是与货币政策最终目标高度相关的指标。② 货币供应量便于观测,不会发生政策性与非政策性因素的混淆,可以避免因此而发出的错误信号。③ 中央银行易于控制货币供应量大小。

3. 超额准备金和基础货币

超额准备金是金融机构在中央银行的准备金中超过法定准备金的那一部分。这部分的大小直接影响着商业银行的资产业务规模,影响着整个社会的信贷供应。中央银行可以通过货币政策工具影响这一指标。基础货币是流通中的现金和商业银行存款准备金的总和。通过货币乘数的作用,基础货币可以直接调节社会的货币供应量。中央银行对基础货币的控制能力也很强,是可控性较强的指标。

三、货币政策的类型

根据货币供应量和货币需求量之间的对比关系,可以将货币政策分为扩张性货币政策、紧缩性货币政策和均衡性货币政策。

(一) 扩张性货币政策

扩张性货币政策是指,通过增加货币供应量带动社会总需求以刺激经济增长的一种货币政策。这种政策通常是在以下情况下采用:一是生产要素利用不足;二是存在很大的潜在市场,通过扩大需求能带动市场潜力的发掘;三是货币容量弹性大,注入一定的超量货币不会引起经济震荡和物价波动。

(二) 紧缩性货币政策

紧缩性货币政策是一种通过削减货币供应量以减少社会总需求,挤出市场多余货币,来促进社会总需求与总供给平衡的货币政策。这种政策一般在以下情况下使用:一是已经出现明显的通货膨胀,经济紊乱;二是有意识地控制经济过热,我国称为经济"软着陆"。

(三) 均衡性货币政策

均衡性货币政策指的是,在社会总需求与总供给基本平衡的状态下采取的一种货币政策,目的在于保持原有的货币供应量与需求量的大体平衡。

四、货币政策工具

货币政策工具是中央银行为实现货币政策的目标而对货币供给量、信用量进行调控的手段,因此货币政策工具也可称为货币政策手段。中央银行通过对货币政策工具的直接控制和运用,可以对货币政策中介目标产生直接影响,进而促进货币政策最终目标的实现。货币政策工具种类繁多,各有其特点和适用条件,必须根据其政策目标的要求、经济体制和经济运行的客观条件有针对性地选择使用。

货币政策工具可分为一般性政策工具、选择性政策工具、直接信用控制工具和间接信用指导工具四类。

(一)一般性政策工具

一般性政策工具是中央银行对货币供给总量或信用总量和一般利率水平进行控制的政策工具。它是中央银行经常使用的、针对货币总量进行调节的工具。它主要是由再贴现、存款准备金和公开市场业务"三大法宝"组成。

1.再贴现政策

再贴现政策是指中央银行通过提高或降低再贴现率的办法,影响商业银行等存款货币机构从中央银行获得的再贴现贷款和超额准备金,以达到增加或减少货币供应量、实现货币政策目标的一种政策措施。比如,中央银行提高再贴现率,商业银行以票据贴现方式取得贷款的成本就相应增加,从而迫使商业银行贷款规模收缩;反之,则会刺激贷款规模的扩大。

2.存款准备金政策

存款准备金政策是指中央银行通过规定和调整商业银行缴存中央银行的存款准备金比率,控制商业银行信用创造,从而间接控制社会货币供应量影响国民经济的活动。

存款准备金政策也可以称为法定存款准备金政策。若中央银行降低法定存款准备金率,则商业银行会有更多的剩余准备用于投资和贷款,银行的信用创造能力增强,整个社会的货币供应量增长;反之,如果中央银行提高法定存款准备金率,则会引起存款货币的紧缩,产生相反的效果。

存款准备金政策最大的优点是中央银行具有完全的自主权,它是货币政策工具中最容易实施的一种,而且中央银行利用存款准备金率这个工具,可以有效地调节整个社会的货币供应量。但是这种政策的作用过于猛烈,准备金率微小的变动都会使货币供应量发生重大变化,可能给国民经济带来巨大的震荡,因此应谨慎使用。

3.公开市场业务

公开市场业务是指中央银行在公开市场上买进或卖出有价证券用以增加或减少货币供应量的一种政策手段。当需要减少货币供给量时,中央银行在公开市场上卖出证券,无论是个人还是单位购买了证券,都会有相当数量的货币流回中央银行,从而导致货币量的减少;反之,当需要增加货币供给量时,中央银行买入证券,向社会投放货币,增加货币量。

(二)选择性政策工具

以上介绍的三大货币政策工具,都属于对货币总量的调节,政策效果涉及整个宏观经济。此外,中央银行还可运用选择性政策工具对某些特殊领域或特殊用途的信贷信用加以调节,主要有以下几种。

1.消费信贷控制

消费信贷控制是指,中央银行对消费者购买不动产以外的各种耐用消费品的信用规模和期限等要素所采取的限制性措施。这种控制主要包括消费信贷的首次付款的最低金额、消费信贷的最长期限、适用消费信贷的消费品种类、不同消费品的放款期限等。中央银行通过对上述内容的规定,可以达到调节社会消费需求的货币政策目标。

2. 不动产信用管制

不动产信用管制是指,中央银行对住房或商品房的购买者的购房信贷的限制措施。对不动产信用实施管制,实际上就是对商业银行及其他金融机构的不动产放贷的各种限制性措施,主要包括不动产贷款的最高金额、最长期限、首次付款的金额以及分期付款中的分期还款的最低金额等方面的规定。采取这些措施的目的主要在于限制房地产投机,抑制房地产泡沫。

3. 证券市场信用控制

证券市场信用控制是指,中央银行对有价证券交易规定应支付的保证金限额(即法定保证金比率),以此来限制用借款购买有价证券的措施。中央银行通过对最低保证金比率的规定,间接规定了证券经纪人向证券购买者的最高贷款额,既限制了证券市场上的资金供给者,也限制了证券市场上的资金需求者,相应调整了整个货币与信用供给的构成,促进了信用运用的合理化。

(三) 其他货币政策工具

除了以上两类货币政策工具外,中央银行还根据本国的具体情况和不同时期的具体要求,运用一些其他的政策工具。这类政策工具很多,其中,既有直接信用控制,也有间接信用指导,我们选择较常用的几种做简要介绍。

1. 直接信用控制

直接信用控制是指中央银行从质和量两个方面以行政命令或其他方式对金融机构尤其是商业银行的信用活动进行直接控制。其手段主要包括最高利率管制、信用配额、规定流动性比率(或称可变流动性资产准备比率)和直接干预等。

2. 间接信用指导

间接信用指导是指中央银行可通过道义劝告和窗口指导的方式对信用变动方向和重点实施进行间接指导。① 道义劝告,是指中央银行利用其声望和地位,对商业银行和其他金融机构经常发出通告、指示或与各金融机构的负责人进行面谈,使商业银行和其他金融机构自动采取相应措施来贯彻中央银行的政策。这一工具在英国使用最为成功。② 窗口指导,是指中央银行根据产业行情、物价趋势和金融市场动向,规定商业银行的贷款重点投向和贷款变动数量等。虽然这种办法不具有法律效力,但出于中央银行的地位及其监管权力,往往会迫使各银行按其旨意行事。窗口指导曾一度是日本银行货币政策的主要工具。

第四节　财政政策与货币政策的配合

一、财政政策与货币政策配合的必要性

国民经济的运行需要财政政策和货币政策的协调配合。虽然两者都是稳定宏观经济的工具,其目标具有某些一致性,如两者在宏观调控中的作用是一致的且作用机制都是通过调节企业、居民的投资活动和消费活动而达到政策目标。然而还有诸多不同特点要求两者必须相互配合,并采用不同的搭配模式才能达到预期的目的。

（一）两者作用的领域不同

财政政策主要对社会产品和国民收入进行分配和再分配,对整个国民经济的调节主要在分配领域;而货币政策则是通过货币供给调节国民经济的运行,对整个国民经济的调节主要在交换领域。生产、交换、分配、消费之间是相互影响的,故两者必须协调配合,才能最大限度地发挥各自的积极作用。

（二）政策调节的侧重点不同

财政政策侧重于对经济结构的调节,其各种工具的运用,首先是通过对结构的调节来发挥其作用的,如支出结构的调整直接引起社会需求结构的变化等。货币政策侧重于经济总量的调节,其各种政策工具的运用基本上最终都将导致货币规模的变动,进而实现对需求的调节。国民经济运行当中,既可能单独出现总量或结构问题,但更多的是总量、结构双失调;另外,总量问题会引起结构问题,结构问题也会引起总量问题。故财政政策和货币政策必须协调配合。

（三）两者在膨胀和紧缩需求方面的作用不同

财政与信贷在膨胀和紧缩需求方面的作用是有区别的。财政赤字可以扩张需求,财政盈余可紧缩需求,但财政本身并不直接具有创造需求,即"创造"货币的能力,银行信贷则具有"创造"货币的能力。因此,财政的扩张或紧缩效应一般要通过信贷机制的传导才能发生作用。当财政发生赤字或盈余时,银行也同时扩大或收缩信贷规模,财政的扩张或紧缩效应才能现实发生。另外,银行自身还可以直接通过信贷规模的扩张或紧缩需求。从以上意义讲,银行信贷是扩张和紧缩需求的总闸门,但财政在其中的作用也不可忽视,只有将二者有机结合起来,才能达到最理想的效果。

（四）两者的"时滞"不同

一般说,货币政策的内部时滞较短,而财政政策则长些。反之,货币政策的外部时滞较长,因为货币政策手段发挥作用要经过三个环节,即中央银行掌握的货币政策工具要经过金融市场或商业银行这些中介环节,再影响到经济单位和个人,间接地对经济起作用;财政政策的外部时滞较短,因为财政政策作用较直接,如通过调整税率或累进的个人所得税率会直接影响到社会大众的经济行为。为了充分发挥财政政策和货币政策的效力,两者必须协调配合。

二、财政政策与货币政策协调配合的形式

财政政策与货币政策的配合,就是指同时调整财政政策和货币政策作用的手段、方法和作用的方向,以适当的方式共同完成既定的政策目标。财政政策与货币政策配合的方式如表 12 - 1 所示。

表 12 - 1　财政政策和货币政组合类型表

组合类型　　财政 货　币		财政政策	
		松	紧
货币 政策	松	松松	松紧
	紧	紧松	紧紧

由表格可知财政政策与货币政策的组合一般分为两类四种,即:"松"的财政政策与"松"的货币政策;"紧"的财政政策与"紧"的货币政策;"紧"的财政政策与"松"的货币政策;"松"的财政政策与"紧"的货币政策。前两种属于一类,"双松""双紧"是同方向组合;后两种属于一类,"一松一紧"是反方向组合。

(一)"双松"政策:松的财政政策和松的货币政策

松的财政政策主要通过减少税收或扩大支出等手段来增加社会总需求;松的货币政策主要通过降低法定准备金率、利息率等来扩大信贷规模,增加货币供给。在社会总需求严重不足、生产能力和生产资源大量闲置的情况下,宜选择这种政策组合,从而刺激经济增长,扩大就业。但调控力度过大、过猛,也可能带来严重的通货膨胀。

(二)"双紧"政策:紧的财政政策和紧的货币政策

紧的财政政策是通过增税、削减政府支出等手段,限制消费和投资,从而抑制总需求;紧的货币政策通过提高法定存款准备金率、贴现率、收回再贷款等措施,使利率上升,以减少货币供给量,抑制总需求的过速增长。这种组合可以治理需求膨胀和通货膨胀。但调控力度过大、过猛,也可能会造成通货紧缩、经济停滞甚至滑坡。

(三)"一紧一松"政策:紧的财政政策和松的货币政策

紧的财政政策可以抑制社会总需求,防止经济过热,控制通货膨胀;松的货币政策可以保持经济的适度增长。因此,这种政策搭配的经济效应是:在保持一定经济增长率的同时尽可能地避免总需求膨胀和通货膨胀。但由于执行的是松的货币政策,货币供给量的总闸门处在相对松动的状态,所以难以防止通货膨胀。

(四)"一松一紧"政策:松的财政政策和紧的货币政策

松的财政政策可以刺激需求,对克服经济萧条较为有效;紧的货币政策可以避免过高的通货膨胀。这种政策搭配效应是:在防止通货膨胀的同时保持适度的经济增长率,但如果长期运用这种政策搭配,则会使政府财政赤字不断扩大。

除了以上财政政策与货币政策配合使用的一般模式,财政、货币政策还可呈中性状态。中性的财政政策,指财政收支量入为出、自求平衡的政策。中性的货币政策,是指保持货币供应量合理、稳定地增长,维持物价稳定的政策。若将中性货币政策与中性财政政策分别与上述松紧状况搭配,又可产生多种不同配合。

总之,根据财政政策与货币政策各自调控范围、调控重点以及互补性很强的特点,在实施宏观经济调控时必须协调运用这两种调控方式,以期达到理想的调控效果。

阅读材料3

本章小结 ≫

宏观经济政策是指国家或政府为了增进社会经济福利而制定的解决经济问题的指导原则和措施。宏观经济政策的目标被认为有四个,即充分就业、物价稳定、经济增长和国际收支平衡。

财政政策是政府根据客观经济规律的要求,为实现一定目标而制定的指导财政工作的基本方针和准则。作为国家经济政策的重要组成部分,财政政策主要是通过财政支出与税收政策来调节总需求,以保持国民经济的正常运行。财政政策作为一个有机的整体主要由三个要素组成:一是财政政策的目标,即通过财政政策的实施所要达到或实现的目的,它构成财政政策的核心内容,使财政政策具有确定的方向和指导作用;二是财政政策的主体,是指财政政策的制定者和执行者,即各级政府。政府主体的行为是否规范,对于政策功能的发挥和政策效应的大小都具有直接的作用;三是财政政策的工具,是指财政政策主体所选择的用以达到财政政策目标的各种财政手段,主要有税收、国债、国家预算、政府投资等。财政政策主体主要是通过控制财政政策的工具来实现预期的目标。

货币政策是指中央银行为实现其特定的经济目标,在金融领域内所采取的控制和调节货币供应量的各种金融措施的总称。货币政策是国家宏观经济政策的重要组成部分,主要通过中央银行在国家法律授权的范围内独立地或在中央政府领导下制定并组织实施货币政策。货币政策主要由三个要素组成:一是货币政策的目标,即通过货币政策的实施所要达到或实现的目的;二是货币政策的主体,是指货币政策的制定者和执行者,即政府或代表政府的中央银行;三是货币政策的工具,是指政府或中央银行为实现货币政策目标而使用的各种调控手段,主要包括一般性货币政策工具、选择性货币政策工具等。

国民经济的运行需要财政政策和货币政策的协调配合。虽然两者都是稳定宏观经济的工具,其目标具有某些一致性,如两者在宏观调控中的作用是一致的,且作用机制都是通过调节企业、居民的投资活动和消费活动而达到政策目标。然而还有诸多不同特点要求两者必须相互配合,并采用不同的搭配模式才能达到预期的目的。

一、关键词

财政政策   扩张性财政政策   紧缩性财政政策   自动稳定的财政政策   相机抉择的财政政策   扩张性货币政策   紧缩性货币政策   "双松"政策   "双紧"政策   "松紧"政策   财政政策工具   货币政策工具

二、复习思考题

1. 2014年我国经济增长和就业仍在下限之上。前三季度GDP同比分别增长7.4%、7.5%和7.3%,波动不大,全年预计GDP将达61.7万亿,增长7.3%,比上年回落0.4个百分点,实现了7.5%左右的预期目标。就业形势较好,前三季度城镇新增就业1 082万人(比上年同期多增16万人),提前完成了年初确定的目标,全年城镇新增就业总量将超过1 300万人。物价增长小幅回落,持续保持在上限之下。1—10月累计,CPI同比增长2.1%,比去年同期回落0.5个百分点。预计全年CPI增长2.1%,明显低于3.5%的调控目标。请问该这种经济形势下财政政策与货币政策会发生怎么样的变化?

2. 2015年物价增长趋势仍将是稳中有降,预计CPI增长在1.5%左右,比今年略低。这主要有两方面原因:一方面,食品价格增长仍然较为平稳,这是物价总水平增长基本稳定的最主要因素。导致食品价格稳定的原因有三:一是粮食问题从国内或全球看,都已基本解决,这得益于农业的技术进步,粮食问题不在数量供应而在质量提高,或者说主要是面临着很大的食品安全问题。二是无论从国内看,还是从国际看,这两年气候条件较好,我国今年的自然灾害是明显少于常年的,这对粮食产量的稳定起了关键性作用。三是经济繁荣时期,各种投机行为泛滥,农产品常成为"市场炒作"的对象,其价格的"蛛网曲线"特征很容易被投机者利用,农业的某些事件或自然灾害容易被人为"放大",导致农产品价格剧烈波动,实际上供求关系并不那么紧张,特别是作为完全竞争市场,它有自我调节的机制。因此,经济下行或趋稳,投机性的炒作也随之减少。另一方面,非食品价格也保持稳定。尽管最近受国际商品价格特别是油价下跌的影响,我国的非食品价格增幅在 9 月和 10 月出现了一定的回落,但我国经济增长的稳定性仍较高,政府和企业积极消化产能过剩问题,使得非食品价格仍会保持一定的增幅。试分析应如何运用财政政策和货币政策对通货紧缩进行调节。

3. 中央银行为什么要选择货币政策的中介目标? 在选择中介目标时应遵循什么原则? 常用的货币政策目标是什么?

三、案例分析

手机扫右侧二维码,读案例 3,回答下列问题。

1. 分析财政政策和货币政策的目标、主体和工具,并说明财政政策和货币政策为什么要配合使用。

2. 如何治理通货紧缩? 我国在治理通货紧缩的过程中,财政政策和货币政策是如何有效配合的?

扫一扫,
读案例3

参考文献

[1] 宋慧英.财政与金融教程[M].北京:中国传媒大学出版社,2011.

[2] 赵振然.财政与金融[M].西安:西北工业大学出版社,2012.

[3] 薛桂芝.财政与金融[M].天津:天津大学出版社,2013.

[4] 钱水土.货币银行学[M].北京:机械工业出版社,2014.

[5] 田文锦.国际金融实务[M].北京:机械工业出版社,2010.

[6] 人社部人事考试中心.经济基础知识(中级)[M].北京:中国人事出版社,中国劳动保障
    出版社,2016.

[7] 人社部人事考试中心.金融专业知识与实务(中级)[M].北京:中国人事出版社,中国劳
    动保障出版社,2016.

[8] 朱耀明,宗刚.财政与金融[M].第六版.北京:高教出版社,2015.

[9] 孙凤翔.财政与金融[M].北京:邮电大学出版社,2011.

[10] 李鸿昌,杨贵仓.财政与金融[M].北京:邮电大学出版社,2015.

[11] 周海燕.财政与金融[M].北京:水利水电出版社,2015.

[12] 倪成伟.财政与金融[M].第三版.北京:高教出版社,2014.

[13] 王永泉.财政与金融[M].湖南:湖南大学出版社,2010.

[14] 蒙丽珍.财政与金融[M].第五版.黑龙江:东北财大出版社,2014.

[15] 池东生,周叶芹.财政与金融[M].北京:机工出版社,2011.

[16] 财政与金融[M].福建:厦门大学出版社,2012.

[17] 王惠凌.财政与金融[M].北京:人大出版社,2015.

[18] 王淑云.财政与金融[M].北京:化工出版社,2014.

[19] 陈静,寻子员.财政与金融[M].山东:山东人民出版社,2016.

[20] 苏艳丽,余谦.新编财政与金融[M]第五版.辽宁:大连理工出版社,2014.